重要的是信息
而非信使

　　此花称为"优昙婆罗花",三千年一现。当年释迦摩尼在讲道时,有学生问末世如何知道弥勒(转轮大王)到来,释迦摩尼就说,见到"优昙婆罗花"时,弥勒就已经临到。

　　此花无土无果只见花,着陆于任何物体上,非常稀奇。此花的显化,表明精神世界的信息借着弥勒的到来传福给地球人类,就是我们手中的——生命真谛!并借着我们的劳动成为了精神世界的通道,我们是何等的幸福!

封印书卷已展开

　　弥赛亚、弥勒发音相似,同为至尊弥赛亚即Messiah,被人类称为天上的主神,是万王之王,万主之主;弥勒佛是梵文Maitreya的音译,弥勒是姓,译作慈氏,他的名字是阿逸多,译作无能胜,乃众王之王、众王之尊。弥勒大师自称为是世界的老师,是已经扬升并与任何读者无高低的,只不过处在不同层面的生命形态,无需推崇和敬拜。并告知所有生命都行走在自己的旅途中,最终都能回归与源头合一,无一缺漏!

生命真谛学

地球人类精神生活终身教育

弥 勒

尼哥底母 汇编

壹田出版
旧金山 San Francisco 2021

生命真谛学 ——地球人类精神生活终身教育

The Truth of Life: Lifelong Education of the Spiritual Life of the Earth Human

弥勒 原著 尼哥底母 汇编
Written by Maitreya, Compiled by Nicodemus

壹田出版/ One Field Books 2021年中文简体字第一版
Printed in the United States of America

所有权利保留。未经书面授权，任何机构或个人不得随意使用本书中任何资源。

ISBN：978-1-949736-35-9

书名：生命真谛学 ——地球人类精神生活终身教育

作者：弥勒

汇编：尼哥底母

出版：壹田出版

装帧设计：壹田出版

定价：US$32.99

旧金山，2021

目 录

第一卷：弥勒的自我介绍

  一、我的到来　1

  二、为什么我被称为"主弥勒"　2

  三、被提的连接　2

  四、只对愿意听的人说话　3

  五、大师们的画像　5

  六、我的工作与玛格丽特　6

  七、世界教师，不需要崇拜　8

  八、大师们什么样　9

  九、我的信息是合一的、爱的、同情和理解的信息　9

  十、为什么我不能干预战争　11

  十一、精神法规　12

  十二、关于信息　14

  十三、白光和黑暗能量　14

  十四、为什么我除了英文不能讲其他语言？　16

  十五、每一个灵魂都有自己的老师　16

第二卷：关于精神世界

 第一章：精神世界　19

  一、我们的世界　19

  二、精神世界的十二个层面　20

三、精神世界的镜子大厅　22
四、精神世界里的你　23
五、无论你是谁　26

第二章：你的精神　27

一、精神世界和灵魂之间是如何沟通的　27
二、为什么你们需要精神监护、指导和大师呢？　29
三、在地球上学习　30
四、看清自己　32
五、上帝爱你　33
六、成为有精神的　34
七、精神与生活　35
八、乐趣和享受生活　35
九、耐心　36
十、和大师们一起工作　38
十一、纪律和精神发展　39
十二、与大师们合作　40
十三、水能量　41
十四、在地球上工作　42
十五、代理人　44
十六、关于通道通灵　45
十七、在精神世界做选择　46

第三章：回家　48

一、死亡只是一种过渡　48
二、安乐死　49
三、没有人拥有任何人　51
四、死亡的选择及帮助　52

五、向亲人表达你的感受　54

六、海啸　55

第三卷：地球人类

第一章：自我、高我　56

一、自我的起源　56

二、区别自我和高我　59

三、识破幻觉　61

四、自我存在，就无法完美　62

五、自我让人成为奴隶　64

六、疑问　66

七、高我开始控制　67

八、选择与自我　68

九、别人的指责　69

十、识别小我自我和高我　70

第二章：恐惧　71

一、你为什么有惧怕？　71

二、恐惧是消极的工具　72

三、面对你的恐惧，创造生活的变化　73

四、魔力,诅咒　74

五、直面你内心的恐惧　75

六、黑暗面就是人类的自我　77

七、恐惧导致黑暗　77

八、恐惧是一种被困的能量　79

九、放下过去，不要担心未来　79

十、为什么我们制造恐惧　80

十一、你为什么欺骗自己　81

十二、护身符，十字架　82

十三、恐惧是什么　83

十四、消极从何而来　84

第三章：安宁，满足　84

一、安宁　84

二、活在现在，活在当下　86

三、安宁会在发展到一定程度时产生　87

四、满足　88

第四章：债务及偿还　89

一、因果业力　89

二、超越该做的因果债务、债务和教训之区别　90

三、细微机体　92

第五章：批评、论断他人　94

一、论断别人　94

二、固化　97

三、家庭和睦与世界和平　97

四、真正的大师不会评判一个灵魂　99

五、判断　100

六、论断和批评　101

七、批评，评判　102

八、评判制造业力　103

九、意见阻止了自己和他人的成长　104

第六章：祈请、祷告　105

　　一、当你祷告会发生什么　105

　　二、祷告的力量　108

　　三、需求及祈祷　109

第七章：你的人生旅途　110

　　一、你的人生旅途　110

　　二、主要的人生功课　111

　　三、生命是一种幻觉　112

　　四、与消极的人在一起的考验　113

　　五、灵魂的成长　114

　　六、体验自私　115

　　七、恰到好处　116

　　八、生活是关于你自己的人生计划　119

　　九、你是独一无二的　120

　　十、为什么我的皮肤是黑色的　121

　　十一、人生的目的　122

　　十二、灵魂的目的　123

　　十三、保持信心　123

　　十四、不要害怕与众不同　124

　　十五、过去的转世人生　126

　　十六、生活中有85％在重复前世生活　127

　　十七、如何知道现在是否在经历前世生活经历　128

　　十八、你的习惯从哪里来　129

　　十九、乞丐并不次于国王　130

第八章：愤怒和宽恕 132

    一、愤怒的起源 132

    二、愤怒的后果 133

    三、愤怒造成杀戮 134

    四、愤怒和宽恕 135

    五、人怎样能够宽恕 136

    六、用宽恕取代消极情绪 139

    七、宽容意味着理解他人的不同 140

    八、宽恕 141

第九章：改变及变化 142

    一、我们可以改变，世界随其改变！ 142

    二、有精神与改变自己 143

    三、世界的变化 144

    四、选择，改变 145

    五、世界的变化，灵魂的改变 146

    六、生命在于改变 149

    七、改变与人生功课 150

    八、改变过去的模式 151

    九、幸福是每一个灵魂的权利 152

    十、为什么有自然灾害 153

    十一、信任变化 154

    十二、过去 155

第十章：镜子 156

    一、镜子 156

    二、你是你现实中唯一的人 157

三、理解他人　158
　　四、学习的镜子　159
　　五、当你不喜欢一个人时　160
　　六、你身边到处都是老师　161
　　七、你对你的生活负责　162

第十一章：磨难　163

　　一、为什么是我　163
　　二、磨石　165
　　三、苦难　165
　　四、痛苦和苦难的原因　166
　　五、一切痛苦和苦难都是因果　167

第十二章：贫穷及潜意识　168

　　一、关于潜意识　168
　　二、贫穷　169
　　三、借着贫困学习　170
　　四、改变自己的贫穷意识　172
　　五、担心会阻止能量流动　173
　　六、信任　176

第十三章：情绪体　177

　　一、情感　177
　　二、情绪体　178
　　三、解脱你的情绪和情绪体，你就可以自由飞翔　179
　　四、精调平衡细微机体，辐射全然的爱　179

第十四章：身体 182

  一、关于物理身体　182

  二、左脑和右脑　183

  三、人体美　184

  四、你是自然的一部分　185

第十五章：生活 186

  一、聆听大自然　186

  二、平衡一个人的生活　187

  三、专注于自己的生活　188

  四、消极从何而来　189

  五、你和生活　189

  六、说些好话与改变能量　190

  七、你的经济生活　191

  八、不要抓住任何东西或任何人不放　192

  九、所有人都可以有丰富的生活　193

  十、减肥　194

  十一、关于过去　195

  十二、有关物质财富的功课　195

  十三、生命太短暂了，不要浪费时间和精力　197

  十四、享受你所有的，但不要想拥有它　198

  十五、关于颜色的重要性　199

  十六、关于赌博　200

第十六章：助人会阻止灵魂前进 201

  一、是否要帮助别人　201

  二、他人问题与自身问题　202

三、给予　203

　　四、同情　205

　　五、真正的同情　206

　　六、授人以鱼不如授人以渔　206

　　七、你怎样才能为人类服务　209

　　八、不要为别人而停止你的梦想　210

　　九、不要阻止别人的人生学习——以为帮助他人没错　212

　　十、忧虑　213

　　十一、学习你的经验教训，避免制造业力　214

　　十二、强迫，控制他人　215

　　十三、你是能量　216

　　十四、你选择了你的人生方向　218

　　十五、自己做选择　220

　　十六、超脱　221

　　十七、让他人做自己的选择　222

　　十八、尊重　223

第十七章：学校和教育　224

　　一、生活中的学生　224

　　二、学以致用　225

　　三、蜕蛹成蝶　226

　　四、教育是关键　228

　　五、精神教师和学生　229

第四卷：婚姻与孩子

　　一、婚姻是人类做出的选择　232

　　二、听取你孩子们的意见　233

三、如何教育孩子　234

四、代理人，代理父母　236

第五卷：当下，做自己的主人

一、每个人都有才华　238

二、如何听取别人的意见？不要听闲话和说消极的话　239

三、变性　240

四、时间是你限制和禁锢自己的锁链　241

五、宇宙不受任何时间和空间的限制　242

六、婚姻中的选择　243

七、药品　244

第六卷：宗教及做自己的主人

一、强制的态度　245

二、先知耶稣　246

三、世界教师——耶稣　247

四、受到基督教团体的攻击　249

五、耶稣在今天会说什么　250

六、精神性被赋予了太多的严肃性　253

七、上帝不区别受洗与没受洗的　254

八、我是敌基督吗？　255

九、关于先知　256

十、我对宗教是怎样看的　259

十一、变化的时代　260

十二、宗教　261

十三、十分之一的收入用于帮助别人　261

十四、反基督/敌基督　262

十五、宗教宽容　263

十六、对变化的恐惧　264

十七、灵性是自己内在的平和　266

十八、信仰的不同　267

十九、收回你的权力，听从自己的内在精神　268

第七卷：精神道路

一、精神发展需要一个关键要素——你！　271

二、看你像我们看你一样　272

三、你是谁？　273

四、人生目的　274

五、为精神界工作　276

六、献身于精神事业　277

七、灵魂伴侣　278

八、精神发展　279

九、精神的道路不是你所想的那样　280

十、考验是为了精神成长　281

十一、怎样才算是真正有精神的　283

十二、什么是灵性的真正含义　284

十三、一定要是一个素食者吗　285

十四、灵性与素食　287

十五、灵性在于做真实的自己　288

十六、什么是灵性　289

十七、灵魂与基督之灵　290

十八、直觉　292

十九、你的第三眼　292

二十、我们看护你、帮助和指导你，但不能干涉你　293

二十一、没有人被诅咒　294

二十二、变化正在发生　295

二十三、神在首位时，人的自我就没有了空间　296

二十四、安静　297

二十五、"阿卡西"阅读师和预言　298

二十六、期望　300

二十七、天堂与地狱　301

二十八、人间天堂　303

第八卷：能量

第一章：一切都是能量　305

一、能量　305

二、前世情感能量　306

三、前世生活能量　308

四、前世生活的威力　308

五、满足，安宁，喜乐　310

六、梦是旧能量的释放和新能量的创造　311

七、权力是能量　312

八、你为什么担心？　313

九、金钱也是能量，及能量交换　315

十、超重行李　316

十一、思想的能量是如何受到堵塞的　317

十二、话语有创造积极或消极能量的力量　318

十三、正确认识金钱　320

十四、精神服务是一种能量的流动　321

十五、你的能量　322

第二章：性能量 323

　　一、触摸 323

　　二、灵性和性能量 324

　　三、性能量 325

　　四、性行为 326

　　五、宗教的"性"问题 327

　　六、罪与性能量 329

　　七、否认性能量 330

　　八、否定往往意味着更少的灵性 332

第九卷：大师会对世界领袖们说什么

　　一、弥勒如此说 334

　　二、过犯 335

　　三、世界里的腐败 336

　　四、如何让和平来到地球 337

　　五、认可每个人都有自己的真理时，战争和冲突才会停止 338

　　六、制裁国家——他们制造债务吗 339

　　七、战争是自我的控制 340

　　八、战争和冲突始于禁止和限制 341

　　九、神圣法 342

　　十、你不能带走任何东西 343

　　十一、战争 344

　　十二、让我们不要再彼此论断了！ 345

　　十三、关于战争的评论，战争无法制止战争 346

　　十四、世界和平从家庭开始 347

　　十五、报复 348

　　十六、只有你自己能够对你的未来和工作做决定 348

第十卷：什么是爱

一、什么是爱 351

二、无条件的爱 352

三、学习无条件的爱 353

四、爱和性行为 354

五、每个人都有一颗心 355

六、爱 356

七、让你的生活中有爱 357

第十一卷：识别和真理

一、如何在这个混乱时代辨别真相？ 360

二、属灵的，尊重他人并成为自己真理的主人 360

三、关于真理 362

四、精神著作 363

五、神智学 364

六、察觉，意识让你变得更加精神 365

第十二卷：星象学

一、你的习惯和星象学 366

二、对星象学的评论 367

三、每个灵魂都能够创造美好的生活 368

四、星象学的作用 369

第十三卷：扬升

一、让灵魂得自由 371

二、孤独与扬升 371

三、关于扬升的条件 372

四、扬升和地球　374

            五、向着一个更高的振动迈进　375

第十四卷：疾病

            一、疾病是因为不诚实面对自己而造成的　379

            二、医治、痊愈需要时间　380

            三、被医治的信心及寻找根源　382

            四、来自内心的笑声具有治疗效果　384

            五、抑郁症　384

            六、补充医学　385

            七、活在现在，释放抑郁症　386

            八、你独自选择自己要生的疾病　387

            九、关于病毒　389

            十、前世生活能量的影响　390

            十一、人体器官移植　392

第十五卷：动物

            一、动物可以感觉到能量　394

            二、动物的进化　396

            三、动物和债务　397

            四、宠物的治愈能量　398

第十六卷：通道和考验

            一、我对公众的工作开始了　400

            二、我应该遵循哪种模式？　401

            三、与我的通道工作　403

            四、医治和能量　404

XV

五、一个作为大师们的通道　405

六、为大师们工作需要真正的奉献精神　407

七、我们如何监察网站　409

八、通过地球上的通道工作　410

九、做精神工作　412

十、我的广播工作　413

十一、玛格丽特为什么选择了困难的道路　415

十二、受试的道路　416

十三、精神发展与身体的大小　419

十四、自身价值　420

十五、机不可失时不再来　421

十六、艰难的道路　423

弥勒教导精髓　425

第一卷：弥勒的自我介绍

一、我的到来

　　我意识到一些灵魂在等待我到地球上来。一些灵魂甚至认为一旦我出现在地球上，他们可以为我服务。这是多么的理想化和不切实际！我的工作不是通过媒体大张旗鼓或一些仪式来进行的，而是像耶稣说的，"像夜间的贼一样"，人们不知道贼就在周围，你也不会知道。

　　如果我出现在地球上的话，人类将无法承受我的高频能量。人们发现仅在我通道里的能量就已经很难了。如果他们要在我的面前，他们又怎么能应付得了呢？他们会在我的高频电压中被烧得嘶嘶叫！

　　我在地球上的目的是慢慢地，但肯定地渗透到那些希望改变的灵魂之中，为他们展现另一种方式，一种没有恐惧、内疚，以及其他消极情绪的生活方式。我的目的是通过网络媒体教导世界，并在可能的情况下，也通过个人教学。

　　即使在我的通道（指：玛格丽特·麦克尔罗伊）离世（2016年7月13日）以后，我的话将长久地留在世上。这就是这些写作的目的。这些通讯是书面提示，是对真理的见证，它总有一天会被认真对待。

　　随着人类在不断振动中前进，慢慢地，人类将看到更大的图像，新的智慧将蔓延。我此行的主要目的是通过我的通道（指：玛格丽特），把我的话写在这个网站上。我在通道中为许多人做医治工作，其他人则以不同的方式通过通道连接到我。他们知道他们是谁，他们不求名利或大张旗鼓行事。他们只是静静地、不引人注目地做他们的工作。对于这些灵魂来说，他们的奖励不在地球上，而是超越了地球。

他们满足地知道他们为改变作出了贡献。他们不寻求任何报酬或认可。当表彰来到时，他们把功劳归于精神，而不是自己。这才是真正的服务！通过这些灵魂，我已经在世上有一段时间了，只是很多人没有注意到而已。

二、为什么我被称为"主弥勒"

我从来都不想被称为"主弥勒"，是人类这样做的。我曾经多次说过，我是一名老师。重要的是信息而不是使者。这适用于所有上升的大师们。

起初，人们只知道我们是来自精神领域的老师。然而，人类却给我们贴上了"主"的标签，以表达他们提升我们的愿望。我们并不想被高举。当我第一次通过我的媒介玛格丽特通道时，我没有选择弥勒这个名字，而是以赛亚。但是，由于网站（www.Maitreya.co英文网站、www.MaitreyaChina.com中文网站）和我的世界教师工作的需要，我被称为弥勒。"主弥勒"，许多灵魂是这样认识我的。这不是我的愿望，也从来不想被看作尊贵的，因为我不是。

是的，我扬升了。我不再生活在地球上，我需要一个通道来引入我的教导。不过，我只是一名教师——世界教师，教导那些愿意听这些话、愿意改善他们生活的人们。我在很多年前就选择了用这个简单的名字，弥勒，用通信来回答人们的任何问题。

三、被提的连接

关于我要在地球上出现已经有了很多种说法。许多人说，我将以肉体形式出现。还有许多人说我会腾云而来，而其他一些人却说我已经在地球上有许多年了。以上的这些说法都不是真实的。

我不能出现在地球上，因为我的振动太高。但是，我可以通过一个受过多年培训的人来接收我的能量，在地球上做通道工作。是的，我是一名世界教师，因为我利用这个网站教学，我的教导传播到世界各地。不过，正如我说过很多次的那样，我是一名信使，为比我更高的，被称为至高者，或上帝的能量工作的信使。

许多人还说，随着我的到来和出现，我将收集所有"好"的灵魂，用提升或极乐的形式把他们运送到精神世界！这是我不能做的，因为所有的灵魂都必须通过自己的旅程去天堂。在那里，他们不会面对上帝，但他们将不得不面对自己，他们会看到自己在转世生活中都做了些什么。

没有极乐，直到你进入了精神领域，有了没有消极能量和行动自由的景象。极乐是可能的，但只有当一个人愿意在战胜自己内在的消极能量、摧毁自我这个顽疾上面下功夫时才能达到。在精神领域，没有人的自我，没有魔鬼，这是人的自我或自负。许多人在他们仍然在地球上的时候，就已经能够经历到极乐，因为他们看到和经历到"高我"。你们每一个人都有"高我"。这些人不需要被运送就已经经历到极乐。

我选择了通过通道工作。有许多人通道我的能量工作——治疗师、教师、直觉师，人们通过他们所做的工作和他们以我的名字和能量显示的奇迹而认识他们。如果人们见证了他们的能量和医治能力，那么，他们就是在为我工作和通道我的能量。那些来到我能量中的人们可以感受到它。

我不住在世界任何其他地方。我住在我的通道们的心中。正是在那里，我做我的工作！

四、只对愿意听的人说话

我们兄弟同盟会在精神界，处在最高的第十二层，为上帝至高者服务。我本身没有身体。我的能量在我的通讯中，我通过我的通道做所有的事情。我不需要本人出现在这里，我的能量通过我的写作和我的教学已经足够。

不是每个人都准备好接受我写的话语，当今的地球上有许多种类不同的精神团体，很多人不同意我的教学。我的通讯和教学是对这一振动程度做好了准备的灵魂。这并不意味着它是高于或低于任何其他的振动，只是这些灵魂识别到我的信息与他们的心灵合拍。

许多年前，一些勇敢的灵魂开始了对世界的启蒙。他们通过精神教会工作，他们是今天精神性的创始人。这些勇敢的少数人，面对着令人难以置信的法律问题，努力教育人类关于精神事物。

他们每个人都是一盏灯塔的光，是我们精神世界的灯光。通常在十分困难的情况下，他们独自伫立，教导着我们通过通道的信息。他们每个人都经历了艰苦、困难、很多试验和严格的培训，使他们成为我们在高层领域中的信使。他们的书籍、著作和教导今天仍然在地球上使用，仍然在讲说我们在那时通道的信息。在当今地球的这个变革时代，又一次，出现了很多勇敢的灵魂。他们中的每个人都在教导那些在振动上相匹配的灵魂。

我们之所以选择这种方式，因为我们知道没有两个灵魂是一样的，因此需要有很多的多样性。看起来世界的光看起来好像是越来越暗，但事实并非如此。与多年前相比，现在比以往任何时候都更加光明。你是其中的一盏灯光吗？你想成为一盏灯光吗？尽管你可能在这个时候和在地球的未来时刻中感到孤独，我们在每天中的每一分钟都和你在一起。我们帮不了你，只能在你的路途中支持你。精神的道路是不容易的，它充满了幻觉、恐惧和怀疑。

对于那些通过了考验的灵魂，他们得到的奖励超越了他们想要的，但你首先必须赢得这个奖励。这些考验全部是由你自己选择的，因为只有你自己知道你的不完善和需要清除什么。在这些考验中，你清除自己生活中的债务，使你能够离开地球不再转世轮回。

五、大师们的画像

由不同的艺术家们画出的我和其他大师们的画像已引起了很大的争议。这些画像有很多是不相同的，我的一名学生问我："哪一个是正确的？"我可以告诉你，他们都是正确的！

你看，我们是纯粹的能量，意识，我们没有任何身体形状。我们可以在精神世界里用我们的意识创造，而每一个灵魂都以他们自己的想象看待我们。举例来说，如果他们觉得我们像耶稣，那么他们就会看到我们像耶稣。每一个灵魂创造自己的现实。

多年来，许多灵魂都感到有必要为我们画肖像。他们或者在自己的视觉中看到我们，或者在他们的梦中看到我们，或者他们觉得有必要这样做。他们看到的我们是他们自己的想象。他们描绘出他们看到或感觉到的，但那是他们在自己创造的视野中看到的。这就是为什么这些画像是如此不同。

这些画像只是作为聚焦点，灵魂需要看到一个物理图像，这可以帮助他们的学习和精神工作。其他灵魂则不需要它。对于那些需要看到我们画像的灵魂，每个灵魂将会认同某个特定的艺术家。没有我们的真正图片或画像，因为我们是光，正如我刚才所说的，是意识和能量。但是，我们的能量是活的，而且非常活跃，你需要做的一切就是呼唤那个能量，我们将与你们同在。你永远不会孤单。

如果你被吸引到一个特定的画像、绘画或图片，不要担心或有其他人被吸引到别人画的画像。每个灵魂在自己的心中，都将与自己的大师共鸣。当一个灵魂已准备就绪要在自己的精神发展中前进，当那一刻来临时，他们便开始与他们的大师或大师们工作。然后，我们会努力教育和引导这个灵魂得到更高的振动。一百个灵魂开始了这个旅程，只有两个灵魂完成了。这条道路是很难的，很艰巨的，许多人不能战斗是因自己的自我，但对于那些做到了的，他们的生活中减少了幻觉。

有一个好的图片或绘画作为一个聚焦点看似很好，因为集中于一个大师或大师们的能量确实能帮助一个人的精神道路。不过，人不应崇拜它，它只是在一个灵魂需要时，可用其成为帮助他们的聚焦点。

六、我的工作与玛格丽特

多年来，人们一直有很多猜测，一旦我在地球上，我会如何出现，以及我会做什么。我的工作就是训练我的通道（information channel），就是玛格丽特女士，让她成为把精神世界的信息，借着她的身体，传给这颗星球上的世界。

训练我的通道并非是一项容易的任务。我们必须给她时间，让她开放自己，做她要做的工作，并与自己的惧怕搏斗，而当她自己不想做时，我们就不得强迫她做，这是她在出生前就要求我们这样做的。然后，我们就开始了对她的训练：训练她与我们合作，训练她不把事情个人化，不浪费能量。

她在许多不同的方面受到挑战，即使如此，我们仍然不知道她是否完成她的工作。来自人类自我的集聚能量在尽一切努力阻止她行在她的道路上，她自己的自我也带出所有她前世生活的不安全感和恐惧。

在我的通道的整个一生中，我一直和她在一起。许多人以为我是在1992年当她和我连接时，我才进入她的生活，但实际上，我从她一出生就和她在一起，甚至在她离开教会，开始她的精神追求以前。我在那里等待她的连接，并通过她了解地球上的事情。你们可能会觉得这很奇怪，我们需要了解地球，是的，我们需要了解地球。

我们的世界，完全不同于你们的世界，即地球。我们中许多大师们，已经忘记了在地球上的生活。我的通道选择了一个行星相位，这使她能离开她的身体，必要时，在她的睡眠状态中与我连接，并在她接受训练时，我能和她一起工作，并了解为了使我的能量与她的合并，我必须要做些什么。在与她合并前，我需要学习如何使用她的身体，如何通过她讲话，并在她的地球时间内了解地球。

现在我和她合一，尽管当我进入她的身体时，她站在一旁，但她并没有离开她的身体。不过，她确实站在一旁，这样，我可以利用她的能量独立工作。为了做到这一点，经过了一个漫长的过程，但现在，我终于可以带她到她需要去的地方，以协助我在地球上的教学。恐惧不再消耗她，她也不再恐惧人们取笑她。

我现在已经开始了我对人类教学的道路，我采用大师们的简单教学方法。人类现在已经准备就绪，感谢光子带能量和凯龙星能量传播这些信息。有些人会对这些信息不感兴趣，这样的人总是会有，但这些信息会存留在他们的潜意识中，就像花的种子等待发芽一样，有一天它会发芽的。这一天也不会太远，因为人类已经对进行改变准备就绪，并比以往任何时候都愿意听从改变。

利用电台工作，是我的第一步，我的通道越来越对公众开放。有一天，我会对公众讲很多话题，但现在，我能够通过我的通道讲话，并用我的能量帮助那些需要愈合和爱的灵魂。为了让我能做我需要做的，我的通道为此做出了巨大牺牲，她的丈夫也在急需的时候协助她。我不是驾云而来，因为我已经在地球上。

对人类的大多数来说，并不知道爱是什么感觉，或什么是爱。我不会为每个灵魂创造喜乐，但每一个灵魂会开始自己的觉醒过程，有一天，会实现那种理解一切的安宁和喜乐。对于那些听取我教导的灵魂，随着时间的延续，他们的生命将会发生很大地改变。地球也会逐步改变。我们现在可以有信心和力量向前迈进，以协助改变人类。

生活应该是享乐，我们将教导人类，人生要有乐趣、欢笑、幸福和无畏。这是我们的打算，尽可能地教导那些愿意改变和学习的灵魂。我热切期待做好兄弟同盟帮助人类学习新生活方式的工作。

七、世界教师，不需要崇拜

有关"世界教师"这一能量的作用已在书面和口头上有很多报道。很多人声明，他们所通道的灵魂是唯一的世界老师，而且，他们的这一地位是非常特殊的。人们从世界上160多个国家和地区在观看这个网站，每一天有数百万的人在读我通道的信息。这个网站是我创建于1996年，现在已经进入全世界。我是否用我的信息涵盖了世界？是的，我这样做了。我是否自称是独一无二的"世界教师"，是一个特殊的个体？不，我并不这样认为。

仅仅因为是一个世界教师，并不意味着有任何特殊，也不意味着拥有特殊权力或被其他大师们所确认。我们都是老师，我们有很多灵魂已经在这个世界，并已为地球工作了多年。我们要求特别优先或声称吗？我们是在一个更高水平上教导吗？不，这不是我们的宗旨。我们不要求特殊地位或奖励。我们都在为上帝、终极者，神圣之灵或任何你所称呼的这个能量工作。

如果你读到某大师是"唯一被选"的，那么，你就应该知道这不是我们希望的那样。所有的大师们都在同一水平上。为什么我们被称为大师？这是因为我们已经掌握了地球能量，除此之外，没有别的。正如在地球上工作的律师、医生或其他专业人士是他们所在专业中的一位大师一样，我们也仅此而已。

世界是我们工作的范围，我们的任务是协助提高地球的振动，提高人类的意识。我们在帮助世界摆脱战争，混乱和冲突，并协助教导人类用不同的方式做事。

我们不要求参拜，没有特别的名称，我们也不在乎你们怎样称呼我们。我听到一些通道坚持要为他们工作的大师被称为一个特别的名字，或以某种方式宣称，我们并不在乎这些事情。这是你，只有你坚持这样做，这不是我们做的事情。要知道，那些真正在为我们的工作的灵魂并不坚持用特别的名称或有特殊的条件。这就是我需要说的话。

八、大师们什么样

我们的世界不是那种大师们看起来像耶稣一样的天使般的世界，也不是一个我们用安静的语调对他人和地球上的人说"我的亲爱的！"的世界。我们不穿长袍，我们就像你们一样，只不过我们能够在你面前显现你希望看到我们的样子。如果你想象我们是天使的样子，那么，这就是你的头脑会创造出的我们的样子。

大师们只是老师，他们不是"勋爵和夫人，"他们只是上升了，是具有从自己的尘世化身和精神体验中获得了不可思议的知识和智慧的灵魂。

我们也不是很严肃的，我们总是在欢笑，但不以损害别人为前提。我们穿牛仔裤，是的，牛仔裤，因为我们可以用自己的思想创造任何我们想穿的，这可以来自任何一个化身，或任何一个时间段。我们在我们的世界里有很多的乐趣，因为我们已经看透幻觉，以及对物质的需求。

九、我的信息是合一的、爱的、同情和理解的信息

我在地球上的目的是给人类带来自由选择和释放所有恐惧的信息。对一些人来说这似乎是很难做的事情，因为很多人根本无法做出选择，更不能释放他们的恐惧。不过，还有些人却把我的话当作上帝

的声音，结果给自己的家庭和个人生活造成了紧张局面。要紧的是，我的话不应该造成这个问题。

我的另一个信息是，确保沟通，确保你的交流非常清晰。然而由于某些原因，有些人因为他们阅读我所说话的方式，他们停止了与自己周围的人的交流、生活、呼吸，完全依靠我从精神世界通道的话语。我知道有很多人，当他们读到我的话，他们就对这些话着迷，并遵循这些话，把它用在生活中。

他们终于找到了真理，终于找到了一些与他们共鸣的东西。然而这不应阻止他们与周围人的沟通，更重要的是，这不应该阻止他们与家人和朋友的沟通。我的信息是一个合一的，爱的，同情和理解的信息，而不是一个制造分离和孤立的信息。

如果你是那些读了我的话，把自己从自己的过去孤立或分离出来的人中的一个，你就应该知道，煽动或要求任何人为我这样做，这不是我的目的。我要求你尊重你周围的人，如果他们因为自己的信仰选择不与你沟通，那是他们的问题。如果我的话与你产生共鸣，使你最后看到，这是你离开一个不再与你产生共鸣的关系或环境的时候，那么你就应该离开。如果你继续留在那种情况里，你就生活在一个谎言中。

努力做到不要忽视你的伴侣、朋友、丈夫或妻子，让他们知道你的情况。不要害怕改变和移动到一个新的能量里，因为生命是在不断变化，有时候，为了使自己幸福和健康，有必要改变。

请记住，那个和你有问题的人，在我们的世界里可能是你最好的朋友，他们来到这个世上帮助你学习和成长，他们不是你的敌人或令你恐惧的人。如果你有同情、理解、沟通、开放，不把人们排除于你的生活以外，那么，你就在真正实践我的话了。

十、为什么我不能干预战争

常有人问我，"为什么你不能干预在地球上的战争和大屠杀？为什么你不能挥舞魔杖，改变事物？"相信我，我常常希望我能够。然而，地球的结构和能量阻止我这样做。首先，我不可能以肉体的形式来到地球上。这就是为什么我需要通过通道工作。

很多通道看我就像他们看从过去的文献中读到的我，或者像"耶稣"式的人物一样。很多通道接受我的话和指示就像对待圣经经文，或拔高我所说的话。但我根本不像那样。例如，很多通道用"我亲爱的"开始他们的讲话和写作。我可以向你保证，在我们精神世界里，我们不以这种方式交流，我们从来不这样做。我的能量非常强大，这取决于通道本身在什么样的振动水平上工作，以及在那个水平上发挥能量的影响。

是的，大师们确实也通过那些处在低振动水平上的灵魂工作。为什么我们不呢？我们将与任何人工作，只要他们允许我们这样做。一旦我们开始与他们工作，他们将无法避免地提高自己的振动。我很感谢玛格丽特，她已经识破一个大师应该有什么样的幻觉，并允许我以我自己的方式表达。她不以任何方式美化我的话。

现在我可以听到你问，"但是，我怎么才能同你一起工作？"你可以同我一起工作，但为了做到这一点，你必须要放弃那种预置的概念。大师们是谁，大师们是什么，并允许我们进入。通道我们真正的能量，而不是你认为应该怎样做的。

我们也不是神，不需要被放在显要地位。我们不比你优越，就像你们地球上会说的。是的，我们已经得到了提升，现在在类似大企业团体或金字塔的顶端！

可能会让你大吃一惊，如果你知道我们在精神领域里也犯错误。有时候，我们误判时间。我们不是完美的。通过通道做世界的老师，人们觉得这样的形式倒退了，他们认为不应该以这样的方式来教导人，以为这样做不是符合精神的。然而有一天，当你经过面纱来到我们这边时，你会体验到作为一个具有高振动并要以人的方式生活是多么的困难。正是出于这个原因，我们用人作为我们的通道，而不是直接到地球上生活。你们的低地球振动会毁灭我们的能量。我们将无法发挥作用！

在大师大厅里的大师们有一个共同的目标，那就是使地球成为一个自我不再存在的地方；一个人人都能认识和发挥自己才能和潜力的地方；属精神的、快乐和幸福的地方；贫困、怀疑、恐惧和缺乏不再存在的地方。这一过程将需要很多时间，因为我们不能用挥舞魔术棒来实现这一目标。它发生在个人层面上，一个接一个，使每一个在地球上的人改变自己的看法。它正在发生，缓慢地，但它正在发生。

随着时间的推移，地球上越来越多的人渴望改变。你可以通过对人们谈精神，对他们指出这不是宗教或圣洁来激励这种变化。有精神的意味着绝对忠实于自己的高我，并认识到自我。当做到这一点时，人的思想和观念将发生变化，然后才有地球向着更美好的方向前进。这已经在发生，而且将继续发生。我们有一个使命，和我们的人间通道一起，将促成和实现这一使命。

我们希望你是这项工作的一部分。

十一、精神法规

在地球上，人为的法律随着政府或统治者的变化而不断改变。法律应该是帮助人类行为准则的约束。随着人类的进步和变化，法律也在改变。

正如地球上有人定的法律，我们也有精神法规。但这不是人为的法规，而是由上帝制定的。在精神上，每一代都有一个新的法规，以适应那一代所创造的能量。例如，旧约的法规，不再适合当今这个时代，因为从那时到现在，人类已经有了很大的改变。神圣者或上帝或无论你用任何名称称呼，这个能量始终处在一种不断更新的状态。因此，这个能量在不断更新法规，以使每一代都有一个引导。正因为这样，经若干年后，地球上的法律有了很多分歧。偶尔，在一个世纪里可能会有不止一种的法律改变，因为人类改变了很多。

我为人类带来了新法规的信息。这个新法规说的是人要成为自己的主人，要敬畏所有的信仰，要尊重每一个灵魂和他们的信仰。每一个灵魂都将成为他们自己，对自己的行动，决定和生命负责。

你是你今生中最重要的人。然而，你们中太多的人关注于他人，有时甚至干涉他人的生活，阻止他人的成长。当你卷入他人的生活时，你自己就不能成长。

这个时代的法规不同于其他时代的法规，因为神、上帝，能够看到，除非人类能够了解人的高我，人类不会有和平。现在是到了人类对自己的生活负责，让别人过他们自己的生活的时候。

我从这个美丽的能量那里给人类带来的精神法规与"你不可"没有关联。那是过去的教导，或对过去教导的解释。它限制了人类和停止人类的成长。这个新法规或教导的目的是对每个人的灵魂说话。

对于那些愿意改变和不害怕改变的人来说，这个新法规或教导会对他们的心灵说话。对那些害怕改变的人来说，我好像就是魔鬼本身。在未来的地球上，将会再出现新的法规和其他的信使。

你可以骗自己，却不能骗这个能量。随着人类的成长，总有要改变的需求，有一点是肯定的，没有什么是一成不变的，这是事实。人类可以尽力保持不变，但宇宙会不断向前进，随之就会带来改变。

十二、关于信息

关于我写在网站上的信息。常常被问到有关我在本网站上的信息，特别是通讯，这对许多人来说，似乎是"消极的"。每个通讯都携带有来自我们精神世界的信息，为那些需要这些信息的不同灵魂，提供给他们灵魂成长的帮助。对一些人看起来似乎是"消极的"信息，实际上可以帮助一个灵魂成长，在自己的生活中前进和精神发展。我就是这样做我的教学的，许多灵魂认同我写的东西。

对很多人来说这似乎很奇怪，但对一些阅读这些信息的人来说，这些信息中携带有很重要的信息和能量。其目的是引发这些人内在的东西，改变和向前发展。

我的通讯起着触发的作用，那些需要这些信息的人阅读这些信息，并对这些能量相应。所做的一切都不是偶然的。每个通讯都是深思熟虑精心撰写的。通常都有一个隐藏的含义，只针对某些灵魂。如果你不是那些需要这些信息的人，你不会对此产生共鸣。

我被问道："为什么你为自己辩护？"我们这样做是为了给人们解释我们写的任何一个题目的动机。我们明白这是人的自我需要知道，为什么、怎么样、是什么、是谁？但是，对于许多人来说，当他们得到一个解释，这个解释就能够使他们识破幻觉。

因为我的解释，许多灵魂已经能够更清楚地看待事物。在你做出判断前，问问自己，在我的通讯中你不喜欢什么，然后，要知道你是在看你自己在自己身上不希望看到的一部分。如果你这样做了，这些通讯就不会搅扰你了！

十三、白光和黑暗能量

有人问：我一直在努力理解"白色兄弟同盟"(White Brotherhood)的意思，我也许错误地确定他们为"白光"(White Light)。同时我也意识到我需要信任白光和知识——在上帝的宇宙里一切是光。那么为什么有黑暗的实体或黑暗的力量存在，或者，为什么在地球上的个体可以在不知情的情况下为黑暗实体或"附着体"(attachment)通道信息并受到其负面的影响？黑暗实体是否存在，如果存在，他们存在于神的宇宙中呢还是神的宇宙之外？

答：兄弟同盟(Brotherhood)由扬升大师们(Ascended Masters)组成。他们也被称为"白色兄弟同盟"。这是上升大师们的集合体。这些上升大师们在他们的能量中放射白光。

你说的黑暗力量是人类自我潜意识的集合力量。它是集体的恐惧、怀疑、自卑等消极能量，这些能量存在于每一个还没有提高自己的振动到高我程度的灵魂中。这种黑暗力量可以存在，也确实存在。它是一种能量。正如治疗者可以利用兄弟同盟的能量做治疗和其他精神工作一样，黑暗能量也能侵入那些有恐惧和自我怀疑的灵魂中。你写的"附着体"指的是那些有恐惧，或者成瘾，或者完全包裹在自己的消极能量里的灵魂，他们不想离开地球。没有人能强迫他们离开，这必须是他们的选择。

他们在寻找援助和帮助。他们常常依附于像自己一样有恐惧和成瘾的灵魂身上。在其他时间，他们寻求帮助离开，依附于那些里面发光的灵魂。这就是为什么我们奉劝你在进行精神活动前要用祷告或保护语来保护自己的原因。他们被从你里面所发射出的明亮之光吸引。这是爱的能量，而他们在寻求帮助。

如果发生这种情况，你就可能变得充满了恐惧，因为他们的黑暗和恐惧渗透到你的能量场中。由于恐惧围绕，内在的光变暗，这些被依附的灵魂就可能迷失。只有当一个灵魂已经达到了一定程度的振动，才能不被这种现象所困扰。只有当人类学会了精神的真正含义，脱离了恐惧，只有这样，黑暗能量才能离开地球。这就是我随我的通道玛格丽特在世上对公众进行教学的目的。

十四、为什么我除了英文不能讲其他语言？

我已经多次被问及，"大师，如果你是世界教师，你为什么不能讲所有在地球上使用的语言呢？为什么在有些情况下你需要一个翻译呢？"我相信这一个问题已使很多人感到疑惑。我觉得有必要向你们解释其原因。

因为我是很纯粹的精神能量，我没有地球上灵魂的通常意识。我与你们称呼的神，或至高者为一体。这个能量和我们，大师们，没有个性可言。我们是纯粹的能量。这并不意味着我们没有身份，但我们不像在地球上的灵魂一样。已经扬升的灵魂是不同的能量。因为我们已经扬升了，除非我们使用通道，否则我们不能在地球上行使职责。

我们的通道受到训练和发展以接受我们的能量，并成为我们的发言人。我们没有词汇。在我们的精神世界里，我们没有语言，因为我们没有肉体，本质上只是能量。为了让我们在"地球上讲话"，我们需要使用我们通道的词汇和他们的潜意识、意识记忆。这个过程需要多年的时间来学习。通常，我们的通道在他们的其他转世人生中已经这样做过，所以我们更容易再次连接。

只有在灵魂回到精神世界以后，才能真正理解这个程序的运作。我们与我们的通道成为一体，我们用他们的能量，他们用我们的。这就是为什么我不能讲其他语言的原因。

十五、每一个灵魂都有自己的老师

我多次被问及，我在地球上的目的。尤其是我被问及，地球上已经有那么多的老师和通道了。我同意最后的这个说法，但也要对你指出，地球上还有很多的灵魂需要为他们打开方便学习之门。我在有关真理的文章中写道，每个人作为一个个体，有着自己的真理，他或她需要找到自己的路。

人人有自己的精神老师。有的人找到塞巴巴（Sai Baba）做自己的老师，另一些人找到基督教，还有些人找到巴哈教（Baha'I faith），再有些人找到其他信仰或其他老师。在你们地球上有种说法，当一个学生准备好了时，就会找到老师。我是一名老师，我的学校就是全世界，我通过互联网以及我的助手玛格丽特教学。许多人称呼我为"世界老师"，而我就是。这也是在过去我被称呼的。我曾通过许多在地球上的灵魂说话，但现在我通过玛格丽特工作和说话，以后还会通过其他人说话。她没有什么特别的，我也没有，我们只是造物主的使者，到这里来教导。

许多人会看到我的话，那些话将会叩击他们的心弦，他们将认识到他们的老师，然后等待和观看每一个从他们老师而来的新的通道信息。他们甚至想见我。无论是安排我去见他们，还是他们来见我，他们都不会有任何犹豫。我的话将被他们的灵魂所识别。

对于那些不这样做的，他们将继续前进并寻找对他们说话的老师。每一个灵魂都有自己的老师，有的找到了自己的老师，而有的则没有。许多人即使找到了他们的老师，他们也不识别，因为他们的自我太强悍。

因为我们两个（玛格丽特和我）都在为造物主工作，通过我，玛格丽特可以引导令人难以置信的高振动能量。这是最奇妙的愈合能量，在我们空间里的众多灵魂因此而具有最令人惊讶的精神转变。这个同样的能量，也可以是一面镜子，使所有你需要处理的东西暴露于表面，使你必须面对自己的问题。

玛格丽特成为你的一面镜子。但许多人在照镜子时，却吓得逃跑，因为他们不想面对自己，也不想对自己下功夫。我来不是说教，而是向你介绍精神世界的东西。你听与否，你做选择。没有人会强迫你这样做。

如果你选择我作为你的老师，你将行走在通往高启示的道路上，并会改变你的生命。我也会成为你的一面镜子，显示给你你不希望看到的东西，你可能会因此逃跑，因为在过去许多人都逃跑了。不管怎样，你总有一天会找到你的真理。对那些找到了自己的真理的人来说，他们最终找到一种和平，那种理解一切的和平。

通常，一个灵魂在来到世上之前会说，"我要尝试自己开始我的精神道路，但如果在我给自己设定的时间里，我没有完成这一点，那么，就请你们强迫我作出改变。"你会被给予机会自己做，但此后，我们会协助你进行改变。这就是我在地球上存在的目的。

第二卷:关于精神世界

第一章:精神世界

一、我们的世界

人类对我们这些在精神领域里的灵魂的看法非常有趣。大多数在进行精神寻找的人以为我们是身穿白色长袍和拖鞋的神仙,就像通常在地球上展现的耶稣的画像一样。我们完全不是这样的。我们看起来非常像你们,我们的皮肤有多种颜色。有一些灵魂你甚至都不会认识,因为他们从没有在地球上生活过,他们生活在其他层面。

我们不穿你们穿的衣服,我们也不穿长袍。我很难形容我们穿的服装,但不用说,它很适合我们在我们的世界里的生存。就像一个没有自我的大公司。因为我们就是这样。在我们的世界,每一个灵魂都连接到至高者,即你们中许多人称之为的神。

我们知道"是"就是"是",我们不欺骗对方,所以说谎不是我们世界的一部分。当我们说谎时,我们的能量就会揭示它。有些灵魂刚回到我们世界时尝试说谎,但很快就被发现,一旦被发现就会很尴尬。所以,一旦它被尝试过了,就永远不会重演。

我们也很有幽默感,我们在社交场合欢声笑语不断。但我们肯定不是所有祈祷中所描述的圣灵。在我们的世界里其实没有时间。也没有昼夜。但如果你想体验这一点,你可以创建,因为在我们这里的一切,包括我们所有的需求,都是由思想创建。这对你们中许多刚返回我们世界的灵魂来说可能是一件很困难的事情,因为你必须学会控制你的思想。

我们的世界是一个快乐的社区。在我们的世界里有一些区域是你们许多人所知的灰色地带，那些发现自己前生所为而不能原谅自己的灵魂让自己待在那里。为了帮助这些灵魂，在我们的精神世界里有受过特别训练的灵魂去这些灰色地带工作并协助这些灵魂的治疗，以使他们最终能够步出灰色地带，再次回到我们的世界中来。

不仅如此，我们还知道你们世界里的很多东西，尤其令人惊奇的是你们称为的互联网。我们可以通过我们的通道使用你们的电脑。我们实际上创建了你们世界上使用的很多电子设备，我们通过给那些你们世界里在这些领域中工作的人们提供直觉和想法来做这些事。

在你们的世界里没有我们不知道的东西。你却要等到你回到我们世界的家后才能再看到我们的世界了。为什么？这是因为，如果你看到了我们的世界，你就不想待在地球上了。这就是这么简单。尽量不要有预先构想我们是什么样子的，以及我们如何生活。我可以向你保证，无论怎样设想都将是错的！

二、精神世界的十二个层面

我们精神世界里的不同层面。它们存在吗？它们是什么？

在我们精神世界里有十二个层面，每一个层面代表一种精神认识境界。对于那些刚刚开始取得主人身份并刚成大师的灵魂，他们将从第一个层面开始。每上升一个层面，灵魂就获得更高的精神意识和知识。

大师并不仅仅只是一个头衔。为了要履行其职责，有很多需要学习的。每个层面都需要提高振动以达到更高的层面。第一层面是开始学习主人身份及其工作的漫长道路的起点。在较低层面的新主人协助处理我们世界里的日常生活，他们也处理所有愿意返回地球的灵魂的因果、业力和个人的经验教训。只有在最后一级，第十二层面，是如我们这样的大师。

从第一层面到达第十二层面的路径在精神时间上可以是相当长期的。为了达到第十二层面，灵魂必须通过所有在其他层面上的学习和成长，而且需要花费大量的能量移动通过。我们无法对你解释这些。因为你没有参比对照。我们只能说的是，我们是有"时间"的，但它不同于地上的时间。

我们所有的交流通讯是通过思想，即使是在这些层面上。那些不在这些层面上的灵魂又怎么样呢？他们有丝毫逊色吗？不，他们毫不逊色。在我们这个世界里的所有灵魂都很特别。

那些新来的灵魂和那些选择在欢迎大厅里服务的灵魂极受尊敬。他们做特殊的工作，特别是做那些受到创伤或自杀的灵魂的工作。那些在第一层面的主人们也在做这些灵魂的工作，以帮助他们理解他们为什么这样做，做他们的心理辅导，帮助他们恢复健康。

大多数在我们世界的接待区里工作的灵魂是从人世间返回的医生和护士们，他们不用再回到地球。

许多死于创伤的灵魂选择这种死亡为自己的学习功课，但他们需要大量的能量从这样的死亡中恢复过来。许多灵魂回到我们世界时还很颤抖，惧怕和惊惶神的审判。不存在神的审判。唯一的审判来自灵魂自己，在他们自己愿意看到时。

当灵魂准备开始自己主人身份的道路时，他们会让在较低层面中的主人们知道，而这些主人们反过来又告诉我们。然后，我们就与这些灵魂一起工作以制定有关他们要学的以及他们希望如何学的东西。对一些灵魂来说，他们需要学习耐心与爱心。为此，他们可能会选择做那些他们可以帮助灵魂的工作：如自杀，和那些因自己在世上所做的事而不能爱自己的灵魂。做这些灵魂的工作需要很多的同情心和耐心。

其他灵魂可能希望从事于企业管理方面的工作，因此他们将需要更多地学习这些，因为在我们这个世界里在许多方面都不同于你们的世界。

主人身份是通过努力和对灵魂自己选择要经历的任务所付出的能量来达到的。在我们精神世界里没有对灵魂选择主人身份的时间限制。当灵魂准备就绪，主人身份就会有。一旦灵魂选择了主人身份，就不再返回到地球，因为他们不必再面对又一次肉体生命；他们结束了轮回。

当在每个层面上的灵魂与在地球上的灵魂工作时，他们经历爱欢笑，有时悲伤和流泪，但他们也有很多满足，因为他们能够与其他层面上的灵魂工作，并能在帮助我们和人类方面发挥作用。

"那些达到第十二层面的灵魂又会怎么样呢？"我能够听到你问。我们永远待在第十二层面上，数量随着从较低层面的灵魂加入我们的行列而不断增长。在此之后再没有其他层面。当一个灵魂达到了第十二层面，就具有很大的力量和能量为其使用，正如你生活在地球上，当你清除了你所有的旧习惯和教条（固化）后，提高了你的振动。有数百万的灵魂具有主人身份。在你们世界里所知道的大师们是那些选择帮助地球人类的，但还有很多的灵魂在所有各个层面上工作，以帮助人类。

不管有多少人存在各种各样的想法，事情在地球上现在正在改变，并将继续这样改变。至此，这就是我想写的，我希望我所写的在某种程度上让你多一点了解我们的世界。

三、精神世界的镜子大厅

通常，当灵魂回到我们精神世界后，需要有一段休息时间。因为有许多人遭受创伤死亡，他们很难相信他们确实回到了精神领域（

家）里或很多人相信的天堂里还活着。在一段时间的休息后，灵魂的监护者就会把其带到镜子大厅。监护者是从你在地球上从出生到你死亡都一直从精神世界里看护住你的灵魂。

镜子大厅是一间房间，灵魂站在屋里坐落的巨大的镜子前，面对自己及一生，将通过镜子显示。灵魂不仅看到自己对他人的所作所为，而且也同时感受到了他人的情感和心理创伤。这是在这一阶段，许多灵魂变得极为痛心和惭愧。因为他们看到了所有他们所做的一切，好的和坏的。

通常是在这一阶段，灵魂不愿继续前进，但会主动要求联系现实世界中他们知道的人，如家庭成员、朋友等，给他们一个信息或对他们自己所做的表示非常抱歉。这必须由精神世界的灵魂来安排。要找到一个生活在世上的通道，来充当信使，但这是被许可的。

在这之前，灵魂通常不能安息，直到自己已道歉或给予其信息后，灵魂才能休息并恢复起丰满的精神。当灵魂在等待通道媒介被找到前，通常在接待区做人道主义方面的工作，这是一种偿还债务的方式。没有人能够逃过镜子大厅，没人能够。灵魂在其通过了镜子大厅前，不能进入真正的精神世界。

我现在可以告诉你，经常可以看到完全一蹶不振的灵魂从这里返回。我们必须给这些灵魂很多的安慰，因为他们简直不敢相信自己所做的事。那些要对悲剧和生命损失负责的灵魂，对他们的行动深感震惊并极度失望。当你谴责肇事者时，我希望你知道这一情况。也想想因这一行动而产生的因果，他必定会转嫁到他们未来的一个转世原生中。

四、精神世界里的你

了解我们的世界---你们真正的家的最重要的一点就是，当你回家时，你离开了自己属世的自我部分。只有你的高我部分回家！很多人对此感到震惊，因为首先，很多人没有意识到他们有一个高我，一旦你回到家里，你没有了自我为你找借口，你看到真正的自己，很多人因此受到震撼，更让他们震撼的是他们必须再次返回人世，因为他们没有实现自己的人生规划。

当你回家时，会有欢迎你回来的聚会，在你之前回来的朋友和家人会聚集在一起庆祝你回家。还有许多灵魂，他们没有在你最近的人世生活中，因此，一旦你被展示了自己在人世的生活以及你是怎样生活的以后，通常有很多的灵魂在等着庆祝你。

首先，你会被展示你自己所选择的人生规划，然后，你会被展示你是怎样实施你的人生规划的，以及你的恐惧和其他情绪是怎样干扰你实施你的人生规划的。这时候，什么都不用说，你通常可以看到你完成了什么，在你的阿卡西记录中还有什么尚需完成。你的灵魂在审视你所做的。

有些灵魂不能忍受看到他们对他人所做的，这些灵魂会让自己独处一段时间以思考自己的生活。对于这些灵魂，庆祝活动会被搁置，直到他们感觉已经准备好再次享受它。在他们独处的时间里，他们会得到在我们的世界里那些明智的灵魂的帮助，不仅帮助他们接受他们所做的，而且还帮助他们理解为什么！

我们的世界是充满了美好能量的世界，但不是圣洁和宗教的，它是一个充满了色彩的世界！在我们的世界里你没有身体，你的身体留在了人世。你在我们的世界是你生活过的每一个生命的意识之能量的总和。你可以看到、感觉到、听到，但你没有身体！如果你想与某人沟通，你只需内心思想你在与他们沟通，他们就会与你联系上。如果他们已经在与另一人交流，你将会意识到这一点，等到他们再次与你联系。

我们以庞大的聚会来与回来的灵魂们分享欢笑并陪伴他们，并用玩笑和幽默来回味在人世上的时刻。我们从不会以此来取笑任何人，也不会不尊敬他人。我们有幽默，但不导致痛苦。

我们有学习大厅，灵魂们可以在此学习有关地球上的生活以及其他有灵魂以身体形式生活的时空。我们的颜色不同于任何你所见过的颜色，与我们的颜色相比，你们的颜色就比较苍白。

每个灵魂可以显得年轻或年老，取决于该灵魂选择什么模样。当灵魂返回与你沟通，这是他们经常做的，如果你接受（很多人都没有接受），你可能会看到他们年老的像貌，而另一个时候却看到他们年轻的像貌。这正是他们希望你看到他们出现的相貌。

不管你在人世间做了什么，都会很快被遗忘。在你返回人世又一个化身前，如果你愿意，你可以有一段时间的休息。没有返回人世的固定时间。不过，对那些自杀的人来说，经过休息，他们需要返回人世继续他们没有完成的"合同"。

在这些灵魂再次返回人世前，为了帮助他们实现他们的生活，他们得到了深切的同情和辅导。要记住，你独自选择你的生活和你的人生轨迹，别无他人。你们中很多人选择了沉重的痛苦生活。在你出生之前我们设法告诉你，这将是多么艰难，但通常没有被接受，因为你把它看作是你结束自己的业力或化身的方式。但是，一旦你来到人世，在你的自我存在下，你的计划就很难实现。这需要一个坚强的灵魂，和通常通过一个通道来得到一位大师的帮助，才能使你实现它。

至高者，你所认识的神，永远存在于我们的世界。我们整个的世界都能感觉到来自这一能量的爱。这是完全无条件的爱，因为如此，这一能量从未对任何一个灵魂作判断和有厚薄轻疏。

任何时候你都可以在我们其中的一个巨大图书馆中看到你的阿卡西记录。你自己根据你的阿卡西记录，知道什么是正确的和什么是错误的。你可以化解语言，并学习你想学习的任何东西。我们的图书馆被那些回家的灵魂们热切地追捧。你很容易得到你的前世生活的信息，因为没有自我来对抗或阻止你，你很容易看到你从哪里来，以及自你抵达人世后你所有的化身。

在我们的世界里你不能说谎，只有自我才说谎，当一个灵魂看到自己的自我都做了些什么时，通常感到相当震撼。他们只是为自己没有做自己人生计划中要做的事情，或自己活在人世的时候怎样破坏和伤害了别人而感到很遗憾。

到此为止，这是对我们世界的一窥。随着地球时间的推移，我会写更多，但对现在来说，要消除对死亡的恐惧。死亡仅仅是一个从你们的世界到我们的世界的短暂行程。没有人会受到惩罚，即使是罪犯，也不会受到惩罚。你们都是行在征途中的灵魂，在努力帮助自己的灵魂清除业债。

五、无论你是谁

在我们精神领域里没有任何地位。无论你是谁，或你做了什么。每一个刚回到精神领域的灵魂，都要经过同样的仪式。该仪式是欢迎回家、人生的旅程后的休息，然后"面对大厅镜子"。

许多灵魂相信，因为他们在此次化身中做得很好，或给予公益事业资金，这将为他们在精神领域铺平道路。然而，没有灵魂给予优惠或地位。每一个灵魂都被一视同仁。

凶手和国王都并排站在一起，等待返回家园。是的，这似乎看起来很奇怪，但确实是这样的。所有的灵魂选择自己的方式学习人生经验教训，所有的灵魂在他们结束了自己的人生学习后，都并排站在一起，彼此没有任何不同，无论是实现了自己的命运的灵魂，还是准备就绪返回家园的灵魂。

不过，你在地球上所达到的振动水平对你却是非常重要的。你的振动越高，就越容易适应精神世界和返回家园。那些整个人生都活在幻觉里的人很难放弃他们的幻觉。由于精神世界的环境与地球上的很相似，许多灵魂在刚回到精神世界时很难相信他们实际上已经死亡。对很多灵魂来说，由于仍然存在的幻觉，他们需要相当一段时间让幻觉消退，到此，真相才终于揭晓。

当你离世来到精神世界，你会惊叹精神世界是如此像地球！它是一个更高水平上的真正的幻想世界。无论你在地球的生活中相信什么，死后都会成为你的现实。如果你相信有一个人坐在门口等待着审判你，你就会真有这种事情发生。如果你相信有魔鬼并对其心存恐惧，你就会在到这边后看到它。如果你认为死后没有生命，这对你的冲击会更大。这些灵魂不相信他们死了，对于他们来说，回到这边来就更困难。

在我们的世界里有个庞大的工作队，很多很多的灵魂在那里工作以帮助那些灵魂回到我们这边。做这些工作的灵魂只有同情和爱，非常柔和地协助那些灵魂释放那些已经渗透到他们灵魂记忆和精神意识中的信念。只有当人面对了大厅镜子，才能最终进入更高的领域和层面，在这些地方只有意识，而所有的幻想都消失了。这真是一个奇妙的地方。

第二章：你的精神

一. 精神世界和灵魂之间是如何沟通的

常有人问我精神世界和灵魂之间是如何沟通的。这令人惊讶但并不难做到。因为在你们的大部分生活中你们习惯了听你们的自我，即你们的头脑，处于不断的警觉状态中。

自我是你的保护者，而且从未停止照顾你的生活和工作。自我不喜欢变化。如果发生变化，自我会把你所有的恐惧、怀疑、不安全感－所有的负面情绪带出来，以阻止你进行改变。你的自我比你更了解你自己。

你还有高我。这是你连接到你精神的一部分。它就像在你和我们精神领域之间的电话线。然而，想象电话线上压着一块巨大的石头，停止了沟通。这就是当自我在控制时所发生的一样。

为了便于我们与你沟通，我们首先需要让你的自我被占据。很多人也许惊讶我的通道玛格丽特不静思冥想，她从来没有。尽管她有自我，在我和她之间始终有一条开通的通讯线路。在过去的几年里，我们已经成为合一，因为她已经摆脱了自我的控制。

在她发展的初期，我们在她的自我被占据时与她沟通。就是她在做家务时。当她熨衣、做饭或打扫清洁时，她的自我被这些平凡工作所占据，对我们的存在一无所知。在这个时候，我们便可以通过她的高我与她沟通。

她出生时就带有这种理解－她必须要求我们与她沟通，知道这一点是非常重要的。我们需要知道，你想与我们沟通。当自我（头脑）被占据时，那么，我们就可以在另一个层面上与你沟通。我们可以给你灵感，给你信息，以帮助你生活道路的顺畅，并传送给你奇妙的愈合能量。

有很多人相信必须静思/冥想才能真正与精神境界沟通。许多灵魂可以静思冥想，享受这样做。对于他们来说，坐下来与我们沟通是他们一天中重要的部分。但对于其他人来说，这就成了挣扎和挫折，不应该是这样的。如果你有担心和焦虑，我们就无法与你沟通。这肯定是行不通的。我们需要你相对静止，做园艺、家务、琐碎事情，或必要的工作。你需要被占据。即使读一本书也能够使我们与你沟通。

告诉我们你想与我们交流。你可以称呼我们为上帝、神圣的灵、大师——无论你想怎样称呼我们都行，只要你觉得舒服。我的通道玛格丽特，多年来当她被占据时会喊道，"嘿，你们楼上的！"这并不烦扰我们，因为我们知道，她准备好了接受我们的信息。当她在熨烫衣服时，她接收了很多很多的信息交流。

这仅仅是一个让自我被占据的问题，允许我们通过你的高我与你交流。同样重要的是，你应留意通过的信息。倾听你的直觉，并相信它。与精神境界沟通，放手自我，这可能需要相当一段时间的练习，然后才可能完善。

对有些人来说，需要相当一段时间才能与我们交流；对另一些人来说，沟通立刻就会发生。这并不意味着你可以停止对自我的清理工作，这项工作必须继续下去。但你会发现，你越让高我通过，高我就变得越强。

当自我被占用时，除了它做其分配的任务外，它意识不到其他任何事情。它会忽略高我以及在那个水平上所发生的事情。与我们沟通的秘诀是要求我们的帮助。当你要求时，你就会收到。

有很多灵魂都会说自己不值得精神沟通。玛格丽特，我的通道，很多年也是这样认为的，因为她对自己的评价很低。当然，她现在不再是这样，我们帮助她改变了这种状况。我们的教导帮助了她，加上她自己对自己下了功夫。但我会告诉你，没有灵魂会被拒之门外。对我们来说，你们都很特别，我们想帮助你，但你自己必须愿意被帮助。

尝试一下，看看会发生什么。如果这对你起效，请把你所经历的告诉其他人。通过这个网站写信给我。我很想知道你的经历。我知道，有很多灵魂能因此得到帮助。

二、为什么你们需要精神监护、指导和大师呢？

为什么你们需要精神监护、指导和大师呢？你需要他们，因为如果没有他们，你将无法在精神上继续前进。我们对你的作用是帮助你前进，把你放置在你需要学习的环境中，为你提供直觉，这将有助于你开始你的学习。

当我们花了很多的精力，让你终于到了这个可以偿还你的债务，能够与自己的对手交和，或偿还你在出生前就选择了要偿还的精神债务的时刻，但你却逃避了，你能想象我们的失望吗？我可以告诉你我们有多失望！在我们的领域里，为了使你能够成长，我们非常努力地为此而工作。

我们知道你有选择的自由，但我们为你花了大量的精力。你的精神监护和指导引领你通过开发的第一阶段，他们为使你连接上一个大师的能量而准备你，这需要花费很多时间用于你个人的精神操练和发展。当你准备好了，然后一个大师的能量才能进入你，与你共融，你才可以真正开始你的精神工作。这就是这些灵魂与你同在的目的。它就是这么简单。没有什么可复杂的。

我们，大师们，直到你证明了你的价值，降服于自己的高我之前，不会通过你通道信息。这往往需要你放弃很多东西：放弃自己的舒适区，学习按照精神的方式做事，放手，允许精神与你合作，而不是要按自己的方式做事。我们永远不会伤害你或损害你，我们也不会操纵你。我们只希望与你合作。

在你完全准备就绪，为一个大师工作前，可能需要长达20年或更多的时间准备。所有的灵魂都可以为大师们工作，不论他们是如何进入世界的穷人、富人、黑人、白人，所有的人都有能力与大师们一起工作。

三、在地球上学习

你们都是很特别的人，为什么呢？因为你选择了再次化身人世，学习你的人生功课和解决尚未处理的问题。有很多灵魂带着没有学会的功课回家，但选择不再返回地球。对这些灵魂来说，会发生什么呢？在我们的世界里有很多维度，和不同级别的大师，如果你想这样称呼它的话。

在你回家时，如果你学到了所需要学习的，处理了你的问题，你就会在振动和维度上提升。这使你能够访问其他的维度，进行高等学习，与大师们交谈，等等。如果你回家时什么也没有学到，或者问题仍然没有得到解决，你就无法前进，无法进入更高的维度，并只有受到限制地移动！

你也许会说，这是不公平的。但如果一个人仍处于较低的能量，又如何能理解更高的教学呢？如果你没有在觉悟和振动上向前发展的话，你就无法理解更高的教导和大师们的教学。

对于那些回家什么都没有学到的灵魂来说，他们的悲伤，甚至震惊，消耗了他们。看到他们那样是非常难过的。他们通常迫不及待地要返回地球，再试一次！神灵给了所有灵魂自由意志，因此灵魂是不能被控制的，他们必须有选择。

但不幸的是，不在精神上选择可以阻止灵魂的成长，尤其是伴随着人类自我的部分，使灵魂不停地化身。最后，灵魂来到大师面前，请求帮助，那就是我们前来帮助你在觉悟和振动上前进的时候。一旦我们真的来帮助你，路径就变得更加艰难，因为我们没有情感，不会受到人体情绪的影响。

我们的目的和意图是来帮助你前进，你选择你将怎样做到这一点，但我们确保你能做到。与其逃跑，或忽略需要学习的功课，不如在一个化身中努力向前进，这样做会好很多。当灵魂完成了在地球上要学习的所有功课，就不再需要轮回，然后在我们世界的精神学习就开始了。

一旦你已经抵达了这个里程碑，就会有更多的自由，学习成为一种快乐。因为你再没有自我在那里用谎言、借口、恐惧、怀疑等各种情绪阻止你前进，你是自由的！

四、看清自己

只有当你回家，回到我们的世界，灵魂才意识到自己做了什么，以及有多少自己应该做的。但是，恐惧和情绪阻止了他们这样做。

当灵魂意识到这些时，由此而产生的悲哀是如此巨大，以至于许多灵魂都无法应付，尤其是在认识到自己没有完成所选择的人生教训，灵魂没有得到清洗，自己必须要再次化身于人世，重新进行以后的学习时。当你仍然还有尚未完成的人生教训时，你就不能永久性地回家。

你来到地球上是为了面对自己尚未完成的问题，并把这些留在身后。对某些灵魂来说，他们已经用了5次，10次，15次，甚至更多次的化身来努力面对自己的人生教训，但没有成功。灵魂因不断回到人世继续努力学习而变得疲倦。通常在经过很多次的努力之后，灵魂会请求一个大师的帮助，无论是直接从一个大师那里得到指导，还是通过一个大师的通道，即便如此，因为人的自我，灵魂仍然可能失败。

你们中很多人虽然在生活，却并不知道自己生活的真实目的，往往生活在陈旧的教条化中，却以为这些是自己的真理！你是谁？你知道你自己吗？你准备好了寻找答案吗？通过寻找，人必须面对自己的黑暗面，自己的阴影部分，那些自己通常不希望看到的部分。你暴露自己，接受自己有缺陷，真实对待自己周围的人，真实对待自己。只有这样，你才能向前走，并提高自己的觉悟。

不要害怕省察自己，你是前世生活能量的总和，要尽一切努力从中走出来。一旦你这样做了，你就会从轮回转世的过程中得到真正的自由。这不会立即发生，改变需要时间，但能够回家，知道自己不必再返回到地球，这种感觉该有多好，这是真正的解放！

五、上帝爱你

你是谁并不要紧，神灵、上帝爱你！无论你是一个囚犯、修女、小偷、妓女，还是社会上的名流、在大街上的乞丐，无论你是谁，你都被神爱！直到你结束了在人世的生命，回到在我们世界的家里，你才能看到你是怎样地被爱着。

你在人世的是一个灵魂利用身体在学习自己的人生教训；你在人世的那个人并不真正是在我们世界的你。在地球上，你是由自己的前世生活能量，以及在此化身中所选择的情况所组成。无论你是谁，你做了什么，你所知道的，被称为上帝的能量，都在无条件地爱你。

然而，你却不能爱自己，你把自己看作一个渺小、微弱、丑陋、未受过教育的人，只有很少的灵魂把自己看作是美丽的、坚强的人，你不断地贬低自己。你看不起那些在监狱里的人，却不知道他们像你一样，也是行走在旅途上的灵魂。没有人比你更好，或比你更糟，你们只是选择了不同的人生教训。生活里充满了那些在狱中改变，成为模范公民的故事！生活里也充满了那些曾经吸毒，最终被治愈，并成为咨询辅导员的故事。你们都在学习，成长，离开过去，并努力向前推进。

有些人会实现自己的目标，其他一些人会开始和改善，但不够全面，他们还要回到人世进行另一轮的化身轮回，但至少他们努力过，还有一些人选择不再开始自己的旅程。

你说你在自己的旅程中感到孤独，但你们每个人都有神的能量伴随，可是你的自我不会让你感觉或发现这个能量！你要每一天都告诉自己，"神爱我，尽管我自己在为爱自己挣扎"，而且永远不要忘记。你是一个在旅程中的灵魂，有一天你会回到家里，无论你在旅途中是否成功，还是怎样，神的能量都会在那里欢迎你回家。

不会有上帝来审判你；不要害怕，要没有恐惧地回家。你要相信，你被无条件地爱着！

六、成为有精神的

要成为有精神的，你就需要走进自己的内心，找出你是谁。这就是一切。正如许多人说的那样，面对你自己的恶魔，面对前世生活的记忆，面对潜意识里的恐惧、埋藏的愤怒和怨恨。你需要原谅那些伤害过你的人，释放你的情绪体，它已经奴役了你这么长久。

"我自己是单行的吗？"我能听到你问。不，你并不孤单。有很多光的工作者在和我们这些大师们一起工作，其中一些会为公众所知，而另一些却不会。你从来都不是孤独的，你是否意识到你从来都不是独自一人？从你出生的那一刻起，你就有一个在精神世界里的灵魂群体在看护你，并协助你的日常生活。这些灵魂通过你的直觉与你交流，但往往你不听他们的，因为你怀疑自己的直觉。

有多少次你听到一个声音，或者有什么感觉，你并没去遵循它，但它却被证明是正确的？我知道这篇通讯会与你们中的很多人产生共鸣。你不仅有一个守护神从你出生起就看护着你，还有很多其他的灵魂在你的生活中帮助你。很多人都知道这些灵魂为天使，他们是天使，他们是很特别的灵魂，选择与你合作。这对他们来说，可以是非常艰巨的工作。很多次，因为你的消极和负面的能量，他们不得不退出休息，地球的能量使他们很难承受。

你永远不会孤独，从来没有！只要你相信你的感觉和直觉，你就能够与他们合作得更好。不过，你的自我在不断努力地迷惑你。自我会告诉你这是你的想象，或不可能发生这样的事情。

当一个人收到有关死亡和疾病的信息的时候，常常人会害怕自己的直觉。如果是这样，你只需要告诉你的守护神，你不想要这个样的信息，你就不会再有。尝试倾听内心的声音，并对其没有任何惧怕。告诉你的守护神你希望有更明确的信息，并且你将会多听，你会惊讶你所收到的讯息。

七、精神与生活

你可以教你的朋友成为有精神的，这并不意味着没有生活，或改变自己的生活。一旦你找到精神发展带来的自己心中的安宁，你的生活就能改变，对你的朋友和家人讲解精神。最后告诉大师们你想服务，很快你会发现你自己被引导到可以服务的地方。

尽你的能力传播精神给所有你遇到的人。但如果他们不听的话，不要觉得你在浪费时间，他们也许很多年不听，但你的话已经深入到他们的潜意识，他们也许很多年不听，但那些话会在他们的潜意识里，灵魂的记忆将永远不会忘记，在合适的时候，灵魂会因为你下的种子而启动精神之旅。

八、乐趣和享受生活

太多为我们在地球上工作的灵魂相信他们必须工作而不应该有时间娱乐和享受生活。他们相信，如果他们这样做了的话，我们这些大师们将不会高兴。但人必须在生活中有平衡。为了保持平衡，人就必须有工作和娱乐。

另一个误解是认为我们在精神领域里的没有乐趣。但愿他们真的知道！如果你以为我们长着翅膀坐在云端上，或你有任何类似的想象，那么，当你离开地球，回到在我们世界的家后，你会大吃一惊。我们有这么多乐趣！正是你们，在地球上生活的，活得辛酸，不知道如何享受生活。

这通常是因为你的教条化、宗教、信仰，或者认为属精神的，就不应该有乐趣所致！我希望你能看到我们的精神世界——我们的聚会、我们的乐趣和我们的欢笑。虽然我们存在的世界不同于你们在地球上的，因为在精神世界里我们没有自我，但我们肯定不会坐在精神世界里成为宗教的和神圣的——那真没劲！

不过，我们确实在努力地为至高者（也就是你称为上帝的这种能量）工作。与此同时，我们也尽可能地利用机会娱乐。太多的灵魂过分努力地让自己成为属"精神的"，从而否认自己的快乐和乐趣。这就是这一主题是如何在过去数万年来存在于地球上的。人属"精神"并不在于要神圣的、宗教的或否认自己。它是在于走进自己的内心世界，真正地观看自己，真实地面对自己。

为自己有一个快乐地生活、满足的生活，自己想要的生活而作出必要的改变。一路上，会发生很多变化，人必须放弃舒适区和许多其他的东西。然而，人仍然有精力享受生活和享受乐趣。

你是自己现实的创造者！如果你属于工作狂灵魂中的一个，你需要休假，让自己有时间去玩耍和娱乐。相信我，如果你这样做了，你将会在一个较轻松的心情状态下完成更多的工作。你将会减轻压力，更加快乐。为什么不尝试一下呢？

九、耐心

人类目前生活在一个一切都是快节奏的世界里。没有时间停下来享受花香或观赏蜿蜒向下的溪流。生活是持续的繁忙和喧闹不断。经常有人问我："大师，我要怎么做才能更加有精神？"，我对这个问题的回答是要有耐心。当一个人在精神发展中时，人要与我们合作。

当我们和你工作时，我们不能对我们所做的工作操之过急。如果我们这样做了，你的身体就无法对付我们所产生的能量。为了帮助你的身体从一个振动变化到另一个振动,我们需要做大量的工作,而这需要时间。然而,你在地球上是这么的不耐烦。你很少坐下来思考,更别说与我们合一。

当你整天都在匆匆忙忙,没有给我们留下时间时,我们就根本无法与你一起工作。我可以听到你说:"你们需要多少时间?"。我们最多需要你每天给我们30分钟。

我们不需要你进入静思,或做任何引人注目的事情,我们只需要你安静地坐着,并调整自己与我们连接。这可以通过想象,或以某种方式思想我们来实现。我们只需要你从繁忙的生活中暂时关闭,以让我们进入你的身体。然后我们可以采取必要措施,以帮助你提高自己的振动。这可能需要数年时间才能完成。

当学生在上我们的"大师"课程时,这是我们的最佳时期,因为你不仅在我们的领域里与我们在一起,而且我们也有机会以比通常快很多的速度来对你做工作。无论哪种方式,为了使我们能完成我们的工作,都需要耐心。

在你出生前,当你还在精神领域里时,你就请求我们的帮助,我们因此就为你提供这种援助。但不幸的是,当你来到世上后,你忘了自己起初的援助请求。这导致当你不能与我们合作时,我们的工作就变得相当困难。

我相信,地球上有种说法,耐心是一种美德。这在某种程度上确实是这样,因为如果你有耐心,你就可以提高你的振动,向着更高的能量迈进。但人类惧怕安静地坐着,这是因为,当一个人开始安静坐着时,人就必须直面自己需要解决的问题。这是你为什么不能坐在安静之中的最主要的原因。

直到你愿意以亲密的和个人化的方式直面你自己,你才能真正有精神发展。只有这样,我们才能为你表明你的缺点,并帮助你从中迁移出来。我们的确非常想帮助你，但你必须首先帮助自己。

十、和大师们一起工作

　　常有人问我："大师，我怎么能为你和其他的大师们工作？"我告诉那些灵魂，"你可以为我们工作，但你必须放弃自我。"自我是逻辑，它总是给你答案。它对于一切问题都要有答案，它始终认为，这样做是正确的。

　　当一个人与我们精神领域一起工作时，人就不能做自己或自我想做的。一个人必须听从我们的要求。我们的要求也许不是直接来自我们，或许通过其他人。

　　人的自我已经控制了人的许多个转世生活了，自我已做出了这样的决定。但是有一天，我们要求你按照我们的指示行事，听取我们想要你做的事。我们这样做是为了你的灵魂成长和壮大。你的自我对此会变得十分气愤，想做它已经做了许多个转世人生的事情。

　　正是在你的灵魂成长的这个阶段，许多灵魂停止了成长。他们看不到我们这样做的真正原因，总之，他们会想，"我为什么要听你的？"正是在此关键时刻，许多灵魂半途而废，再次失败。

　　放开你自己的逻辑和接受我们给你的要求是灵魂成长的第一步。很多人会说这是操纵。我通道的前夫曾被许多善意的灵魂告知，他被我们这些大师们操纵了，因为他听从了我们，而没有听从他的自我或其他人。然而，在短短几年中，他在精神上的成长相当于1000个地球转世生活的成长。这难道是操纵吗？

　　我们想帮助你和地球在精神上成长。如果你想要有个人成长，这就意味着要听从我们，以及我们以任何形式的指示。你可能会问，"我怎么知道这不是我的自我告诉我的？"因为我们会通过一个通道要求你，或通过你静思的最高形式，或在你的梦里。它会在你的心里，因为你会感觉到这个提示。当你感觉到它的存在时，它来自我们。当它来自大脑时，它来自自我。当它来自于心时，它是从神而来。

十一、纪律和精神发展

你问我："大师，我要做些什么才能使自己在精神上发展？"要想在精神上有发展意味着必须有纪律。你们太习惯于用自己的方式做事，或只在你觉得喜欢的时候做事。我们也有我们的方式。通常我们的方式与星象学上的行星紧扣在一起。

很多灵魂要求为我们工作。他们说："大师，请让我们为你们工作！"因此，我们就许可你为我们工作，但不久，你就开始抱怨，因为你需要给自己时间。为我们大师们工作意味着要完全地承诺。但这并不是说，你必须要交付你的自由。你不用这样。但是，我们是很严格的老师，我们必须如此。在你为我们工作的时候，你还要努力学习你要学习的人生功课。

许多灵魂认为，因为他们为我们工作，就可以得到优惠。这是不正确的。我们确实看到，你不需要任何东西，我们确实为你的成长打开机会之门。但是，你必须赢得奖励---证明你是值得的。有很多辛勤的工作，但许多灵魂不会持续很长时间。

敬业、勤奋工作、放下自我，放下一个人的自身需要和需求是精神考验的关键点。我们没有设置考验，是你自己设置的，但我们帮助你学习。当你请求我们帮助时，已经在你出生前就预先安排好了。

但是，一旦我们开始与你工作，帮助训练你，你就逃跑。你根本不能开始这条路径。这不是"按我的意志行事"，而是"按神的意志做。"当一个人忘掉了自我，忘掉了一个人的自身需要和欲望开始与我们合作，然后心灵成长才开始发生。

我们可以帮助你，但你必须按我们的方式行事。你要求了我们这样做，因为在你的许多转世人生中，你自己的方式没有奏效。自我的方式已经把你引入停止你前进的地步。

要知道，我们提供的路径可能很艰难，可能是岩石路，但在路的尽头会是彩虹和那种理解一切的安宁，那种无法形容的安宁。这是与神合一，这提供给所有那些降服于我们，为我们工作，并遵循我们提示的人。我们不是让你受苦。但当你与我们抗争时，你自己会受痛苦。当你不这样做时，一切将水到渠成。如果你不抗争，一切将是完美的。但是，这是自我抗争的道路，是自我固守在那里，直到血战到底。

我们要做的一切就是向你显示如何绕过自我，如何与高我合作。一旦你知道如何做，就不会很难。

十二、与大师们合作

当你选择了与我们精神世界的大师合作时，在你能够和我们一对一的工作之前，你要经过相当长的一段学徒期。在这段时期中，你必须要学会很多东西，写作、演讲、策略和外交，你携带的所有愤怒必须被除去，因为我们的能量可以影响到你可能有的任何愤怒！你所有的自负必须被清除，你会被测试，在多大程度上你能把自己交给我们，以帮助我们在地球上的工作，要记住，在我们的世界里我们不使用金钱！

这不是钱的问题，但你会得到补偿，而且你会有在与我们的工作中所需要的一切。只有当你表明了你的无私和奉献精神，你才能有奖励！你会不断地，一次又一次地经受测试和考验，我们必须确保你的意图是真实的。

你的学徒期可能会是很多年的时间，但你独自选择你需要多长时间的学习。我的通道玛格丽特有很多的恐惧，都来自她的多个前世生活，这用了她很多年的时间来面对并消除她的这些恐惧，现在，她能帮助其他人清除他们内在的深层恐惧。

你还有对能量的理解，如何使用和保护能量方面受到训练，此外，在你和我们的合作真正开始之前，你还要偿还所有的业力。这项工作不是为懦弱者准备的，因为这项工作的条件是很苛刻的！当你准备好了，从星象学角度来看时间合适时。这也是被选择了的，甚至包括你认为什么时候你可以从自己的学徒生涯中毕业。

这是一条艰难的道路，一条没有任何人能帮助，只有依靠自己的道路！许多人开始了这条道路，却因为与我们合作所经受的压力太大而无法继续。我可以看到你在问："但是，为什么你们精神界会对我们造成压力？"这不是我们在这样做，而是人的自我。一旦你征服了自我，你就没有了压力，就这么简单！

十三、水能量

你们不知道水在你们的生活中有多重要。我们用在你们周围的水来制造能量，以便我们能够与你们的世界工作。这也是你们中很多人，尤其是那些做媒体、愈合和通道的人，他们的身体有水潴留的原因。你哀叹自己有水潴留，但我们却赞赏你并感谢你，因为你的水潴留使我们能够与你一起做我们要做的工作。当然，我们可以在没有水的状况下做工作，但当我们用了你体内潴留的水时，你会感受到身体不适。你通常会感受到皮肤干燥、喉咙干燥，或口腔干燥。

你也许会问，"你们为什么会使用水呢？"这就像你们在地球上用热电来发电一样；精神能量非常类似电力，只不过有不同的振动。许多做精神工作的人，当精神能量与他们同在时，他们通常能感受到自己的手指和身体发麻。这是因为精神能量通过你们的身体，你周围的水使精神能量有更好的流动性。

如果你的家里没有喷泉，你可以在自己的房间里放一碗水，并每天换水。你很快就会看到，你放在碗里的水比平常消耗得快很多。这是因为我们在多方面使用它。如果你与我们工作，你需要尽你所能来滋润自己。如果你的身体内没有足够的液体，你很可能会感觉不适，不过，如果你的体积很大，这主要是因为你身体内潴留了大量的水。我的通道的身体潴留了大量的水，因此她有一个大号的身体。

我要反复强调，你的体内和体外都需要水。通常，那些与你工作的精神灵魂们会在你的体内创建一个收集水的地方。许多男人有大肚子，那就是他们体内收集水的地方。妇女们的体内可以有多处收集水。水的类型并不重要，一些人喜欢带汽的矿泉水，其他人却喜欢普通饮水。只要是水，我们就可以使用它。

十四、在地球上工作

当今，我们有许多灵魂和你们在地球上一起工作的，数不胜数。我们的任务是在必要时通过引导来帮助你，并在任何你需要能量的时候和你在一起。但由于你强悍的自我和你对地球的依附，对我们来说，这并不是一项容易的任务。

在你来到地球上以前，你和我们达成了协议，但一旦你来到了这里，你的自我就想做自己想做的事。很多时候，我们感到沮丧，因为你的自我把你引入自我毁灭的道路，充满了恐惧、怀疑、缺乏信心等。因此对我们来说，与你们合作是不容易的。你们中有些人知道你们将为我们工作，但很多人却不知道这一点。通常情况下，我们可以和那些不知道在和我们工作的灵魂做最好的工作。由于某些原因，那些知道在为我们工作的常常非常害怕，因而不能履行他们的合同。

你们中许多人觉得你必须是完美的，才能为我们工作，而且，由于这个原因，会拒绝为我们工作。我必须让你们知道，我们不要求完美，但你自己却要求自己完美！这是你的自我试图阻止你履行你的使命或你的工作方式。当你的自我在找一个又一个的借口阻止你做你的工作时，我们只能看着。它会欺骗你，让你相信它是唯一一个有答案的。正是你的自我阻止你做你和我们的工作，而不是任何其他的什么东西。

考虑到这一点，我想做几点说明。我们不期望完美，犯错误，在旅途中动摇是生活的一部分。不过，我们要求你意识到这一点，不要逃避或假装它从未发生过。犯错误或失误没有什么不对。我们不会审判你或对你不高兴。是你，对自己不高兴。如果你的自我控制了你，并使你想逃跑，你一定不要这样做！不要离我们而去。

有时候，因为你犯了错误，因此，你可能害怕和我们说话，但此后，你就变得更加害怕。最近，有一个为我的工作提供帮助的人从自己要学的一个很重要的教训中逃跑了。他们不但这样做了，而且当他们回来时，也不来见我，不和我讲话。这个人的自我告诉他们，我的通道和她的丈夫太忙了，不会见他们，然而，事实并非如此。这是这个人的自我让他们有这样的感觉，当然，他的自我赢了。

这个灵魂也对他们曾经做过的事感到害怕，为自己的行为感到羞耻。我希望和这个灵魂通话，向他们保证，我们并没有不高兴或生他们的气，我甚至没有得到机会向他作解释。这个人回来，做了自己要做的事以后，再次像夜间的贼一样离开了，人们根本不会知道他们曾回来过。

不要离我们而去，不要因为未能实现自己的使命而责怪自己。只要不断努力，一天一天地努力，它终会发生。这样，我们就可以实施要和你一起做的我们的工作。你不知道，因为你的逃避、沉默和恐惧，你在多大程度上延误了我们的工作。

十五、代理人

有些灵魂来到地球上成为那些不能清除自己的压抑能量的灵魂们的清除工厂。这些灵魂不是很多,清除压抑能量的努力对个体灵魂来说可以是很辛苦的。正是这些灵魂,引入比大师能量更高的能量,他们与称之为上帝的神圣能量沟通并通道其能量。

为了承受并吸收被压抑的能量,他们受到严格训练,并在他们的精神道路上观察他们是否可以携带这样的负担。如果一个灵魂无法释放前世生活的能量,可以由"代理人"与那个灵魂的能量合并,并吸收那个灵魂的疼痛、痛苦、情绪等。"代理人"往往会为那个灵魂哭泣,因为那个灵魂不知道该怎样做或不能做到这一点。

由"代理人"帮助一个灵魂释放前世生活的能量,这是在地球上唯一的方法。在精神世界里,它会在接待区里被自动清除。在地球上因为密度的关系,这是很难做到的事情。除非他们能够清除这些被压抑的能量,不然的话,他们仍将留在黑暗中!

没有多少灵魂能做这项工作,因为很多灵魂在他们精神道路的考验中半途而废。看到一个灵魂达到更高层次振动的喜悦,对他们来说,这就是足够的回报。有这么多的灵魂在寻求他们的帮助以清除自己的黑暗,但只有很少的灵魂通过了考验,能够帮协助他们。

在世界上有很多灵魂认为不应该吸收被压抑的能量到体内,或人可以用"白光改变它",或将其发送到宇宙中。我现在就与你们沟通,告诉你,情况并非如此。有些灵魂实际上选择将被压抑的能量吸收到他们的体内,以帮助那些自己不能清除这些被压抑的能量的灵魂。灵魂选择做这种工作,他们的很多债务都可以因此得到偿还。这就是你们所说的"回收"变成积极能量。为了能够做到这一点,人需要达到非常高的振动,很多人都做不到。

十六、关于通道通灵

我最近被问及有关通道方面的话题，很多人认为有些通道并没有真正地流通信息，而是他们的自我在说话。人们应该怎样对待这些通道？我说："什么都不做。"为什么什么都不做？因为你无法告诉别人那个人不是一个真正的通道。他们必须自己从那人的行为和他所要求你做的事情中认识到这一点。

你看，我们绝不会要求你对我们忠诚。你必须根据耶稣说的，"从他们的果实，你们应当能识别出他们来"来做出自己的选择。这正是一个通道应该做的——让你们自己加以识别。是的，我可以告诉你，你的计划是否是正确的，但我们绝不能坚持让你做特定的事。如果你是被人告知你必须要做什么，那么你就需要再三考虑这个通道说的话，因为在我们的世界我们不会命令你做任何事情。

我们知道，选择是非常重要的，每个灵魂都必须有选择的权利。我记得我的通道多年前为一个自称是我的通道的人所烦恼，此人对她进行死亡威胁并寄给她严重警告的明信片。在澳洲的一个公开演讲中，他在门外骂她，诅咒她，并说这些来自于我。我告诉她，"别去理他。"当她这样做了，明信片和死亡威胁就停止了。

如果你在寻找改变，我们这些在精神世界的大师们会和你在一起并帮助你。我们不能强迫你，我们也不会强迫你，我们不希望你的变化来自外界。你是自己现实的创造者，你往往从自己所做的错误选择中学习艰难的教训。

一个通道应该有幽默感。我们并不严厉和可怕。在我们的世界里我们有很多的乐趣，一个通道应该能够将那种乐趣反映给他人。我们不选择阴郁和悲伤的通道。如果一个通道是真正地为一位大师工作，那位大师就会关照他们的所有需要。

我不能告诉你谁是真实的通道，谁不是真实的。我只能告诉你要加以识别，但也不要担心，如果你意识到你选择的通道原来并不适合你或没有做"正确"的方式，你会回头。我的通道曾到一个治疗中心见一个治疗师，感到他是一个骗局，他收费太多。当我进入她的生活后，她问我："大师，你为什么派我去见那个治疗师？"我回答说，"我没有派你去。我们谁都没有派你去，是你自己选择去的。具有讽刺意味的是，这是一个正确的选择，因为你学到了很多东西，你学到了如何不要继续运行。"要知道，每个经验都有一个要学的教训。没有对错，只有学习。

十七、在精神世界做选择

我经常被人问及，"你们的世界是什么样子？"这是不容易用人类语言来描述的，因为它必须亲眼看见才能相信。这就是为什么灵魂不想回到世上来的原因，直到所有的灵魂能够了解我们的世界，灵魂才会再回到人世来学习过去的经验教训。

用我的通道为例，她经历了多个化身，但仍然没有学到她要学的人生功课。每个化身后，她都对自己没有学到自己要学的功课而感到失望。最后，她来请求我们这些大师们在她的今生中帮助她，因为她曾努力自己做了多次，但始终未能如愿。我们和那些参与帮助灵魂返回人世的初级大师们与她坐了下来，帮助她制订了我们怎样能够在她的今生中帮助她的计划。

她选择了有一个很难相处的父亲，一个具有占有欲的母亲，还有一个哥哥。此外，她还选择了有一个家庭性"神经"的特点，这使她变得很敏感，尤其在她的早年；正因为这些"神经"的特点，她具有惊人的直觉。

她选择不在她的生活中使用这种直觉，直到她生了女儿后。然后，她把这个孩子给了人，因为她在一个前世生活中偷了一个孩子，需要在今生中把孩子还回去！我们还与她制定了在她29岁时，她会离开自己出生的国家，移居到世界的另一边，远离任何接近过她的人，并重新开始生活。即使赞助了她移民的哥哥也离开了她，她独自生活。

她选择了在35岁时，她会开启生命真谛学的门。在她经过了很多的诚惶诚恐后，我们开始了她与我们的工作。在我进入她的生活前，她接受了7年的训练。此后又是21年，在我们认为她是合格的，可以走出去在世上做她要做的工作之前，我教导她有关我们的世界和她需要学习的人生功课。

我们在她的许多个转世前就已选择合作，但尽管我们合作过，她并不总是听我的话，反而宁愿跟随她的"自我"。仅在她的此生中，她才终于听从于我们精神界的指示。这并没有夺走她的自由意志，远非如此，就像她以前一样，她有选择，她已学会倾听内心提示，并遵照其提示，她因此才能做她今生要做的。

在她生活中的一切都是由她选择，但不是所有她选择了的事情能够按计划发生。这是因为在她生活中的其他人有恐惧，并改变了他们的想法，他们对她能量的恐惧超过了他们对改变的渴望，而这正是她的能量要做的——带来变化。每当发生这种情况，宇宙就会打开不同的门，也许没有原有的好和完满，但另一扇门是一样的。

教她并不容易，她是一个**坚强**的女人，很固执，还有巨大的恐惧，她的敏感也使她的学习不易。她还选择了不使用左脑功能，这样她就可以像她在前世中那样不被逻辑和教育所动摇。

她还有一个强大的自我，但她的高我也被开发了，这就给了我们很大的帮助。因此，她现在对开始她来世上要做的工作准备就绪，这就是为人类世界带来新的教学，帮助人类摆脱笼罩在思想上和精神上的恐惧及情绪。最重要的是教导人类有关我们的世界，消除人类对死亡的恐惧，对死后要受到惩罚的恐惧，并过渡到自己真正的家。

这是一个艰巨的任务，但我们有很多人像我的通道一样，在为我们做这项工作。有时候，这甚至是吃力不讨好的任务，这是一条艰难的道路，但她和那些像她一样的人已经把自己奉献给这一任务。到目前为止，我的通道已经改变了，并学到了很多的东西，她不再是从前那样。那些和她一道工作的灵魂也在改变。希望她回家后不必再返回人世。

许多人因不能忍受艰难的步伐而成为手下败将。还有许多人以为他们会获得财富或得到特殊待遇，但情况并非如此。你像其他人一样，是一个行走在旅途上的灵魂，你只不过选择了为我们精神世界工作而已。

有许多灵魂在为我们工作，他们是治疗师、教师，具有直觉，能看到过去和未来，他们中很多人在教导有关我们的世界，以及死后会发生什么。

我们的世界是一个真正的世界，是一个和平的地方。

第三章：回家

一、死亡只是一种过渡

我想讲讲有关离世，回到精神领域的话题。这么多的灵魂怕死，但这却是最简单的事情。近来，随着有这么多的灵魂由于恐怖主义和自然灾害而离世回到他们的精神之家，许多人就变得害怕。

当是你离世回家的时候，在你的肉体真正死亡前，你会离开你的身体。当你这样做时，你脱离了你的自我，进入了你的高我。只有这样，直到你离世的这一刻，你才能看到所有的一切只是一种幻觉。

你去世时绝不会孤单，总是有人在帮助你。这些人或者是你在精神世界里的家人，或者是你的朋友。

也有一些灵魂，因为他们非常惧怕过世，他们不想离开，他们往往会再待一段时间。不过，这些灵魂会得到救援团体的协助。这个在我们精神世界里的救援团体是专门帮助灵魂过世的。

一旦你离开了你的身体，你就能回家来。你真正的家，驻扎在我们的精神世界里，是在另一个层面上。在这里，一旦你离世回来了，你会休息一段时间。然后你会进行下一步，看看你在世的生活和你从中吸取的经验教训，因为每一次的生命都是一种独特体验，一种教学经验。

你回到家后，有许多的喜悦，许多的庆祝活动。是的，有一些灵魂太附着于世上的一切，所以他们对于放手有些困难，但他们最终会放手，并向前迈进。死亡没有什么可怕的，它只是一种过渡。你将在你的旅程中怎样进行这一过渡，由我们来协助你。惧怕会减慢这一过程。

把离世回家看作是一个旅程，一个回家的旅程，事实正是如此。有关死亡这个话题我有必要给予更多的教学，我会在另一篇通讯中就这个话题进行教导。重要的是，地球上的人要知道这些事情，并尽可能的没有任何害怕。

二、安乐死

近几年来对安乐死的议题存在着不少争议。安乐死是用结束自己的生命，来结束多年的痛苦和磨难。这的确是一个有争议的议题。我想对这个问题表达我们精神世界的看法。

每个灵魂在出生之前都选择了自己的寿命和生活状况。当你在精神世界选择这样的生命经历时，我们会问你，"你是否认为这种情况可能对你太艰难了？"最通常的反应是"不"。当你来到地球上开始你的转世生活后，当你承受着你所选择的生活时，又似乎太难以承受了，因此你觉得你必须要返回家园。

你可能认为你的生活从此就那么完成了，但事实并非如此。例如，你选择要有85年的生命，但在70岁以前，你用自己的手（自杀）让自己提前回家。然而，你在出生前签订的合约中仍有15年的体验尚未完成。因此你将必须返回地球再生活经历在这余下的15年。然后，你将返回家园，你的合同到此才能结束。

你可以选择你的环境，出生的国家，父母等。我们除了给你劝告外，什么也不做。你是自己每一个转世生活的创造者。

如果你曾想知道为什么有些来到地球的灵魂只有很短的生命时间，有时甚至只有几天，这是因为他们刚完成了自己的一个人生经历。当人生经历结束后，他们就返回家园。你选择是否停留还是返回家园。你，正如我刚才所说，是你自己现实的创造者。

你不会因为提前回家而受到惩罚！比如，如果你选择了得癌症，并通过结束自己的生命而提前死于这一疾病，你就会为你余下的时间返回地球。你必须要完成那个合同。

不过，那些帮助你的人会改换，不再是同样的人，出生的地方也许也改变了。但你选择的要体验的经验教训尚未完成，仍然存在。没有人会因为你选择而加以评论。

你们每一位都有与生俱有的自由意志，在任何时候都可以行使自由意志。人们没有经历你的痛苦，没有体验你的缺乏合理标准的生命，怎么能知道你的感受呢？通常当你早回来后，我们会向你指出，我们确实告诉了你，你的生命中这一部分将是困难的，仅此而已。

我们当然不会评价你。你经过短暂休息后，就再返回地球，以便完成该项合同。对那些阅读本通讯，并不同意这一点的人，也许有一天，你也会有癌症或疾病，也给你造成了巨大痛苦，也只有这样，你才能理解一个人为什么选择这个作为他们的人生生活的经验教训。

基督教圣经指出，"不要论断，免得你也受论断。"你们不要论断任何人，这是他们的选择！

三、没有人拥有任何人

许多灵魂曾对我说，"大师，我有三个丈夫，当我最终回到精神世界后，我将与哪一个丈夫在一起呢？"这是一个非常重要的问题，可能会吓倒很多灵魂，因为他们认为当他们回到精神世界后，他们还会与此生生活过的伴侣生活在一起。

就在我写这篇通讯的几天前，科丽塔·斯科特·金在地球上生活了78年后回到我们精神世界。她是马丁·路德·金的妻子，马丁·路德·金在1968年4月结束了在地球上的生活回到了我们的世界。她去世时，很多人说，她已返回天堂与她的丈夫团聚。然而，他们并不知道，马丁·路德·金在回到我们这里后决定立即重返地球，以完成他应该完成的工作，并再次成为黑人。

他现在是一个36岁的男子，再次住在美国。他不会再见到他在前世生活中的妻子。她也不会与他再在一起，现在她已经回到我们这边。她，就像他一样，是一个灵魂，来到地球上学习自己的经验教训。

你与谁在一起并不重要，重要的是你必须要学习的经验教训。你可以一生里只有一个伴侣，但当你返回我们这边的家时，你是独自回家。你所有的关系——丈夫，甚至敌人——不再在我们的世界。他们只是你的同胞灵魂，使你能够在你的人生中学习所必需的，如此而已！

在马丁·路德·金的有生之年，他是一个被当权者追捕的人，当权者对他的调查超出了正常范围。在他目前的转世生活中，他害怕政府主管部门，害怕通信，甚至害怕电话，因为他的灵魂仍然清楚地记得在前世所受的迫害。他现在又回到了地球，再次做精神方面的工作，但他有太多的惧怕，因此他把自己隐藏起来。希望他最终能克服他的恐惧，恢复做他的精神工作。他现在还没有结婚。

即使你回到精神世界，你也许无法与你前世的朋友、伴侣或丈夫在同一个层面上。如果你的振动比你生活中重要的另一半高，那么你会去一个更高的层面，而他们却不能去。

许多灵魂害怕一旦他们回到我们的世界后不能与他们的伴侣在一起。他们没有意识到，他们越害怕，就越在自己的生活中制造所害怕的情境，因此当他们返回家园，他们在地球上的想法导致他们在我们的世界里创造一个更糟糕的境地。你要放手自己想要拥有一个伴侣的需求，因为它会导致你在精神世界里害怕分离的状况。

你害怕孤独吗？什么是你害怕的原因？在我们的世界，你可以与你的亲人们有非常美丽的时光。要知道，你会在我们这个世界里与你的亲人和失去的亲人团聚，以及与那些在世上曾经是你的敌人却在我们的世界是你的朋友的灵魂团聚。

科丽塔·斯科特·金会怎样呢？她以后将返回地球，她会与那个曾经是她丈夫的男子相会吗？不，她已经完成了她的尘世存在时的功课，她现在留在我们的世界里。当那个曾经是她丈夫的男子回到我们世界时，她会很高兴，他们也许会互相庆祝，但她不会与他永远在一起。

这就是我们精神世界的结构和工作方式，没有人拥有任何人，所有人都可以自由地遂自己的愿望。所有灵魂的高我知道和理解这一点。

四、死亡的选择及帮助

许多灵魂感到没有人关心他们，但我们确实关心他们，而且喜欢人们知道这一点。我们还派出我们的助手以指导他们，通常和我们世界的一个医生一起，在他们处于睡眠状态时，给他们医治。不过，如果一个灵魂到了回家的时候，当发生这种情况时，通常医治的能量不能帮助治愈这个灵魂的身体，但我们会发送我们的能量帮助这个灵魂回到我们这边。

当一个人收到有关死亡和疾病的信息的时候，常常会害怕自己的直觉。如果是这样，你只需要告诉你的守护神，你不想要这个样的信息，你就不会再有。

你知道你可以选择回家的时间，而且你可以有多次选择吗？是的，这是真的，你可以有三次机会选择什么时候你想回到我们这边；你在最终回到我们这边前，你可以改变自己的决定。

不久前，我们收到一个罹患肺癌的人的要求。这是他本人亲自向我们提出要求的，尽管在此之前我们派出人们帮助他们，但他们没有利用这些机会回来。这个人不会停止吸烟。他们可以选择停止吸烟，但却不能做到；自我有如此的控制，主宰了这个灵魂。通常我们可以帮助你，但正是你的固执，艰难，不会为了恢复和康复做自己应该做的。但是，没有任何治愈的要求被充耳不闻。我们只希望你能看到我们从我们的精神世界所看到的。

有许多灵魂并没有必要去死，但却选择了这样做。他们要么是厌倦了生活，要么是不能放弃他们的世俗需要，如烟草或其他物质。不过，他们回到我们这边的时间总是通过在星象学上一个行星恰逢过境时，这会帮助他们。

正是你，因为你自己对我们世界的恐惧，阻止了你返回我们的世界！我们的世界不仅是一个休息的地方，而且还是一个美丽的世界。那些回到了我们世界的灵魂，没有一个想要再回到你们的世界。放开你对我们世界的恐惧，你会发现自己更容易返回。

五、向亲人表达你的感受

很令人痛心的是看到，当灵魂在结束了他们在地球上的旅程回到精神世界后，发现他们没有告诉所爱的人，他们对其的关爱时的那种心碎和悲伤。他们活着时工作太辛苦，而忽略了他们的亲人。这必须由他们亲眼看到，他们才相信。

你根本不知道，当灵魂在世时，因为没有表达他们想要表达的，会造成多大的不幸。你太沉醉于自我，沉醉于你自己的生活，从来没有想到要对他人表达自己，从来没有想到要告诉他人你多么爱他们，从来没有认识到他们多么需要你告诉他们你从来没说过的。一旦你回到精神世界，就为时已晚。

一旦你离开了地球，就再不能回去挽回因为你没有说心里话而造成的遗憾。有多少次你想对别人说些什么，但因为你的自我，你害怕遭受拒绝、嘲笑，或对说实话缺乏信心，因而一直无法做到。我们不断地关注着这些灵魂。

死亡往往来得很突然，一旦它来到，就没有留下任何可以表达安慰和爱的机会。一个灵魂也可以选择慢慢离去，但即使如此，他仍然无法说想要说的话。人的自我不允许他这样做。

让你的生活成为一种庆祝，不要害怕说你想说的话。在你离世之前表达你的感情。不要留到你离世以后，从而留下遗憾。

我们让很多的灵魂回来对自己的亲人说对不起，以表达他们对自己的亲人，因从未表达自己对他们的爱或感情而产生的歉意。生命是短暂的。它似乎很长，但有一天你会回到帐幔的我们这边，如果你还没有对你周围的人表达你的感受，你可能会是一个希望通过通道回来对你没有表达自己的感情而说对不起的灵魂。你想成为其中的一个吗？

如果不想，那就表达自己的感情。让人们知道你是多么关心他们，即使他们可能不这样对你，那也不要紧。要紧的是，你平和地说实话，这样你就可以回家与我们团聚，并保有有安宁。这才是最重要的！

六、海啸

你们写信给我，要我评论亚洲遭海啸袭击一事，在这次海啸袭击中，如此众多的灵魂回到了精神之家。首先，在这个灾难中的每个灵魂事前都在潜意识上做了准备和预备。地球现在处在一个过渡时期，一个洁净时期。

多年来，光子带能量已经创造了能量以使这种情况发生。在地球上仍然处于幻觉中的人们可能会说"但是，上帝为什么会这样做"？我要告诉你，"上帝并没有这样做。"这是进化的一部分，为了使变化发生，这是十分必要的。

那些回到我们这边的灵魂很安宁，并非常高兴离开了地球；他们已经完成了自己在地球上的生命周期。那些留下来的灵魂要从这一灾难中学习很多东西。地球上还会有其他类似的情况发生。这些灵魂并没有死，他们已返回家园，并在欢呼自己从地球上得到了释放。尝试把重点放在这点上，而不再为在地球上的灵魂悲伤。

你们每个人有一天都会死，这些灵魂选择这种方式死去。这个过程非常迅速，没有人遭受了痛苦，所有的灵魂在他们的身体受到影响前就离开了自己的身体。

对人类而言，所发生的灾难似乎很残忍，太具破坏性，但对我们精神领域来说，我们现在可以为这一地区新的开始进行必要的改变。是的，这需要时间，而且有很多工作要做，但改变会发生。那些回来的灵魂非常高兴自己回家了。

第三卷：地球人类

第一章：自我、高我

一、自我的起源

我觉得这是教育灵魂认识自我的时候了。人类只有在根除了自我后，才能真正前进。什么是自我，它从何而来？为了解释这一点，我需要回溯到地球的过去。

很久很久以前，在遥远的星系中有一个有两个太阳的行星。这是一个非常美丽和具有相当规模的星球。两个太阳同时供给这个星球能源，在这个星球上驻扎着一个非常先进的文明社会。这是一个快乐、满足和宁静的地方。在这个星球上居住的灵魂们已经进化了数千年（用你们的地球时间计算）。他们有能力离开自己的身体，并移向更高的振动层面（如果他们想这样做的话）。

他们创造了一个奇妙的地方，许多灵魂称其为天堂或精神世界。当他们需要休息和放松，或者当他们需要改变时，他们可以去那里更新自己。这个文明社会受到一个叫作兄弟同盟(Brotherhood)的精神团体看管。这是一个高度进化的并具有非常美丽能量的精神团体。在这个精神团体中的灵魂被其他成员称为"大师们"(The Masters)。这些被称作大师的灵魂们选择留在精神世界，并协助组织在这个有两个太阳的星球上的生活和娱乐。

有一天，有人注意到，这两个太阳开始失去能量，换句话说，这两个太阳开始死亡。这引起了兄弟同盟的高度关注，因为他们知道，如果没有太阳，他们就不能待在一个物理星球上。在这个有两个太阳的行星上居住的灵魂得到指示，或者去寻找另一个可以居住的地方，或者待在精神世界里。

但是，在这个星球上居住的灵魂喜欢享受待在身体里，所以他们要出去寻找另一个可以居住的家。他们派出航天飞机出去寻找，在经过许多地方许多搜索后，他们最终找到了地球。地球此时还处于洞穴人的发展阶段，人刚刚进化为人的形状，但还没有什么智力。

兄弟同盟对此发现兴高采烈。他们做出决定，为了与地球上的这个人种连接，他们将进行DNA合并和克隆。他们这样做了，最终创造出新的人类，这个新的人类开始成长，这个新的人类比其他同类更加进化。随着其成长，这个新的人类显示了正常的洞穴人无法比拟的非凡才能。正是这个新的人类教育了其他人类用火等，洞穴人因此也以一个非常快的速度进化。不久，这个新的人类开始与旧的人类配种，并进化为我们今天知道的人类。

兄弟同盟继续看管这个新的人类，并作定期访问，看看这个新的人类是否做得很好。这些早期的访问记载在基督教《旧约·以西结书》以及其他活动的描述中。科学家们经常说，他们无法找到在原始人与现代人间缺少的环节，那么，这就是那个缺少的环节！

但不久，兄弟同盟意识到，新的人类不同于在有两个太阳的行星上的人类。这个新的人类开始打斗，争吵，并变得非常消极。兄弟同盟对此感到不安，并给予指示，以了解为何会出现这样的情况。

他们很快发现，他们犯了一个大错。这个新的人类不仅具有兄弟同盟的高我，但通过与原始人间的配种，他们同时也具有了原始人的生存本能。正是这种基本本能的能量，即我们现在称之为的自我。

这是一种自然能量，被设计用来帮助它们生存，这种能量只存在于原始人。但是，这个具有生存本能的能量通过育种已经被篡改，并正在失去控制。兄弟同盟意识到他们做了一件可怕的事情，因此他们开始试图改正这一切。

他们决定，教育是改正这一切的答案。但是，他们无法应付此时已经成数量级增长的人类，而且这些人类已经开始迁移到地球各处。因此，他们决定定期派出信使协助教学。

一些兄弟同盟的灵魂选择来到世上，并在这里出生，以帮助教育人类，这直到今天仍在进行。人类现在已经到了一个巨大的飞跃即将发生的阶段。因此，许多灵魂在寻求他们的真实精神身份。从前只有少数几个人在搜索，但现在人类大多数已进化到超越自我的程度。不过，人的自我是一个强大的对手，它会尽一切可能争取留在每个人体中。

光子带能量和凯龙这个具有愈合力的小行星（现在一些人称其为行星），也在帮助进行这项工作。一旦自我从全世界被消除了，对地球的治愈才能够真正开始。这是我为你传递的最重要的信息。

你不能通过正常手段从自我中获得自由。通过多年在地球上的生活，它已成为你最强大的对手。灵魂最初来到地球上时，他们带来了能够回到精神世界或天堂的能力。但是，只要在灵魂层面上有被人的自我制造的污点，灵魂就无法使用自己回到精神世界或天堂的能力。然而，一旦这些都得到了解决和处理，灵魂就不会再通过再生而回到地球上来。

我试图尽可能地解释清楚，我在这里传递的信息并不完美，因为它发生在很久很久以前。我们这些在精神领域里的，不活在过去，只有现在。人的自我喜欢过去，因为在其所有过去的辉煌中有借口、情绪和情感，它可以用来监禁你。

自我真的可以称之为魔鬼和撒旦，它有能力毁灭你，经过数千年的演变，它已经发展的非常复杂，非常狡猾。为了生存和住在舒适区，它永远不会停止努力，以制止你发现你的高我，并和你的高我(Higher Self)工作。因为一旦你找到了你的高我，你就有了答案。

所有的先知都是兄弟同盟的信使，他们都为了帮助人类向前发展。耶稣教导人类有关天国的许多美好的事物。穆罕默德教导新的教义，还有佛，以及过去所有的先知。

在过去的多年中，地球上涌入很多愿意教导的灵魂。这就是为什么有那么多的精神教学和书籍，这么多的人在世界上帮助我们实施地球转变其振动的任务。这将会被实现，光会照耀在地球上，黑暗终会过去。虽然自我不断争战，但却有如此多的灵魂愿意改变现状，进入高我。

如果每个人都没有恐惧，任务将变得容易，这是我对你的教导。找出你的自我，时刻意识到它，并找到一个精神医治者帮助你找到你的自我藏匿处，以及囚禁你的领域。然后，你将能够连接到你的高我。

二、区别自我和高我

你们大多数人理解身体和脑力，但不是很多人都理解精神。它是你们灵体的一部分，是当你死亡时，回到我们世界的一部分，但它对你们许多人来说，却是一个谜！

人的身体是一个外壳，灵魂的容器，在你死亡后，你的身体和头脑留在这个世界上。大脑是你的逻辑、智力部分。它有助于把你所有的想法集合在一起，它也可以接收从那些在我们的世界与你携手工作的灵魂发送给你的直觉。你的精神部分不仅是你离世后回家的部分，而且也是你有前世生活灵魂记忆的部分，一旦你离开了这个世界，你的精神部分就开始了它自己的生命。

你们每一个在世上的人都要从过去的记忆、过去的生活中前进，同时也要发展和扩张你的灵魂，但由于你有自我的部分，你往往很难做到这一点。你的自我部分是一种能量，自你被造于这个世上，它就一直与你同在。它是求生的本能，因其多年生活在世上，它已经在你的生活中占有相当规模的统治地位。

即使对你的自我部分，你并不知道它是怎样在控制你的生活。自我导致了许多人的自杀，阻止了他们实现自己的目标，因为自我制造了它对未知的恐惧，并竭尽所能，让你待在生活的舒适区。

你们每个人都有一个高我，但你们中只有极少数的人知道它。你的高我部分，这是你能与神沟通，并能实现你所有需要的部分。然而，你的自我会竭尽所能阻止你这样做，它会用恐惧、怀疑、消极的情绪使你长久地减缓前进速度。甚或完全阻止你前进。

高我的目的是协助你清除过去的旧观念。而你的自我并不希望这样，它会誓死阻止你实现你的目标。我的通道玛格丽特，曾经有个朋友，经过多年的超重，她选择要减肥。此人的自我因此使她从楼梯上跌下来，她不仅卧床多月不起，而且不能遵循她的减肥程序和她为自己制定的运动计划，当她康复以后，协助她减肥的能量在占星学上已经不再存在。这就是自我的力量。你的自我不喜欢前进，将竭尽全力停留在原地。

人的自我并不居住在人的精神体内，而是在人的肉体里。人的高我存在于人的精神体内。一旦灵魂离开肉体，就没有了自我或小我意识。当灵魂抵达我们的精神世界后，他们通常相当混淆，因为我们的世界非常像你们的世界，不同的是我们的世界更真实。

与自我的斗争是你人生中的重要战役。自我会产生问题：为什么、怎样、什么、谁？高我不必问任何事情，它只是将任何一种情况看作教训，并向前进。自我会说："但是，为什么会出现这种情况？将来会发生什么？"等等，这就是区别。

自我会让你相信最荒谬的事情。它会让你在明明有罪时相信你没有罪，而且它会找理由设法让你看到它的观点。它甚至会与你的高我争辩。如果你不是处在一个高振动率，你的高我将无法用真相进行反击。

自我除了自己，从来不想任何其他的事情。它能看到的只是自己的痛苦、苦难、困难、它所做的是如何的难，它是如何受到惩罚，人们是如何伤害它并对它制造问题。它所看到的全是他人的过失，而它自己从没有缺点！自我自认为是完美的。它会与你争论，以维护自己的真理。它在任何情况下从来看不到可取得的积极成果！列举自我如何至高无上的明细表是无止境的。

　　人的高我会怎样做呢？它什么都不做！绝对是什么都不做！它不用自圆其说，因为它知道上帝知道自己的真理是正确的。高我可以站在上帝面前，知道它说的是实话。高我指出自己的缺点，但绝不会指责别人的不是。高我视所经受的痛苦和艰难为自己要借鉴的经验教训。它总是在一切情况下取得积极成果。它从不评判，静静坐着，让世界经过，而它则集中精力处理自己需要解决的问题，以提高自身良好状态。自我供给自负，高我则没有自负。

　　当人达到没有自我的程度，不相信自我的宣传机器，人则提高了自己的振动到一个新的水平。到此，人才可以看透幻觉，看到事情发生的真正原因。当人对所发生的事情没有情绪反应、剧情化、生气等，那么人就真正提高了其振动，人就真正处于高我层面。

　　在这个层面上，人就能与更高层次上的大师们直接心灵沟通，并开始与上帝沟通。人就真正处于一种高振动。为了让高我进入，人需要做必要的工作来除去自我，即人要真实和诚实地待自己，不要让自我通过恐惧、怀疑、不安全感和情绪体来控制自己。这是唯一可行的方法。

三、识破幻觉

　　尽量不要相信你看到的。因为生命是一种幻觉，只有在人开始提高自己的振动后，才能看到这一点。对仍然处在这种幻觉中的你来说，因为自我，你难以超越这个现实。

但还有另一个超越这个幻觉的现实,它只能在一个人提高了自己的振动后才能看到。当这种情况发生时,当一个人提高了自己的振动时,人就有可能识破这种制造出来的假象。对某些人来说这可能是一个可怕的经历,因为他们的生活,他们的想法,他们都认为是真实的,却发现情况并非如此。

对那些看破幻觉的人来说,生活会改变,但这种改变往往也是可怕的。当中涉及改变,改变可以相当大。然后有了人的自我和高我之间的战斗,这可以是相当困难艰苦的战斗。

人也无法向另一人没有识破假象的人解释它是什么样的。无法用语言来形容这方面的经验。人会发现自己在经历这些时非常孤单,因为它可能要用若干地球年才能完成。

但是,你并不孤单,虽然你看不到我们,我们却在看护你,并努力在你的这个认识阶段上帮助你。精神发展,在振动中前进是不容易的。与自我的战斗有时会很惨烈,但当一个人真的向前迈进时,那种和平的感觉会是非常令人惊异的。

所有一切中最重要的是此时时刻。过去的一切都已过去,当一个人开始生活在现在,人就可以开始识破幻觉。

四、自我存在,就无法完美

很多的灵魂在强行让自己超出正常的条件以求达到完美。尤其是那些走在精神道路上的灵魂,似乎更是如此。我们的兄弟同盟,没有要求你们要完美,是你们自己在制造这种需要。出于某种原因,你们想象我们是完美的,所以你就想模仿我们,变得和我们一样。当你们在地球上生活时,你有自我在控制,因此你就不可能变得完美。

即使你理解自我和高我的功能,但在自我和高我这两个能量之间不断发生的争斗,你仍然是不容易达到完美的。你们想变得完美的努力，为自我创建了更多的争斗。全人类的愿望都是力求尽善尽美，这是可以做到的，但不是通过强迫或纪律。因为自我憎恨这两点，因此就会更加反抗。不是说人不应该有纪律，纪律在一定程度上对一个人的生命是必要的，每个人会决定在他们的生活中需要多少纪律。

当你放手这种欲望和力量，当你表现自然，当你忘记了对完美的需要时，完美才可以逐渐成为现实。除了请求你在自己的生活道路上前进，意识到自己还没有解决的前世生活问题外，我们对你们没有任何其他要求。当你有恐惧、怀疑、焦虑、嫉妒、愤怒、不满和自己的生活不健全时，你会不幸福，而这将会导致你的另一个转世人生。当你专注于物质生活道路，不关注自己的精神生活时，这也会为你自己创造另一个转世人生。

你的责任是为了你自己，太多的灵魂在他们应该帮助自己时却花了很多时间帮助别人。这并不意味着那些在做护理专业的人们不应该帮助人，对他们的服务和工作是人们所需要的。然而，太多的灵魂在他们不应该做的时候却在干涉其他人的生活。许多灵魂因为照顾他人而逃离自己的真相和生活教训。直到人能够帮助自己，人才能帮助世界，然而，太多的人都没有帮助自己。

一旦你能够理解自己，能够处理在自己潜意识里的一切，以及被自我所隐藏的一切时，完美就会到来。也许你在今生中不能实现完美，但你对完美的认知所累积的学分仍然是你的，你的下一个转世人生会变得更加容易，在你寻找完美时要记住这一点。

你可以精益求精，但要知道，人在这个地球上是很难达到完美的。这是因为你受到你要学习的教训的限制，这些你要学习的教训都显示在你的星象图中。

你们所有人都有自己的行星象构造，这些构成了对你生活的影响，并给你提供了选择。水星管辖你的讲话和沟通，金星管理你的家庭与家人，火星为你提供战斗的本能，等等，正是这些还没有学到的教训阻止你成为一个完善的人。当你在地球上受到这些行星的影响时，它们就成为你的限制。

是你在一生又一生中做出的选择，使你的灵魂完善。每一个人生是一个使灵魂变得逐渐完善的过程，直到有一天，你再没有必要返回地球。然后，你就变成完美。

与自我的斗争是一生的重大任务，这是你们所有的斗争中最大的战斗。这就是在基督教信仰中被称为的"魔鬼或撒旦"，自我确实是一个黑暗的力量，因为它是隐藏的。

你生活的每一天就好像是你的最后一天，不要担心未来，不要担心过去，你不能改变过去，你不能倒退。但未来还没有被创建，面对每一个时刻，当你这样做时，你就可以开始实现完美的道路。如果你跌倒了或失败了，不要自责自己，因为我们也曾走过你正在走的道路，我们有时也跌倒，也失败。我们也知道道路的艰难。只要记住这一点。我们终于做到了！你也能做到！

五、自我让人成为奴隶

自我需要安慰的愿望制造了很多的陷阱，使人类成为奴役。当一个人向上迈出一步后，人就成为自己的主人，那样，人就能成功摆脱一切奴役，获得自由。如果人对生活是个游戏没有认识，玩游戏时常会让人陷入在游戏中而造成人生灾难。有些灵魂在今生中不会实现醒悟。

当一个人走在精神道路上时，最重要的一点是意识到潜意识和驻留在潜意识里的自我的工作。意识到自我是如何与自己和自己周围的人玩游戏的。在自我的这些游戏中，可以给你造成很多的损害。

在知觉上，你可能觉得在你的世界里一切都很好，但在潜意识里你却有很多损害的根源正在发挥出来。如果一个人有任何形式的不安全感，人就可能制造出各种游戏来影响自己周围的人，而使他们嫉妒到使他们愤怒和沮丧。

　　自我不喜欢离开舒适区，然而，因其自身的自我破坏，自我制造了很多情况。当损害已经造成时，它会使灵魂失落在所发生的情况中。我会给你举一个例子，一个女学生不顾一切地爱着一个有孩子的男人。她太爱他了，以至于她的自我因他对自己孩子的关注而变得发狂。她的自我想完全占有他，尽管她很努力地与他沟通，想在他们之间和平相处，但她的自我最终制造了一个局面，这个男人无法再与她相处。他告诉她，他不再希望和她在一起了。刚开始时，她以为这没什么，但随着时间的推移，她意识到自己深深地想念他，她的高我开始向她展示她做了些什么。她彻底垮了。然而，损害已经造成，她独自留下。这个男人已经前行，为自己找到了另一个婚姻伙伴，找到了幸福，但她却无法继续前进，所有她能想到的是她曾经有过什么和她失去了什么。这是一个人的自我进行自我破坏的很好例子。

　　人类一直都在这样做，自我在说话前从来不思考。它会制造情况，给他人带来痛苦和苦难，而这一切都是以玩游戏的名义。玩游戏取笑另一个人，或制造一种情绪化活动。无论哪种方式，它是人的自我在这样做，因为人的高我是绝不会这样做的。全人类都有情绪体。这是一个非常敏感的机体，对很多人来说，他们会对情绪体失去控制。自我可以在很多方面利用这一点。它会严重破坏和玩游戏。

　　但是，一旦人抑制住自我，让高我进入，不玩游戏，不进行情感勒索，完全诚实和真实。只有这样，才能升至更高的良善生活。现实世界一切都是幻觉。

　　在你讲话之前，想想你的话，想想你的话会怎样搅乱他人。每个人都应该有自制力，不生气，但即使如此，人在地球上仍然暴露于所有人类的情感面前。即使对情绪体进行了控制，但当人玩情绪游戏时，对他人来说，仍然可以是痛苦的。

只有当你知道，你的话有时可以刺伤他人或给他人造成伤害，你就会对自己要说的话三思而后行。你说什么和怎么说，因为有时不在于你说什么，而在于你怎么说。高我对生命有着最崇高的敬意和尊重。要知道这一点，并在将来，在你讲话前要想想，这句话是否会伤害他。

六、疑问

你为什么有这么多的疑问？这是人的自我在提问。人的高我有所有的答案，并在需要的时候提供这些答案。然而，人的自我想知道如何，为什么，是什么，什么时候。

当你提出疑问时，你阻止从高我而来的灵感。假如你能够坐下来，放松，让头脑安静，答案就会来到。你们每个人里面都有自己对生活的所有答案。你们每一个人都连接到至高者，或上帝，这个你知道的能量。然而，由于你的头脑——因为逻辑——你不能从源头上得到答案。

自我连接到人的自我保护。自我喜欢舒适区，自我不想改变，所以制造一个又一个的疑问，以阻止你前进。自我也会为你不前进找出种种理由，你们中许多人听从自我，就像羊一样地跟随它。

当你不再质疑，而相信宇宙会带你到你需要去的地方，会通知你，你必须做什么，这是真正的信任。然而，人的自我会说，"你为什么不这样做？""你什么时候会做那个？""你没有钱这样做"，等等。然而你的高我会说，"让我向你展示它。坐下来，放松，不要担心，它会发生的。"当这种情况发生时，你允许它发生，你就是一个真正的有精神的人。

七、高我开始控制

地球正在改变并将继续改变，你不能阻止它，也不能控制它。地球的陈旧能量正在被清除。在未来的几十年中，你会在地球上看到前所未有的变化。但是随着变化而来的是恐惧。你仍然会看到愤怒的人们，他们之所以愤怒，是因为他们对变化有太多的疑虑和担忧。现在，被称为光子能量的能量，会将地球的很多陈旧积累带到表面。

你仍然会看到贫穷、战争和所有会导致绝望和悲哀的能量。但你也将看到越来越多的人想要找到生命的真谛，越来越多的人远离老路。高我开始在人类采取控制。人类的自我部分，自人类来到地球上居住以来，一直在控制人类，现在正在失去其霸主的地位。逐渐地，在过去的100多年里，已经出现很多新的教学道路，有些人称其为"精神"的道路。然而这不是精神的道路，而是新的教导，为当今的生活提供给一个新的视角。

人类必须要进步。如果不这样的话，生活会变得停滞和陈旧。能量必须流动。生命本身必须流动，只有变化能促进流动。

越来越多的人想找到对生命本身、前世知识，以及他们在哪方面有才干的答案。他们不再需要自我的方式，这通常是艰苦的工作和痛苦的折磨，他们想要走一条更简单的生活方式之路。许多人正在学习创造自己的现实，放手恐惧，和为自己创造一个全新的生活方式。

世界各地正在发生这样的变化。变化正在家庭中创造很多新的问题，因为孩子们不再像从前那样服从自己的父母，他们想有自己的独立和自由。在大多数国家，同性婚姻不再被蔑视和讥笑，现在逐渐被人们认识到，这是一种真正的关系和爱。

如果你回头看看过去，你会看到在这短短的时间内，地球上已经发生了很多改变。看看你自己的生活，有多少已经发生了改变。虽然很多东西仍然没有改变，但改变的要比没有改变的多。我在本文开头所提到的这种变化不能停止，你从内在发生的变化注定要发生。如果你试图抵抗这种变化，这只会产生压力，使你的灵魂处于艰难之中。尽量顺其自然，让它引导你到你需要的地方，而不是让你的自我引导你！如果你允许的话，你会被直觉引导。

光子能量迫使改变，一点一点地，你将会放开对变化的恐惧。从长远来看，变化会带来一个更好的局面，但你需要顺从变化，你才能看到。

恐惧是一种障碍，放手恐惧。面对一个一个的恐惧，你不仅会拥抱变化，还会有一种新的方式生活。用爱和平和的心，讲说你的实话。你注定要成为自己的生命之主，但只有当你能为自己创建自己的现实时，你才能成为自己的主人。

你们每个人都不同于另一个人，即使是双胞胎或多胞胎也有不同的个性。你通过你的父母来到世界，但你的灵魂不是从他们而来。让你的孩子们成为他们想要成为的人，他们不是你，也永远不会是你，因此，他们怎么会成为你想要他们成为的人呢，他们有他们自己的命运！一旦你遵从你自己的命运轨迹，你就能真正生活和满足你的激情。

八、选择与自我

人在地球上对情况所做出的选择，决定了其结果。有人说，在地球上的一切都是不完美的，没有意外。在某种程度上，这不完全是真实的，因为人做出的选择决定了事情和情况的结果。

让我们看看一个情况：在你出生之前，你选择了原谅你的兄弟，他在前世生活中曾是你的父亲，你选择了在今生中原谅他在那个前世生活中对你所做的。当你来到地球上后，现在是原谅他的时候，但你在灵魂记忆中对他的愤怒、不满和其它情绪来到表面，你发现自己很难原谅他。如此的难，他因此没有被原谅，愤怒和其它的情绪没有得到释放。什么都没有改变。

这将需要另一轮的化身来释放这些能量！灵魂需要经过许多个化身来努力清除自己的情绪能量，通常不得不请求大师的帮助以最终能实现自己的目标！如果和平不能恢复，情绪不能释放，会发生什么呢？宇宙会找到一个方法来处理这个问题，但这可能需要时间，甚至许多年的时间。这样做是不容易的。

神灵给了你选择的权利，如果没有选择，你就会是一个机器人。然而你可能会基于恐惧、愤怒和冲突做出选择。因为在地球上，人的自我统治了90%以上的时间！自我是所有的消极性，它没有理解、同情、宽恕和爱。它所有的一切都是关于复仇和自我满足。

没有什么是命中注定的，因为直到你来到地球上，你根本不知道你的自我部分会对你做什么。高我总是会原谅，并尽一切所能创建和平，但除非你非常努力地消灭自我，你的自我会在地球上为你做决定！

九、别人的指责

当别人因你的失误或做错了什么，面对别人的指责，人首先的反应是："因为什么我才那样的"。你的自我可能会为自己辩护，或恼羞成怒变得愤怒，毕竟，自我受到了挑战，因此它会跳出来竭尽全力地战斗。

精神的路径是不容易的，很多人都半途而废，因为自我在为自己战斗，想方设法留在舒适区。自我会做任何事情来阻止你前进，它会将一切带到表面，恐惧、愤怒、缺乏信心、怀疑以迫使你回到那个安乐窝。当人的自我在控制时，多年的朋友可以成为敌人。

自我是如此坚定，不会前进。高我不会为这些琐事所烦扰。当高我被获准有控制权时，一切顺利，没有分歧，没有恐惧，没有怀疑，没有愤怒，没有缺乏信心，只有和平。自我和高我之间的战斗可以被克服，这需要耐心、决心和知识，这不会立即发生。在地球上，改变需要时间。然而，当人一旦开始攀登通向更高振动的阶梯，人就能向着觉醒迈进。

我们大师们知道这些事情，你在自己的精神发展中所面对的困难及面对的一切，我们在扬升过程中也面临过。这就是为什么我们告诉你们，我们已经走过你现在走的道路。我们面对了自我，我们终于战胜了自我。我们也想帮助你面对你的自我。一旦战斗获胜，高我在控制，那么，只有到那时，你能体会到不能解释的和平。这是可以做到！你能够赢得这场战斗！

十、识别小我自我和高我

在精神道路的学习过程中最难做的一件事是识别什么是自我、什么是高我。许多人知道，人的自我是小我，是的，它是，但还有更多。人的自我在经过多年世上的生活后，已经打入一个人所有恐惧、怀疑、不安、痛苦和谎言的内心领域。它把持着这些情绪，等着在你打算离开它认为安全可靠的舒适区时，它就像蛇等待抓捕老鼠，在老鼠通过时袭击它一样来打击你。

灵魂很难认识到自我的存在，因为自我会迷惑你，使你以为它是高我。只有高度敏感的教师或阅读者可以识别自我的所有荣耀。通常惧怕是这种情况发生的原因。

自我是所有的恐惧，因为它讨厌变化，只想留在生活的舒适区中。当你应说真话时，它不想与他人有冲突，所以它不要你说真话。年复一年，它使人受它的奴役并成为它的奴仆！

你的高我不断地为你指引你所应采取的路径，这个路径是你已经选择的作为你精神之旅的一部分，但你的自我却把你禁锢在恐惧中。识别小我、自我和高我，是你在地球上走精神道路所必须面对的最艰巨的科目。

第二章：恐惧

一、你为什么有惧怕？

虽然惧怕是一种表面情绪，但它的起因始终连接着两个原因。原因之一是因为你在前世生活中经历过，但你对此没有积极反应的经历。原因之二是你不觉得你有能力做某事。你不觉得自己很棒，很有价值。

惧怕是自我的全面荣耀。基督教里的魔鬼和撒旦就是它的一个方面。当一个人不把惧怕看作惧怕，而将其看作能量，它就成为一个完全不同的事情。

人要在精神上前进，就不能有惧怕，因为惧怕会在人的能量场中制造阻塞和负面情绪。这将排斥朝向你的任何正面能量。你可以对宇宙说，你需要某件东西，但如果你有恐惧感就无法实现和拥有它，你会立即停止创造这件东西的能量流通。你们中太多的人还具有潜意识的恐惧。你甚至都没有意识到你有。

一旦你面对了自己的惧怕，它就不再存在。它就消失了。但当你有惧怕时，你会变得很僵化，甚至连想它都不行。其坚硬程度足以将你永久监禁，除非你变得更加柔软。

什么是你的惧怕？你的惧怕从哪里来？你可能会说："它来自于我此生的生活经历"，但你会发现它也通常与你的前世生活有关。只有通过你进入到那个前世生活，将自己从中释放出来，你才能真正释放这个惧怕。

你可能会说："我觉得我不够好，没有足够的能力，不够强大，等等去面对"，只因你说这些话，你永远也不会克服这个惧怕。经常有人问我"大师，我能做些什么来帮助自己在精神上发展"，我就对他们说，"看看你的惧怕，它们是什么，在哪里？列一个清单，一个一个地克服。一旦你这样做，你就会变得更坚强。你将会清除携带多个人生的障碍。你就会在精神上进步。

二、恐惧是消极的工具

恐惧本身是一件可怕的事情。如果你有恐惧，那么你就很容易成为消极能量携带者。因为它们站在同一边，试图用地球上的幻觉使人类跌倒。如果你没有恐惧，那么生活就不会那样紧张，也就会更容易。

首先，不要给恐惧任何能量。恐惧是一个消极的工具，是自我用得很好的工具。但是，如果你不按其规定，而且不给它能量，它就不会成为一个问题。

其次，不要讨论这个问题。因为每次对它的讨论，就会给它带来更大的能量！第三，不要赞同大众恐惧意识。你是你自己现实的创造者。

如果你有恐惧和担心，你就会吸引这种能量到你的能量中。如果有什么事情要发生，那么它就会发生，而你也不能阻止它。但是，你可以通过不给它能量，而享受更好的生活。耶稣与他的门徒们一起在船上遇到风浪，他显示了没有恐惧。虽然有暴风雨，船在海上被颠簸，但他没有恐惧。不要给恐惧以能量，你就不会惧怕。

消除所有的恐惧是所有事项中的最后一项。一旦在你的心里没有了恐惧，你就可以获得很多。原谅自己过去的一切，尤其是那些你以为自己做错了的，那时候你并不知道更好的方式而已。为什么要为在自己缺乏知识时所发生的事情困扰自己？放手这些带着自己会做得更好的愿望向前进。

三、面对你的恐惧，创造生活的变化

自负，人类自我的一部分，正是人的这一部分，把你们用锁链拴在了地球上。人的自我制造了一种幻觉，阻止人的高我向人展示真相，因此，人类很少前进。人的自我，就像人的高我一样，能够进入人的灵魂记忆。

每当灵魂要走出舒适区，尝试一些新的东西时，人的自我就会说："不，你不能走出去，看看以前你这样做时都发生了些什么！"当人想做出一些改变时，它带出在人的记忆中所记载的从前。这就导致了人的恐惧，而人类不知道如何面对恐惧。现在，有很多有关如何面对恐惧的书籍和课程，但只有你自己能接受变化和面对恐惧。

通常，即使我们在你面前为你设置了变化的机会，如钱、人等以帮助你，但你仍然无法面对自己的恐惧！你害怕，担心钱，担心工作，担心你如何应对即将来临的变化，担心会发生什么，而不是单单信任，放手，走一条新路。通常，新路比老路要好很多，但你却永远不会知道，因为你有太多的恐惧。不过，一旦你确实面对了自己的恐惧，那么你就可以改变你的整个生命和灵魂的模式。

你是自己现实的创造者。你不能为你自己的情况责怪任何人，因为你创造了它。我们为你带来每一个改变的机会，但正是你和你的恐惧，把你禁锢在舒适区和过去，因为如此，就阻止了你的未来发生。结果，你就不断地使自己远离提高自己的振动。直到你从恐惧中获得自由，你无法离开地球，你会不断地返回地球，面对自己的恐惧。

目前，地球上充满了恐惧，家庭里有那么多的不和，涉及到工作和财务等。实际上，你被给予了进行改变的机会，但你一次又一次惧怕改变。最终，宇宙将迫使你面对恐惧，进行改变，以至于你没有办法做任何事情一样。同样，是你自己独自创建了这种情况。

目前，许多生活困难，贫穷和苦难的灵魂在面临一个充满希望、变化，以及成功的未来。许多人不得不面对改变，而且，这些改变对他们有好处。我最近被一个学生问及："大师，我要怎么做才能提高我的振动？"我对这个灵魂的回答是："面对你的恐惧，放开它，面对它，然后看看你的生活将发生多大的变化。"

四、魔力,诅咒

我最近收到一个求医治的请求。这个请求我医治的人说他被魔力控制，使他的生活因此变得艰难。我在这里要对你说：没有魔力，也没有诅咒之类的事情存在，除非有人对你施魔力，而你也相信他有魔力，那么你就会让这个魔力出现在你的生活中——因为你信什么，就会在你的生活中创造什么。

因为害怕，很多人就任由别人控制他们。你们是自己现实的创造者，我已经在我的这个网站上多次强调。是你自己允许事情发生在你的生活中。你常常太胆怯、太害怕说出你自己的心里话，因此你让自己无法拥有自己真正想要的生活。没有任何人可以让你做任何事，除非你自己允许这些事情发生。

那些人之所以诅咒你是因为他们害怕你，除此之外他们还能做什么？但是，如果你相信你被他们诅咒或者有人在诅咒你，你就会在自己的能量里创造他们所诅咒的。你所以这样做是因为你害怕——害怕说出你的真实思想，害怕面对他们，甚至害怕让人不高兴。不要让人说你被魔鬼、魔力或诅咒所控制，世上没有这样的事。但要知道，你的害怕会在你的能量里制造这些事情。不要让你的害怕把魔鬼、魔力或诅咒引入你的能量里从而控制你的生活。

如果你不舒服，有身体残疾或不能实现你的命运，那么你需要检查自己的内心，看看是什么在你里面造成这些。没有任何人能够对你制造这些，如果有人说你是被诅咒的，或者他们说他们能施魔，一定不要相信他们，更不能让害怕渗透你的能量场。魔力不存在，也不会发生，只有你的害怕创造了它。

五、直面你内心的恐惧

你们中许多在地球上的人认为生命是注定的。从某种意义上来说，这是真的。在你出生之前你就选择了此生要完成的学习经验教训，偿还债务，重建关系。不过，你们许多人并没有意识到，由于你来到世上后所做出的选择，所有这一切都可以改变。

许多灵魂回到天家时才意识到他们有经验教训要学习，而且，他们中的很多人已经逃离了这些要学的经验教训。你的高我知道你要学的经验教训，它知道你到地球上要学什么。但你的自我——基督教中所称的魔鬼或撒旦——也有渠道获得信息并将占有你的一生来试图阻止你拥有这些信息。

只有通过提高你的振动，正如我在"光子能量"中写道的，或者通过星象学，你才能获得这些信息。不过，即使你通过星象学获得这些信息，你仍然不能付诸实施，除非你提高你的振动或意识。你的自我会通过你的恐惧、怀疑、不安全感和许多其他情感因素来制止你。

我希望你能够看到当那些灵魂回到真正的家时，当他们认识到他们在肉身时，没有面对他们的恐惧和超越他们的怀疑，不安全感，和其他情绪时，那种充满了的悔恨，悲伤和失望。如果你越对你的个性下功夫，你就越能获得超越把你锁在地球上的锁链。

自有人类起，恐惧就成为人类的祸根。当你有恐惧，不管你怎么做你都不能前进。其实，恐惧只不过是一种情绪和能量。这种恐惧伴随你转世转世再转世，而且，每一次的转世都将使它变得更难面对。就在我写这个信息的时候，有些灵魂在地球上携带有同样的恐惧已超过30次转世。对诸如此类的人，唯一能使他们从恐惧这个能量中获取自由的方式是得到精神大师的帮助，精神大师的能量能够帮助他们除去恐惧。

这只能够通过一个具有高振动的通道来实现。当你发现那个灵魂时，正是她或他的能量吸引你，你会有种他们会帮助你的感觉。但也就在此后，你的恐惧才真正变得很明显。

首先，人们的自我会告诉他们，他们无法承受去见这个通道、然后找借口取消预约。人的自我将尽一切努力来阻止任何沟通。如果没有这些具有高振动的通道的帮助，那些带着恐惧经历了许多转世的人们就根本无法消除它。

你怎么能判断一个人是一种高振动？这可以被感觉到和看到。这些具有高振动的人不说任何人或事的坏话，他们只看到善良，他们的心是敞开的，他们关注的是真正的关怀和同情，而不是金钱、金融或物质奖励。当你发现那个灵魂，你就真正找到了一个精神大师的能量。

如果一个灵魂终于开始要学习和得到帮助，那他就必须面对他的恐惧。再一次，人的自我将竭尽所能，试图阻止。许多人正是在这个阶段半途而废。

对于那些敢于面对他们的恐惧的人，他们终于能够摆脱重复这些已困扰他们许多个转世，并阻止他们精神成长的问题。没有人能够帮他们做到这一点，他们必须自己这样去做。

你做出选择要这样做，并完成它。如此多的灵魂不履行自己的命运。你不知道的事实是，如果你逃离要学的经验教训，宇宙会将其一次又一次地带回到你的生活里，直到你面对它，它并不在一次转世中结束。任何你没有面对或学习到的都会一直等着你，直到你面对它，而且会记载在你的阿卡西记录里。

在地球上的这个时期，人类被给予了这个机会，释放从许多转世所积累的因果、恐惧、怀疑等能量。光子能量、许多精神老师在地球上，以及地球的高振动，所有这一切都在这一时期协助人类。你属于那些敢于面对你的恐惧，放手，并向前迈进的人吗？我希望你是。惧怕,恐惧，一旦面对它就不再存在。

六、黑暗面就是人类的自我

许多灵魂都恐惧"黑暗面"。什么是黑暗面，它起什么作用？黑暗面是你的自我，是你自己的恐惧和不安全感。没有魔鬼，也没有黑暗的一面，这些都来自于你。

如果你有恐惧，那么你将吸引恐惧到你的光体中。恐惧会以多种形式表现出来。它可以自己表现自己，也可以通过你的亲密助手和家人表现出来，只要你有恐惧，恐惧就会展现给你。其他人的恐惧也可以成为你的。

有些预定要成为医者的灵魂，从他们的幼年起，就开始吸收他人的，特别是家庭成员的负面能量。这样做，反过来在任何时候可能会体现在他们自己的生活中。如果你没有给其他人权力，他人就无法对你使用权力。

如果一个人让你感到恐惧，回顾过去，无论是此生或前生，因为这是你的恐惧的来源。如果你周围的人很消极，那你就要不断地努力来提高他们的精神。你会感到惊奇的是，如果你是积极的，他们是消极的，他们的消极将被你的积极所动摇，或者他们将无法承受你的积极而离开你。

七、恐惧导致黑暗

人类世界正处在非常黑暗之中，太多的争斗、恐惧和失去。黑暗遍布世界各地，难民们在为生存和居住的地方战斗；太多对未来的恐惧，太多对生活本身的恐惧！正是在这样的环境中人们在问，上帝在哪里，为什么上帝这个能量会忽略正在发生的一切？有这么多的灵魂有需要解决生活问题但又同时处于恐惧之中，为什么上帝这个能量会忽略正在发生的一切？

当你处在黑暗中时，你看不见光。恐惧助长黑暗；如果你有恐惧，你就会永远处在黑暗中。这个你称为神的能量要把黑暗转变为光，但你必须求光的到来，并放手恐惧，这样才能把黑暗转变为光。恐惧是你的敌人；它阻止你看见光，阻止你从自己的困境中摆脱出来。

神不是人，而是意识，神可以帮助你，但你需要与这一能量连接，放慢脚步，放手恐惧，让你的直觉引导你或告诉你该怎么做。你不能有恐惧，因为恐惧停止神圣能量的流动；恐惧停止直觉，或伪装成从精神界发送给你的错误答案。

消除恐惧，并相信上帝会对你说话是不容易的。但是，如果你能摆脱恐惧，上帝会对你说话。这可能不是你想要的，但以后你才可能看到上帝给你这个指示的原因，上帝从不会给你任何一个错误的举动。这种情况会使很多人富有同情心，地球是人类的星球，没有国界；有的都是人类自己设置的。

只有当恐惧从地球上除去后，地球才能提高振动，这一时间可长可短，取决于人类自己的选择。但就现在的状况而言，可能需要很长的时间。不过，就个体而言，更多的人能清除自己的恐惧，就会引入更多乐观的新能量，带来新的未来；世界就可以为目前所有那些无国籍的、避难的、和那些无家可归的人们提供家园。如果人类清除了恐惧，敞开胸怀，世上的每个人都会有生存之地。

八、恐惧是一种被困的能量

你的恐惧从何而来？想想这个问题？它从哪里来的？如果你对任何东西有恐惧，那么，这个恐惧必定有一个开始。它不会凭空而来。

恐惧是能量，是一种被困的能量。因此，你就被困在你的恐惧中。你可能在自己的多个转世生人中携带了同样的恐惧。它就像一件旅行大衣，你穿着它一次又一次地转世生活。尽管我们精神世界把它带入你的生活，帮助你面对它，以使你从中释放自己，但你仍然一生又一生地逃避它。然而一旦你面对了自己的恐惧，它就对你不再有任何威力，你就自由了。

你的恐惧在哪里？你已逃避它有多久了？自从你有恐惧以来，已过去了多少个转世人生？这些问题是非常重要的，因此，为什么不现在就面对这些恐惧呢？

要记住，我们在等待你请求我们的帮助。我们将在那里帮助你面对你的恐惧，并将这些恐惧从你的生活中完全清除。这可能需要一些时间，但一点一点的，你将会有巨大的飞跃，彻底征服所有的恐惧。这该是多么快乐的一天！

九、放下过去，不要担心未来

你为什么活在过去？为了你的精神发展，有必要知道你是从哪里来的，但太多的人却对未来充满了恐惧，对变化充满了恐惧。生命是在不断变化，不断前进，不断学习，成长，不断接近上帝的力量。

如果你活在过去，活在恐惧中，你就不能在精神上进步。什么使你害怕你的未来？为什么害怕，未来是一个奇妙的、激动人心的经历！有新的、令人惊喜的、美好的东西在你前面的生活道路中，这该有多么美好。

你忘了，我们总是和你在一起，保护你、指导你、帮助你。难道你不相信我们会引导你朝着正确的方向前进吗？设想将要来临的是一个奇妙的冒险！

如果你害怕什么会来临，那么，你就会得到你害怕的，你的未来将会永远是令你担忧的。如果你把它看成一次冒险，那么，这将是一个美好的经历。

放下你的恐惧，放下你的担心，从积极的角度生活，过去的已经过去了，你不能改变它。无论过去为你和对你做了什么，你都从中学到了经验教训。到此为止，远远地离开过去。

十、为什么我们制造恐惧

人类一直存在着灾难，而且将总是有灾难，这是大自然的重建工作。与人类害怕改变相反，大自然欢迎改变，而且不断地自我更新。许多人预期的可怕命运并没有发生。你会说，"是的，但有地震。"地震一直都有！在地震中死亡的人，他们的灵魂选择不再待在地球上。在地球的未来，还会有更多的灵魂选择通过自然灾难离开地球。死亡和离开地球有什么错？

当你们回到我们这边的家时，我们非常高兴。现在选择了离开地球的灵魂或将再次离开，这是他们的选择，他们非常高兴与他们在精神世界的家人们团聚。如果人类能够理解和接受每个家庭成员，看他们只是一个灵魂；如果人能认识到他们只是与那些灵魂在一起学习经验教训，如果他们不依附，不害怕，这就会使那些离开的灵魂，那些失去所爱之人的灵魂，过渡容易很多。

因为这就是为什么你们在一起，灵魂在一起互相帮助，学习经验教训。有一天，你将在精神世界里和他们团聚，但不像你们在地球上那样，你是与他们的灵魂团聚。必须要有悲痛。人体悲痛是很自然的，但用爱和快乐悲痛，因为灵魂回到了精神世界。不要坚守，也不要有不会再见到他们的恐惧。因为你怕什么，你将创造什么。如果灵魂希望回到你的能量中，让你知道，他们只不过只是离开了地球，他们仍然活着，仍然有知觉，但你的恐惧却会制止他们与你接触。

所有伟大的先知都讲到恐惧。放弃你的恐惧，不管它是什么样的。放弃任何与地球未来有关的恐惧。我再说一次，一切都不会像你所想象得那样糟糕。

十一、你为什么欺骗自己

你为什么欺骗自己？你说你对自己的婚姻、工作或私人生活很满意，但其实你不是。

你在世上浪费了太多的时间和你不满意的人待在一起，你虽然不幸福但却害怕说出来或离开。地球上85%的人类都生活在谎言和自己不满意的状况中，但却在挣扎着摆脱这种状况。即使给一个更好的条件呈现给他们，放在他们的手中，这些灵魂仍然害怕离开这种状况，情愿回到以前的状况中。

你是在否认，当你在否认时，你就不能提高自己的振动。为了提高人自己的能量振动，人就需要对自己诚实。你可以欺骗自己，但你不能欺骗至高者，或无论你怎样认识的神。

你们中太多的人都生活在恐惧中。因为恐惧，你停留在关系、工作、婚姻里。你活在谎言里，当你没有安宁时，你在生活里就不会有幸福。

有安宁意味着你必须对自己诚实，承认自己远没达到幸福程度。你对自己说："是的，我很幸福"，但当我们在精神领域观看你的生活时，我们知道你不幸福。看看你的生活，如果你在生活中有压力，如果你在恋爱中不舒服或不开心，如果你害怕孤独、贫穷或任何其他消极情绪，你就不能有安宁。如果你的生活不快乐，你怎么可能有安宁？

对自己要诚实。首先，要承认自己不幸福。第二，确定为此做些什么。第三，面对恐惧。通常，恐惧并没有什么，当它被正视了时，它就会消失。对自己要诚实，停止欺骗自己。开始提高自己振动的路径，有快乐与安宁。要知道你是可以做到的！

十二、护身符，十字架

一个让我们以及我们的精神世界逗乐的事是，你们中许多人在日常生活中随身携带护身符。虽然人类历史上一直对这些东西有坚定的信念，但它们实际上不能提供任何保护或为人带来运气。不过，如果人确实相信的话，那么它就真的成为护身符。

多个世纪以来，人类已经习惯了携带或佩戴十字架、护身符、护身法物以及各种各样东西来保护种种事情，包括给自己带来运气。这些东西受造于人对他人的恐惧以及来自父母、家庭、朋友、甚至教会的教条化。你是你自己现实的创造者，你可以有保护和表达自己的能力，只要你相信它会发生。

对一些人来说，这将需要很长一段时间来清除自己深层潜意识里存在的信念。因此，即使他们相信和肯定，这仍然可能需要一段时间才能使其表达。另一些人会发现他们能很快实现，因为他们已经清除了自己的恐惧和潜意识的消极信念。无论是木头、金属或其他材料制成的护身符，都不会有任何区别。只有你自己是你的运气或保护的创造者。

人类将太多的钱花在护身符上了，其实，你只需要说出你想要什么，而且相信你所说的，这就开始了使其表达的创作过程。你穿戴的护身符、护身法物或其他东西能保护你或让你有运气吗？如果你的答案是"是"，那么你把它从你的身上取下来，看看一旦你没有了那个护身符，你内在的恐惧是怎样表现的。你并不需要用这种方式来保护自己。你一直都被保护着，除非你不相信。

没有可怕的邪恶，只有你相信、你创造了的邪恶。放开你的恐惧和对自己的怀疑，打开新生活的大门，在那里，你所说的肯定话语就会像磁铁一样吸引你所需要的一切到你的生活中来。

十三、恐惧是什么

恐惧是什么？恐惧是你的自我阻止你前进，阻止你改变自己的旧生活模式的方式。人的自我（自负）不喜欢未知，它喜欢待在舒适区，自我在那里是很舒服的。它不喜欢改变或体验新的经历，无论是在一般的生活中，在工作或事业中，还是在人居住的地方！恐惧是人能有的最糟糕的情绪，恐惧不仅能够阻止你在自己的生活中前进，而且还把其他人带进你的生活，以协助说服你待在原地，停滞不前。

你们有多少人做出要做一些新的尝试的决定，但你的母亲、父亲、家人、朋友等，却用另一种情感，诸如愧疚感等，劝你不要去尝试？恐惧是存在于你内在的生存能量，它确实有一个目的，但是，它同时也想保护你的安全，而且不信任变化。一旦恐惧被清除了，它就一去不复返，然后，宇宙才能真正为你打开通往你真正命运的大门，使你免于恐惧。

把恐惧看作一个障碍，跳过它。不要为新的挑战担心，宇宙会带给你所需要的，无论是你需要的人，还是情况。恐惧是每一个灵魂必须要理解的，一旦它被理解，生活将变得更轻松、更精彩。不要有任何恐惧，生活会成为一种非常美妙的体验！

十四、消极从何而来

在你内在的消极从哪里来？是什么造成了悲伤、恐惧和你生活中的不愉快？这是一个很多事因的综合结果。98%的人类生活在谎言里，以为自己很幸福，但却不是。只因为太多的惧怕而不敢有所改变。

由于有太多的生活压力，又因为人们太害怕变化，他们因此生活在苦难和不幸福中。通常，在灵魂深处潜意识中的前世生活记忆也是导致这种不满和悲哀的一个原因。来自此生或前世生活中所压抑的愤怒，都是负面能量。你天天在你的生活中携带着它，惧怕改变，惧怕未知事物，甚至惧怕真正的幸福！你不是生来就应该不幸福的。不，你不是。你生来应该经历幸福、快乐、成功和丰富的生活，但你却不能创造和享受它。只因为你的自我，就像一只叼着骨头的狗，不断地被前世的负面能量和没有表达的情感咀嚼掉了。

只有，如果你能看到你可以在自己的生活拥有什么，实现什么，可以多么富足时，你才会感到惊奇。尝试留意你的日常想法。留意你的自我，因为它试图破坏你的计划、希望、愿望和梦想。意识到你心中的消极。然后，慢慢改变想法，变得更积极。创建誓言，以改变旧思想，活出你应该活出的生活，不要成为被你的自我奴役的奴隶。

第三章：安宁，满足

一、安宁

你的生活有安宁吗？你创建了自己的完美人生吗？如果您的回答是"否"，那么我想让你知道你可以做到这一点。人类似乎认为自己遭受苦难，艰难和困苦是人生的一部分，但它们不是。

每个灵魂都具有才干。每个灵魂都可以在地球上创造他们希望的天堂。我能听到你们说："大师，告诉我们如何做到这一点？"我这就告诉你。

放手你对别人的关注。不给任何事物任何能量。什么都不要怕。问问自己，"我在生活中需要什么才能得到快乐？"，然后创建它。这不会在一夜之间发生，但随着时间，它会逐渐实现。

人类有太多的恐惧：对失去工作的恐惧，对离开亲密关系的恐惧，对债务或艰难的恐惧。你没有意识到，你的这些恐惧会吸引更多的恐惧到你的能量中。一旦你放手，对自己说，"如果我这样做了，我知道精神领域会为我提供所需的。"那么，它就会发生。

几年前，我有幸在新西兰教导一位妇女。她当时处在一个很不快乐的婚姻中。我对她谈到了离开她的婚姻，因为这个关系使她的生活非常痛苦。当我开始跟她说话时，我可以看到她的恐惧！她提出各种借口留在不幸的婚姻中，因此，我不能和她再谈什么。她已经做出了自己的决定。她害怕自己一无所有，害怕自己被舍弃了。她的惧怕比她的欲望更甚，因此，惧怕获胜。这名妇女后来成为精神阅读师，并逐步开始认识到，她可以离开自己的婚姻，她在婚姻里面待的时间越长，她的健康将越是一个问题。一年后她终于离开了自己的丈夫，令她惊奇的是，所有她担心的事情并没有发生。她有一个可爱的小公寓，她自己赚钱，在她的公寓里，她拥有一切她想有的东西。一切都如愿以偿，因为她意识到，精神界会照顾她。她开始走出自己的恐惧。她现在安宁地生活中。是的，她仍然还有惧怕，但它每一天都在减少。

你也可以在自己的生活里创造安宁。看看你的生活，你在哪里没有安宁？开始对那个消极能量下功夫，你会发现，当你改变了它，你也会发生改变。你还可以找到安宁。

你在旅途中，从你出生时你就开始了这个旅途。你可以使自己的旅途艰难，也可以使其容易，你持有钥匙！你做出的选择！

生命不必很艰难。因为你的固执、骄傲、自负，和自我，你使其变得很艰难。你想有什么样的生活呢？如果你不想挣扎，那么你就需要请求宇宙帮助你，然后，慢慢地，看着你的生活发生变化，而且变得更好。它不会在一夜之间发生，但它会发生。

你需要放手，要没有惧怕或怀疑地让宇宙引导你。完全信任。我对我的学生们说过很多次，"你们所有人生为阿拉丁神灯。你只是忘记了怎样把它擦亮！"

二、活在现在，活在当下

我经常被问及一些你们地球上叫做"过去"的事情，以及那些早已成为历史的事情——正如你们所知道的。我通常不回答这些问题，因为这些事情已经发生，已经过去了。我们在精神领域的大师们的目的，是教导人类生活在现在，不去想过去或未来地球上事情。现在是所有的一切。

如果你不生活在现在，那么你就不是生活在这一时刻。我通道的一个询问者说，她很难理解现在。玛格丽特解释说，她生活在现在，不想过去，因为过去已经经历和消失了，她对未来做计划。那个询问者说，如果玛格丽特计划未来，那么她肯定就不是生活在现在。这是一个很好的问题，一个需要解释的问题。

玛格丽特确实生活在现在。我们已经培养了她这样做。但她也不让临到她的机会从她身边滑走。最近她有一个机会买到打折的机票供她在今年晚些时候旅行。她可以对这个机会说"不，谢谢你，我生活在现在，所以，我要到我旅行的时候再买机票"，但她没有。她把这个打折的机票看作是一个来自精神世界的祝福。

通过生活在现在，你可以让祝福来到你的生活中。跟随你的直觉，并遵照你的看护神给你指定的方向，你的看护神是在你的这个转世人生中负债你的生活的灵魂。玛格丽特确实生活在现在，但她也听从来自内心的声音，她知道这个内心的声音从来都是正确的（她已经听从这个声音有二十多年了），而且只想帮助她。

多年前，这个声音告诉她，在6个月内，她将再次前往美国和英国。知道了这一点，她就开始了为旅行做准备。因为如果这是既定要发生的，一切都会到位，甚至包括了她旅行的折扣。她不担心什么，单单接受一切都会到位，结果也是如此。

生活在现在是唯一的地方，因为人生活在这一时刻。即使我在几分钟前所写的话语也成为现在的过去式。通过生活在现在，人只知道现在这个时刻。其他的一切都无关紧要。

需要很多的培训来改变人生活在过去的教条化，生活在现在，以及对未来有所预备。一旦你开始改变你的思维并接受现在，那么，你就不可能出什么错，因为你让你的命运临到你，没有任何困难。你只是生活在现在，生活在这一时刻，没有恐惧、担心、怀疑、嫉妒、贪婪或任何情绪。你只是在经历生活在现在，经历它的荣耀。这是这样做的最好经历。

三、安宁会在发展到一定程度时产生

只有当一个人已经达到了一定程度的振动，人的自我得到了控制，清除自己所有旧程序化的消极能量后，人才能实现超越理解一切的安宁。如果一个人被怀疑、恐惧、不安全感、嫉妒、愤怒等情感所困扰，人就不能有安宁。一旦这些情绪已不再存在，那么，人就会在自己的生活中给爱和安宁很多的空间。

自我的目的是要阻止你拥有这种安宁，促使你参与别人的行动而不顾及你自己的问题，因此它使你占据了所有时间。没有时间静

思，没有时间祈祷，没有时间快乐。自我是跑步机，你让自己待在这个跑步机上。

在你们地球上有种说法，"花时间来闻闻玫瑰。"自我不想闻到玫瑰的花香，它只想要做其他事情。当你有自我和你在一起驾驭你和愚弄你，你就在任何情况下也找不到安宁。超越理解一切的安宁是一种超然，再没有任何镜子对照你，也没有任何问题让你担忧，你没有恐惧。所有你的所需都会心想事成。这是真正的人间天堂。

所有的灵魂都能够达到这一振动水平，它并不局限于寥寥数人。所有的灵魂都可以达到这个意识水平，但只有在经过了自我和高我之间的争战后。当人这样做了，人就真正与神合一。

四、满足

什么是理解一切的安宁？什么是喜乐？这是一种只能当灵魂处于安宁时可以经历的状态。从多个转世生活中，灵魂积累了大量不安的能量，而这些能量尚未得到舒散。正是这种能量导致不安，并被你的自我用于反对你开始走向实现自己的精神路径。

所有你所担心的、愤怒的、情绪低落的、都是你尚未处理的能量。这些是消极能量，从一次又一次的轮回里被困在你的能量场中。你们中有些人几千年来一直携带着这些能量，害怕放弃它，而你们的自我却在你的每次轮回中庆祝它是怎样利用了这些能量来阻止你在精神上前进和从地球上获得自由。

精神发展在于处理这些能量，不管它可能是什么：愤怒、恐惧、怀疑、不安全感、不满、嫉妒和更多的情绪等。控制情绪体是一个人提高振动的唯一途径。先知耶稣说："走进你的内心，一切都在你里面"。他为什么这样说呢？他这样说是因为他知道通向天堂、喜乐、乐园、平静、涅槃等(无论你想怎样称呼)的关键存在于一个人的内心和控制一个人的情绪体。

生命旅程的目的之一是释放这些消极能量。在你的一生中，老师们会进入你的生活，人们会成为你的一面镜子，教训会呈现给你。当我们在精神界看到这些人时，他们通常的反应是逃跑，不管它是什么，他们不希望面对自己看到的。对于那些少数选择不逃跑，敢于面对自己问题的人，他们从自己的情绪体中释放了这些能量，从而提高了自己的振动。一旦灵魂提高振动，上升到超越地球上的幻觉，就能开始看到浪费能量的徒劳，所有的消极能量都是徒劳的。

只有这样，灵魂才开始寻求平静。只有这样，满足才将成为生活的一部分，你才能有能够理解一切的平静。每一个灵魂都可以达到满足，可以拥有喜乐。但这不会是通过云彩被送到天堂，人必须通过面对锁在自己潜意识里的所有负面问题。只有这样，人才能找到真正的满足。

第四章：债务及偿还

一、因果业力

宇宙法律中有一个法律陈述，你给出什么，就会接受到什么，无论你给出的是正面的或负面的。我用这些地球语言来解释这个宇宙法律，因为这是人类所能理解的：你给出去什么，就会有什么回报给你。

你可以问问自己，"为什么我这辈子有这么多困难，为什么我的生活这么不顺利？为什么我有问题，或要在生活中一再面对同样的情况？"这可能有两个原因，其一是你选择这作为你的人生经验学习的一部分。是的，你自己选择了它，不是别人。

其二是因为你的债务，你必须学习某种经验教训。在过去的人生中，你为他人制造了你此生在经历的情形。因为你的行为，他们也许受到影响，遭受了痛苦，而现在你正经历他们在过去所经受的。这往往是不愉快的。然而，一旦你学习了你需要学习的，你的债务就结束了。

有人问我，"我一定要亲身经历我的债务吗，这是否可以以另一种方式偿还？"对这个问题的答案是肯定的。当然，如果人亲身经历偿还自身的债务（对方本人），人就会学到更多的经验教训，但通常这是不可能的，因为所涉及的他人选择不直接参与这一债务偿还。

债务可以偿还在服务他人，帮助他人前进的服务工作中，为一个慈善机构工作，以帮助他人受教育等。债务也可以在精神世界里偿还，通过帮助学习大厅里的工作，或在接待区里帮助那些刚从地球上回家的灵魂等。灵魂可以选择在回到精神领域后留在精神境界里偿还自己的债务，这不是众所周知的，但这是可以被要求和实现的。

你选择偿还自己债务的方式，你怎样偿还，什么时候偿还，完全取决于你的选择，一切都是选择。我希望这有助于你们中那些对这个话题感到困惑的人。

二、超越该做的因果债务、债务和教训之区别

世上的一切关系都是因果关系。什么是因果？这是指每一个作用都有一个反作用。世上发生的一切都不是意外，一切都是如此。因果没有好坏，在你们的精神发展道路上，人人都做过不愉快和伤害他人的事情。

1、超过了应该做的就制造了债务

灵魂会选择来帮助另一个灵魂消除其自我。在他们出生前，选择了他们将如何做到这一点。通常，这条道路似乎变得比其本身要难得多。有时候事情可能会出现偏差，或者做得太过分。

你本人是否有过在教训他人时超出了你应做的范畴而伤害了他人？如果超过了应该做的，这样就制造了债务。灵魂转世来到世上后，就可能做出严重的选择，这种选择可能会对那个要学习教训的灵魂造成伤害和痛苦。受教育的灵魂是要学习一些教训，但不应该比他们所接受的更严重。

直到你返回精神世界的家园，你不知道你是否为自己制造了债务。在你进入镜子大厅完成了你对自己的生命回顾，你本人批改你的阿卡西记录后，你才能看到自己是否选择做了比你应该做的更多越轨行动，你是否制造了债务。从而决定你是否需要做一些事来偿还因你的过分行动而受伤害的人。

至于如何偿还，只有你自己能决定，而不是你的精神监护或指导，或大师，只有你能决定。到时候，你可能会偿还自己所有的债务，使自己成为一个完全无债的自由人。

2、即时债务

你要对即时债务负责——当今产生的债务。灵魂知道什么时候自己跨越了生活的界限。你的所作所为将创造一个即时的反应，因为它不能被你携带到另一个人生，而会马上回报到你的此生中。在这种情况下，人必须要非常警觉地意识到自己的思想和行动，以避免即时债务。

这种即时债务的功课通常保留给那些已经行走在精神道路上并在向更高振动前进的人。这不仅为这些人提供即时债务，同时也在教导他们学习思想和行为怎样能够制造债务或不制造债务，这一切会几乎立即返回给他们。让我再重复一遍，你本人独自决定你的行动是否过分，你自己选择是否有必要偿还因你的债务。

3、债务和教训的区别

有人问我的另一个问题是：什么是债务和什么是一个教训的区别？债务是你需要对一个特定的灵魂偿还因你过去的行为对其所造成

的伤害,你在自己出生来到这个世界以前就已经选择这样做。这适用于特定的个人或团体。

教训是你选择要学到一些特别的东西,诸如宽容、耐心、脱离惧怕等。你可以从任何人那里学习你所选择的教训,往往是灵魂不断地进入你的生活来作为你的镜像。当你已经吸取了教训,灵魂就离开你的能量,你要学的教训就不再存在!在因果报应和教训之间存在着明显差异,它们是不一样的。

三、细微机体

你经常因你所受的痛苦和苦难哭喊"上帝,为什么这事发生在我身上。我是一个好人,为什么我受痛苦?"其原因及生命的整个目的是业力的循环。这是债务偿还和接受债务。

从你一出生的那一刻,你就开始了偿还你的业力,接受因果报应,并清除你的阿卡西记录的历程。如果你能在此生完成这些,那么你就能摆脱在地球上生活的车轮。看看在笼子里推轮的老鼠!那就是你在你的生活车轮上,不断推着向前走,但从来没有到达那里。偶尔你可以下车休息,但很快就得返回,直到你清除了你的阿卡西记录,并控制了你的细微机体(含:身体、心理、情感和精神),不然你会继续待在运行车轮上的笼子里,一次又一次地转世。

当今有许多精神人士,拥有美丽的精神才能,是为我们精神世界工作的奇妙的医者或光工作者,但他们仍然没有控制他们的一个或多个细微机体。他们因此而无法向着更高的水平前进。

你如何控制你的细微机体?让我们从身体开始,因为必须达到在所有细微机体间的平衡,就必须有控制身体的愿望。如果一个人要控制身体,就必须要控制食物,过多的冲动以及肉体的任何欲望。每个细微体都有一个自我和一个高我,而人必须在所有事上达到高我。

在心理机体方面，人必须学会控制自己的思想和所有的想法。如果人对任何事情有消极的想法，那么人就不能控制自己的心理体。要记住，思想创造，你想什么就创造什么，尤其是随着你提高振动，控制心理体极为重要。

控制情绪体是下一步，不让你的情绪体失控。你们中许多人的情绪非常个人化。当别人对你的琐碎事情说什么，你会不高兴，这会在心脏能量中心制造阻塞，导致情绪体失去平衡。

最后是对精神体的控制。学习明智地使用本机体，以正确和适当的方式使用第六感、超自然感和宇宙能量。当你做到了这点，那么你就可以与更高的来源通信，就能理解那种理解一切的平和。

控制每一个细微机体中自我的道路是一项长期而艰巨的任务。它不会在一夜之间发生，从你开始这一学习路径到完成，至少需要10到15年或更长久的时间。所有的考验都会被投掷在你的路上。

你转世的目的，是要从你为自己设置在你的细微机体中的局限中获取自由，但是，一旦你来到地球上，开始转世，你再次受到自我的控制，并开始了自我和高我之间的战斗。你需要多次转世才能达到控制自己的细微机体。有时灵魂恳求释放自己的局限性，要求管理因果的精神大师们给予帮助，因此为他们安排了教师或治疗师在他们的转世生活中帮助他们。

在当今这个时候，地球上有很多的灵魂有机会学习让自己从细微机体的限制中获自由，光子带能量，即基督之灵魂，创造了这个机会。正如有光的力量存在，也有黑暗的力量存在。这个黑暗就是存在于你的所有细微机体中的自我。它不想放手。它会制造恐惧、幻觉、怀疑、不安全感和缺乏信心。它会阻止你，因为它不想放手。为什么要放手？它已经控制了你的数以千计的转世生活。

幻觉是自我制造的最糟的事情。它可以制造一个局面，使你相信完全不真实的东西，但高我知道真相。高我没有消极的想法和感受。它只是"是"或"我就是"。当人实现了与高我的合一，人就能有全面的平和。

有许多人认为他们已经控制了他们的细微机体，认为他们能控制一切，但通过他们的行为你就会知道这不是真的。如果他们批评他人，如果他们怀疑，有惧怕，论断他人，又允许在他们自己的生活里有任何消极存在，那么，他们就没有做到。即使是一个小小的批评就足以阻碍人控制自己的自我。

对于那些已学会控制他们的细微机体，并已通过设置在他们面前的考验，光从他们所有的细微机体中放射出来。他们能控制自己所作的一切，从他们的心脏能量中心发射出他们对人类同胞的爱光，他们是真正具有人和上帝，或至高者的力量。一旦人这样做到了，那么就可以一劳永逸地离开地球。

第五章：批评、论断他人

一、论断别人

人的自我因为只相信自己，认为别人不如它，它以为看到了别人的缺陷，或知道什么对别人是好的。人的自我是一种自认为知道一切，着眼于一切，就好像它是上帝，或是至高者。人经常为自己设立法官和陪审团。即使至高者或上帝，也没有论断或批评，这个能量无条件地爱着你。

人没有权利质疑另一个人。每一个人都有自己选择的学习方式。你觉得别人做的往往是错误的，那是因为你的自我想做或可以做，却因为害怕而没有做的。通常这与你的过去生活经历有关，过去发生的事扰乱了你。也或许是因为前世的能量，比如前世的东西让你心烦。你经常论断的是你自己不想看到的。而且，这种情况可以唤起你过去生活中的许多往事，或者唤起你对自己生活中痛苦的回忆，使你感到有必要论断一下。

每个人在你的生活中出现是有原因的，他们的出现是为了提供你学习的环境，是你的老师和镜子，照出了你的缺陷和不足。不过，你的自我却不喜欢它，感到不自在和不舒适，由此产生对你的环境和成为你老师和镜子的对象批评和论断。

有趣的是，当你论断别人时，你正在被别人论断 —— 你给出去什么，什么就回送给你。当别人像你一样论断他人论断你的时候，这样你的自我却因此变得愤愤不平而矢口否认，就好像它从没做过论断或批评别人似的。如果你论断了，为自己创造因果报应，你给出去什么就会得到同样的回报。你想得到和你给出去的是同样的呢！

你为什么要论断他人？你这样做是因为在你的头脑里有你的自我，当它看到别人做的不是你想象得那样完美时，你的自我需要证明自己的正确性，就会指出别人做的是错误的，进而产生对别人论断。

然而，你怎么知道事情不对呢？每个人都有自己的路和自己做事情的理由。如果你评判的人是为了更高的利益而这么做呢？凡事都有原因，没有什么是偶然的。论断别人会限制其灵魂的成长，而这些行为往往是藐视其他灵魂，以及对这些灵魂的重要学习经历的否定。任何事情的发生都有其原因。通常，一个灵魂已经选择这个经历作为自己学习的一部分。

做事方法没有正确或错误的。你生命中出现的每个人都是有原因的。地球上的每一个灵魂都在按照灵魂所选择的方式学习。每一个灵魂都在做他们需要做的事情来解决他们的业力（债务），和教训的学习。没有人有权质疑别人，每个灵魂都有选择的天赋。

选择你要做的事，是你与生俱来的权利。有时因为害怕，人们选择不做他们知道自己应该做的事情。另一方面，你知道他们不应该这样做，或者你认为你知道。但是，没有意外，一切都是完美的！如果你不从某一方面学到东西，宇宙将以另一种方式把它带来。课程或机会呈现多种方式，直到你选择学习它。

在论断别人之前，问问自己：我为什么心烦？这跟我有什么关系？找出你为什么生气，悲伤，害怕，或质疑的原因，这样做，你会看到一个不同的自己。如果你批评别人，那就问问自己：为什么？无论是雇员、朋友、家庭成员，还是其他任何人，你无权质疑他们的动机。上帝，终极存在，不审判任何人。你也不应该这样做。你付出的总会回来。你想要的东西和你给出的结果是一样的！

人的自我喜欢反应。下一次如果你发现，自己对有人说的或做的有反应，或对所看到的不喜欢的东西有反应时，就对自己说，"反应真是浪费能量！"你会发现，这个能量会逐渐消失。随后，你就有能量做其他的事情。你越反应，就越停留在旧的方式中。向前进。不要反应，你将进入一个更高的振动。

论断别人的另一个后果是限制你的灵魂成长。不要因个人原因或喜好而论断他人。放开一切批评和论断。通过这样做，你就在振动中前进。这是一个真正的精神上的人，可以毫无批判的去爱，完全没有任何评论或期望地接受一个人。

你如何改变论断别人的倾向呢？你可以通过改变你说话的习惯模式来做到这一点。诸如"我不再觉得有需要和权力评判和论断别人，他人做事有他的理由，他们有权按照想要的方式生活。"之类的话。更高明的做法是：这些自己不喜欢的东西出现在眼前，是为了我哪方面的学习和提高呢？

如果一个人能够做到没有论断或批评的爱，能够完全接受一个人而没有任何意见或期望，这个人就是一个真正的精神灵魂。

二、固化

在过去的一个月里你有多少次在批评别人？有多少次你对某人做事的方式有消极反应？如果你能对这个问题有肯定的回答，你就是一个被教条固化了的人。如果你没有被教条化的话，你就不会受到他人的干扰。

通常，你批评或抱怨的人是在那里向你显示，你是保守的，或被教条化了的！你自己做出的评论正是你需要在自己的生活中查看的，但很多时候你却无法在自己身上看到这些。即使当它反映给你，你也往往不会承认。这就导致了你对那个人非常挑剔，或对他们的行为变得消极。

在你做出论断别人前，先问自己，我为什么要这样做？是什么让我不高兴？为什么我会关注这些？不要论断他人，放弃所有的批评和判断。这样做，你会在精神上和振动上向前走。

在自己的沉默中找到平和，让他人体验他们自己的生活。对任何事不做任何评论。如果你和一个有问题的人在一起，不要做论断，而是找出那个问题的原因。如果你能够做到这一点，你就是一个真正强大的人。

三、家庭和睦与世界和平

为了使人类在地球上找到和平，人类必须首先在自己的家中或环境中找到和平。如果在家里的和平没有得到处理的话，人类就不会拥有世界和平。人类的大部分事端是由人们的相互评判，相互指责，与自己的同胞不和谐所造成的。

在地球上，没有两个灵魂是相同的，即使是多胞胎，他们在灵魂和能量的图案中也是不相同的。每个灵魂都是独一无二的，每个灵魂都有自己的身份和自己的做事方式。这没有什么不当之处。然而，许多人却在苛刻地评判，找别人的错误。

之前，你有多少次在评判或批评他人？你们中许多人将能够认同这一点。除非你们可以在自己心中找到和平，认识并接受所有的灵魂是不同的。

人们可以有不同的信仰体系，但仍然是朋友，为那些是这样的人感到高兴。不然的话，世界将继续有战争，愤怒和恐惧！所以你需要做的是容忍其他人的信仰。没有一个真正独立的信仰，因为每个灵魂都有自己的真理。

理解只有一位神，或创造者，但有许多路径通往袖。每条路径是不同的，但每条路径以自己的方式导致了不同的信仰特点，有许多途径和许多信仰。如果先知耶稣在这个时候返回到地球上的话，他会感到震惊！他教导的是爱而不是恨；是积极，而不是消极；是无畏，而不是恐惧。但到了今天，世界仍然被消耗在这些情绪中。他会对人们如何将他的话用于战争和仇恨而感到震惊。在他出现的两千年后，人类仍然在与自己战争！

想象一下，一个花园里长满了许多不同的花草，它们都生活在一起。一些身材高大，一些身材矮小，还有被称为杂草的花草在这里和那里，但它们都和睦相处。你们的世界也可以是这样的，它从你开始，就这么简单。

如果批评和论断仍然是地球生活的一部分，世界将永远不会改变。它就像是在走一个圆圈，没有终点。如何才能改变？只有当你停止这样做，你就给予了高我权力，并压碎了与你共存的自我。

当你能够忍受他人，他们的信仰，他们的处事方法，那么，你就在振动上向前进了一步。离开那种苛刻论断的方式，你就逐步走向宽容和理解。太多的灵魂生活在过去，被囚禁在过去，无法向前移动。你不能改变过去，它已经走了，不再存在，但是，人可以借鉴过去。当人开始做到这一点时，人就真正在前进。

没有对与错！对错是人类社会那些制定法律和做决定的人们做出的判断。许多其他的事物也是这样。为什么要禁止或停止人们做他们想做的？你们每个人都有自己的真理，而那个真理是你独自一人的，你不应该妨碍别人的信仰。你在地球上是过自己的生活，而不是为别人生活。

一旦你放手对人们的判断，你就可以在自己的灵魂道路上更快地前进。对错与否并不重要，重要的是什么是适合你的。你可以在自己的出生星象图中，以及在你的心中找到这些答案。一旦你活在自己的生活中，并停止试图改变另一个人，你才能在自己的灵魂道路上真正向前走。因你的内心平和了，你的家庭就会平和。世界又是由无数个家庭所组成，人人都受到了和平的教育，世界就会和平。

四、真正的大师不会评判一个灵魂

你有多重要？你属于那些不断批评他人中的一员吗？你觉得你是对世间事物唯一有答案的人吗？

你嫉妒别人，对某人愤怒，对自己的生活或他人的行为感到失望吗？只有当你从你的能量中清除了这一切后，你才能在精神上前进。一旦你下定决心处理这些问题，一个一个地清理它们，你就不难做到。

太多的灵魂企图想同时将所有的问题清理干净，但清除的进展是缓慢的，只能一次解决一个问题。真正的大师不会对一个灵魂加以评论。他们知道这是那个灵魂在经历那个时期的债务、教训、目前的状态。真正的大师把精力集中在自己的不完善之处，在祂们与其他任何人一起工作前，祂们主要在自己的身上下功夫。

一天中你有多少个小时不快乐？你知不知道你不是注定要不高兴的？你是自己现实的创造者，你的生活是一种幻觉，但你的自我不会让你看到这一点。你是在舞台上演出的演员，每一个进入你生活中的灵魂都是你剧中的配角。当你提高了自己的振动时，你会更加意识到这种幻觉。

随着你的意识不断提高，随之而来的是你能够放手幻觉的能力。你多次问我，"我怎样才能提高我的振动？"我告诉你，把精力集中在自己的人生规划中，集中在你自己的经验教训和从多个过去的人生中所携带到此生的过错上。一旦你能做到这一点，你就开始向前迈进，成为你应该是的灵魂，生活在你注定要有的生命中。

五、判断

你是谁，你为什么判断？你为什么评判别人？你这样做，是因为你的头脑，你的自我相信，有人做的是错误的，但是，你怎么就知道是错的呢？假如你判断的人正在做的是为了更大的益处呢？

在地球上，每个行动都有其理由，没有偶然。很多时候，你在评判的正是你不希望在自己身上看到的，或你在评判的情况唤起了你自己的生活中来自前世生活和现在生活中的痛苦记忆，以至于你觉得有必要作出判断。

人类总是认为必须为自己的行动证明自己。然而这些行为往往是藐视其他灵魂，以及对这些灵魂的重要学习经历的否定。在你做出判断前，问自己，我为什么要这样做？什么让我不高兴？为什么我会关注这些？

评判别人会限制自己灵魂的成长，任何事情的发生都有其原因。通常，一个灵魂已经选择这个经历作为自己学习的一部分。不要评判他人，放弃所有的批评和判断。这样做，你会在精神上和振动上向前走。

六、论断和批评

你为什么论断和批评别人？你这样做是因为你的自我辩解本身需要，而且，只要在这样做时，才可以看到你所认为的别人的缺陷。你经常为自己设立法官和陪审团，你相信，只有你，知道对别人什么是好的。

往往你觉得别人做的是错误的，因为那是你的自我想要做或可以做，但因为害怕却没有做的。通常这与你的过去生活能源有关，过去发生的扰乱了你。即使至高者，或上帝，没有论断或批评。这个能量无条件地爱你。

人类为什么不能这样做？人类不能这样做是因为人的自我是一种自认为知道一切的能量。这就是人的自我所干的：它着眼于一切，就好像它是上帝，或是至高者。

有趣的是当你论断或批评他人时，却有人来对你做同样的事。人的自我却因此变得愤愤不平，进而完全否认，就好像它从没做过论断或批评别人似的。如果一个人能够做到爱的里面没有论断或批评，能够完全接受一个人而没有任何意见或期望，这个人就是一个真正的精神灵魂。

每个人在你的生活中是有原因的，不过，你的自我却不喜欢它，因此批评和论断别人。如果一个人能够超越这个习惯，不做负面评论，这个人就可以成为一个真正美丽的灵魂和真正的人。

人没有权利质疑另一个人，每个人都有权选择自己的学习方式。如果你在批评另一个人，那么你就应该问自己："为什么？"无论是对员工、朋友、家庭成员，或任何其他人，你都没有权利质疑他们。上帝，这个至高者，从不论断任何人。因此，你也不应该论断任何人。

如果你论断了，你就受你的自我控制，为自己创造因果报应，你给出去什么就会得到同样的回报。你想得到和你给出去的是同样的呢！

"我怎样才能做到这一点？"我可以听到你说。你可以通过说的话语来改变旧的习惯模式的能量，诸如话语，"我不再感到需要批评他人，我只看我的自我不喜欢的东西。那人有权利过自己想过的生活方式"。

在过去几年中我已经通过我的载体说过很多次，"没有正确或错误的"。每一个灵魂在根据他们的需要，经历他们的因果报应，教训和生活经验。找出你为什么感到愤怒，伤心，恐惧，质疑，或无论如何，通过这样做，你会看到一个不同部分的你。

七、批评，评判

每天里你有多少次在批评某人或某事？你为什么要这样做？你不知道，你所批评的人或事是你的一个镜像。人的自我，虽然在看自己，却不希望看到自己。为了报复，自我就嘲弄，逗乐和批评他人，然后就逃跑。

我的通道的前夫有一个说法，我觉得很有趣。他说，"所有的反应源于教条化。"这个说法是兄弟同盟的另一个成员给他的。你已习惯于对你不喜欢的事物做出反应，这种教条化从你很小的时候就开始了，比如，孩子们在学校里，通常出现被欺凌的情况。这种情况，就是一种批评和不认同的形式。

一个敏感的孩子，通常是有精神的，尽管他自己并没有意识到这点，这个孩子成了其他孩子的一面镜子。这就使得其他孩子不喜欢从这个成为自己镜子的孩子那里看到自己不喜欢看到的。

又比如，儿童可能会因超重而受欺负，那些欺负这个超重孩子的孩子们只是不想看到自己的体重问题或潜意识里对体重增加的恐惧而已。因此，他们就开始联合其他孩子们一起欺负这个超重的孩子，或者单独行事。但他们却不知道自己为什么这样做。

欺负他人也可能是因前世生活的记忆所致。要记住，到你生活中来的每一个人都是你的一面镜子！每一个灵魂都有可以显示或教你的东西。如果你有反应，那是因为你还没有在精神上与之合拍。那些与自己的精神和高我合拍的灵魂，知道对自己的镜像反应是浪费能量。他们看着自己的镜子，他们看到的是图像，但他们不做出反应——他们不给任何能量。

他们要么远离自己的镜子，决定改变自己，要么甚至不看它，因为在他们的生活中还有许多其他的事情要做。人的自我喜欢反应。是的！这是你们每个人中都带有的渴望表演的色彩。你们中有些人是伟大的戏剧女王，其他人则是衬托的，但你们都是舞台上的演员。

下一次如果你发现，自己对有人说的或做的有反应，或对所看到的不喜欢的东西有反应时，就对自己说，"反应真是浪费能量"！你会发现，这个能量会逐渐消失。随后，你就有能量做其他的事情。你越反应，就越停留在旧的方式中。向前进。不要反应，你将进入一个更高的振动。

八、评判制造业力

当今世上，你们中有太多的人有评判别人的倾向。当一个人评判另一个人，这个人就在评判自己。这是人的自我在评判。

你们为什么要这样做？你们每个人都是一个独特的个体，有自己的经验教训要学习。宇宙中的一切都是完美的，如果是这样的话，那么一切发生的都是应该发生的。

当一个人评判他人，他就成为法官和陪审团。然而，宇宙中只有一名法官，这就是至高无上的圣者，也就是你们中很多人称呼的上帝，这个伟大的阿卡西能量，所有的债务都存储在其中。如果你评判他人，你就比你评判的人更糟，因为你打破了一个伟大的宇宙定律。

当一个人评判另一个人说："你错了"，可是你又怎么知道他们这样做是不对的呢？你是上帝，是至高无上的吗？同时，因为你的评判，你使自己在精神上大大倒退。只因为你以为并感觉到这是错误的，但这不是一个借口。任何人都没有权利来评判另一个人。

当今世上，你们每个人都在评判别人。你为什么要这样做？这是人的自我要这样做。人的高我永远不会这样做，因为高我连接到至高者，或上帝。祂知道，所有的人都有自己的道路和自己做事的理由。

你们中很多人常说，"神说，我审判"，这是如此真实。只有至高者，或上帝有审判的权力，当祂在看这种情况时，祂就制作阿卡西记录。我听到了你们中很多人说过多次，"上帝的恩典与我同在"。你们所有的人在你们多个转世人生中的某个时间里做了你现在在做的完全相同的事——你评判他人。

不要评判他人，无论是个人喜好还是业务的原因。如果你评判他人，你会为自己制造太多的债务和业力。

九、意见阻止了自己和他人的成长

你是否知道在世上你对他人的意见可以阻止他们的命运或快乐？例如，当一个人的朋友打算做某件事情时，身边的朋友往往会说，"哦，我这样做过，结果不怎么样"，或"我做了，并不好。""如果我是你，我就不会做"之类的话。

你怎么知道那人会不喜欢它呢，你怎么知道那人会发现行不通呢？你的意见未必就适用于那人，但你却坚持自己的意见。通常别人会因采纳你的意见，而错失他的学习机会。

仅做出评论或提供意见，你就可以为自己制造债务。如果你的意见和评论阻止了另一个人从要做的事中得到成长的机会，阻止了那人吸取经验教训，或改变了其所应走的道路，那么，你就成了那人生活的消极力量,这然后就制造了你的债务。

如果你对一个人议论另一个人,结果是同样的。往往一个朋友说:"我打算今天去见约翰·多伊,"而你,恰好对约翰没有什么好印象,因此你就说:"噢,我不会去见他,他倾向于这种方式"或者说"他不怎么好。"就因为你这样说了,你或许因此阻止了那人与他生活的重要组成部分建立联系,或许阻止了那人从中学习经验教训。

如果一个人对任何人或任何事有感觉,最好是保持沉默,而不要加以评论或提出意见。保持沉默,人就不会制造债务。如果一个人在寻找精神上的启示和精神成长,这就是唯一的途径。当一个人在给出评论和意见时,人不但阻止了自己,还阻止了他人的成长。

人类有喜欢参与他人事务的习惯。常常在不应该干预他人事务的时候干预别人。你没有意识到,这样做的结果是,被你帮助的人不再帮助自己,而因此使那个灵魂停止成长。也可能因为你的意见和行为,使得到你帮助的灵魂要有另一次转世才能再次遇见自己要经验的事项!

每个灵魂都有自己在出生前为自己写好的剧本,就像舞台上的演员,他们在表演自己的剧本。每个在其身边人都是配角,帮助其演出自己的剧本。

第六章:祈请、祷告

一、当你祷告会发生什么

数百万人每天都在祈祷,但你们中许多人并不知道当你这样做时会发生什么。

首先,让我解释,为了得到你要的就需要请求,这非常重要。你不能假设,我们知道你所需要的,只有当你请求时我们才知道。直到你请求，我们才能开始为你的祷告工作。没有魔术棒。一切都取决于你对有关课题投入了多少能量。

举个例子，如果你寻求帮助你通过考试！对啊，我们可以做到这一点，但只能在你对其投入适量的能量后。如果你不下功夫学习，或如果你有太多的其他事情优先于你的学习，那么我们就不能为你提供帮助。

还有一些人，为亲人的生命祈祷。如果这是被祈祷人的命运，或被祈祷人选择离开地球，返回精神世界，那就是他们的选择。我们也没有办法，没有任何办法可以改变这一点。可是我们可以帮助他们顺利地过渡。

对那些要求对他们的身体、心理和精神治疗进行援助的人又怎样呢？我们听到你的祈祷，因为我们听到你所有的祈祷。但是，如果人的头脑不相信精神力量，我们虽然可以传送能量，但如果人不使用它，它就不能做该做的工作。

我们确实听你的祈祷。你们每一位的祈祷，或正在祈祷的。我们听见你的祈祷，但你必须意识到在我们这方面所发生的。当我们的能量发送给你，但因为你忙碌的生活风格，或你并不真正相信精神界的工作，给到你的能量不被你使用时，那是非常伤感的。

即使你是一个很小的信念，也会启动愈合过程。是的，有些没有信仰的人却也好起来了。这是因为，虽然他们在意识上不相信，但在潜意识中，他们却是相信的，但无法告诉任何人。当你祈祷，每一个祈祷都被听到，一定不要怀疑这点。至高者——许多人称为的神——听到了每一个呼吁和请求。然后，你的守护神会得到指示尽其所能帮助你。

让我们讨论在你祷告后会发生什么，比如你祷告一个项目，如需要找到某本书或需要金钱为你提供帮助。你的守护神负责这一切，并要求他或她的助手协助提供你所需要的。然而，你的星象也许使其不能实现。

例如，你祷告需要财政援助，但可能在你为这一要求祷告时，在你的星象图中有抑制你实现丰富的能量。有可能是你必须要从这一经历中学些什么。如果你有错误的行星能量，那么就会导致暂时停止供应。你的守护神将等待这个星象过境，直至有一个更加积极的星象出现。这可能就是为什么你的要求没有被立即应允的原因。如果你提出了你的要求，然后有信心和信念，知道它会来，它就一定会来。但是，如果你说"我祈祷了，但什么都没有发生，所以我不相信"，并继续持有这个信念，你就会在祷告实现的能量到来前中止这个能量的流动。有时你的守护神及其助手在你祷告时不能帮助你，但它会在一定的地球时间内实现。你们中许多人祈祷，然后当你认为你的祷告没有被听到时，你就不相信你的祷告了，这实际上就阻止了祷告在未来的实现。

当然，你自己的潜意识也可以是祈祷的抑制剂。如果在潜意识里你相信你不会做得好，不值得丰富，无法实现你的愿望，那么你就会在你的生活里不会有这些。

看到你们中许多人因为自己潜意识里的信念而失去了很多应有的机会，这让我们这些在精神世界里的意识们非常痛苦。在你祈祷时，要理解你的愿望可能需要一些时间才能实现。在我们的空间有很多工作需要落实，以确保你最终得到你所求的。但你往往是自己中止了那个能量的流动。

如果你问一个个人项目，如找一本书或找老师等，会发生什么？这是那些协助你的守护神的向导和助手们起作用的时候。你的守护神有整个阵列在等待并以任何方式协助你工作。一旦你的守护神提出要求，这些向导和助手们就出动为你寻找你所需的。正如你所能理解的那样，这可能需要一些时间，有时一个项目可以从一个空间运送到另一个空间。这并不经常发生，因为它需要相当庞大的能量，但它可以做到。

你祷告要得到一本特别的书，经常会在你的睡眠状况中，你会被告知在哪里可以找到这本书。在未来的几天中，你会有"感觉"要到某个地方去或与某人联系，你这样做了，你就找到了你所要的。你可能会打开一本书，结果在那里找到了你要的答案。也许会有人来为你提供你所需要的帮助。

我们非常努力地工作，为你获取你所需的。有时，可能需要很多年才能找到你要的项目。我们尽我们所能帮你实现你的意愿和愿望。如果你所要的项目是在地球上，我们最终可以为你提供。

关于祷告还有远超出人们所认知的。我仍然没有涉及祷告的所有方面，但我希望我已给了你有关祷告会发生什么的见解。

二、祷告的力量

祷告是力量强大的工具。历史已经表明，祷告怎样能够帮助整个人类以实现他们的愿望，无论是个人的需要还是灵、魂、体的愈合。一个人做祈祷，就意味着这人对宇宙和看管宇宙的至高者提出请求。

当我给予这个信息时，地球正处于困难时期，有许多讨论和对战争的恐惧。我不会，也不想以任何方式讨论这一问题。人类选择自己的命运，我不能干预。虽然我被要求，但我不能这样做。因为我不能干涉人类的自由意志和选择。

选择始终存在。人们通常认为事情是注定的，是的，在一定程度上是这样。另一方面，则不一定要这样。历史充满了人们由于自己的选择而改变自己的命运的例子。在这个时候，祷告越多，对宇宙有越多的请求，越可以促成人类拥有积极选择的现实。如果你祈祷，就一定毫不犹豫地祈祷，并祈求和平。如果人们都在同一时间祈祷，通常会对世界有帮助。

在那一时刻，如果你们都能携手合作，提出你们的要求，不支持战争。更多的灵魂祈祷或请求——因为这就是祷告——就有更多和平的机会。地球，尽管它充满消极色彩，但是是一个美丽的地方。它应该成为一个更美好的地方。

战争不会解决地球上的问题，它只会使情况变得更糟。历史也证明了这一点。我不主张因提及历史而生活在过去。但是，这些历史记载在你们的书籍中及网上，因此，我只以此为参考。

为了前进，人类必须忘记过去。战争的概念属于过去，已不再可行。随着越来越多的灵魂进入一个更高振动，越来越多的人在表达他们的观点。

三、需求及祈祷

人类相信自己必须生活在贫困意识之中，这种教条化的教育要对当今地球上流行的很多艰难困苦负责。

没有灵魂是注定要在各方面经历困难的，你们中的每一个人都有一个能量的无限供应，无论是经济上、健康上还是任何其他形式上。你必须停止所有对金钱和物质财富的担心。你要对为自己所需要的向宇宙提出要求。你还需要为这些要求向宇宙提出时间框架，但也要给宇宙足够的时间来创建你的愿望。

你还需要说出你要求的需求是做什么用，旅行、参加自己想学的课程、一个家、一辆汽车……不管你需要什么，为了使你的要求生效，有必要用讲话的形式表达出来。然后，你需要放开所提的要求，不要重复。宇宙不是聋子！

不要对你的要求作消极的声明或思想，诸如："我从来没赢过"、"我从来没有好运气"和"我是一个倒霉鬼"类似的陈述，当涉及到表达和实现，这些声明和其他的想法将产生不同的效果，并会阻止能量流动。

我已经给了你们这些规则，你现在必须要有信心。

第七章：你的人生旅途

一、你的人生旅途

你以为在这个世界上你独自走在你的旅途上。其实，在你的人生旅程中有数百名灵魂在你的周围帮助你，并非常地关心你。

你在为自己设定的绝望中呼唤，"你为什么这样对我？"但你不知道，你是自己要这样做的！你所有的痛苦都是自己选择的。是的，对很多人来说，这好像很糟糕。

"我们怎么会选择这些可怕的经历？"我能听到你的陈述。你不知道这只是一种幻觉，这仅是一种经历，但不是真实的。地球上的一切使它看起来像真实的一样，但只有当人提高振动并脱离地球而存在时，才能看透这些幻觉。这是你的情绪体，你的惧怕、怀疑、不安全等情绪，把你禁锢在幻觉里。你以为你有的是现实的，但实际上它整个都是幻觉，只有当你回到你在我们这里的家后，你才能看穿这一切。

你以为我们喜欢看你受苦和你痛苦的生活经历吗？不，我们没有，我们感受到你的一切并且还更多！我们对所有经历痛苦和苦难的人感到深切的同情，并尽我们所能，对那些需要帮助的人在提供治疗和精神支持上给予帮助。

你们每一位都有许多灵魂朋友在隔着面纱的我们这边，在你有需要和有痛苦的时候帮助你。但是，我们不能干涉你的命运，这是你所选择的道路，是的，你选择的。你不能为你的生活经历指责任何人，一切都在你出生前就做了选择。一旦你能接受和理解这一点，那么生活本身就会变得更加容易；挣扎也会不是很难，并且你就会理解生活和命运。

人可能在这个阶段上不能识破假象，但一旦人有了这样的理解和觉悟，就会向前朝着看破幻觉迈进。不要为你生活中的问题责怪任何人，不要责怪上帝，尽管有很多人这样做。这个称之为上帝的能量爱你，知道每一个灵魂的命运和人生道路。一旦你能够控制你的情绪体和调整自己心理结构，从自己内在寻找，你会发现所有有关为何、为什么、是谁以及是什么的答案。

二、主要的人生功课

世界上许多宗教都强调，一个人应该爱全人类，这种说法并不错。不过，在一个人可以爱任何他人之前，人必须学会爱自己！你们中太多的人恨自己。你们中太多的人不喜欢你自己。这是为什么？这是因为你对一些问题有待了解。

在潜意识深层里的前世生活经历往往是这些问题的根源。你会反复面对这样的问题，直到它们被除去。这好像你在一个圆圈里打转并不断地鞭打自己。你对自己说，"为什么我总是重复同样的经历？""为什么我总是吸引同类人？"

你这样做是因为你大多数的生活仍然是生活在前世的生活能量里。在这个能量里存在着你多个前世人生的情感。这些深埋在你灵魂里的情感从来没有得到表达或释放。它们一直在等待时机，当你最终意识到这些情感并想要放弃时，你就能释放它们。

其中有一些埋藏得很深，以至于你并不知道它的存在。只有你称之为神的能量能够帮助你释放这种埋藏的情感能量，并使你前进。释放这些经验就像在剥多层洋葱一样，有很多层。每一层就像原始伤口一样，一旦被除去，需要时间来治愈和恢复，然后移向清除另一层。

这种若干未被使用的能量层阻止创造者的神圣爱流流通。这就像生活在没有太阳的星球上一样。没有太阳就没有光，没有光就只有黑暗。这种爱是能帮助你释放累积了多个前世生活能量的爱。但这种未释放的能量却能停止人经历爱。

只有当一个人能够清除这些洋葱层后，才能开始真正的爱自己！当光进入了黑暗，人就可以慢慢地经历爱。不要在你自己以外寻找爱。首先爱自己。一旦你这样做，你就可以真正地爱人类！

三、生命是一种幻觉

世界上不会有什么事情发生。要发生的是正在发生的变化，即地球正在变换为一个新的地球。

生命中所发生的一切都不是偶然的，世界上所发生的事情都是为了改变世界，缓慢地但肯定地。旧的正在清除，新的正在创建，是的，人们正在死亡，很大损害正在造成。但这种情况下所涉及到的灵魂选择了这些作为他们学习的一部分和他们的灵魂之路的一部分。要记住，没有真正的死亡，人的灵魂在其肉体被杀害前就已离开了！

为了地球向前发展，为了有个更好的地球，变化正在发生。尽管它看起来令人悲观和沮丧，事实上，它在变得更好。越来越多的灵魂在转向光，寻找答案并学习有关超自然学。人类有想要改变的愿望，而灵魂则愿意为这一努力提供帮助。这确实是一个令人惊叹的时代。

人也必须要记住，如果一个人没有惧怕，就没有任何东西可以伤害你或触摸你，因为，所有毕竟只是一个幻觉！一旦你没有惧怕，它就不再存在于你的能量里。你越怕发生什么，就越会把它吸引到你的能量里。

地球上是否会有和平？是的，地球上会有和平！何时会这样呢？这是一个未知数，因为地球仍处在变革的时代，变革一直在发生，也不能停止。和平也取决于人类的选择。即使有可能因为这些选择而被拖延，和平终将会来到地球，这是不可避免的。光子带能量在非常努力地完成正在发生的变化。如果你有任何担心，随它去，不要让它影响到你。

要知道你们每一位都是生活在自己的小小的幻觉里。你每天都在创建你想要的生活，你的想法和你的惧怕在创造你的世界。你思想越积极，越想一个和平的世界，你就越能创造它！

四、与消极的人在一起的考验

我最近被一个学生问道："我必须要和消极的人在一起吗？"这是一个有趣的问题，因为在某些情况下，你必须要在这种情况下向这些人学习。

去年，我的通道遇到一个很消极，但却是她的一面镜子的人，那种戏剧化的能量是她的一部分。我认为地球上对这种能量的称呼是"戏剧女王"，她开始第一次意识到，这个女人和她完全一样。在她意识到这一点的那个时刻，她作出了决定，不希望自己再像这样了。这一认识使她提高了自己的振动，因为她从此离开了自己长期制造戏剧化情绪的情感纽带。

人知道自己是否需要从消极的人们那里学习，或从那些作为自己镜像的人们那里学习。如果人从一个这样的局面中逃离，宇宙就会再创造另一个完全一样的局面给他。

我经常说，不是别人在你的人生道路上是重要的，而是人们向你展现的你要学习的教训。如果一个人处理了情况，并汲取了教训，就不再有镜像；帮助你学习教训的人会从你的能量中离开，不再回来。他们来到你的生活中所做的，是向你展示你需要看到的自己的背面，一旦你完成了，他们做了分配给他们的任务，这种局面就不再存在。

"如果你是已经觉醒了的人，你还会被考验吗？" 对这一问题的回答会令人惊讶，因为这个答案是肯定的!你会不断地被考验。

这是要确保你不会在你的学习中倒退，或者是为了让你知道你所放弃的是什么。唯一不同的是，已经觉醒的人不会对考验有反应，不会给它任何能量。他们不需要，他们已经从这种情况中离开了，这已经不再是他们生活的一部分！属精神的人不评判、不责备、不仇恨、不证明。

你是那个在有争论时不会走开的人吗，因为你必须证明自己是对的？你对那些因为他们的生活和着装方式与你不同的人加以评论吗？你常常为自己哀叹，并为自己的问题指责他人吗？如果你对上述的任何一个问题的回答是"是"，那么你就不能自称是属精神的。你看，一个属精神的人不评判别人，不为自己的问题而责备他人，在他们的心中没有仇恨，也不需要向任何人证明自己。

许多灵魂以为，精神道路是很容易的。他们期望奖励和物质财富。属精神的意味着放弃对所有物质的需求，相信精神领域会提供所有你需要的。这意味着要有完全的信任。你可能会说："大师，如果我放弃了，我就什么也没有了。"我会对你说："当你放弃时，我们就可以为你提供。"放弃自我是所有教训中最难的教训。

接受精神世界也是很不容易的。如果你自称是属精神的，你就会允许我们精神领域帮助你。没有必要努力，或尝试努力，因为我们会一步一步地带领你，引导你。你只需要握住我们的手，没有恐惧、没有怀疑。当你能够做到这一点，那么你就可以说你是属精神的。

五、灵魂的成长

你在地球上生活的目的是精神成长，完善灵魂，永远离开地球。

你会继续回到地球上来，直到你全面清除了你携带了很多个转世人生中的种种负面程序。通常你不知道你为什么来到地球上。你想知道为什么生活如此困难，为什么你的梦想没有实现。如果你的意识和潜意识思维被消极程序所包围，你将继续遭遇这些困难。

我们通过那些愿意与我们合作的人类通道来帮助你，教你如何放手，如何让你的灵魂成长。那些为我们工作的灵魂受到了非常严格的培训，以确保他们是值得为我们做工作。但是他们常常被那些他们帮助的人辱骂和伤害。

与我们合作的路径是一条非常不容易的路径。对于那极少数听取帮助的人，他们的生活开始改变，他们开始向着灵魂成长迈进，通常再不用返回地球。现在有比以往任何时候都多的灵魂在寻找其灵魂的成长渠道。但许多人却无法成长，因为他们的恐惧和怀疑要比成长的愿望更强烈。我们可以帮助你，但你要听，然后实施必要的变化。

通常你并不知道存在于你里面的负面程序。只有那些受过精神训练的人，那些受我们训练的人可以帮助你找到这些答案。在本网站中有不少的灵魂已完成了他们的训练，他们已准备就绪帮助你，但最后的决定在于你。如果你想自己的灵魂成长，你需要与我们合作，并且不再害怕。如果你能做到这一点，那么你将离开地球，向前迈进。我们随时为你提供帮助。但你必须想要帮助自己。

六、体验自私

可能会让你大吃一惊，你们中一些人到地球上来是体验自私的！通常当你批评某人的自私时，你是在批评他们选择去体验的东西。那么，怎么会是这样呢？

如果你在前世生活中选择了做一个和尚、尼姑或以某种方式服务，在那个化身中，你做了很多服务和慈善，但没有为自己做什么，也不知道怎样给自己留些什么！

我的通道不和大家分享，经常因此受到批评。很少人知道，在她的许多前世生活中,她把自己、她的教学、她的生活奉献于服务他人,而从来没有为自己拿些东西。她分享了她的食物、她的财物、她的愈合能量,甚至于她的爱,如此很多。她为什么应该要现在分享?她的今生是她享受自己生活的时候,如果她选择不分享,她并没有做错什么,这是她选择今生要这样做的。

对于那些在很多个化身中奉献于服务或宗教团体的人来说,他们要么否认,要么拒绝自己在生活中的乐趣。现在,在今生中,他们选择用他们选择的任何方式体验性能量,体验生活的乐趣,食用他们在过去从来没有接触到的食物。他们的人生功课在于他们要在生活中照顾自己、享受有钱的成果、穿漂亮的衣服,而不是宗教的外衣或长袍,体验旅游,和陪伴另一个人。

出于某种原因,很多人因为他们的自私而感到内疚,而事实上,这是他们今生来世要体验的!他们要体验自私,然后在生活的后期再次分享,因为,他们至少已经学习了有关自私的人生功课。你们中许多人批评别人,却并不知道他人的生活或前世生活的完整故事。在任何时候批评别人都是浪费能量,它是你的自我使你远离自己的一种方式,使你远离看到你自己的过失。

对某些人来说,自私是一种必然,他们已经获得了那样做的权利。如果你真正地爱上帝,那么,一旦经历了自私,它就会成为一种经历,你会回到再次分享。然而,如果人选择不分享,他不应该因此被批评为自私!

七、恰到好处

当今世界上对经济形势和已有的以及现有的形式有着太多的恐惧。但有一点必须要说的,那就是"所发生的一切都是应该发生的!"

有一天,有人问我:"但是,大师,那些在投资中失去了钱的人又该怎么办呢？他们信任了那个帮助投资的人。他们应该怎么办？"我告诉他们，他们将和其他人一样，学习如何生存，他们将这样做。

你看，你们都是舞台上的演员，在学习很多经验教训。当然，对那些失去了他们所有一切的人，人不能对他们这样说，因为他们这个时候正在为自己的损失悲哀。许多人没有了收入，不得不回到自己的父母身边，和他们住在一起，不得不找工作，而在此之前，他们根本不用这样做。他们所有的人为自己选择了这样的现实。

如果人有机会看看那些目前处在水深火热之中的人的出生星象图，便会发现，这些人目前所经历的一切都在那里，他们选择了这些作为其人生学习的一部分。

那么，那些犯罪的人又怎样呢？难道这也是他选择要犯罪，进监狱并在那里渡过自己的余生吗？是的，这个犯罪的人选择了这些。他也将从这种经历中汲取经验教训。除非他选择结束自己的生命，即使他真的结束了自己的生命，他必须要再回到世上来完成他此生尚未完成的。

世上发生的一切都不是偶然，一切都是应该如此，人要么从中学到经验教训，要么哀叹，"我真倒霉！"**最好的学习往往产生于最糟糕的情况之中。**你们每个人选择了自己的人生经历供自己学习和相互学习。你的选择，不仅影响着你自己的未来生活，而且也影响着你周围的人。然后宇宙就把这些选择放在适当的地方，使所有的选择实际发生。

对那些失去了自己的所有钱财，甚至自己的生活的投资者来说，他们正是需要从这一经历中学习，希望他们都能够从中学习。对其中一些人来说，也许是他们并不需要所有的毛皮大衣，珠宝，昂贵的房屋，在银行里有存款。

许多人会发现当他们没有了这些东西后，他们生活得更舒适。

而对另一些人来说，他们也许需要学习如何生活，如何在缺少的情况下实现自己的愿望，不论是金钱还是财产。许多人会视这种经历为一种祝福，并意识到他们可以有不同的生活方式。这些都取决于人们所作出的选择。

难道在我们世界里的是无情的吗？我们感受到他们的痛苦了吗？是的，我们感受到他们的痛苦，我们并不是无情的。我们的精神心灵感受到他们的一切，但这是他们的学习，他们所做的选择——积极或消极的，如果你想这样形容的话——会为他们创造新的未来。

重要的是要记住，一个人不能改变已经发生了的一切。人如果有愤怒和不满，就不能很好地生活。如果一个人对自己的未来是积极的，那么他就会实现一个积极的未来。

生活里充满了丧失了一切，然后再重新振作起来的人们。你可以对我说，"但是，弥勒，其中有些人是老人，根本无法生活。他们不能谋生。"我会回答说："如果他们允许精神之灵带领他们，引导他们，他们将会得到自己所需要的，以帮助他们重新开始。"有一位孤独的老龄妇女发现了自己的艺术才华，现在，她已用它作为自己的谋生手段。

对那些在投资中失去钱财的人来说，他们中的每一个人都有希望，他们只是要看到这一点。重要的一点是要理解和记住，他们在此生中选择了这个经历，作为他们生活学习的一部分。但愿他们回到精神世界时没有充满愤怒、盛怒和仇恨。

他们会改变自己的生活，使自己生活地更好，如果他们这样做了，他们就不会重新学习这样的生活经验，因为重新学习这种生活经验将是那些不愿意面对这种命运经历的人的。

八、生活是关于你自己的人生计划

你们来人世是实施自己的人生计划，偿还自己的业力和过自己的人生。然而，你们中许多人觉得自己需要为另一个人生活，因而忽略自己的生活和人生教训。

我的通道在访问印度期间很惊讶地看到，印度的父母不仅往往主宰自己孩子的未来，而且主宰他们的婚姻和婚后的生活。这是这个国家所接受的标准，而且很少有人违背自己父母的意愿！其结果导致了很多婚姻的分崩离析，以及很多子女不喜欢自己的职业。我通常和我的通道在做阅读的时候，从那些来做阅读的人那里经历到他们在这些方面的不满。不仅如此，在印度以外的一些国家中也通常是这样。

你们每个人都有自己的人生计划，没有两个人有相同的计划。即使是多胞胎，虽然他们有相同的出生星象图，他们实际上也都有自己的计划！孩子们的人生计划不同于他们的父母或监护人的计划，然而却往往被引导到他们不想走的路径上，无法履行自己的命运和计划。这导致他们在另一个转世中重复自己的人生计划，因为他们在今生中没有履行自己的这一使命。

当然，也有一些人选择了在今生经历来自自己父母的压迫，但这种情况是非常少见的；一个占星家能够告诉你情况是否如此。有些灵魂已多次转世，努力尝试履行自己的人生计划，但仍然无济于事，因为他们不能为自己所相信的站起来，去反对自己的父母。

你们每个人对自己的人生都有一个独特的计划，如果人的一生都按自己出生前的选择生活的话，人就会发现自己的生活很容易，即使是你选择了经历沉痛的人生教训。如果你不按照自己的计划生活，人生就会变得艰难和挣扎，你的决定使你做出选择。通常你的惧怕控制了自己的选择。

我的通道惧怕公众演讲，惧怕公众场合，但她征服了自己的恐惧，她现在履行了自己的计划。她这样做很容易吗？不，她这样做是很不容易的，但她坚持下来了，即使是在恐惧消耗她的时候。这花了她好几个月甚至几年的时间，但她还是设法前进。是的，她确实有一个精神大师在帮助她，但你们每个人也都有一个精神大师，这就是你的直觉。

你的直觉没有恐惧，只有你的自我部分有恐惧。一个占星家可以帮助你了解你自己的人生计划，并引导你，但你本人要生活在自己的人生计划中，没有任何占星家能代替你生活。当你干预他人的人生计划，帮助他人生活时，那么，你就阻止了他们学习他们自己需要经历的事情。无论你是在经济上、学术上，或者甚至在精神上，帮助一个人，都会停止他们的成长，并使他们很难带着他们自己已经学习了的人生教训回家。如果你有需要在计划之内帮助某人，你会直觉地知道它，这会是一种非常强烈的感觉，这种感觉不会离开你，你会感到一种冲动想这样做。

过属于自己的人生，实现自己的人生计划，并允许他人过他们自己的生活，那么，你就可以带着自己已经完成了使命的感觉回家！

九、你是独一无二的

你们每个人都是独一无二的。你们可能会在很多方面，如大小、形状、颜色等方面有所不同，但你们都是独一无二的！这是为什么？这是因为，你们是在地球上努力学习自己在出生之前就为自己选择了的人生教训。

你们中有些人选择了一个非常艰难的生活，充满了沉痛的人生教训和挣扎。但是，你们大家都应该知道，在这个时期生活在地球上要比通常时期更难。这是因为地球正在发生变化，而你们正面临着这种变化！你们现在的生活要比以前的生活困难得多。

不过，有一件事你必须要记住，尽管在身体上你们是不同的，但从灵魂角度来说，你们都是一样的。在里面的你，你的灵魂，和每个其他人的灵魂是一样的。唯一的区别是，你们之间可能有不同层次的意识。但这并不是一个不利之处，而且你们也不应该这么认为。

你处在哪种意识层次上并不重要——是的，这并不重要！这不是一个荣誉徽章，也不应该从自负的角度上来看，认为自己比别人更优秀。你们都是行进在征途上的灵魂，单凭你活在地球上，希望通过努力向前走，这就使你独一无二！要知道，没有人比别人更好。

十、为什么我的皮肤是黑色的

"为什么我出生为黑人？"这是很多人问的问题，所以希望能通过本通讯，在某种程度上做出解释，以帮助理解。皮肤的颜色最初产生于要保护生活在世界各地热带国家中人们的皮肤。

皮肤厚度的产生也同样出于这一目的。想象一个具有英国人皮肤的人，比如我的通道，如果去非洲，她的皮肤会在几个小时内就被炎热烧掉。这会是一个非常痛苦的生存！皮肤的颜色是一种对人体的保护，仅此而已。

其次，出生于一个黑皮肤有其个人的原因。和我通讯的一个灵魂在自己的一个前世生活中是一个奴隶贩子。他像待动物一样对待黑人，并用黑人做交易。

由于他没有同情黑人，他选择回到世上进入一个黑色的身体以学习同情和理解做一个黑人是什么样的感觉。他从自己的这个经历中学到了许多宝贵的教训，因此，他成为一个更好、更明智的灵魂。许多灵魂选择有一个黑皮肤的身体，以体验黑人的生活经验。

由于他们在自己的前世人生中诋毁黑人，没有善待他们，或不尊重他们，这些人在今生选择成为一个黑人来经历当自己不被善待和尊重时的感觉。那些对自己的生活、条件和肤色叫得最响的人，通常正是那些在自己的前世生活中没有尊重黑人，并虐待那些像他们现在一样的黑人的人。

皮肤的颜色并不能显示人的智能！所有的黑人都是聪明的，其中很多人有很高的智商。但是由于他们的历史，缺乏对自己的信念和信心，以及因为自己的肤色而缺乏自尊，很多人并不知道自己的潜力。

身体不是重要的，身体只是灵魂的载体。正是灵魂，才是重要的。看看马丁·路德·金是一个多么伟大的人，他没有让自己的黑色身体阻止自己实现灵魂的高层次。

看看纳尔逊·曼德拉！看看他是如何在监禁和黑皮肤的的条件下取得成就的。不，灵魂才是重要的，身体只是一个载体，携带灵魂经历生活，仅此而已。超越肤色，因为它并不重要。

十一、人生的目的

经常有人问我人生的目的。人生的目的在于灵性的成长。人生是一所学校，一种教育。在你的人生中你所遇到的所有人，全都是你的老师。每一个灵魂是你的一面镜子。每一个灵魂都是你的老师。

从你的人生之初，你就选择了你所需要的学习条件。你对你的选择负全部责任。然后，在人生这所学校里，你开始你的学习过程，一个年级一个年级地学习、成长。很多人完成了他们为自己制订的学习计划，而在同时，其他人却因没有能完成他们的学习计划而失败了。你，只有你，能够帮助你自己完成你的学习计划。

惧怕是阻碍你完成你的人生学习计划的障碍。惧怕使你有了最糟糕的能量。它能使你停滞不前。它会让你变成你自我的奴隶而不能前进。主耶稣在他的教导中讲到了惧怕。如果在你的人生中有惧怕，你就不能成长，因为惧怕能使你停止成长。

面对你的惧怕，认清它只是你想象中的幻象，你会因此而前进和成长。释放惧怕不是一件容易的事，但一旦你面对了它，它就变得什么都不是。绝对的什么都不是！为什么不面对你的惧怕呢？

十二、灵魂的目的

曾经有人问我为什么没有有关灵性发展方面的书。其实，在当今的世界里有很多有关这方面的书，但由于人的自我尽其所能地阻挡人们阅读，很多这方面的书却没有人问津。

灵魂在地球上的目的是为了精神成长。灵魂在世上已经活了很多个转世，一直附着在为欲望、贪婪等情绪中获得自由而工作，而这些情绪已经束缚了你们很多人。要使灵魂得自由，人就得有信心、信任和降伏于高我力量。

人要释放自我。你的高我总是会引导你到安全地带，使你得到一种更好的生活条件和更好的环境。你的高我不想让你活在负面生活里，但祂也不想控制你，只是建议你活在更高境界里。

人的高我有所有的答案，但人的自我却时常阻拦。灵魂的目的在于征服自我，人会因此经历来自神性全爱以及所有你的所需，都会实现平和和宁静。没有挣扎、没有惧怕、没有欲望 — 只知道，所有你的所需都会有，而且，通常你会得到比你想要的更多。

要做到这一点并不容易，因为这是一条充满了岩石的艰辛道路。但是，如果人做到了，人就会发现人生的奇妙。人也会具备不再转世的知识，他们在地球的时间结束了。

十三、保持信心

人很容易遭受幻灭！你在人世上被怀疑者所包围，那些人生活在恐惧中，集聚在一起，有人称其为"消极"。这对你们中那些已经经历过困难时期，在过去曾遭受过艰难的人来说，更是雪上加霜。我们对你说"要有信心"，但我们理解你要做到这一点是很不容易的。当你绝望、沮丧，当你质疑你的信心，你这样做并没有错。要全时间保持积极是很难的；生活本身可以变化多端，可以一天很不错，另一天却很糟糕，尽管你自己选择了行星的移动，但这些移动可以每天都有高低不同的变化。

你越让自己拥有信仰的积极能量，越积极相信就越好。你是自己现实的创造者，但你也在与生活游戏本身搏斗，之后又因自己不能做到这一点而惩罚自己。尽自己所能去努力，但不要因为自己没有继续努力或没做到自己所期待的而绝望或惩罚自己。你越努力尝试，进步就变得越容易，有一天，你能毫不犹豫地完全体现积极能量。你越惩罚自己的失败，就会越变得沮丧和悲伤，事情就会变得越糟。

只有极少数的灵魂能够毫不费力地立即体现积极能量。这是一个缓慢的过渡，而你对自己的惩罚会使这一过渡变得更糟。当你发现自己在这样做时，你要肯定自己，"我不会因为自己没能做到这一点而觉得恐怖。"或者"我不怪我自己未能体现，但我会继续努力"。惩罚自己不是答案，为自己在努力体现感到骄傲。放手自我的谴责，你会发现自己体现得更多！

十四、不要害怕与众不同

人开始自己的精神旅程并不容易，因为这是当灵魂声明自己不再有更多的化身，自己会尽最大的努力让自己目前的化身成为最后一个化身时，就开启了通往寻找真正的自己是谁，及为什么而来答案的门。

人在人世间有自我，这是控制和操纵人在世上生存的一部分，但人往往并不知道它的存在。在过去的很多年里，越来越多的人开始对生命真谛学感兴趣，这是前所未有的；而且，这么多帮助人们搜索这一课题的信息也是前所未有的。

多年来，灵魂一次又一次的转世，努力要离开人世，但却无能为力，只能一次又一次地返回地球。那些厌倦了轮回的灵魂开始寻求不再化身人世。

当今世上有很多的老师和大师，他们会对你讲有关你的精神发展和工作，会告诉你需要静心、需要禁食，需要成为一个素食主义者，并跟随他们。但事实并非如此。是的，静心可以帮助你，但遵从特殊食物规则，或跟随大师却不是正确的方式。没有人应该放弃自己的权力，那些要你跟随他们的人在剥夺你的权力。你没有意识到，跟随他们，你就不再是自己之主，而他们就成了你的主人。还有人告诉你，如果你不跟随他们，你就会开始看到和感受到不好的事情发生在你身上。因此，你对离开他们的恐惧就成了奴役你的力量！

没有两个灵魂是同样的，因此，你们每个人都是不同的。你的身体有一定的需求，正因为如此，有些人不适合吃素或纯素，吃素或纯素的方式只会对他们的身体造成问题。然而，尽管这不适合他们的健康，但当大师或老师告诉他们要成为一个素食主义者时，他们就遵从了，他们惧怕改变，他们很少改变，结果就对自己的身体造成问题。每个人都应该能够做出自己的选择，而不是由导师或教师指示他们做选择。支配另一个灵魂是违反精神法的。

人人都有选择的自由，人人都能为自己的生活做选择，而不应该被呼来唤去。有些人不适合大豆食物，然而，这却是那些不吃肉的人摄取蛋白质的一种最常见的形式。你不应该为自己吃肉而感到内疚，你也不应该轻视它。你不应该效忠任何人，大师/教师的目的是教导灵魂，而不是支配你能做什么或你不能做什么！

你最初来自两个地方，恒星体系和地球。你的身体来自地球，你的灵魂来自恒星体系！在你的内心，始终存在着一种争斗，我的通道对此命名为自我和高我的争斗。对某些人来说，身体需要摄取鱼类或肉类蛋白，没有这些蛋白，正如我刚才所说，身体就会生病。许多素食者或严格素食者都有健康问题，这些人并没有意识到，是他们对自己食物的选择导致了自己的健康问题。虽然食素对一个踏上灵性/生命真谛道路的人来说会有帮助，但对一些人来说，这可能会因健康问题导致更多的其他问题出现。

做自己的主人，听从自己的身体，你的身体需要什么？所有的答案都在你里面，听从你的内心声音，不要有恐惧！不要害怕与众不同，不要害怕面对任何一个指责你的人！

十五、过去的转世人生

解释前世生活的现象。首先，我必须强调，你可以有很多个转世人生。你是一个在旅途上的灵魂，在努力完善自己。你转世是为了选择经历，使自己不断成长和完善。

不过，有时候事情并没有按你计划的方式去做。当这种情况发生时，特别是如果有人在这些行动中受到伤害——因为每一个作用都有一个反作用——那么，当你返回到精神世界后，你选择是否要回到地球上来偿还自己的债务，还是要留在精神世界工作，以此偿还自己的债务，你做出选择。

如果你返回到地球上，你选择你想体验的经验和生活。你，只有你去做这些选择。这可以是容易的，也可以是困难的，取决于你的选择。每个转世人生都是一个单独的经历，在每一个转世人生中，你只能是一个灵魂。即使灵魂没有学到很多经验教训，或没有面对自己的恐惧，转世人生也不能是相同的。每个转世人生都是独一无二的。

在每次的转世人生后，灵魂选择是返回地球，还是在另一个层面中，还是留在精神领域，为精神服务，以偿还前面的转世人生中所积累的债务。灵魂可以穿越到任何一个时间段里，没有特定的顺序，正如在地球上的人想的一样——如果你希望，你能返回到伊丽莎白时代去经历一个转世人生，或去埃及时代经历另一个转世人生。你是你自己转世人生的创造者。高我有前世生活的所有记忆，不是自我，直到高我被允许超越了自我，否则前世生活的记忆往往不可能得到释放。这就是为什么大多数灵魂很难进入前世生活记忆的原因。

不过，在一个治疗师或受过训练的前世生活治疗师的帮助下，这种能量能够被释放。当灵魂有了充分的高我能量存在时，那么，只有到那时，前世生活记忆才能够被释放。

十六、生活中有85%在重复前世生活

你们从前都在地球上生活过，你们中有些人还会再回到地球上生活。你的内在储存有你在所有的转世人生中所经历过的一切。你越是释放你内部的消极能量，你就越容易揭示那些前世生活的经历。

精神世界是你真正的家，是你在转世之间休息的地方。也是你灵魂决定在地球上进一步学习经验教训之前的安息之地。你在地球上转世生活的目的是吸取经验教训，在精神方面发展自己。

经常有人问我："大师，我能找到我在哪些方面学习失败了吗？"我告诉这些灵魂，"是的，你可以通过星象学找到。"在真正的精神（奥秘的）星象学中，你会找到这些你需要帮助自己，帮助你走精神道路的答案。理解你是谁，你来这里做什么，重复做什么，你将会大大向前迈进。

你们生活中的85%是生活在前世生活的记忆中，但你们并没有意识到这一点。一个真正的精神老师可以告诉你，你哪些方面的消费在这个85%中，你一遍又一遍地重复着哪些转世生活，就像一只老鼠在车轮中旋转。一旦你找到了自己的真实自我，你就会有灵魂的成长。察看你的前世生活，能够帮助你放弃很多人和事并向前进步，永远不

再回头。

最通常的，你经历这些是因为你的债务（业力），你选择了经历这些以使自己从中自由出来，并继续前进。你选择了在此生中处理这些问题。当你下功夫面对和处理了这些问题时，你的能量就更加发光，你就更容易实现自己的需求，并免于健康问题。是你自己允许这些存在于你的里面。是你自己在前世人生中没有处理这些情绪，而且，由于它是能量（那种停滞不前的能量），它一直在等待你移动它，从你的存在中清除它。

我常常被问道："弥勒，为什么我不能自己来清除这些能量呢？为什么你不能通过为我送愈合能量来清除这些呢？"我的回答是，我们这些在精神领域的，需要一个人类器皿来引导我们的能量，并对那个需要这个能量的人做功。我们不能到地球上来，尽管一些灵魂以为我们能。我们必须通过一个通道来为我们引导能量，使我们的能量被适当使用。

你必须处理来自于你前世生活以及今生生活的阻塞。你们中很多的人，在年轻的时候，因为不想处理任何你不喜欢，或你不想面对的问题，从而为自己制造了阻塞。你越早没有惧怕地处理在你里面的阻塞（通过前世生活回归），你就能越快提高自己的振动，在知觉和振动上向前进。

在你的内部存留着什么？什么在阻止你前进？你会为存留在你的深层潜意识中的阻塞大吃一惊！

十七、如何知道现在是否在经历前世生活经历

我的一个学生问我："大师，我怎么知道我正经历着前世生活呢？"我告诉这个灵魂，你通常不知道，但有一些线索，可以帮助你意识到这一点。例如，当你必须要和你的朋友或伴侣一道去某个地方时，你却不想去。这往往是一个前世生活的恐惧或情况的表现。

这也可以发生在人与动物或地方上面。当你遇到某个人，你以前从来没有见过他们，但你却不喜欢他们。为什么会发生这种情况？这是因为你的灵魂识别到前世的生活能量，在尽其所能不让你再次经历过去所经历的。

同样，也可以发生这种情况，当你与一个灵魂见了面，你立刻对这个灵魂有一种积极的、强烈的浪漫感觉或情绪。你有渴望去访问一个外国国家或一个特定的地方的秘密吗？这也可以是前世生活的记忆。或许在那里你有从前世生活中需要完成的东西，或灵魂只需要最后一次看到它。

你在一遍又一遍地重复一个阶段吗？我通道的一个朋友在有不能应付的生活压力时，总是定期对自己说："我想进修道院，我要退出现在的生活。"在她的一个前世生活中，她是一个修女，她的灵魂记住了这种修道院里的安静、无压力的生活，她现在在为那种生活哭喊。

有许多路标可以指向前世的生活经历，因此要更加有意识，听你说的话，观察你不想去哪里，你不想和谁在一起。不要担心，如果你开始意识到自己对某人有了浪漫的感觉。这通常会使你感到害怕，特别是如果你已经有一个关系了，但它通常只是一种能量，一旦它被驱逐和使用了，换句话说，一旦人认识到这一点，它就会消失。

最重要的是，允许这种经历发生，不要逃避它们。面对恐惧，说出你觉得你想说的，但要得体，有策略，并用爱意表达，或只是静静地、明确地说出你的真实感觉。一旦你开始这样做，你就可以离开过去，进入自己命运的美好未来。

十八、你的习惯从哪里来

你的习惯从何而来？为什么你有你自己的做事方式？我将告诉

你为什么。这是你的过去生活记忆，和你此生所选择的星象构造图相结合所致。

每个灵魂都选择了自己的生活道路，人生的道路均受到那一时刻行星，小行星和恒星运行的影响。正是这一点，带出了你需要清除的习惯。其中一些已经存在于你的多次转世生活的灵魂记忆中，你的恐惧也会被这些行星的影响所引发。正是这些行星和小行星的运行，在帮助你触发这些能量。如果你看看你生活中的行星和小行星的模式，加上你想要去除这些恐惧的愿望，你可以成功地消除很多的前进路上的阻碍、恐惧，增加许多情趣。

至早期先前的日子以来，所有关于星相学如你所称呼的信息都是从精神世界通过通道引导到地球上来的。一旦你能理解这一点，并从精神方面来看它，那么你就可以开始恒在上升的前进道路上，并从生活的轮子中自由出来。正是这种信息无可比拟的在帮助你前进和提高振动，你需要知道这一点。

我建议你们所有的人，找到一个很好的星象学阅读者，一个在精神方面训练有素的星象学阅读者，向此人咨询你的生活，你会从中学到很多东西。

十九、乞丐并不次于国王

人类有看不起那些比自己不幸的人的习惯，而且不知道那些灵魂正在学习比自己在学习的功课难度更大的人生功课。在我们的世界里，那些灵魂受到尊重和尊敬，因为他们选择了更难的人生经历，以加快他们的精神成长。

你们都在人世间学习人生功课，经历的考验越多，学习的就越快。你们问："为什么上帝惩罚我？"当你们在学习自己的人生功课时，这些功课似乎很艰难不易，但这些是你们自己选择的人宇宙生功课，上帝在你们身临困境时为你们提供能量以帮助你们维持自己的生活。但是，因为你们处于人世生存的消极状态，你们就无法吸取所提供给你们的能量，因此你们能看到和感受到的往往是反面的。

上帝不会惩罚你，你惩罚自己；你让自我控制局面，并让自己受到自怜控制。上帝总会给你一个解决方案，一个答案，但因为你的自我在控制，你听不到上帝通过你的高我试图给你的信息。你的自我将竭尽全力地阻止你听从自己的高我。它会骗你、迷惑你、为难你，并以任何方式阻止你。直到你能了解自我，你永远不会摆脱它，也永远不会提高自己的振动和觉悟。

街上的乞丐并不低于你，但当乞丐处在为自己生存而乞讨生活时，也不能看到自己的自我在干什么，因为自我需要生存。不过，从另一个角度来看，这也给了你们了解你们的自我、改变自己命运的机会！自我是恐惧、深深的恐惧，一旦恐惧被征服了，自我就不再有威力。然而，乞丐在为生存挣扎，因此就不会花时间来寻找自己为什么要经历做乞丐的答案。

你和乞丐并没有什么区别，你们都是在人世间学习的灵魂。但你比乞丐有优势，因为你在生活中不必每天乞讨，这就给了你更多的意识和更多的时间去思考，并在自己的生活中前进。没有任何人比其他任何人更好，你们都是行在人生道路上的灵魂，当你们在自己人生生命结束后回家时，无论你是乞丐还是国王，都将得到一视同仁的对待！

看待你周围的每一个人，无论是乞丐还是国王，都一视同仁，都是行在人生道路上的灵魂；没有人比别人更优秀，你们只是选择了不同的路径，从中学习自己的人生功课，但你们会以同样的方式回到精神之家，并且会得到同样的待遇。你在今生中怎么看待他人，可以决定你将如何提高自己的振动和觉悟。

第八章：愤怒和宽恕

一、愤怒的起源

对于人类的大多数来说，愤怒已经成为一种生活方式。

人今生的愤怒起源于人的另（前几次）一个转世人生。一个人死于愤怒，那种愤怒仍然存在于那人的能量场中并没有消散，也存在于那人的灵魂记忆中，等待被释放。通常情况下，那人的灵魂记忆在今生中被某种情况或某个人触发，进而释放其携带的前世愤怒。

"我不喜欢你，你让我生气"，然而你不知道为什么你会这样，为什么那人使你愤怒。这是一个灵魂前世记忆的典型事例。通常，你会避免和那人接触或逃避，没有意识到那人进入你的生命是来弥补过去或纠正自己前世生活中的错误。

人类无法释放自己的愤怒，直到人类认识到它来自于灵魂的内部。释放人类的愤怒，教导人类和平是一项巨大的任务，因为太多的灵魂处在精神发展的不同水平上。下一次有人对你表现愤怒时，不要给它任何能量。

不要把它个人化，或给它任何能量，只是忽略它。如有可能的话，对那个愤怒的人解释，在他们很愤怒的时候你不能用文明的方式处理这种情况。等待时机，当他们没有那么愤怒时，对他们用爱和诚实平和地、明确地说出你的看法。

愤怒只是一种沮丧能量，一种被压抑的能量，如果它不被表达的话，就可以像炸弹一样爆炸。当你再进一步对其供给能量，那么，它就会再攻击，再继续，直到一个人决定不再这样做了。只要它不再被喂养，这个能量就会再也无处可去，通常它就会死亡。

如果你发现自己的愤怒，问自己它究竟从何而来，然后释放它，它就不会再有任何更多的破坏性影响。那些你用来制造愤怒的能量，你可以用来为自己创建成美好的，积极的东西！

二、愤怒的后果

总的来说，愤怒对人类做了什么？正如你可以看到，它正在成为非常具有破坏性的表达。为什么会这样？我们可以做些什么来减轻或减少它呢？

在世界各地有很多人正在经历的这种愤怒从哪里来的呢？为什么会有这样大的破坏性？首先，很多人感觉到的愤怒根本不是来自于今生，它来自于许多个前世生活，那些在事情出错时产生的愤怒但没有被处理的前世生活。毕竟，愤怒是一种消极能量，能量不能被破坏，能量只能被转化，最好的方式是在这种能量中投入爱。因此，在当今这个时候，地球上有数百万的人携带有从前世生活中而来的巨大愤怒。只需要一些小事情就能触发这个前世生活的消极能量，狂怒就是其结果。

例如，有个人沿道驾驶时本人很愉快，感觉还不错，只是有一小点紧张。另一个司机这一天却非常不顺，他超车到那个感觉不错的人前面，导致了这个人急刹车，或则甚至紧跟撞到这人的车。这种发生的小事很容易在那个还没有处理自己前世生活中愤怒的司机身上造成你们称呼的道路愤怒症。这个人所表现出的道路愤怒症只是其自身内部储存的消极能量突然找到了发泄出口。道路愤怒症和其他消极爆发，或发脾气，将会继续表现出来，直到这个人完全处理了自己内存的所有消极能量，无论是从前世生活来的，还是来自现在的生活，或者两者兼而有之。

大多数人并不知道，这种愤怒定时炸弹就在人的表皮下，等待着机会爆发。当它确实爆炸时，灾难就是其结果。目前无论是教会，大多数国家的教育机构或社会团体，在这方面根本没有教育。因此有比你能想象的多很多的时间炸弹在等待着爆发。遗憾的是消极和愤怒由于其他因素而被增加了许多倍。

电影中把暴力行为描绘成一个成人的主题，有暴力似乎是正常的和可以的。你们的新闻全时间的刊登有关暴力的报道，暴力成了人类的一种生活方式。暴力影片、暴力接触、血腥体育等，都增加了愤怒对个人的影响。所有这些力量变成累积，直到人不能再承受它们为止。然后，炸弹就爆炸了。美国学校枪击事件就是这样因为一个人在任何人没有意识到危险之前，不能处理自己的消极能量的结果。

当你们有一个大的愤怒团体形成无意识集合体，这就可能导致战争的开始和发生大规模屠杀。科索沃屠杀就是这种无意识集合体工作的示例。

怎样做才可以化解愤怒呢？一个前世生活治疗师（一个对精神领域的事务非常熟悉的人）的辅导可以长久地帮助个人获得平衡，再平衡。这不是一条容易走的路，但如果一个人想改善并不想造成太多的负面债务的话，人就必须要这样走。一旦咨询和前世生活治疗开始了，其他方面的治疗会为其提供进一步的帮助。我把这些想法留给你们。

三、愤怒造成杀戮

是什么让人类互相残杀？主要罪魁祸首之一是人类的愤怒。

人们以为他们是平静的，但地球上60%的人口有潜意识的愤怒、狂暴，和挫折存在于其灵魂中。这些是隐藏的，通常不表现出来，除非被触发。如果一个人把持着自己生活中所有的挫折、不放弃自己的愤怒，它就会保持在机体内部，积累，等待时机，或者在此生中，或者在另一个转世人生中被激发。

你知道，如果人类学会了互相沟通、不争论、没有嫉妒、恐惧或其他消极情绪存在，世界上就不会有愤怒吗？这是真的。如果人类学会了灵魂之间互相沟通，不产生消极情绪的话，就不会有愤怒。

来自前世生活中的人或生活经历，往往引发愤怒！让我对此作解释。让我们设想，在另（前几次）一个转世生活中，有两个人出现了沟通问题。一个人因此而非常愤怒，但却没有释放自己的愤怒。一旦此人回到了精神世界，他就会看到自己做错了什么，然后就设法要纠正这个错误。他决定要在当今的转世生活中放弃自己的愤怒。

那个导致了这个人愤怒的灵魂也决定返回世上，作为那个有愤怒的人的触发器，以帮助其释放愤怒。因此，当他们在此生中见面后，其中一人不喜欢另一个人。那个有愤怒的人再次感觉到愤怒。他们不明白，为什么会发生这种情况，他们仍然不喜欢和不信任对方。但是，一旦这个"触发"被释放了，在很短的时间内，那个有愤怒的人就以一种安全的方式释放了自己的愤怒。

另一种情况可能是，人们发现他们处于和前世完全一样的情况中，这种情况触发了他们的灵魂记忆，他们的愤怒因此而被释放。

只有当人类学会了用和平的态度对待彼此，地球上才能有和平。你们都像一个在车轮上的老鼠，兜着圈圈转，一次又一次的转世人生，重复着同样的感受，同样的情绪和愤怒。只有当你意识到这一点，你才能停止杀戮。

四、愤怒和宽恕

如此多的灵魂在表面化其令人难以置信的愤怒和沮丧情绪，这些情绪因他人过去的行为，甚至本人在自己生活中的行为所致。如果一个人不放弃这样的事情，人就不能提高直觉，并在提高振动上提升。它们属于人的情绪体，人在地球上生活的目的是学会控制和静止自己的情绪体。人的情绪体是人的自我寄居和隐藏的地方，直到有一天，在你最没有准备的时候，你的愤怒或沮丧达到表面，让你大吃一惊。

我在过去的几年中通过我的通道已经经历到，很多灵魂在用如下的语言表达自己："在我里面有太多的愤怒了，我不知道这些愤怒都从哪里来的。"很难从灵魂中祛除这些情绪，因为它们一直存在于人的地球生命里，而人类只知道一个方式来释放愤怒和沮丧，即通过暴力。但暴力产生暴力。暴力不能中止已经运行了多个轮回的这种能量循环。

玛格丽特(Margaret)和艾伦(Alan)　在他们最近的广播节目中谈到如何能释放愤怒的能量而不使其恶化。总之，人需要的只是释放这个能量，因为这是储藏在人的灵魂中并带到此生的尚未表达的能量，或人在此生中的一种尚未表达的生活经验。释放能量所要做的就是对感觉不对的方面平和地交流各自的看法，把意见表达出来。

多年前我建议我的通道，玛格丽特，通过给那些委屈了她，或她认为她被委屈了的人们以写信的方式，让他们知道这样做时她的感受，来释放她的愤怒和沮丧情绪。然后不把信寄出或发送，而是摧毁它。这样，情绪和情感得到了表达，却没有伤害任何一个灵魂，并释放了这个能量和情绪。当然，人可以用爱来对伤害了你的人进行话语表达，但这通常产生一个持续状态，可以延续多个转世。其目的是释放愤怒和沮丧，以使它不会在未来成为一个问题。当一个人消除了这个能量时，就会有更多的精力来创造和体现自己的现实。

五、人怎样能够宽恕

不要坚持自己的愤怒！不要坚持自己对另一个人的积怨和仇恨。正是这种能量要对目前世界上的纷争负责。世界上有太多的愤怒。它来自哪里？它来自记忆，被别人伤害过的记忆，以及过去所做行动的记忆。

在宇宙中有一个相等但方向相反的力量。你对外发射了什么，就会回收什么！我能听到你们中许多人说，"但是，我永远不会原谅伤害了我的人，他们造成了太多的损害。"或类似的话。然而，你在发泄愤怒，在不宽容人上所浪费的能量可以阻止你在振动上向前移动，并阻止你有自己喜欢的愿望。

通常，人的愤怒来自于过去的转世人生。我相信你们很多人都遇到过某些人，立刻就不喜欢他们。这或许因为他们是你的一面镜子，反映了你不希望在自己身上所看到的东西，但很多时候这也可能是人的灵魂记忆，记住了在前世生活中所发生在自己生活中的痛苦。

你并不知道在你的现世生活中有多少来自于自己的潜意识。我已经被问了很多次，"我怎样才能解决这个问题？"这并不容易，因为人的自我把持着每一个怨恨，然而，宽恕是放弃这个问题的唯一途径。

耶稣说，"原谅他们，父亲，因为他们不知道他们在做什么。"通常，伤害了你的灵魂不知道他们做了什么。他们出于自己的愤怒和沮丧而做了这些。人需要超越自己的伤害，理解为什么他们做了这些。超越情绪、痛苦并超脱，足以能够看到为什么那个灵魂会这样做。当一个人这样做了，人通常可以对这种情况有一个更好的了解。

当你对他人持有怨恨和愤怒时，你停止了可以使你表达的能量流动。你停滞了自己周围的能量，你就不能前进。你可以像这样永远停留，直到你在精神上觉醒，并决定继续前进。

你能宽恕，却无法忘记。不过，最好是忘记别人对你造成了伤害的事件和宽恕别人。不要停止进入你生命的能量流动，它是赋予生命的能量。通过因愤怒、怨恨等情绪而停止能量流动，你实际上缩短了自己的生命。放下你对另一个人的愤怒，愤怒真是浪费能量！

人怎样能够宽恕，放弃愤怒、怨恨和失望呢？这不容易做到，但是可以做到的。这涉及到对释放的想象。人需要想象自己坐在或站在一个人前面，然后告诉那人，"你深深地伤害了我，我很生你的气，但我不想让我的心中存有这种不能宽恕的能量，所以我要从我的体内将其释放。"然后，在自己的想象中，看到自己开始远离那个人，脱离并放手这个自己携带的情绪。随后，人要说肯定话语："我放弃对这个问题的所有愤怒和关注，现在我从我的记忆中除去这些。"然后尽可能地反复说这些肯定话语。

当自我（因为正是人的自我抓住这个能量不放）将这个能量再次带入人的意识中时，再反复地说这些肯定话语，直到这种感觉消失。人也可以想象切断连接在那人身上的线、绳子，甚至脐带，切断羁绊的绳索可以帮助人从这个问题中摆脱出来。

一旦人释放了这些愤怒和沮丧，人通常会看到自己能量的变化，尤其会在几周内表现出来。放手这些情绪并不容易，但这些是你不需要的能量。一旦你释放、原谅和忘记，那么，你就可以向着一个更高的能量开放，这对你的生活大有好处。

通常，怨恨是因为有人对你说了一些伤害你的话，或为一些你没有做的事情指责你。这会激发你的愤怒和沮丧。但是，所有你需要知道的是，如果你能站在上帝面前，或是你认为的上帝面前，在你的心智里，知道你没有做你被指控的，这就足矣，不再需要别的。因为你只需要回答上帝。一旦你这样做了，并安稳地站在上帝面前，那么，任何其他的一切都无关紧要，因为这个被称为上帝的能量高于一切。

要宽恕和忘记，放下怨恨和愤怒，是不容易的。但是，如果世界上的每个人都能做到这一点，那么世界就能够在全球范围内治愈。在你放弃沮丧和愤怒的能量时想想这些。以你自己小小的方式，你能够改变世界的能量。

六、用宽恕取代消极情绪

与那些无论在身体还是在情绪上伤害过你的人讲和。那些伤害你的人之所以这样做，通常是因为他们记得前世生活记忆中的痛苦和伤害。他们无法处理自己的愤怒和失望，因此常常将这些发泄给自己身边的人。不要怨恨任何人。

不要跟任何人生气。不要坚持自己的愤怒和仇恨。如果在你心中存有对任何活在世上的灵魂，或任何已经离开世上，回到精神世界的灵魂有这些情绪的话，那么，你就让它去吧，用宽恕取代消极情绪。

我们看到灵魂带着苦楚、愤怒和仇恨回到精神世界的家就感到难过。这不仅阻止他们在我们的世界里觉醒，而且还会阻止他们前进。那些错待了你的人之所以这样做，是因为他们不知道自己能做什么。

他们往往是对自己愤怒，但需要在别人面前发泄自己的愤怒，结果他们就使得别人为他们的问题而受苦。我们会因经受他人的指责、愤怒、仇恨、痛苦以及其他情绪可以感受到非常深的受伤害，但不要固守这些感觉。

原谅那些给你造成痛苦的灵魂，从这里走开，从这个经验中学习。不给它能量，你会发现，随着时间，就会有一个愈合。当你向前走时，随着时间的推移，生活没有了情感负担，就会发展得更好。

如果你有因难放手自己的消极能量，你就要连接到自己的高我。要求你的高我帮助你，要求大师们帮助你，或者如果你相信，要求上帝的力量帮助你！心存平和，当你这样做了，你的灵魂将提升自己到更高的振动。

要知道，愤怒、仇恨和所有其他类似的情绪，这些只是偏离了正轨的能量。当你用心宽恕，那么，世界就开始在全球范围宽恕。要对地球上所有的同胞兄弟姐妹们有爱，兄弟姐妹都来自同一个种子。

不要问为什么他们伤害了我，相反，要问我能从中汲取什么经验教训，随着时间推移，你会看到你要学习什么。当你充满了愤怒、仇恨、挫折时，你只看到这些，而看不到任何其他的东西。一旦它被除去，那么你将开始在精神层面上更多地看到生命的意义。

七、宽容意味着理解他人的不同

宽容是不容易的。由于人类制造了太多的愤怒，地球正在成为一个非常狭隘的并难以生活的地方。光子能量不断地把人类深埋的愤怒和不满，以及其他的情绪带到表面，许多灵魂因此发现难以处理。此外，随着这些灵魂提高他们的振动，他们变得更加敏感，这也在宽容方面制造了问题。这些灵魂怎样才能处理这种能量？

首先，正如我在这些文章中多次说过，每一个灵魂都是一个完全不同于另一个灵魂的能量，没有两个灵魂是相同的。宽容意味着理解所有人与人的不同，以及在生活中其他方面的不同。

这可能是很难做到，但却是可以做到的。如果每一个灵魂都能够理解其他灵魂，并放弃想要报复的需要，那就可以减少愤怒和战争。愤怒是一种能量，必须来自某处。百分之九十的愤怒来自于前世的生活并且没有被清除。一个人如何清除它？人只需要申述："我将不再有愤怒；我要中止冲突，紧张和缺乏宽容。"然后，顺其自然。

当然，人的自我想报复或可能希望报复，而且也不会放弃这个想法。但是，如果你能向前迈进，而无须做任何事情，突然之间，问题将全部消失，再也不会回来。你越是学习不给它能量，你就越成就更高的振动。打破情感联系是不容易的，但如果你做了，你就能进入到一个更加平和的能量里。

如果人类要在振动上向前移动，就必须置宽容于个人或精神之上。有什么关系呢，如果有人有不同于你的信仰？这是他们作为地球人的权利。创造者，至高者，给了你这个人人可以不同的自由意志。想象世界上的每个人都是一样的，这个世界就不会非常有趣！

宽容来自一个灵魂说，"我不会对此投放任何精力"，然后继续前进。这是最高的自觉意识。当你可以宽容并远离冲突，你就真正在提高你的振动。

八、宽恕

宽恕是不容易做到的。宽恕本应该很容易，但是人的自我会尽一切所能，把愤怒和沮丧带入自己的生活。当人有愤怒和沮丧时，人就很难有同情和宽恕。人的自我想要对那些伤害了自己的人拔刀，让自己继续愤怒，继续不高兴，而人的高我却只是打个哈欠，说："宽恕吧，向前进"，然而，实际宽恕并没有听起来那么容易。

人的自我会想方设法地发泄愤怒。人的自我想要证明自己，想要对所发生的进行争论，这是无情的，人因此成为自己愤怒的奴隶，每次都会以爆发和愤怒响应。人要学习宽恕，学习在无论他人是否原谅自己的时候继续前进。你不能等待他人，因为这可能需要他人几年的时间才能看到情况的真相。

人们会说，宽恕是一个懦夫的表现，但固守怨恨，不宽容，或不断的愤怒，会在你里面溃烂，随着时间的推移，会导致疾病，抑郁症，并阻止你提高自己的振动。宽恕是求得自己内在的和平，是能够继续向前进。

你们中有些人回到人世是为了宽恕自己过去的行为，但许多人却不宽恕；因为自己前世生活的记忆，无论知觉与否，会阻止自己宽恕。正如我说过的，宽恕是人生的一个重大功课，而且往往是一种祝福。曾经有人说，一旦宽恕了，一旦人要是宽容的能量被释放了，要宽恕一切就不再存在了，不，你不会忘记，这是一个人生经历，不过，为了让灵魂继续前进，人有必要宽恕，当人不能宽恕时，人就无法前进。

让自己现在就宽恕吧，不要等待，放手愤怒、沮丧和痛苦，这是不值得的！其实，只要经历了一次宽恕的学习，以后就好办了，因为你有了经验，面对所有可以宽恕的，都不再是问题了。

第九章：改变及变化

一、我们可以改变，世界随其改变！

我们怎样才能改变世界？这不是一个容易回答的问题，因为在今天的世界上有这么多的战争和纷争，每一方都有自己的真理。正是这个因素造成了问题。

人类无法改变，直到它能够理解自己精神的一部分，理解生活的目的。生活的目的是要向前迈进，远离旧的模式和前世生活的教条化。理解人死后生命仍然存在，理解人死后，灵魂会审判自己刚经历过的生活。

没有拿着审判书的上帝在等待谴责你，拒绝你，把你送给地狱之火。不是这样的，只有你和你的精神守护灵在观看你在生命生活期间的收割。这就是灵魂看到是否是收获还是饥荒的时刻。

只有当人类不论断、不批判地理解和接受其他不一样的信仰体系时，人类才能改变。只有当人类能够明白，有深色皮肤的人和有浅皮肤的人是完全平等的时候，人类才能改变。地球上的变化会带来宽容、理解、爱和学习生命真谛学定律和理解生活的真正意义。

由消费创造的生活幻觉也需要改变。生活并非来自一个数据包或一种商品，而是从经历和学习中而来。这种幻觉是，如果你购买这个产品，或者那个项目，你的生活将会发生变化。然而只有当你内在的改变，你周围的人也会随着改变，但你是那个发起改变的人。

地球上太多的人对自己的才能和属性缺乏信心。然而，你们每个人具有用于赚取自己生活的才干。没有一个灵魂生来没有才干，人类需要学习如何发现这样的才干，并相信它。

只有当那些为光积极地工作，相信精神的人们走出来，教导人类关于他们的精神部分，人类才能改变。你们中太多的人已经学了许多课程，做了长期研究，但你们却不认为自己有资格教导别人。我的通道已教导了超过400人有关生命的意义和由我们精神创造的生命真谛学课程。然而在那些参加了这些学习的人中只有一半的人使用它来教导和医治他人。

他们让自我使自己分心，制止他们的进展。我们可以使用尽可能多的灵魂进行教学，无论你有什么样的经验，当我们准备就绪，我们就可以通过你讲话，我们只需要你准备就绪。为了让你成为我们的喉舌，我们会派你到那些需要听到信息的人那里去。

人类能够改变，你，这个阅读此通讯的灵魂可以为这种变化做贡献。你只需要对精神提供你自己，对自己的能力要有信心，然后让我们来领导和引导你。当人类变化了时，世界可以是一个美妙的地方。

二、有精神与改变自己

成为有精神的并不需要改变自己，当你确实成为有精神的时候，你就改变了。随着你内心的改变，你曾有的旧的生活方式开始离去。不要企图一夜之间改变，这涉及到债务和教训的学习，然而锲而不舍就可以实现的。你不必放弃吃肉，停止吸烟、喝酒等。如果这样做，你否定你自己，成为你今生的束缚，也许还会束缚你许多个转世人生。直到精神上长大后，吸烟等在生活中已不再重要。就会选择不再吸烟了，但必定不是被改变。

最近在我和我的学生的交谈中她问我：为什么有如此多的变化发生在世界各地。国家要破产，似乎问题无处不在，人们不再大量旅游，旅游行业在挣扎。这个学生问我："为什么出现这样的情况？"

我回答她，事实上，这是大的变化中的一部分，目的是要让世界变得更好。现在看来好像一切都变坏了，但在未来的地球上，这种变化会带来不同的能量。所有数百年来的所有将被摧毁。

旧的思维方式，做事行为将被废止，新的能量正在形成。这种变化是缓慢的，但它正在发生。它将继续发生，直到所有旧的被废止，新的能量取代它。

改变总是带来冲突，并在一段时间内会有冲突出现在许多方面。首先是动乱，然后慢慢发生变化，最后，新的能量出现。曾经被认为是不再相关的事物都将发生在世界各地，缓慢但稳步的变化将发生在地球上。

这将是未来的地球：巨变。对你们精神的人，你可以害怕变化，你越是害怕，就越会有变化，或者你可以拥抱变化，接受它，并向前迈进。选择在于你！

三、世界的变化

世界正在发生着变化，即地球正在变换为一个新的地球。世界上正在发生的，正是意味着要发生的。

世界上所发生的是为了改变世界，慢慢地但肯定。旧的正在清除，新的正在创建。是的，人们正在死亡，很大的损害正在造成，但这种情况下所涉及到的灵魂选择了这些作为他们学习的一部分和他们的灵魂之路的一部分。要记住，没有真正的死亡，人的灵魂在其肉体被杀害前就已离开了！

为了地球向前发展，为了有个更好的地球，变化正在发生，尽管它看起来很令人悲观和沮丧，事实上，它在变得更好。这确实是一个令人惊叹的时代。越来越多的灵魂在转向光，寻找答案并学习有关超自然学。人类有想要改变的愿望，而灵魂则愿意为这一努力提供帮助。

人也必须要记住，如果一个人没有惧怕，就没有任何东西可以伤害你或触摸你，因为所有这一切只是一个幻觉！一旦你没有惧怕，它就不再存在于你的能量里。生命中所发生的一切都不是偶然，你越怕发生什么，就越会吸引它到你的能量里。

地球上是否会有和平？是的，地球上会有和平！何时会这样呢？这是一个未知数，因为地球仍处在变革的时代，但它会发生，也不能停止。这也取决于人类的选择。

即使有可能因为这些选择而被拖延，和平将会来到地球。这是不可避免的。光子带能量在非常努力地完成正在发生的变化。如果你有任何担心，随它去，不要让它困扰你。要知道你们都是生活在自己的小小的幻觉里。你每天都在创建你想要的生活，你的想法和你的惧怕在创造你的世界。你思想越积极，越想一个和平的世界，你就越能创造它！

四、选择，改变

在你的人生旅程中，你被放置在你必须选择从中学习的环境中。这些选择使你周围那些不希望你改变，不知道你所选择要学习的经验也会有助于他们的成长的人们不高兴。由于这些来自你周围的影响，很多时候你就退缩，不向着新的能量前进，因此你永远无法学到你要学习的教训。你们每一个人都选择了要学习的教训，作为自己此生生活的一部分。然而，你们中许多人从来都没有学习这些教训，因为你被别人所左右而待在舒适区里。

对于那些选择学习教训的灵魂，这可能意味着会疏远那些自己所爱和所关心的人。生命是一个持续的课堂，每一个经历都让灵魂成长，走出恐惧，以及学习很多东西，而这一切是灵魂无法从旧的舒适方式中学到的。

如果你选择了要在此生中进行改变，但却没有发生改变，宇宙会给你时间允许你以自己的方式做事。如果你仍然不选择去做，宇宙将创造所需的情况迫使你做出改变。你不能逃避自己要学的教训，你以为你可以选择不这样做，但最终，宇宙将迫使你学习，宇宙将创造一种情况，使你不得不面对自己的问题。

你可能会问，哪个更好？是不是我等待宇宙为我创造情况比我自己动手更好？自己做始终是比让宇宙迫使你做更好，因为宇宙将不会给你警告，而且通常会对你产生很大的冲击，这比你自己选择做和被预先警告更糟糕。对你们许多人来说，这种情况可能看起来很残酷，但情况就是如此。

你所做的选择会导致你的人生是一条平稳的道路还是一条摇晃的道路。你做出选择，通常因为恐惧，你选择留在旧的方式里。对于那些选择了学习，而不是等待宇宙迫使他们屈膝的灵魂，虽然生活的确因为新的能量和新的教训而成为一种挑战，但最终，一旦他们学习了自己要学的经验教训，他们就可以享受从自己的经验教训中得到的回报，并从这种学习的重负中获得自由。

五、世界的变化，灵魂的改变

目前，地球正在经历巨大的变化。大部分变化发生于清除旧的能量和引入新的能量。宇宙有一个规则：变化必须发生。

看看自然界。树在冬季死亡，春季复苏，夏季开花，秋季，树叶开始凋零和下落，为冬季做好准备。冬季，山上覆盖着雪，在春天，通过雪的融化释放能量，水像瀑布似的落下山脉，为其所到的地区带来新的活力。森林大火烧毁老的树木，使得新的树木成长发展。大自然以一种奇妙的方式不断变化。而人类却不这样！

正是人类，没有前进，最终，自然会拆毁人类家园的墙壁，清除旧能量。无论造成多大程度的破坏，大自然让人类因此可以创建新的。以人的形式，灵魂被给了很多机会为自己的生活创造变化。机会被给予，以使他们能做出转变。通常情况下，改变的机会呈现给他们，就像给他们一块蛋糕，完全装饰完毕。然而，很多人不利用这个机会来改变。

恐惧、怀疑、不安全感和其他情绪阻止了灵魂的前进。他们就像老鼠躲猫，钻进洞里一样，缩回到他们所知道的安全区。不管要发生的变化对他们的灵魂有多么美妙，他们由于太害怕了而不能面对它。无论摆在他们面前的蛋糕看起来有多诱人，他们也不敢咬一口！

在接下来的十年中，你会看到在地球上的变化：热带风暴席卷整个社会，严重的气候模式不断制造混乱。全球变化正在发生，人类对此束手无策。有些人会说，"但是，你难道就不能为此做些什么吗？上帝的恩典在哪里？"

我现在就会告诉你，神是有恩典，很多的恩典，但只给了你们能量，使你们能够进行改变，继续前进。你自己阻碍了这种进步。你自己在延误变化。你对向前进的恐惧，连同你对进行变化的恐惧，这种恐惧阻止了宇宙中创造一切必要的，而改变是注定的。

如果每一个灵魂都遵循自己的直觉和感受，没有自我，并遵循自己的高我，也就没有必要让大自然创造改变的机会，这通常是灾难性的！但对人类来说，虽然灵魂有机会进行改变，但很多时候，这些机会给了他们，他们却吓得逃跑。有许多灵魂在乞求和请求改变，当我们为他们提供了必要的机会时，再一次的，他们在恐惧中逃跑了，或者他们听从了别人的劝告，这些劝告在他们心里制造了恐惧。

最近，我网站上的一个观众请求变化。这个灵魂会被告知，发生变化的门将为其开放。然后这扇门会引导这个灵魂朝向更高的振动，并有很多幸福和喜悦。这个灵魂在自己的生活中没有太多的幸福和欢乐。宇宙为其创造了变化的机会，但这个灵魂怎样做的呢？这个灵魂变得充满了恐惧，并消耗在恐惧中，而且担心如果自己接受了挑战，进行了改变，这会怎样影响到自己周围的灵魂。

因此，这个灵魂立刻回到了原来的状况。那么，现在又会发生什么呢？宇宙将再次创造机会，然后又一个机会，直到这个灵魂开始意识到，自己必须做出改变，否则就会死在地球上。

在地球上有很多像这个灵魂一样，把改变的机会变成恐惧和不安全感。耶稣和所有其他先知的教导变得毫无意义，因为人类似乎无法走出恐惧。当今在地球上只有极少数的灵魂面对了自己的恐惧，因为他们做出了改变，变得更好。

当变化发生时，不要埋怨上帝。上帝为你带来变化的能量，给你机会进行改变。责怪你自己，因为只有你和你自己，发起了要被迫改变，没有别人。

下一次，当给了你改变你的生命，改变你的方向的机会时，面对自己的恐惧，你首先要进行改变，不要再回到过去的安全带的舒适区里。如果你不进行改变，那么自然，或宇宙将迫使你改变，这将会更难处理，更难面对。面对你的恐惧，拥有你应有的幸福和喜悦，这些都是你的权利。

地球正在经历巨大的变化。许多有能力用其直觉来预测未来的人预言了这段时间，但极少有人知道到底会发生什么或会怎么样。这是为什么？其主要原因之一是，如果人类群体的自我知道了我们的计划，它就会尽其所能来阻止我们和将要发生的事情。原因之二是，我们不告诉你们，是因为我们正设法让你们活在现在，而不担心未来。你们如此地惧怕死亡，特别是有关如何以及何时会死，但人类的大多数并没有注定要在这个时候回到我们这边。然而随着有关变化的信息，人的自我变得更加恐怖和恐惧，并因此而制造出种种不利的情景。

六、生命在于改变

最近我的通道被我指示，取消了一个她打算举行的讲座。我们从我们的指导者那里得到指示，不要举行这个讲座。取消这个讲座应该是一件很容易的事。然而有些人却认为这样做是不对的，他们关注那些预先注册了这个讲座的人。也没有问为什么。

这是因为我的通道从她周围的几个人那里吸收了大量他们的负面能量。现在，正如我在这里写的，在这个讲座举行的前一天，我的通道被完全耗尽，几乎没有了任何能量。这使得她无法举行这个讲座，如果她强迫自己做了，那么她就会在本周的剩余时间里根本没有能量。

当然，人类发现变化是困难的。你们有一个固化了的信念，就是要以特定的方式，特定的风格做事情。

没有什么能永远是这样。你在世上学习不要固定自己的思想，要打破条条框框去思想，并做自己的主人。如果这意味着你需要在中途改变方向或取消事情，你就要这样去做。这是必须要这样做的。你不是笔下的羊，你们每个人都有自己做事的个体原因。

有时候，人们会感到失望，如果是这样，这是他们的问题。变化是新秩序和新的世界的一部分。旧的教条化了的结构方式正在被清除，新的能量正在出现，这是一个新兴的，完整的，在生活和所有的事情上都完全独立的。

你们很多人已经意识到正在世界各地兴起的动荡，世界在愤怒饥饿、愤怒没有工作、愤怒缺乏食物，愤怒人与人之间在财政和许多其他方面的不平等。这种动荡已在世上存在了一段时间，而且它给世界带来了变化。变化已经发生，否则人类将会被自身所封闭的所有愤怒摧毁。人们已经承受了太多，愿意开始表达自己的愤怒，摧毁旧的已在进程中。

不要对正在发生的事情有任何担忧，也不要为金融市场或其他事件的发生担忧。如果你有恐惧，你就会吸引恐惧到你的能量中。一切都是应该发生的。尽量不要给这些发生的事件能量，也不要与朋友们讨论或议论这些所发生的事件。这只会给所发生的事件添加能量。

未来的30年中地球会发生积极的令人难以置信的变化。不过，为了让积极的变化到位，旧的必须被清除：旧的做事方式和旧的机构。要记住，不要惧怕，也不要对所发生的事情投入自己的精力。

七、改变与人生功课

改变是不容易的，因为这意味着人要走出自己的舒适区，然后，还必须学习新的方式，并向新的方向迈进。但这就是在地球上生活的方式。

只有当一个人回到自己真正的精神家园，才可以休息，并有机会为所欲为。你的日常生活是你自己选择的，从灵魂角度上来看，通常充满了人生教训和改变和前进的机遇。只有当灵魂意识到学习的延续，意识到如果自己在一个化身中没有学到要学的人生功课，就得返回人世，再次面对它！现在有很多的灵魂都在这样做，人返回人世的次数越多，学习就变得越困难，难怪一些灵魂会过早地结束自己的生命。

要学习你的人生功课，你就需要知道它们是什么。你们生来都带有这些信息，但很多人根本不想知道。你的整个生活都已经由你选择而被详细规划了，理解它和对其有了解，就会像在一场博彩游戏中中了奖！

是的，人生是艰难的，是你选择了这种方式，如果它很容易的话，你就不会从中得到学习。理解为什么它是艰难的，就可以使你的生活有区别，容易或不容易，你做选择。许多人不知道自己的人生目的，从来不介意他们的学习。

寻找，你就能找到答案！

八、改变过去的模式

你生活的唯一目的就是要改变过去的模式，改变在许多化身中养成的旧思想和教条化！当你仍然停留在旧思维、旧习惯和教条化时，你就不能脱离尘世的化身。你就像行在奇幻旅程上，不能下车，只能绑在马上或任何你骑的动物上，随着它团团转！

你们每个人在内心深处知道自己需要改变什么，但一旦你来到地球上，所有的那些思想都被遗忘，甚至在心灵的深处！你们中的一些人在许多转世化身并付出自己的努力之后，依然无法有所改进，进而请求大师们的援助，以帮助自己。但同样的，一旦你化身入世，你很快就忘记了自己的选择，在你生命的尽头，你又带着没有改变的灵魂回到家。

改变是不容易的，它涉及到离开自己的安乐窝，直到你可以创建另一个新的情景！你从来不会没有一个安乐窝。但有时候，你习惯的安乐窝并不舒服，但你却在恐惧中紧守住它，你宁愿有一个不舒服的安乐窝，却害怕有一个舒适的新疆域；宁愿生活在水深火热之中，而不愿生活在幸福中。你们所有人都是行走在自己道路上的灵魂，你不能行在其他任何人的道路上，因为当他们准备就绪时,他们会开始自己的道路！

不过，你可以看看你自己的道路，无论是通过自身寻找，还是通过一个星象家或灵魂媒体帮助你。当你能带着实现了自己道路的成就回到在我们精神世界的家时,该有多么的美好。这是可能的，如果你向前走，直面你的恐惧，你就能是那些成功者中的一个!

九、幸福是每一个灵魂的权利

幸福是每一个灵魂的权利，但地球上有太多的人生活在不满和悲惨中。为什么会这样？这是因为你不知道幸福在哪里。你们中许多人从来没有从自己的内在看看自己能够很高兴地做些什么。你不相信自己能够在任何事中找到快乐。消极性使你负重，你越消极就越负重。

你们每一位都有才华，都有可以谋生的事做，也可以使自己的生活有乐趣。一旦你找到了自己的才干，那么你就想工作。你想早晨起床，你享受每一天。你想少睡觉，每天都变成了喜事。你的脸上充满了笑容，你的精力是无穷的。

找到你的才干是需要勇气的，因为一旦你找到了它，你就要使用它，这就会给你带来改变。人的自我讨厌改变，并会尽其所能避免改变。你可以对我说，"大师，我怎么才能知道我的才干？"我会告诉你，你最擅长的就是你的才干。

有些人擅长于创作，其他一些人擅长于与人沟通，另一些人擅长于精神方面的，还有一些人擅长于逻辑。每一个灵魂都有自己的才华。找到它，你就可以找到自己的幸福。

如果你想用简单的方法来找到自己的才干，那么你可以找到一个在精神层面上工作的人或阅读师，为你阅读你的星象图，他们将为你引入有关你的才干的信息。

不要再不高兴了。让你自己从中获得自由，并找到自己所应有的幸福。不要害怕改变，它会给你的生活带来奇妙机会。

改变你的生活，也不要让你的年龄阻止你。许多灵魂在晚年时改变其生活方向，并为自己创造了更美好的生活。如果你是一个不愉快的灵魂，你就应该找到自己的才干，找到自己的幸福。

十、为什么有自然灾害

最近有人问我，为什么受到地震、水灾或其他自然灾害影响的国家往往是那些贫穷国家，而那些具有犯罪和其他物质欲望的富裕国家却没有受到损害。

生命是不断变化的，但往往某些人或某个群体是不会改变的，他们每天重复同样的生活。他们的房屋仍然是百年前，甚至千年前一样的房屋，诸如在中东地区的国家。

一切都在不断变化是一个宇宙定律。但许多灵魂却害怕变化。他们害怕改变就像人们曾经承认害怕地球是圆形的，而继续认为地球是平的一样。

当灾难袭来，并带来了灾祸，这是大自然在对人类说，"如果你不改变，我们将改变你。"这不仅适用于一个国家或团体，而且也适用于个体灵魂。任何人如果不改变，如果害怕改变，经常会发现，他们会被迫改变。通常是火灾、水灾、自然灾害等将迫使其改变。

这不是神，而是人类本身造成的。如果全人类都尊重变化规律，也没有害怕的话，就不会有灾害，因为一切都会与宇宙自然规律和谐存在。因为对于任何一个力来说，在宇宙中都有一个相等的，方向相反的作用力存在。

人害怕什么人，他就会将其引入自己的能量中。如果一个人担心自己的伴侣离开自己，这个人就会为自己创造这样的结果。如果人害怕改变，那么宇宙就会为其创造改变。

只有当人类真正理解了这一宇宙定律，那么自然才能够自身平衡。只有这样，自然灾害才能停止，自然灾害没有必要发生。人类及其恐惧，在创建自身的毁灭。

十一、信任变化

很可悲的是，你不想知道我对你说的话，和为你提供的有用信息。你们中很多人选择了在你们的生活中的某个时间来改变自己的生活，职业方向，或与家人、朋友的关系状况。在我的通道给人做阅读的大多数时间里，她会告诉你关于这些变化的信息，有时我会亲自给你这些信息。但很有趣的是观看你们的自我在抵触这些信息。

宇宙从不会让你什么都没有，除非你自己选择了它作为你要学习的一个人生功课，或者你要体验自己的业债。通常，新的路径往往会为你带来更大的丰盈和财富，但你的自我不能看到这一点，而在恐惧中扭曲，因为它害怕新的路径！

最近，我再次出面，亲自给某人提供了有关他们已选择的改变生活道路的方向和信息。此人充满了恐惧，竭尽全力地说服我，一个信使，他最好是留在老路上。因为他们很熟悉老路而对新路一无所知；然而，一旦你决定打开新路的大门，宇宙会为你带来那些可以帮助你的人来帮助你实现并完成它。

你只需要相信并知道宇宙会为你工作，甚至我的通道或我会给你带来信息。你有多少次被给予了有关一个新路径的信息，而你并没有采纳那个新的路径？相反，你继续逗留在不开心、沮丧，无聊的老路上！你本可以在你的人生道路上前进，但恐惧、怀疑，和不相信自己，阻止了你向前移动，这是多么的遗憾！

你是你自己的主人，但你们中很少有人知道这点。你固守于旧的方式，从来没有改变，而且往往是一次又一次地返回到老路上，束缚了自己的未来。

在经历了多个化身后，宇宙终于说，"够了！我来为你创造变化"，宇宙将制造一种情况来结束旧的方式，不管你喜欢与否，你被迫使改变！不要害怕改变，如果你相信，你会有所有你需要的帮助。

学会信任，相信是不容易的，特别是你已经在老路上停留了很久。变化能带来自由，新的同事或朋友，甚至可以带来新的地方居住。放开恐惧，拥抱新的，宇宙绝不会让你在没有某人或某事的帮助下飞行。要选择信任！

十二、过去

你们中太多的人生活在过去，害怕前进，害怕变化。你知道的过去已经不再存在。留下的只是回忆，有些是好的，有些是不好的，但只是回忆。你不能回到过去，你不能生活在过去。你怎么能生活在已经不再存在的东西里呢？你实际上是生活在记忆中。

许多人生活在自己的记忆中，因为那正是他们最快乐的的时光。他们没有意识到，他们今天也可以有幸福，就是现在！但所有他们能看到的只是自己的记忆。当他们这样做时，他们看不到现在或今后——你们地球上称呼的未来。

要摆脱过去的回忆是不容易的，但是一旦你摆脱了，那么，你就可以有自由的，不受妨碍的生活，因为只有现在！现在这一时刻，是所有的一切。这才是重要的，现在就是一切。要紧的是现在的时刻——现在——并允许要到来的得到展现。如果你生活在现在里，你就把过去抛在后面，并允许未来展现。那么，你确实是在自己命运的轨道上。

过去的已经走了。它教给你教训，帮助你塑造成现在的你，它是一个祝福（有些人可能会认为这是一个诅咒），但它已经一去不复返了。不要后退回到过去，但只是活在现在！当你能做到这一点，你就会真正地知道安宁。当你这样做了,未来,正如你所称呼的,会临到你,将美好地为你展开,为你带来奇妙的成长和扩张的机会。

第十章:镜子

一、镜子

你周围的人是你的镜子。你们每个人都是一个灵魂,在一所学校里学习的学生!你的朋友,恋人伴侣,合作伙伴和家人是这个学校里的教师。每一天,他们是你的镜像,他们进入你的生活,教你宝贵的生活教训,成为你的镜子让你看到在自己身上不希望看到的。如果你花时间来理解这一点,你的生活会容易得多。

你们每个人都有陈旧的能量存在于自己的潜意识中,你来到世上是为了让自己从这种陈旧能量中获得解脱。你的自我把持着这个陈旧能量不放,也许会不惜一切不让你从其中获得自由。你周围的人都是你的镜子,在这里帮助你面对这些问题。

不过,当人面临这些镜像时的通常反应是逃避!人的害怕使人不敢放手。你的自我会给你上千个理由,告诉你应该逃避,而且,你的自我还非常善于说服你。有多少次你因为不喜欢别人说的或做的,或不喜欢他们的能量而逃避?我敢肯定,你有多次这样做了。

人生是一所不容易的学校,人若待在安乐窝里就不能学到什么,而你周围的人成了你计划中台上的演员。你生活中的每个人都成了你的老师,或你的一面镜子,以协助你学习经验和从地球上获得自由。

下一次当你面对一些你不喜欢的某人或某事时,面对它,不要逃避。你会惊讶你如何处理这一点。你可能有惧怕,但惧怕只是一种幻觉。

通常，当人面对了惧怕后会说，"为什么我会如此害怕呢？"当人面对了自己内部的问题后，就开始提高其振动并向着源泉靠拢，这个源泉就是被许多人称之为的上帝。面对你周围的人所镜像给你的问题，停止逃避，在振动中向前迈进。我们的能量，大师们的能量，始终会为你的努力提供帮助！

二、你是你现实中唯一的人

你知道，你是在你现实中唯一的人吗？我可以看到，你们很多人想知道我所说这句话的意思。在我说的这句话中，我在教导，放手在现实生活中的每个人和每件事，活在自己的生活里。

对于许多人来说，这将是很难的，因为他们已经太多地依赖他人。很多人对那些在自己生活中接近的人有种亲密感，然而，这些人只是在那里供你学习的。每一个进入你生活中的灵魂都是你的一面镜子，一位老师。其目的是帮助你看到你需要工作的部分，你想逃避的部分。

你想逃避的许多人中，没有人是你的敌人！所有进入你生活中的人都在教你一些东西或是你面前的一面镜子，反映出你不想处理的一些东西。通常，这些问题已经被你携带了许多个转世人生。

对你来说，他们看起来如此真实，朋友、家人、敌人，你把他们贴上标签，然而，他们只是你的老师和镜子而已，他们是你在出生前为自己创作的人生剧本中的演员。当你们中很多人意识到这一点后，会是一个相当地震惊！

这是真实的。只有当你意识到这一点，接受它，你才能向前迈进。因为当你接受并意识到这一点时，你就会停止为自己的问题和困境而埋怨他人，你就会接受自己的生活责任，无论是好还是坏的。

没有人愿意有一个糟糕的生活，没有人愿意活在苦恼的不幸福中，让自己不快乐。你之所以这样是因为你害怕为你的梦想生活，就是在你应该做事时你却拖延自己的行动。精神发展在于放弃害怕和恐惧，在于有信心，并相信自己可以创建自己的现实。

你要爱你自己，尽管事实上你可能觉得别人不爱你。要记住，那些你认为对你这样做的人正是反映了你对自己缺乏信心，对自己缺乏信念。一旦吸取了教训，那人就不会再出现在你的生活中，他们离开了，或者你离开了。你不再需要他们了，他们走出了你的剧本，或者你离开了他们。所有这一切都可以使消极转化为积极。所有你需要做的是决定要改变现状，并坚定不移，而且不屈从于自我，自我的唯一目的是设法阻止你前进。

精神性不在于宗教，神圣或虔诚，而在于对自己完全诚实。只有当你能够做到这一点时，你才能生活在一个你应该有的生活中。当你把自己周围的人看成自己的镜子和你舞台上的演员时，那么，你要学习的教训似乎就没有那么难了。

它们成为你要从中学习的经验，你其实可以笑对它们。当你这样做时，你就真正成为有精神的。把你的生活中的每个人看作礼物，因为他们确实是。当他们做的事烦扰你时，先问问自己为什么会心烦意乱。然后你就能够看到在你的生活中需要注意些什么。

三、理解他人

你为什么喜欢评判呢？难道你不知道，你不喜欢在别人身上看到的其实正是你不喜欢在自己身上有的东西？你实际是在看自己的镜像。你可能会说，"但是，怎么会是这样？我根本不像这样"，然而，这正是在你身上所隐藏的东西，你往往看不到而已。

人人都是你生活中的老师或镜子，甚至那些你认为是你"敌人"的人。这些人在精神世界里通常是你最好的朋友，他们来帮助你学习。因此，你往往为别人对你说了什么或做了什么而感到受了侮辱，但他们只是向你显示或教你你需要知道的东西。如果你没有看到这一点，认识到什么是必要的，你的灵魂就不会成长。它将停滞在舒适区，对有些人来说这可能是一个奇妙的地方，但却不是一个灵魂可以在精神上成长的地方。

下一次如有人伤害你，对你做了你不喜欢的评论，因而制造出你想逃跑的情形，你就应该问问自己，"为什么我对此有反应？""我需要在这种情形中学习什么？"反应和逃跑是在浪费你的能量！一旦你对这种情形觉悟了，它就结束了。

是的，我们可能会考验你几次，看看你是否汲取了教训，适当地对照镜子，从中得到所传递的信息。最终，它将不再发生。所有的反应源于恐惧，所有的反应都是消极的。如果你不做出反应，你可以将这个能量用于更高的目标。

四、学习的镜子

当我的通道玛格丽特嫁给她的丈夫、她的亲密朋友艾伦时，艾伦很直觉，在他发现他俩的生日只相隔两天后，他对她说，"啊哈，我明白了，你嫁给了你自己。"玛格丽特起初不明白这个说法，但随着岁月的流逝，她开始意识到艾伦是她的双胞胎，只不过他是男的，而她是女的。他们互为镜像，不仅是他们之间的相似之处，也是他们需要相互学习。和自己的副本生活在一起，看着你的生活伴侣用和你完全相同的方式用手梳理自己的头发，看着你的生活伴侣用和你一样的方式做事，是不容易的！

你有没有想过为什么有连体婴儿出生？这些灵魂有许多化身试图化解他们之间的分歧，但没有成功，通常逃离了应该学习的或应该和解的。最后，他们选择了以双胞胎连接在一起的方式回到人世，这样他们就不能再逃避，并且只有在他们完成了在一起要学习的人生教训后才能分开！

这是有些灵魂选择面对那些他们有困难与其化解前世生活中的业力的灵魂们所采取的方式。每个进入你生活中的灵魂出现在你的生活中是有原因的。一旦你能看透地球上的幻觉，你就可以看到你需要学习的人生教训，在你生活中的其他人要教你学习什么。

他们在你生活中并非偶然，他们选择了在你的生活中，这样他们就可以帮助你学习你的人生教训，同时也帮助他们自己学习！从今以后，欢迎这些激怒你，骚扰你和刺激你的人，因为他们是来成为你学习需要的镜子！

五、当你不喜欢一个人时

你们大家都为相互的镜子。你在另一个人身上看到你不喜欢的或烦扰你的，正是你需要在自己身上注意到的。这正是你需要提醒自己注意的方面。它在说："瞧，这就是你需要看到的，"但往往你太害怕看到，你不是从你的生活中放逐此人，就是逃得远远地回避它。

你们中许多人是医师，教师，读者，或治疗师，常常引导很多的精神能量，这就增加了镜子的大小。你想知道为什么你不喜欢一个人，而事实上，你是在不喜欢自己。他们的大肚子时在你的潜意识中提醒你注意自己的肚子。

他们的大声笑是你的大笑。他们令人尴尬的方式也是你的镜像。你在看你自己，你只是没有意识到这一点而已。通常你会取笑他人，并用他们作为笑话。你不知道你这样做是做给自己的。想想那些你不喜欢的人。你不喜欢他们的什么？这正是你需要在自己里面所看到的。

你会继续跌跌撞撞的没有方向的生活，而不知道你需要看到什么，直到你能理解，你是一面镜子，你在另一个人身上看到的是你自己的一面镜子。你需要看到的就在你面前，但你却看不到。你看不到，是因为你不想看到。然而这个做你镜子的人似乎在对你说，"看看我。我想告诉你一些事情。你难道没看见？"但你处在恐惧或否定中，你无法做到这一点。

下一次当你不喜欢某人或某事时，问问自己，你不希望在自己里面看到什么。如果你这样做了，那么你就会更接近上升，并从地球上获得永远的自由。

六、你身边到处都是老师

你是否意识到你身边到处都是老师，而且，他们并不只局限于精神引导机构。在街上，有不少百姓是老师，他们只是不知道而已。但是，我们会尽可能地使用他们，如果他们愿意的话，我们可以让我们的话语从他们的口中说出。

他们通常知道他们想说什么，但却不说，因为他们不想冒犯他人，或者不想他人冒犯他们。只要我们能够想把我们的想法放入，我们会通过任何人工作。

你也可能会问：你们是如何做到这一点的？难道人们不必具有高振动？答案是：不！许多灵魂在出生前就选择了要做我们的信使，他们选择在他们生活中的某个时候，对人们讲些必需讲的话，以帮助这些人改变。

如果他们能用爱，和没有愤怒和怨恨的情绪来表达他们应该说的，这能够是有一个非常有效的信息。任何人都可以是老师，当然，一些人因为学习过或具有高振动，或二者兼具，他们可能会是高度进步的老师，但他们仍然只是我们的信使。

我们用在你的学习路程中与你联系的信使，听取所有的信息，因为他们是重要的。其实你的自我不喜欢这样的信息，我们在努力帮助你，行在你的精神道路上，帮助你前进。听听我们通过你周围的人必须对你说的。

七、你对你的生活负责

为什么你和别人发生冲突？这通常是因为那人是你的镜像，反映出一些你不希望看到的东西。你把自己的太多精力都投放在自己的个人问题上，投放在对自己周围的人喜欢，或不喜欢上，而往往忘记看看自己！你今生的生活不是你关心别人，而是过自己的生活，学习自己的人生教训！

你独自对自己的现实生活负责，但往往你太盘踞在别人的生活中，而不能实现自己的生活或人生教训。也许在你的前世生活中，他们伤害过你，杀了你，或损害了你，通常他们回来弥补自己对你造成的损害，但你的灵魂记忆里能记住的一切都是那人的能量，而且不能放手。也许他们选择了成为你的一面镜子，为你照出你发现自己很难做到的，但你却害怕，并不想知道。业力因此从未得到解决，而且你需要又一个转世化身来释放这一能量。

每一个进入你生活中的人都是在这样做，因为无论是你，还是他们，都选择了在那里。让他们在那里，不要审判他们。问问自己，"我需要从这个人那里学习什么？"你最终会找到答案；如果你不打算咨询一个占星家，至少做一个你和那个你有冲突的人之间的兼容性报告，你会在那里找到答案！

第十一章：磨难

一、为什么是我

每当痛苦、困难或艰难出现时，在黑暗中的灵魂就会大声喊叫：为什么是我？我做了什么值得有这样的遭遇？如果灵魂出现永久的喜乐、幸福的状态，没有争端或麻烦的话，灵魂就不能学习。当有安宁和幸福时，灵魂就处于"是"的状态，灵魂不能从这些状态中经历改变。

灵魂在地球上的目的是成长和发展，攀登更高的觉知，永远摆脱在地球上的生活。比如，在一个转世人生中，一个灵魂经历了争斗时期，失去了工作，财政受到了限制，受到了周围人的攻击。当发生这种情况时，人们自我通常会突起，开始大声抱怨，为什么是我？

自我看一切都从负面的角度，很少把这些经历看作是一个改变的机会，这是一个人的自我通常问的问题。从停滞的局面中跳出来，迈向更大、更好的事情上。所有以艰难的形式出现在生活中的，实际上是一种祝福，只要你能够看到这一点。

很多年前，我的通道经历了艰难的时期，她失去了生意和当时的婚姻，甚至远离了自己居住的国家。但当它发生时，她只能看到负面的东西，即使在机场等待离开她居住的国家时，她仍然是消极的。她说：我在这个新的国家里，看不到任何希望，她对当时情况的消极态度，阻止了她看到自己的前途和机会。

九个月后，她有了一个崭新的生活，她有了一个非常受欢迎的广播节目，一个在新闻界的新生涯。她比移居前更幸福。她移居到另一个国家的旅程，给她带来了很大的成功和喜悦，远远超过了她过去所有的。当事情发生时，人类往往以消极的态度看待所发生的，而不是着眼于积极的态度面对它。

人总是在担心会发生最坏的情况，通常这是因为你在过去的生活中是这样想和这样做的，因为，你只让消极能量主导你的生活。尽量不要为逆境感到失望。当逆境来临时，把它看成自己的一个朋友，一个可以给你的垫脚石。于是你能为自己创建一个更好的局面，甚至达到更高的振动。没有偶然，发生的一切都有其原因。

你也许会为把事情留在身后而难过，你也许会为继续前进经历艰难，如你所看到的而难过。你也许会对你的生活感到失望。如果灵魂允许变化发生，就不会有头脑和内心的争斗。但所有这一切，都是为了让灵魂成长。

你越是反抗，就越会遇到困难。如果你将所发生一切看作是成长、前进和扩展的机会，那么，你就能吸引这些到你生活中。因为你的想法将创建你的现实，如果你用恐惧、疑惑，或任何其他消极情绪来看待所发生的，那么，你也会吸引这些能量到你能量中创建消极的状况。

每一个灵魂在其一生中都会经历幸福和欢乐，悲伤和痛苦，这一切只在帮助灵魂成长和前进。逆境往往可能是前世生活行动的结果，或者是因为灵魂选择在这个时间成长。

一对美国夫妇在意大利的故事。他们的儿子遭到枪击而死亡，他们没有让自己儿子的死亡成为消极经验。事实上，他们捐赠了自己儿子的身体器官，让其他人可能活下来。在他们悲伤的时刻，他们不是在为自己着想，而是在想着别人，这确实是把消极的变为积极的事例。

下一次，当你发现自己处于一个困难和艰难情况时，与其说为什么是我，不如问自己，因为这个，什么奇妙的事情将会发生？然后让它发生。你知道，奇妙的事情将会发生的。

二、磨石

你们中有多少人每天在推磨？我的意思是，你们中有多少人每天去工作场所，却为所作的工作彻底地痛苦不堪？如果你是其中的一个，那么你就需要走出恐惧，进而实现你的梦想。

你们中很多人有自己的梦想，却不相信自己能实现这个的梦想。但是你可以实现自己的梦想，你有能力用正确的思想来实现自己所有的愿望，而且更多！你通过消除恐惧，害怕没有工作、害怕没有足够的钱来做到这一点。尽管有这么多的恐惧，但一旦被清除，阻止你实现梦想的障碍就轰然倒塌。

有些人几十年来一直埋头苦干，每天在推磨，每时每刻都在讨厌自己所做的，但害怕改变，害怕失业，害怕贫穷，害怕很多东西。然而，宇宙会提供你要求的一切，但你要向宇宙要！你们中有些人确实要了，但紧接着就对自己说："哦，我要的永远不会给我"，或者说："我不值得拥有那个""我不值有这样的好事。"当你这样说时，你就会留在原地一直推磨，随着时间的延续，就变得越来越沉重。

尝试站在石头外面。问问自己："如果我能做到这一点，我想做什么或怎么做？"然后就开始现实地去做。这可能需要一些时间，但只要你继续保持积极乐观的态度，不容许任何消极因素破坏你所创建的显示，你终会实现自己的梦想。停止推磨。要有生活！

三、苦难

你以为你必须受苦，但是你不必。你大声哭喊，"这是我的债务！"但你不必在面对你的债务时遭受痛苦。你在生活中做出怎样选择，这才是有区别的。灵魂生活在世上是为了将自己从过去的许多错误中自由出来，如果一个人能够从每一个境遇中寻找积极的信息，那么就不会有痛苦。

未来总比过去好，只要人类能够看到这一点。但往往他们不能。他们固守着自己的所有，不敢放手，不信任宇宙会纠正错误。然而，放手过去是进入光明的唯一途径。

你可以将所发生的情况看作是你可以学习的积极经验，你也可以或沉溺于自怜之中，这是你的选择。你可以选择你"痛苦"与否。下一次如果不测之事发生在你身上，要记住，任何所发生的事物都是为了让你改善自己的生活，协助你前进。你只需要有信心，正如你们地球上有种说法，所发生的一切有一个更大、更明亮的规划。

四、痛苦和苦难的原因

你为你的痛苦和苦难在大声哭泣，你说，"上帝，你为什么这样对我？我是一个好人，我在尽力帮助大家，我很善良。"然而你并没有意识到，你在自己的另一个转世人生中对其他人做了些什么，如果是这样的话，那么现在可能就是你为前世所做的偿还债务的时间。

所有你播种的，你最终会收获。从前有一个人，在他的一生中对人们做了最可怕的事情。他赚了钱，不但没有纳什一税，而且也没有与人分享。他把人们从他的房产中赶走，只因为他不喜欢他们。他对待自己的妻子就像对待奴隶一样，他让自己的其他家庭成员像公牛拉犁一样为他干活。他从不悔改，他似乎在那生中没有受到任何痛苦。

他在那生中赚了很多钱，死的时候非常富有。但即使在他去世时，他仍然做出决定，不给他的家人任何钱财。因此，在他的下一个转世人生中，他发现自己很可怜，一次又一次地被房东从他所租用的房屋中驱逐。他和他的家人在工作中的待遇连动物都不如，他不明白这是为什么。他最后终于呼吁上帝，问道："为什么我和我的家人遭受这样的痛苦？我努力做一个好人，但我不能再承受这种痛苦和苦难了。"然后，神的灵在他的一个梦里向他显示了他的痛苦和苦难的来源，他为此感到惭愧。他看到了自己在前世中所作的一切，并看到他在今生中所接受的一切正是自己在那个前世生活中所造成的，他为此感到懊悔。

不过，这不是痛苦和苦难的唯一原因。许多灵魂选择经历痛苦、损失、悲伤、疾病和其他痛苦的事情，以使他们成长或从这些经历中学习，以帮助他人。一个灵魂可以成为一个更好的吸毒辅导员，因为他本人曾经是一个吸毒者，并遭受了这种痛苦。

所有这些你所遭受的苦难和痛苦，是因为你选择了经历这些。你要么是在偿还债务，要么是在学习经验教训，以帮助自己和他人。当你感到自己在经受苦难和痛苦时，问问自己，"为什么会这样？"然后让自己安静下来，你可能会得到答案。要知道，是你选择了它，没有人让你经历这些，这是你自己的选择。

你出生之前，你选择了许多科目，以便以许多不同的方式学习。如果你从一个环境中逃跑，另一个环境会呈现给你。这就是为什么人们说："为什么我一直吸引相同类型的人？"那是因为你还没有学到你应该学的，因为当你学到了，就没有更多的经验教训和机会提供给你。你的科目结束了。

五、一切痛苦和苦难都是因果

如果你积极地看待你的痛苦和苦难，那么你就不会觉得这是难以承受的负担。一旦你开始积极地看待它，你会发现这些所存在的问题就会消失或变得不那么严重了。

当你还在精神世界时，我们，掌管债务的大师们，帮助你们每个人选择你的转世人生。我们和造物主——神圣的灵一起，通过向你展示你的前世生活记录以及那些需要加以解决的问题，进而帮助你选择你要学习的人生教训。有时候，我们会对你说："你会发现这种情况太难。你可能会发现你不能承受。"但你却忽视我们，然后，你发现自己在地球上经历可怕的痛苦和苦难，你哭喊着需要帮助，因为你发现自己根本无法承受这些。

造物——神圣的灵，不能为你的痛苦和苦难承担责任，你要自己承担责任。一旦你意识到这一点，那么，它就不会成为这样的负担，它会很快过去。从来都没有偶然，所有你做的都是你的选择。

只有当你偿还了自己的债务，吸收了自己的教训，你才会不再有痛苦和苦难。这可以在一个转世人生中完成，也可以用多个转世人生完成。从现在起，你就可以开始观察你的行动，为自己创造一种生活，即在你所做的一切中没有消极，只有更高更好。

第十二章：贫穷及潜意识

一、关于潜意识

有人为愿望和希望一事问我。他们想知道为什么这些愿望和希望不能满足他们。他们尝试了，但不知何故，却受到挫折。在每一个这种情况中，都是因为他们潜意识的问题。因为正是在潜意识里储存着灵魂的记忆，正是在这里，人的自我居住着。

人的潜意识里有所有的知识，知道自己在所有前世人生中的弱点、恐惧、怀疑。由于它是隐藏的，它不被看见，因此它就待在那里，隐藏起来。但每当你开始走出舒适区，每当你试图进入新的区域时，它就被自我带出来！因为自我害怕改变或新事物。

在这种情况下，你只有一件事可以做，那就是进入你的潜意识，清除记忆，恐惧和怀疑。有些受过训练的人士能够帮助你，他们受过前世生活回忆和催眠治疗的训练。先知耶稣在他的写作中说，这些问题的答案在里面，它们居住在你里面。你们每个人都有灵魂记忆，记载了你逃避的事情，你在前世生活中没有面对的事情。这些经历早已不复存在，但仍然在今生中阻止你前进。

每当你开始向前进时，你的自我就会带出潜意识里的这些过去的负面经历，阻止你前进。为了使你前进，你也许需要很多个疗程来帮助你从灵魂记忆中释放这些能量，这样做了，你就会前进得很快。答案都在你心中。一旦你能够获得这些信息，只有这样，你才能迈向一个更美好的生活。

二、贫穷

没有灵魂应该生活在贫困中。你们每个人都具有为自己创造极大丰富的手段，无论是在精神上还是在物质上。为什么你不这样做呢？理由很简单，这与人的潜意识和人的自我有关。人的自我不想走出舒适区，即使走出舒适可以带来丰富或在财政上的改变。自我惧怕改变，因为它不知道如何应对新的形势。

它宁愿饿死也不前进！人的潜意识里储存了灵魂所有前世生活的记忆和今生的记忆，正是这个潜意识里的储存记忆，人的自我用它来阻止人进行改变和向前。自我只要看到改变好像快发生了，就会找借口进行争辩不进行改变。有些勇敢的灵魂与自己的自我进行了搏斗，他们进入了更大，更好的境况中，这些灵魂是你羡慕的灵魂，因为他们似乎拥有你没有的一切。

然而，你也可以有他们所有的，你只需要走出自己的舒适区，并向前走。每个灵魂在出生时都被赋予才干，一个能为自己挣钱，为自己提供丰富的才干。但太多的灵魂却害怕使用这些才干。 在最近的一个课程中，当我告诉学生们他们的才干时，其中许多人笑了，或者表现出恐惧，或怀疑自己的能力。如果你生活在贫困中，你就应该远离它。你是你自己现实的创造者。

说肯定的话语能够在潜意识和意识两个层次上改变自己的能量，要像你已经生活在富裕中似的讲话。不要在思想上限制自己，不要相信只有别人可以有丰富，要相信你也可以有。逐渐地，你就开始摆脱贫困，缓慢地但肯定地有信心和信念，你将开始在自己的生活中创造丰富。

三、借着贫困学习

所有灵魂，每一个灵魂都在这里试图解决他们在出生之前就已经选择的要解决的问题。许多灵魂选择了要了解什么是贫困。对在地球上的你来说，你看到痛苦，从而使你也痛苦。

对我们这些在精神领域的，我们看到痛苦，但我们也知道你在通过自己选择的这一状况为自己挣宝贵的学分。你所做的一切都是你选择的！即使我的通道也选择了把了解贫穷作为其培训的一部分。对她来说，这不是一个愉快的经历，但她却从中学到了很多。

因为她生活在西方世界，她曾获得食品，我们给她的旅程提供帮助和建议，并给她的财政状况提供援助。我的通道终于认识到，贫穷并没有必要。她能够实现自己想要的现实，但这来自她的提高了的精神认识以及她能够理解当时发送给她的信息。

每一个灵魂有能力实现他们的所需，但恐惧、贫困的意识、教条化及缺乏教育等，阻止了很多人实现自己的所需。每一个灵魂都具有与生俱来的才干，一旦你发现了那个才干，你就可以开始通往你命运的道路。有些活动会帮助人们认识到贫困和需要改变一些事情。

人类有对活动提供支持的习惯，但几个星期后，这就成了老消息，人类已经朝前走了！如果一个人要改变世界，及其贫困状况，一个人就必须从教育开始。教育是改变的关键。用正确的思想艺术教育人类会产生积极的效果。

如果一个灵魂的内心深处仍然有尚待消除或处理掉的过去生活和前世生活能量的黑暗记忆，就不太好教导这个灵魂从灵魂内消除恐惧。它仍然保留了对金钱、对为自己供给或对具有丰富的恐惧。人需要找出其原因，那么人就可以教育自己。

当恐惧存在于灵魂深处时，教育就不起作用。我能够听到你们的声明，"但我们可以给钱。"是的，你可以。你可以为一个村庄购买水井，为他们的子女提供教育。这没有错，但这些灵魂如果要继续改变他们的状况，他们就必须放弃其深层潜意识中的程序。因为战争和冲突，贫困是世界上普遍存在的巨大的问题。它不会在一夜之间被消除，但随着教育和对形而上学的理解，可以采取步骤，使解决这个问题变得比较容易。

让我再次指出，教育，以及医治在潜意识深层中的旧时回忆，是需要的。"我怎么做呢？"我能够听到你的提问。这不容易做到，但所有有更高振动的灵魂能够帮助你。有很多方法可以帮助做：通过教学、写作，甚至提供治疗。

不久，我将周游世界，我的能量，以及宇宙兄弟同盟的能量将有助于提高地球的振动。已经说过，这需要一定的时间，但变化正在到来，这是一个远远超过许多人的想象的更为积极的变化。许多人会发现这段时间很困难。

他们的自我不喜欢所发生的，但这一切旨在引入人类的高我，这将得到伸张。变化正在到来，但不是以许多人认为它来的方式。如果地球上的每一个灵魂在世界各地的同一时间聚到一起，共同思想一个和平，和谐与爱的世界，这就会是他们的表达。这可以做到。然而，这种想法还须保持下去。

四、改变自己的贫穷意识

最近我被问及有关贫穷，以及为什么有些灵魂必须生活在贫困中。我对问这个问题的灵魂解释道，"没有任何一个灵魂必须要生活在贫困中，这是那个灵魂选择这样做的"。在美国，每一天我通过我的通道玛格丽特的眼睛，我看到人们站在主要街道的角落里乞讨钱。

这些灵魂中的许多人有才干，但他们却不知道自己有。从来也没有人向他们表示过，告诉他们，或给他们任何鼓励。其中许多人已经是老年公民，他们可能会这样结束自己的生命，带着他们必须要乞讨的信念，回到超越死亡的另一个世界。

当今的世界是一个充满恐惧的世界。基督徒说，这是魔鬼，但没有魔鬼。再次，这也是恐惧的概念——魔鬼是可怕的！然而，当人将这个能量与人的自我联系起来，并学会如何理解和如何与这个自我打交道时，人就可以向前迈进，离开旧的信仰和教条化。

恐惧是你的自我创造的，没有别的。为什么？因为自我不喜欢任何它不理解的东西。它害怕变化，它生活在过去，总在回忆当时什么地方出了错，而不是着眼于未来，放弃过去。

它不断把过去看作是一种恐惧的情况。它使你停止在自己的轨道上，让你产生怀疑和不安全感。结果，你会怎么做呢？你恐惧地逃跑了，你的自我赢了！

生活里也充满了那些试图让你反对你自己的愿望和希望的人，你的家人和朋友，你工作中的助手，所有的人认为他们是在保护你，但他们不是。大部分时间因为他们的干涉而阻止了你的成长。人的自我非常精明，因为它已经学会了把别人的自我引入，说服你不要向前迈进。

假如那些在街头乞讨的人真的可以看到他们有天赋，看到他们可以不用乞讨而能做别的贡献，但正如我前面在这个通讯中所讲的，其中许多人永远也不会看到，因为他们的自我真正在控制他们。这些人中的很多人把乞讨变成了生意，乞讨已成为他们的职业生涯。乞讨阻止了这些灵魂看到自己真正的才华和能力。

你是自己现实的创造者。你，只有你自己，选择了这种生活。你们每一个人都有能力实现自己所有的需要和愿望，但你的自我阻止了你这样做。你们许多人不喜欢自己的职业或工作，而且，你们许多人非常恨自己为生计而做的工作。

你对此做了什么呢？你害怕改变和未来，害怕没有钱，没有家。此外，你的自我不断地告诉你，如果你进行改变的话，你的未来会很可怕。

你留在不愉快的情况中，生活在不愉快的感觉里。很少有人对我们给他们指出的信息能量有积极的响应！在我的通道玛格丽特为人做阅读时，我会通过她告诉那些灵魂，他们的机遇和可能性摆在他们前面，那是真正的使命和才能。但他们总是会说，他们看不到这一点，或者他们会为自己为什么不能这样做找借口。

自我控制了人类。没有灵魂必须要生活在贫困中，我对此已经说过了多次。灵魂回到世上学习金钱和财产方面的教训，但有很多学习的途径。对于你们中那些想改变自己的生活，想改变自己的贫穷意识的人来说，对自己说肯定的语句："我吸引丰富和幸福到我的生活中，我对拥有和享受这些没有惧怕。我富裕并没有什么错。"你越是这样说，你就越能实现它。我愿意听到你们中有人说，因为说了这些肯定语句而经历了改变。你打算怎么做呢，做乞丐还是做富足的人？

五、担心会阻止能量流动

你担心过去、未来、金钱、你的工作和你的家人。你知道你花了多少时间和精力在那些和你的生活毫不相干的事情上吗？然而，你来到世上是为了处理自己的生活，而不是其他人的。但是，在你为其他人担心时，你的自我就占据了你，因为你被其他人所填充了，你就不注重自己的生活教训！你的自我为这些问题担心了很长时间，因此要停止担心是很难的。然而，当你停下来告诉自己，"我现在并不需要担心这个"，你就可以生活在当下。

生活在当下意味着所有的思想只存在于此时此刻。当你这样做了，所有意味着要来到你生活中的机会就可能会到来。你不会因为担心或忧虑任何东西而停止能量的流动。

然后，你就可以让人人过自己的生活，学习自己的生活教训。一旦你能活在当下的时刻，你就可以获得所有的答案，因为你不再担心任何人或任何事！宇宙知道你的生活教训，也知道你的愿望和希望，如果没有任何干扰，它就会给你带来你所需要的，或把你导向任何你的生活计划所需要的。

当你卷入了他人的生活，担心人和事时，你就停止了进入你自己生活中的能量流动，也能够停止进入他人生活的能量流动。你不知道，当你担心别人时，你实际上停止了能量流入他们的生活。每当你为你的家人担心时，你其实把你为他们担心的能量引入他们的能量中（积极能量停滞而消极能量却在流动）。

你不知道你在这样做。当你停止这样做时，就没有什么不适宜的能量引入到他们，所有好的——这是应该进入他们生活的——就可以进入他们的生活。是你阻止了能量流动，不是上帝，不是宇宙，也不是别人。

你是你自己最大的敌人，你只是没有意识到这一点而已。教条化（"意识被控"）让一个人无法做他自己。我多次听到有人说："哦，我已摆脱了我的教条化"，其实你还没有。你的教条化不只是来自于你的父母，朋友和其他人强加于你的。它也来自于你的潜意识信仰体系。

你整个的人生都被灌输为正确与错误。你很少能够做出自己的决定。这被称为教条化。从你开始能够交流的那一刻，你就开始被以种种方式灌入教条化。在你成长的过程中，你就开始了在潜意识层面上的教条化，你并没有意识到潜意识在听你周围的人说什么，特别是你的父母和监护人，你已经在潜意识上教条化了自己。

有一天我与我的通道外出时，我非常震惊地听到一个女人用最贬损的方式称呼她自己的女儿。在她叫她女儿的时候，她的女儿仍然沉浸在自己小小的世界里，没有听到自己母亲在喊她。这时，这个母亲就称呼自己的女儿为"蠢蛋"。这个小女孩一定被这样称呼了无数次，因为她马上响应了这个称呼。她不知道这样一个称呼的意义，直到她长大以后，但到此时已经对她造成了很大的伤害。她没有意识到自己被嘲笑了，但每次她被这样称呼时（她的真名是露西）这个称呼就会进到她的潜意识中。她的母亲是一个非常容易激动的女人，很有可能，她在她母亲身边的时候很多，不但完全吸收她母亲的能量，她还吸收她母亲的情绪。但她不会意识到这些，因为这一切都发生在潜意识层面上。有可能你实际上成为你自己的母亲，父亲或监护人的受害者，因为他们的思想系统已成为你的，他们的恐惧变成你的，其消极性也变成你的。

教条化是根深蒂固的，它之所以被建造是因为灵魂不能够，而且通常不被允许成为他们自己，让他们有自己的想法，做自己的事情。当你有机会做并实际上这样做时，你就发现一个没有被教条化的灵魂，一个真正与宇宙共鸣的灵魂。

能从灵魂里清除所有的教条化是非常美妙的。但是已进入人们潜意识里的所有的潜意识的恐惧，怀疑等又怎么样呢？正是这些你需要知道。只有当你意识到这些，你才真的可以成为你自己。

六、信任

对于地球上的每个灵魂来说，所需的一切都可以被提供。他们只需要学会信任，脱离恐惧、怀疑、不安全感和所有其他类似的消极能量。这些情感来自于其他的转世人生，它们还没有从灵魂的记忆中被清除，它们因此肆虐地对那些携带有这些消极情感的灵魂的生活造成严重破坏。

问问你自己，"我为什么有恐惧？它是否来自于此生的生活经历？"如果答案是肯定的，你就需要咨询你的精神顾问，将这些消极能量从你的灵魂记忆中清除。如果你知道这些消极能量不是来自于你此生的生活经历，你就来寻求做精神工作的人，可以帮助你进入你的前世生活中，找到导致这些消极能量的根源。

恐惧是一种被困的能量。它曾经只是一个思想，产生于不愉快和不理解的消极生活经历。一旦你找到了这一根源，它就可以被释放，并不再困扰你的灵魂。

如果你有恐惧的话，因为恐惧是消极能量，它会阻止积极能量流动进入。造物主，上帝不能和你工作。所有你需要的是你的，只要你停止忧虑、恐惧、怀疑和其他消极情绪，你的每一个需要可以被提供。一旦这些消极能量被清除了，那么造物主就能够发送给你所有你需要的。

通常你不知道你的消极问题。只有当你访问了一个精神治疗师、教师、咨询指导师时，你才能发现自己内在的阻塞。一旦你清除了这些阻塞后，如果你信任，知道你需要的一切将被提供，能量就会不间流断地流动起来。没有灵魂需要挨饿，没有灵魂应该贫穷。

但如果每次你对自己说："我将永远不会富有"，你就在为自己创造那种能量。这是一种消极的声明。删除它，并以积极的声明取代之："我会丰富，当我丰富时，我会用我的钱做好事，以及把这些钱用在自己身上。"人有富足并没有错，只要你能将其十分之一奉献他人。当人将其十分之一奉献他人后，那么就会保持能量流动。人们误认为，属精神的人必须是贫穷的。这来自于从前，但它已不再适用。所有的灵魂都应该有丰富的一切。他们需要的都可以被提供，如果他们想要，还可以得到更多，只要他们能够明智地使用能量。

信任是放弃所有消极的能量，允许造物主神圣的能量充填你的生活，给你带来幸福、成功、财务奖励，这些都是你有权得到的。每一个灵魂都有能力创造他们所需要的。他们只是必须要信任、放手，然后飞翔！你会惊讶你可以走多远。

第十三章：情绪体

一、情感

我不只一次地被问及有关情感的问题。什么是情感，它们如何影响我们的精神生活？首先我必须强调，当我写有关情感问题时，我所指的情感是消极的情绪，例如愤怒等。

人的情绪体是人类与其动物性相连接的部分。这是人自我的一部分，是一个单独的机体，其目的是绊住你，使你不能前进。它知道你所有的恐惧、愤怒、沮丧、软弱，以及你的消极部分，当它要减缓你前进时，它能够魔术般地将你的这些消极部分展现给你。

曾经有人问我有关幸福的问题，我被问道："幸福是不是情绪？"我回答说，"不"。我说，幸福是一种感觉。幸福不会使你倒退。不是幸福阻止你成长，幸福反而促使你前进。幸福是一种积极的，而不是消极的能量。只有消极情绪，人的自我抓住不放，利用并滥用。这就是区别。

二、情绪体

对那些在精神道路上的，那些选择踏上心灵成长道路的人来说，当他们开始意识到自己的情绪体以及自己的情绪体如何会受到这种成长的影响时，他们的生活可能会变得很沉重。你的精神成长历程的整体目的是要放开和摆脱你的情绪体。人的自我正是利用人的情绪体，恐惧、怀疑、嫉妒、愤怒、贪婪等牢牢地紧握着不撒手。

通常你并没有意识到这正发生于你，并没有意识到你的自我有赖于这些情绪。一旦你面对你的惧怕以及其他的情绪，通常是从前世人生中遗留下来的，你的自我就会越来越少的有东西可抓住，你的高我就可以成为你生活中更大的力量。

要这样做并不容易，因为地球是一个纯粹情感的地方，从你看的电视剧到戏剧，你允许情感支配和控制你的生活。一旦情绪体得到释放，你不仅能看到地球上的幻觉，而且会比以前更直觉地看待事物。

在目前的中东，有太多的冲突因情绪而起。愤怒和恐惧的情绪如此强烈，人们不禁要问，它们能不能被平息？是的，它们是可以平息的，但只有当人类意识到这些怨恨仇视情绪是问题的根源，才能摆脱它们。但谁将会首先让步？人的自我下定了决心，力求以自己的方式，来证明自己，并以眼还眼。

放手情绪体并不容易，因为其涉及到面对问题和深埋的痛苦。通常这种痛苦是如此之深，人甚至无法找到它！在地球上，许多灵魂从来没有认识到，他们具有一个情绪体。但正是这种能量是当今世上所有纷争和冲突的根源之一。当人释放了自己的情绪体会发生什么？人就会看清在地球上的错觉，就有更多的精力给予自己所愿意给的，就不再愤怒、贪婪、恐惧、嫉妒等。

因为这些特定的能量不再存在，人就有更大的精力去体现和用更多的能量做自己在精神道路上的工作，人就可以成为一个高效率、高活力的医治者/读者/载体。一旦情绪体内的堵塞物被消除，世界就是你的，你就可以使用那些堵塞于情绪体的没有被用的能量。

三、解脱你的情绪和情绪体，你就可以自由飞翔

经常有人问我，"大师，我怎样才能提升我的振动？"这可以在许多方面下功夫：清除你在此生和其他人生中制造的能量障碍，消除情绪体。人的情绪体连接到人的自我。没有什么比自我更喜欢好的戏剧了。自我可以利用这个来触发情绪体和你的情绪。

当你想想你在情感上浪费了多少能量，你就会发现，你已经浪费了非常多的能量。这些被浪费掉的能量可为你自己的生活创造更多的美好，为你的发展创造更多的精神能量。一旦你从你的灵魂清除了情感，有了一个明确的目标，你就可以更好地看待过去，现在，和未来。

"高我"没有任何情绪。"高我"是观察员，祂知道正确的做法。祂知道你应该走的道路。

在你出生前，这条道路就已经被指定了。当你清除了自己的情绪体时，你就变得无限，因为你的自我再没有什么可以自守了。解脱你的情绪和情绪体，你就可以自由飞翔！这就是你如何提高你的振动的方法。

四、精调平衡细微机体，辐射全然的爱

因果：你经常因你所受的痛苦和苦难哭喊："上帝，为什么这发生在我身上。我是一个好人，为什么我受痛苦？"其原因及生命的整个目的是因果。这是债务偿还和接受债务。

从你一出生的那一刻，你就开始了偿还你的因果（业力），接受因果报应，并清除你的阿卡西记录的历程。如果你能在此生完成这

些，那么你就能摆脱在地球上生活的车轮。看看在笼子里推轮的老鼠！那就是你在你的生活车轮上的形态。不断推进，向前走，但从来没有到达目的地，依然停留在原地。偶尔你可以下车休息，但很快就得返回，直到你清除了你的阿卡西记录，并控制了你的细微机体、身体、心理、情感和精神，不然你会继续待在运行车轮上的笼子里，一次又一次地化身转世。

当今有许多精神人士，拥有美丽的精神才能，是为我们精神世界工作的奇妙的医者或光工作者，但他们仍然没有控制他们的一个或多个细微机体，他们因此而无法向着更高的水平前进。每个细微体都有一个自我和一个高我，而人必须在所有事上都达到高我。

食物、欲望的掌控：你如何控制你的细微机体？让我们从身体开始，因为必须达到在所有细微机体间的平衡，就必须控制身体的愿望。如果一个人要控制身体，就必须要控制食物，过多食物会造成肉体的各种欲望冲动。

思想、行为的掌控：在心理机体方面，人必须学会控制自己的思想和所有的想法。如果人对任何事情有消极的想法，那么人就不能控制自己的心理体。要记住，思想创造，你想什么就创造什么，尤其是随着你提高振动，控制心理体极为重要。

情绪、话语的掌控：控制情绪体是下一步，不要让你的情绪体失控。你们中许多人非常个人化，别人对你说的，并为琐碎事情不高兴。这会在心脏能量中心制造阻塞，导致情绪体失去平衡。

精神的对调校准：最后是对精神体的控制。学习明智地使用本机体，以正确和适当的方式使用第六感、超自然感和宇宙能量。当你做到了这点，那么你就可以与更高的层级来源通信，就能理解那种理解一切的平和。

控制每一个细微机体中的自我的道路是一项长期而艰巨的任

务。它不会在一夜之间发生，所有的考验都会被投掷在你的路上。你转世的目的，是要从你为自己设置在你的细微机体中的局限中获取自由，但是，一旦你来到地球上，开始转世，你再次受到自我的控制，并开始了自我和高我之间的战斗。

你需要多次转世才能达到控制自己的细微机体？不要再被旧有习性的惯性牵着走，决定吧，跳出来！在此刻完全释放旧有的自我存在状态，对焦更高频率的精神面向。

有时灵魂恳求释放自己的局限性，要求管理因果的精神大师们给予帮助，因此为他们安排了教师或治疗师在他们的转世生活中帮助他们。

在当今这个时候，地球上有很多的灵魂有机会学习让自己从细微机体的限制中获自由。光子带能量，即基督之灵魂，创造了这个机会。正如有光的力量存在，也有黑暗的力量存在。这个黑暗就是存在于你的所有细微机体中的自我里，它不想放手，它会制造恐惧、幻觉、怀疑、不安全感和缺乏信心。它会阻止你，因为它不想放手。

为什么要放手？它已经控制了你数千计的转世生活。幻觉是自我制造的最糟的事情。它可以制造一个局面，使你相信完全不真实的东西。但高我知道真相。高我没有消极的想法和感受，它只是"是"或"我就是"。当人实现了与高我的合一，人就能有全面的平和。

有许多人认为他们已经控制了他们的细微机体，认为他们能控制一切，但通过他们的行为你就会知道这不是真的。如果他们批评他人，如果他们怀疑，有惧怕，评判他人，又允许在他们自己的生活里有任何消极存在，那么他们就没有做到。即使是一个小小的批评就足以让自我控制自己。

对于那些已学会控制他们的细微机体，（包括食物、自身欲望、思想、举止行为、语言表达和精神发展的精调，并与较高自我面向的合一）并已通过设置在他们面前的考验，光从他们所有的细微机体中放射出来。他们能控制自己所作的一切，从他们的心脏能量中心发射出他们对人类同胞的爱光，他们是真正具有人和上帝，或至高者的力量。一旦人这样做到了，那么就可以一劳永逸地离开地球。

第十四章：身体

一、关于物理身体

为什么你对你的身体如此着迷？它只是一个运载工具，一具躯体，用于在地球上运载你的灵魂。你痴迷你身体的胖、瘦、高、矮。

你花很多时间讨论你的身体，它的缺点，它的问题，为什么你不喜欢它。真是浪费能量！你的身体只是你在这个世界上需要的。你们中有些人有你现有的身体，是因为你们的债务。

其他一些人，像我的通道，有一个大的身体以保持所需的能量。他们就像电池，储蓄能量，直到它能够被给予服务人类。而其他另一些人消耗精神能量，并对处理精神能量有困难。

你们中有些人故意呕吐食物。你这样做是因为你认为自己超重了。还有些人不吃饭，变得非常瘦弱，导致加快死亡。你们每个人选择自己的身体。你选择了它，你决定自己有什么样的身体。

当你停止痴迷于体重的增加或减少的，当你接受它只是一个灵魂的运载工具，那么它只是一个幻觉。当你关注你的身体，你浪费能量，而这些浪费掉的能量你可用于其他地方。

想想你花了多少时间为你的身体担心，为你的脸、手、脚、头发、耳朵、鼻子等担心。你花了多少时间做这些？你的身体是你灵魂的载体，因为精神是内在的，仅此而已。放弃对你体型的关注，你就会开始享受生活。你的身体同样只是一种幻觉。

二、左脑和右脑

在这方面的许多问题归根结底，都归属于一个单一的问题：左脑对右脑的问题。正如一些人已意识到，大脑的左侧是处理"逻辑和时间"的部分。它涉及到回顾和评估过去，然后由此来对当前或未来下结论。这种从回顾和评估过去来预测可能的未来可以从几秒到几年。这是一个人的思维或低级心理体。

大脑的右侧是处理创意和精神的部分，不涉及时间。右侧大脑处理的灵感来自高级心理体及更高的资源。换言之，右脑处理来自最高精神意识层次的信息，人的精灵驻留在最高精神意识层面里。

就这么简单！大脑的左侧与过去和未来打交道，而大脑的右侧只与"现在"这一瞬间的时间打交道。左侧大脑限于今生和过去生活的教条化，而右侧大脑并没有这种限制。它可以获取所有的知识和智慧。左侧大脑由"自我"或"自负"占主导地位，而右侧大脑连接到高等自我，你的精神和神圣的一部分。

大脑的左侧通常在处理很多需要系统思维的事情上非常有用，例如数学，烹饪，计算机编程，科技领域，甚至开车等。左脑非常善于分析各种事情，并根据设定的一组条件，对其结果做出一些结论。这些结论可能是正确的，也可能是错误的，但尽管如此，它们在每天的日常活动中仍然是非常有用的。只有"时间"可以告知。

左脑，重点于思维，是人类用于在物理层面上识别并认识到他们是具有愿望，思想和欲望的独立个体的部分。如果这些愿望，希望和思想具有积极的性质，不干扰其他人的自由意志，那么一切都很好，但在绝大多数情况下，通常并非如此。

左脑是连接到人的"我是"的一部分。这个"我是"的部分在说你想这样做，你想那样做，你不想卷入任何你不喜欢的东西或不想做的工作。这是你自私的一部分！左脑做出的大多数决定围绕着痛苦和快乐，通常具备短期效果。

右脑，连接于人的高我，着眼于更长远的眼光，通常得到来自精神世界的助手、指导老师，和精神大师们的引领。静思是一种能够让你从目前的每天重点于左脑进行的日常活动，改变为重点于右脑的创新和精神，受到人的高我支配，并直接连接到神。思考并仔细考虑这些，你会知道这是真的。

三、人体美

我曾经在我的许多通讯中提到每个人都有不同的振动。我现在给你们写写有关美的主题以及它的内在美和不是内在美的美。地球上的许多灵魂都关心自己的美——他们是否有一个正确的身体，一个美丽的身体曲线，是否有太多的面部线条等——这适用于男性和女性。但他们往往看不到内在的美，灵魂的美。

当你对自己有安宁并感到快乐时，那么，你就不再关注世俗的思想。你的身体只是你借贷供你今生使用的，它是你选择的。你的身体、脸的形状和外观是从你家庭的许多成员遗传而来的。然而，你的灵魂不是遗传的，而是你自己的，来自于你自己的经验教训、经历，和在精神领域的成长。当你的灵魂处于安宁，你就处于安宁状态。这就会在你的身体周围呈现出美丽的光环。你的能量是金，它不在乎于你长得怎样，那些看到你的人就像看到神的面。

你越对爱和神圣的能量开放，你越有能力处理自己内部的阻塞和惧怕，你就越成为神圣之光的美丽通道，那种金色的，美丽的上帝之光，或神灵之光。那么，美就从你的内部闪耀。由于你的美从内在展现，你的外表就不再被注视。所有那些来到你的能量中的人看到了你的美丽，不再关注你的外表。他们看不到你弯曲的鼻子，你有额外的体重，你的污点，和你认为的缺陷。所有他们看到的是神灵之美，或上帝之美。

对美的渴望是自我的欲望。一旦你超越这个愿望，一旦你通过处理自己自身的局限、内在的阻塞、惧怕、欲望、疑惑不安全感而达到高我，那么，你就可以从内部闪耀光芒，你闪射的一切都是美丽，一个具有辐射的金色光芒。

外在的美不是真正的美。只有自我认为那外表的才是美并抱怨。美是内在的，当它被允许发光并闪耀时，那么，它就可以成为一种看见的美丽能量，并成为其他人的镜子。

四、你是自然的一部分

你是自然的一部分，自然是你的一部分。你与自然是天生共同存在，互相帮助。自然保护区的建立是为了你在此生中有平衡，通过树木的存在，帮助洁净空气，提供饮用水和净化自己，以及发挥能够与全人类完全和谐的作用。在人类开始之初，人类和自然是一体。所有的一切都为合一。

然后人类向往现代化，制造化学物质来改变你吃的食物。通常这些化学物质被释放到水中，河流和溪流中。这是经常采用的方式，人类只是不知道而已。只要你能够看到，每个人都可以有足够的就好了。上帝，或至高者，为你提供所需要的一切：食物、水、药草、鱼和肉。但是人类已痴迷于改变自己拥有的一切。

人类这样做，以为是在"加强"自己所拥有的，但却在基因上修改上帝特有的 DNA工作。如果你不尽快改变回归自然，将没有任何与上帝设计的方式相似的食物和水了。你正在失去你与大自然的关系。

在我的这篇通讯中，我不是说教，而只是给你信息，要求你保持与大自然的接触，珍惜它、培育它。因为当你破坏自然时，你在摧毁自己。你与自然是一体的，不能从中分离。

第十五章：生活

一、聆听大自然

人类几乎很少谈到世界上的动物、鸟类、树木和花卉，它们与人类共同存在。人类需要树木就像需要空气中的氧气一样。你们有多少人花时间聆听树上鸟儿唱歌，或坐在雨林中聆听大自然的声音。大自然的声音对你们是非常重要的，特别是如果你的生活非常紧张，正是大自然的声音能够抚慰受困扰的灵魂和平静灵魂。无论你是选择到自然中去，还是你选择购买有大自然声音的光盘，你确实需要这种能量。

大自然也叫做德瓦王国(Deva Kingdom)，它在你们的生命中就像你们呼吸空气一样重要。自然提供平衡，而平衡对所有灵魂都是非常重要的。我听到过很多次这样的话，"我很紧张""我很疲惫""我需要休息"。

人类在寻找容易生活的时候已给自己创造了远多于自己意识到的压力。你们创造机器来帮助做工，但却没有给你们更多的时间，机器占有更多的时间，但你们却看不到这一点。当你确实感到紧张时，那么，聆听自然的声音和观看自然的景观可以帮助你安慰自己的灵魂。

花时间坐在外面，听声音，听鸟儿歌唱，听树木的沙沙声。可能的话，走进大自然，参观森林和湖泊，呼吸大自然的能量。在大自然中花一天的时间，其价值对你的灵魂来说，远远超过了你意识到的。

德瓦王国在地球上为你们服务，它们知道自己在生活层次中的目的。即使屋顶上的雨水声音也可以抚慰灵魂。它们在等待帮助你们，所以人在一个非常紧张的世界中，可以找到和平与宁静。听听在你以外的世界，它确实存在，如果你想得到医治的话，它可以帮助你。

二、平衡一个人的生活

在你的生活中必须有平衡。如果没有平衡的话，你的生活会变得紧张。什么是平衡？平衡是你不感到有压力。你们在地球上已创造了不少工厂而产生压力。为了让生活更轻松，你们创造了机器，但往往，这些机器使你成为它们的奴隶。不要误会我的意思，如果没有计算机被创造的话，我就不能以这种方式与你们交流。但是，如果人要生活在当今的地球上，人就必须在自己生活中找到平衡。

光子带能量正在对社会文明产生很大的影响。随着地球每天时间的缩短，人们似乎永远不会有足够的时间来把事情做好，这种情况将持续很长时间。对那些走在精神道路上的人来说，他们更是需要有自己的生活平衡。

我前一篇通讯是关于与大自然的沟通，这是非常重要的，但它不比有平衡更重要。对你来说，有些时间或你有时间是最重要的，你可以做自己喜欢的事情。不论是和朋友们一起坐在咖啡馆里，在河边散步，实行自己的爱好，还是学习新的东西。

在你忙碌的生活中花一些时间给自己，如果你不这样做，你会变得非常失去平衡。即使那些在宗教里的人也会花时间欢笑和玩耍。至少每周有一天应该用在为自己做些什么！通过这样做，你就有了一个在工作和娱乐之间的平衡。如果你可以休息两天，很好，但必须花时间找到平衡。

当我的通道和我开始在一起工作时，她以为她不应该把时间花费给自己。以为因为我，她应该坚守自己的工作，把时间奉献于我。但她很快就失去了平衡，紧张，并发现，由于这一事实，她反而无法与我沟通。当一个人有压力时，所有与精神世界的沟通都会停止。为了与你一起工作，我们需要你快乐，有平衡。最后，我们不得不通过她的朋友，另一个通道，告知她这种情况的发生。

为你自己花些时间，让你有时间给精神。让自己有一、两天的娱乐，不论你的娱乐可能是什么。那么，你将是平衡的。

三、专注于自己的生活

记住你在这个地球上的目的，那就是工作于自己的不足之处和债务。常常，自我会停止你这样做。你主要兴趣应该是你自己高我的一部分。找出你的使命是什么。这可以通过星象学或一个好的预言家或通道为你提供帮助。

不要花时间去帮助别人，除非是在那些协助人们，为自己做更多的慈善机构中做志愿工作。要记住，其他的灵魂也有他们要学习的教训，虽然你可能想帮助他们，却干扰了他们的生活。你的帮助，为那个在尝试学习自己教训的灵魂，创造了接受你帮助的必要性。这通常使你帮助的灵魂开始另一轮的转世生活。你以为你为他们做了一件好事，其实对他们却是很糟糕的事情。你其实在停止或阻碍一个人的成长。由于你帮助了他们，他们就不会帮助自己。因为你的干预，他们就没有学习他们为自己设定的经验教训。

专注于你自己的生活。找出你接下来的能量所在，这可以通过星象学或命理学找到。对这些能量做工作，提生自己的振动。也要记住，你在这个地球上的目的不是为了受罪。许多消极经验可以变成积极经验，正是你看待和处理事物的方式是取得什么样结果的关键。每天数算你有的祝福，因为和你周围的人相比，你比他们拥有更多。放手担心、恐惧和怀疑，观看宇宙把变化和丰盛带入你的生活。

四、消极从何而来

在你内在的消极从哪里来？是什么造成了悲伤、恐惧和你生活中的不愉快？这是一个很多事因的综合结果。98％的人类生活在谎言里，以为自己很幸福，但却不是这样。只因为太多的惧怕而不敢有改变。由于有太多的生活压力，又因为人们太害怕变化，他们因此生活在苦难和不幸福中。

通常，在灵魂深处潜意识中的前世生活记忆也是导致这种不满和悲哀的一个原因。来自此生或前世生活中所压抑的愤怒也是负面能量。你天天在你的生活中携带着它，惧怕改变，惧怕未知事物，甚至惧怕真正的幸福！你不是生来就应该不幸福的。

你生来应该经历幸福、快乐、成功和丰富的生活，但你却不能创造和享受它。只因为你的自我，就像一只叼着骨头的狗，不断地被前世的负面能量和没有表达的情感咀嚼掉了。只有当你看到你可以在自己的生活拥有什么、实现什么，可以多么富足时，你才会感到惊奇。

尝试留意你的日常想法。留意你的自我，因为它试图破坏你的计划、希望、愿望和梦想。意识到你心中的消极情绪。然后，慢慢改变想法，变得更积极。创建誓言，以改变旧思想，适应新的。活出你应该活出的生活，不要成为被你的自我奴役的奴隶。

五、你和生活

有人责怪自己的丈夫或妻子，一些人责怪他们所做的工作，还有些人抱怨他们没有足够的资金或财产。但他们没有意识到，他们是自己现实生活的创造者，他们自己生活中所得到的正是自己从生活中投入的。我这里不是对生活的物质方面加以评论，我这里指的是他们的思维过程和对欲望的表达。

你不可对你的问题怨天尤人，或认为生活对你不公平！如果在你的生活中有缺乏，那是因为你的信念系统不让你有你渴望的东西。为了改变你的生活，有必要改变你的信仰体系。这是你的自我会与你争战的领域，因为它不喜欢变化，会尽其所能为你提供每一个争论以使你停留在原地不动。

为了改变人的现实，人需要改变对生活的态度。但是，人的自我会给人带来恐惧和怀疑，以阻止你改变。只有前进，面对怀疑和恐惧，人才能提高自己的觉悟，向着高振动移动。

你创建你居住的世界，你是你的生活之主，没有别人。你的想法创造你的存在和你的世界，就这么简单。你不可以为你生活中的失败和缺乏而怨天尤人。因为是你的恐惧和怀疑，才允许了这种情况发生。

改变你的态度，面对自己的恐惧，你就会向前发展。如果任何人有控制你的权力，这唯一的权力是你给他们的。好好想想这些，努力进入一个更好的，更积极的生活。

六、说些好话与改变能量

试试你是否可以每天对别人说些好话。也许你可以评论他们的服装有多好看，或他们那一天看上去有多精神。看看在这些人听了你的赞美话后，他们的脸上多么有光彩！你还会发现，你所说的这些话，同样使你自己也感觉很好。只是说几句话，你就可以提高你周围的能量振动。你自己也会感觉到！

试想一下，如果你对在一个房间里的每个人都说些赞美话，这将是多么好的能量。当然，这看起来如果你这样做似乎有些预谋，但对某人或某事做出积极的评论却没有任何伤害。通常，人可能会对你的评论发表否定的看法。

比如，你可能说"你今天很可爱，你穿的衣服看起来棒极了"。而那人会回答说，"我感觉并不好，这是一件旧衣服"，但你再次说，

"是的，你确实看上去很好，那件衣服很适合你"。

你越这样说，就越能改变那个人的能量。通常这样说上两次以后，能量就开始改变。试试吧，你会看到的。谁在你身边总是消极的？试着对他们说些积极上进的话语。

他们会对此做消极的反应，但你再重新肯定你的话语，这会使他们进一步思考，有些人甚至会感谢你。每一天说几句好话对你来说并没有什么，但当你说这样说了，这会让你也感觉不错。你越能做到这一点，并且，越多的人做到这一点，就越能改变世界！

七、你的经济生活

常有人问我："大师，我努力工作，为什么生活就没有改观呢？"通常情况下，给我写信的灵魂期望得到能转变他们生活的即时回答，但这是不可能的。有许多因素可以在这方面造成一些问题。

灵魂也许有深层次潜意识的恐惧或情绪，这些恐惧和情绪可以阻止他们在生活中的成功。这也可能是灵魂所欠债务的情况所致，但他们并不知道。这也可能是星象中有阻止灵魂成功的时间因素。

这还可能是灵魂通过这种方式学习教训，但还没有学到这些教训。这些问题都可以通过咨询一个良好的通道或星象家而得到处理和得到答案。然而，许多灵魂却不这样做，他们尝试用其他的方法。

借钱，但很多时候在星象上都不是一个好时机。听别人的和别人的想法，但自己从来都没有想到咨询一个很好的有透视力的通道。如果这个通道是合格的，这个通道就会为你指出阻止或拖延你成功的障碍在哪里。他们会给你如何将一个负面情况转变为积极情况的信息。此外，他们还会给你有关未来的劝告，无论是你的经济生活，还是其他方面。你们每个人在这里学习，并放弃从其他转世生活中携带的旧模式。

有时候，这些模式涉及到你的经济生活。人类从来都没有考虑到咨询一个通道，通常直到它为时已晚，已造成了很大的损害。他们经常为自己的问题指责上帝，指责精神领域，指责其他人，但从不指责他们自己。

他们从不以为这是他们的问题！然而，这始终就是他们的问题，他们应该在很早以前就寻求帮助。如果你的生活失调，你的经济出现问题，显然在你生活的某个地方有阻塞。在其为时太晚以前，做一点事情。不要留下它不管。也许正是你留下它不管，直到为时已晚。

八、不要抓住任何东西或任何人不放

你为什么对你有的东西抓住不放？你有的一切是造物主给你的贷款，让你在此生中使用。你决不能拥有它，它只给你在此生中使用。一旦你回到精神领域，你就会脱离你的肉身凡体，离开你拥有的一切。

你可能会说，"但是，我用我的劳动为自己挣得了我所有的一切。"我会对你说："是的，这是事实，但你只是进行了能量交换，没有任何东西永远是你的。"只用你在此生中需要的。

不要让你的生命被捆绑在财物和财产上。你越少被捆绑在财物和财产上，你就有越多的能量流动。你越是被绑在自己的所有物上，你就越把自己绑在地上，并使得你周围的能量流动停止。

看看你的所有物。你有什么不再需要的？你积累了哪些使你受捆的人，但你却抓住不放的，就像一只狗叼着一根骨头，希望有一天，你还可以使用它？你的东西越少，你就越能吸引你所要的进入你的生活。如果你在你的周围积满了你不需用的财物，以为你有一天会用它们（要知道这一天将永远不会来到），那么你就更加阻止了自己的丰富。

你所有的一切都是物质形式的能量。当你放弃所有你不需要的，你就越多地打开了更丰富的大门。当你因为惧怕未来缺乏而抓住你的财物不放时，你周围的能量就变得停滞、静止、不能流动。

让能量在你生活中流动，不要抓住任何东西或任何人不放。一旦你这样做了，你就会经历到你从来没有经历过的丰富。你会发现，你会毫不费力地得到你所需要的一切。

九、所有人都可以有丰富的生活

你们全都可以有丰富的生活，每一个你都应该有丰富的生活。但你不知道这一点，而且你们中许多人因你自己的思想障碍而停止丰富进入你的生活。一种常见的误解是，一些人出身富有而其他人出身贫苦。这是不正确的。

造物主让你们都一样，所有人都可以有丰富的生活。你只需要创建它。有些人需要学习有关创造丰富方面的经验教训，因此可能会发现创造丰富生活的难度要比其他人大些，但仍然不应该存在有发现丰富的问题。

你浪费这么多时间活在过去的生活里，从而不相信自己，怀疑自己的能力。你既然不能改变过去，那为什么要让自己为此忧虑呢？当你放手过去，你就可以创建更好的未来。因为你不再将能量浪费在过去里，你就有足够的能量来支持你。丰富是你的并以你所表达的方式进入你的生活。

有些人认为有丰富是错误的，人不应该有富足。如果一个人想不丰富，人又怎么能实现自己想要的事情？如果一个人有条件的话，就应想到用那些条件可以做些什么。

丰富可以创造可爱的生活。富足并没有错，关键在于你用富足来做些什么。想想在你生活中的哪些方面你想有丰富，放弃那些方面所有的负面的想法，然后看着你的生活变化。真的是非常简单。

十、减肥

有体重问题的人们，无论是超重，体重不足，厌食症，或贪食症，有这个问题的人，他们不允许能量流动。这些人几乎总是有不安全感，或有恐惧等其他消极情绪。这个问题也可以从多个转世生活中带来此生。就像丹麦层蛋糕，一层又一层，一生又一生，混合，积累。

重量本身并不是问题，问题出在导致重量的原因，它最初从何而来，当人找到了造成重量问题的原因，人通常就会减轻重量，而且不会再增加体重。体重问题不是你吃的热量所致（尽管你们人类是这样认为的），而是在你有恐惧、怀疑和不安全感时，你为了给自己的生活提供舒适感过多地吃甜食。一旦你找到了导致你怀疑、恐惧和不安全感的原因，你就不再需要过去的饮食习惯和方式。

通常的情况是，那些有体重问题的人并没有想锻炼的动机，因为自己的体重，他们不喜欢被他人看到，因此而制造了另一种情况，即超重的人不锻炼，因为他们不能激励自己。这是一个恶性循环。那些帮助人们减肥的职业人员只有部分答案。真正的答案在于能量和能量必须流动的事实，能量必须流动到某个地方，无论是身体运动，无论是话语，还是思想，一旦你说了，或想了，能量就被创造了，如果不被使用，它就会返回到起源。

当能量返回到起源后，它已经被更改。如果它是积极的，它就可以通过人体的腺体系统帮助人身体健康，这有着和从一个医师或治疗师之手获得的积极能量同样的效果。如果是消极的，它就会阻塞腺体系统，制造障碍，或疾病。找到问题的原因，你就会找到你的体重增加的答案。同时，你也应该注意到你前世生活的教条化，许多灵魂在此生中找到了解决他们体重问题的答案，但如果问题没有通过前世生活回归治疗在精神层次根除，它会再出现。你需要从根源上根除问题，它就永远不会再出现。

十一、关于过去

你们中太多的人生活在过去，害怕前进，害怕变化。你知道的过去已经不再存在。留下的只是回忆：有些是好的，有些是不好的，但只是回忆。你不能回到过去，你不能生活在过去。

你怎么能生活在已经不再存在的东西里呢？你实际上是生活在记忆中。许多人生活在自己的记忆中，因为那正是他们最快乐的的时光。他们没有意识到，他们今天也可以有幸福，就是现在！但所有他们能看到的只是自己的记忆。当他们这样做时，他们看不到现在或今后，你们地球上称呼的未来。

要摆脱过去的回忆是不容易的，但是一旦你摆脱了，那么，你就可以有自由的不受妨碍的生活，因为只有现在！现在这一时刻，是所有的一切。这才是重要的，现在就是一切。要紧的是现在的时刻——当下，并允许要到来的得到展现。

如果你生活在现在里，你就把过去抛在后面，并允许未来展现。那么，你确实是在自己命运的轨道上。过去的已经走了，它教给你教训，帮助你塑造成现在的你，它是一个祝福（有些人可能会认为这是一个诅咒），但它已经一去不复返了。不要后退回到过去，你只是活在现在！当你能做到这一点，你就会真正地知道安宁。当你这样做了，未来会临到你——将美好地为你展开，为你带来奇妙的成长和扩张的机会。

十二、有关物质财富的功课

你一无所有地进入你的转世化身。在你的转世化身期间所拥有的一切，都只是供你学习你的人生功课所用。这正是那些从我们精神世界看护你的看护者们的目的，确保你有你需要的保障。你从占星上选择了你使用它的时机和方式。没有什么是你要持守的，如果你能更多地认识到这一点，你就能更好地使用它。

你选择悲伤的时刻，你也选择幸福的时刻：在你生活中的悲伤和幸福都是供你学习的。在你的一生中，你会有很多这样的时刻。你是自己现实的创造者。即使象你所使用的电子设备，在最初，那些以为自己是聪明过人的制造技术也是从我们精神世界灵通来的，这些人只不过没有意识到这一点。

在你生命终结时，除了你的灵魂和灵魂记忆外，你什么都不能带回家来，甚至你的身体也只是借贷给你用的！你是纯粹的意识和能量。你留下你已经取得的一切，或失去的一切，不过，如果你把金钱或财产留给了下一代或那些你留给的人，他们将因此开始学习使用这些礼物的人生功课。你在出生前所做的选择是准确的，如果因别人的选择使你要做的事情无法实现，宇宙会选择另一种方式来帮助你实现。

从来没有什么意外，只有你或宇宙选择来教育你自己的方式。你对金钱、财产、人们和你的孩子们，以及其他事物有太多的担心，然而，如果你能放手你的担心，宇宙知道你和这些问题，知道人们的需要。但你的忧虑和关注阻止人们，阻止他们如何使用，并阻止他们的学习。实际上，你自己使事情变得更难，因为你中止了能量的流动。不过，这自地球开始有时间以来，人类社会就是如此，直到你改变你的灵魂模式，你不能向着新的能量迈进，你需要改变才能做到这一点。

有太多的灵魂带着对自己做的选择，而没有遵从自己的直觉的深深的遗憾回到我们的家里。他们选择了另一种方式，因为如此，他们必须返回人世再次努力学习自己所选择的人生功课。最后，当你的灵魂经过多次化身，但仍然没有学到自己要学的人生功课后，你来到我们这些教师面前，请求我们帮助你前进。当这种情况发生时，我们为你选择最难的人生功课，并指示那些关心你的，你称为守护神的指导，必须处理这些问题。

在某种程度上，你会没有选择地被迫经历一个非常艰难的时期，以便使你能够成长。必须要经过非常艰辛和困难时期，有时会失去拥有的，包括财产，是不容易的。这是你选择地学习你的人生功课和履行你的生活计划的方式。

要知道，没有什么是你的，一切都只是在那里供你的学习和成长。当你能这样来看待，它就不再是一个个人问题，而且还能用不同的眼光看待别人的生活。你不再干涉，宇宙在以某种方式帮助你的灵魂前进。

放手你对向前迈进的固化和恐惧，这是你的生活。无论你选择了一个重的或轻的生活，你都在通过它学习。尽量让你每一天的生活是一个愉快的，而不是一个痛苦的经历。一切都只是供你在幻觉中学习，而不是任何人的！

十三、生命太短暂了，不要浪费时间和精力

生命太短暂，不能持有积怨和愤怒。人类已经学会了固守一切，过去、服装、家具用品和怨恨。在地球的幻觉中，人类看不到正是这些导致了当今人类的错误。

人的怨恨没有被清除，愤怒仍然会保持在灵魂内部而不会消散，这会让灵魂重新进行另一轮的转世生活。多么浪费能量！人们作出选择，因为这些选择，生活在不断变化。然而，人类在同时感到不高兴，只因为事情的变化，因为人们作出的选择可能不适合他们。

但是，这就是生活。如果人向前进，不给这种情况能量，那么，就会找到另一种解决方案。这是恐惧造成的情况，但一旦人放手恐惧，那么，宇宙就可以带来另一种解决办法，另一种情况。如果人

类要前进，这正是人类需要学习的东西。

不要花时间怨恨和生气。这只是在浪费时间和精力！想想你可以用这些能量做些什么！使用这些消极能量在你的生活中实现你所需要的积极的东西，用它实现你的愿望。让你的生活脱离消极，你越早这样做，你就可以越早变得更加丰富和快乐！

十四、享受你所有的，但不要想拥有它

你为什么要太多地担心已经拥有的东西？你只身来到这个世界，只身离开这个世界。所有你在此生中所得到的东西只是供你在此生中使用，或供你处置，但这些从来都不是你的。对你来说，这些似乎是你的，尤其是当你的名字写在所有权的文件上，这似乎就更像是你的。

不过，就像你可以拥有一样，你也可以失去——你的害怕实际上可以使你失去你所拥有的。你如果在此生中越少关心自己的物质的东西，就越有利于你吸引你所需要的到你的生活中。你没有意识到，往往害怕 - 害怕失去房子、汽车，无论你害怕什么 - 你将会吸引使你失去那样东西的能量到你的生活中！

人类有如此的需要，要拥有人、车、房子等物质化的东西。我不是说这样做是错误，只是你想拥有的事物往往可以对你起反作用，并实际上停止你在精神领域的学习和流通。你在此生真的不拥有任何东西。

所有你现在有的是根据你的需要给你用的。如此多的灵魂因他们所拥有的东西而停止成长，停止进步。因为如此，当他们需要前进的时候，他们却不能向前迈进，因为他们在舒适区。

享受你所有的，但不要想拥有它。知道这一点，在时机成熟时，你可以放手。当你做到这一点，更大，更好的东西通常会呈现在你面前。

宇宙知道你的愿望，但你经常担心这，担心那，这将停止更多的丰富进入你的生活。如果你活在这个时刻，你就不拥有其他而只享受这个时刻，这样，你就可以随时向前迈进。

想拥有什么是自我的恐惧造成的。高我不会理会拥有任何东西。高我没有任何恐惧，它知悉其所有的需要将得到满足，所有的愿望将会实现。不用担心任何东西的所有权。

如果你购买了财物，可以享受它，但不要拥有它。通过这样做，你将能够在需要改变时进行改变。

十五、关于颜色的重要性

你不知道颜色在你的生活中有多么重要。一旦你知道了，你会穿有最奇妙色彩的衣服。每种颜色都有一个振动，人眼睛一看到它就会产生响应。

你知道，即便是盲人也能够受到颜色的影响吗？是这样的，因为盲人"感觉"色彩。他们可能看不到它，但这并不意味着他们不能感受到它！所有颜色都有振动，盲人虽然看不到它，但可以"感觉"它的颜色。

红色可以带来能量，它也可以把愤怒带到表面。黄色能帮助最抑郁的人走出抑郁——足以使他们想说话。这是医治抑郁症的最美妙的颜色。你选择的颜色和你穿戴的颜色是你灵魂的晴雨表。

对于那些穿黑色的人来说，黑色不是一种病态的颜色，它是中性的。但当它与其他颜色，如蓝色、绿色、绿松石色搭配时，它可以成为那些穿它的人和那些看到它的人的奇妙的愈合颜色。黑色增强其他颜色，使它们更深刻，更引人注目。

走进你的心，问自己"我真的很喜欢穿什么颜色？"无论你喜欢的是什么颜色，穿它。如果你这样做了，你会安慰自己的灵魂和愈合你的心智、身体和灵魂。你的灵魂知道它需要什么颜色，你只需要倾听。

如果你被自己的喜爱的个人色彩环绕着，这不仅可以振作你的灵魂，而且在精神上也帮助你成长。你怎么知道你的个人色彩是什么呢？一些灵魂心中只有一种特定的颜色，而其他灵魂却可能有多种色彩。一个灵魂有三、四种个人色彩并不罕见。你的个人色彩是你感觉最舒服的一种色彩。

许多灵魂通常只购买他们喜欢的颜色的衣服，但让你自己被你的个人色彩环绕着会给你令人难以置信的帮助。你的颜色的光线旨在提升你的精神，帮助你发展，并振兴你。有这些色彩在你身边会在很大程度上帮助你的精神之旅。把你喜欢的颜色放在你的周围，你会注意到你的生活变化。你会变得更加有意识。

光与能量穿透这些颜色，正如他们对大自然的花草和树木所做的一样，他们也可以对你这样。有很多方式你可以利用色彩来围绕你。你可以自己实验。允许颜色对你说话，告诉你它想在哪里。花更多的时间与色彩在一起，你会感觉到它们的差别。它可以治愈，令人振奋，和增强直觉。

十六、关于赌博

最近我的通道被问及有关赌博的问题。这个问题是："她从人们输的钱中赢钱，她难道不觉得这是不对的吗？"这是一个有趣的问题，因为没有对错。

在那里的一切都是经验学习。有些人通过他们的嗜好或在赌场里亏损而学习。这是他们的人生功课中要学习的一点。也许他们在一个前世人生中是名赌徒，需要学习戒赌瘾。在他们的此生中，他们选择通过赌博的经历，以便让他们可以放弃赌博。

没有"损失"，因为他们失去的钱让他们能够放开自己的问题。因此，"损失"成为一种奖金！我的通道已放开了她所有的恐惧和不安全感，因此她不仅只相信丰富和表达，她还发现自己很容易赢钱。这是我们对她的勤奋和对我们工作的奉献精神的奖励。

还有一件事。当她在赌场里打发时间时，她能完全关闭与生命真谛学工作的连接。她的振动频率非常之高，她发现很难关闭与我们的交流。在赌场，她集中在机器上，这就使她在短时期内关闭与我们的交流，因此给了她在和我们通讯间喘息的机会。人的振动越高，就越难关闭与我们的交流。

人实际上是一只脚在你们的世界上，另一只脚却在我们的世界里。一切都是完美的，恰到其份。没有正确或错误，只有债务和在行动中的生活。

第十六章：助人会阻止灵魂前进

一、是否要帮助别人

每一个灵魂都是自己的主人，每个灵魂必须在没有任何人的援助和帮助下找到自己的路。一个灵魂协助了某人，他可以因此而为那个被帮助的人制造债务。阻止这个人这样做的话，她会延长这人的债务。当过了这道坎之后，这人会有要改变的强烈愿望，她会成为一个不同的人。

什么时候该提供帮助，什么时候该离开帮助独自面对，让其独自经历？如果精神之灵给你一个梦，一个显现，或通过阅读请你帮助，那么，你就知道你可以提供帮助。教他钓鱼，但不要给他鱼！每一个灵魂都走在自己生命的路径上，一个他们选择独自一人行走的道路，或需要一个精神老师的帮助，这样做，就会前进的更快。

二、他人问题与自身问题

你们中太多的人觉得你知道如何帮助别人。我在这里不是指给他人物质上的东西，而是以咨询和指导等方式的帮助。然而，你们中许多人却不能帮助自己清理自己的问题。这在地球上是很普遍的做法。

我要再次强调，在你给别人提建议时，你动摇了他们自己的判断力。结果就是如此，你实际上阻止了他们学习他们的经验教训。每次你提供你的意见，你就在阻止他们自己获得这些。

我可以听到你说："但是我从来没有从我自己内部得到咨询或指导，这就是为什么我要问别人。"你可以从自己内部得到所有的咨询和指导，你知道是什么阻止了你获得这样的结果吗？恐惧！恐惧和疑惑自己的感觉。

人人都对事物有感觉，什么时候是度假的好时候，什么时候改变你的工作等，但一说到要自己指导自己，特别是与生活本身有关时，通常你就开始不信任自己的感觉。恐惧进入 —— 害怕变化，害怕情况日渐恶化，等等，以至于你宁愿找到别人给你答案，而不是相信自己的判断。

当涉及到为别人提供咨询和指导时，你总是在那里，你们中有些人甚至认为自己是提供咨询意见的专家。如果情况是这样，这就是自我！高我知道答案会随时间而被发现。自我却说："我没有时间，我现在就需要答案！"自我没有耐心，但高我具有无限的耐心。

如果一个人有信心，那么所有一切问题的答案都能够找到。那些经常给别人提供劝告和意见的人，通常需要听取他们自己的意见！

任何人都没有权利来影响别人的正常生活。高我知道该怎么做，而且人如果没有了恐惧和怀疑，人的高我就可以直接给你答案。下次在你倾向于给别人提供意见时，问问自己，"我是否能够帮助我自己的问题，回答我自己的问题呢？"

三、给予

无论是给金钱还是给能量，一个人怎么知道这是否是因果债务？关于这个话题，首先要知道的是，人必须记住，每个灵魂都有自己要学的教训，如果他人为其提供咨询、指导、金钱、支持或其他任何帮助，这个人就会阻止这个灵魂的成长和学习。

每个灵魂都有自己的计划，每个灵魂都选择了自己要学习的经验教训，和向着精神道路前进的方式。但是，在某些情况下，灵魂可能欠了别人的债务。人怎么能知道这一点呢？

人是能够知道这一点的，因为如果一个人欠有另一个人债务，人就会对其有强烈的感觉。几乎就像很深地知道，感觉它是"对的"，当它是真实的，自我就不能或难以阻止，因为在这种情况下，人的高我在统治。但在高我做出决定以后，人的自我开始进入。

如果随着时间的推移，所欠的债务仍然没有偿还，人的自我会说服人，没有必要偿还债务，并找借口不还债务。但是，人应该遵循自己对自己所处情况的第一感觉或第一意识。人可以没有对前世生活经历的记忆，但仍然有感觉，自己有债务需要偿还。

尽管有时，人看到一个人在财政上或其他方面遭受痛苦，想帮助此人。情感上，人不希望看到此人处于这种情况。如果人没有强烈的感觉，人就可以因为给了此人帮助而阻止这个人的精神成长。人类学习的唯一途径是通过在其生活中的许多教训。如果人类都在给予北人援助，就没有人能学到任何东西了。

我们在精神领域看到我的载体玛格丽特通过她的经验教训。你无法想象有多少次我们想帮助她，减轻她的痛苦和困难，但这是她选择的学习方式，在一定意义上，是一种艰难的方式，但她确实学习了。她选择了她的生活经历为自己的生活道路，这种经历造就了她，使她成为老师，咨询师和灵媒千里眼。她的人生经历加强了她，并没有削弱她。

人如果在一种不是债务的情况下帮助另一个灵魂，人不仅能阻止其成长，而且会使那个灵魂不得不再一次转世轮回。但是在特殊时期以钱或能量的方式给予，或馈赠礼物给自己的孩子或朋友，这有错吗？偶尔馈赠礼物并没有错，但有错的是继续支持和给予那些不应该接受它的人们。

人总是可以从一个阅读师或星象家那里寻找劝告，你对债务的感觉是否是对的。人的自我会不断寻找为他人做事情，它因此不面对自己的教训。当人专注于他人的问题时，就不会关注自身的问题。

每个灵魂在出生前都选择自己的生活教训以及如何处理这些教训。一个星象家通过对比你的出生星象图和另一个人的出生星象图，就可以告诉你这是否是一个债务的情形。一个好的精神阅读师也应该可以告诉你这些。

很多灵魂必须返回地球，只因为别人为他们做了他们自己应该做的事情。人很容易接受被给予的好处，采取容易的方式，但人一旦这样做了，就不能学习自己必须学习的教训，人也就不能提高自己的振动。

那些为慈善组织工作的人又怎么样呢？他们阻止灵魂的成长吗？不，只要他们在帮助组织机构，他们就不会阻止灵魂成长。许多灵魂回来通过做义务工作和服务学习教训，并以这种方式偿还自己的债务。

这些组织机构使得这些灵魂掌管自己的生活，学习自己的教训。为这些组织机构工作并没有错。这些组织提供了有价值的服务，协助灵魂向前迈进，并最终掌管自己的生活。本通讯希望它可以为一些灵魂提供一些清晰度，尤其是那些在慈善组织工作的灵魂。

四、同情

什么是同情？真正的同情是理解另一个灵魂有其自己要处理的问题。

人可以有同情心，但同时不卷入他人的情况中。许多灵魂似乎以为，人如果超脱了情绪就不会有同情和理解，但事实并非如此。在地球上要达到真正的精神平衡，人就要没有情绪体，有同情但不卷入他人的情况。

灵魂往往陷入其他人的问题或担心中。他们通常没有意识到他人必须要从自己的人生教训中学习，正是通过在这些人生教训的学习，人才能够在精神上成长。随着时间，人可以学习超脱于担心和卷入他人情绪的情况中，而同时仍然对那种情况具有同情心。

有许多灵魂可能会说，如果人不介入他人的情况，人就显得无情。我要说，就是这种无情才使其他灵魂学习他们的教训。你们每一个人在此生的目的是学习自己的人生教训，不是别人的，或通过别人的。人的自我喜欢卷入其他人的问题，因此人可以被其占据，而不必处理自己的问题和生活教训。当你涉足他人的问题时，你阻止了他们的成长，因为你的行动，你通常会导致他们再回到人世来，进行又一轮的化身。因为你阻止了他们的成长和学习，你制造了一种情况，他们必须回到地球上来进行另一次轮回。

是的，有同情和理解，但不要有欲望卷入另一个人的问题和为他们担心。如果人能做到这一点，这人就具有了真正的同情和理解，并遵循了精神定律!

五、真正的同情

你们中有多少人有真正的同情,真正理解别人的问题?你们中有太多的人,当知道某人有问题时,非常想就这些问题提供意见或加以评论。你总是可以找到一些错误或不喜欢的东西。很少有人能够有完全无条件地同情!

什么是同情?同情是一种能在看到他人问题时没有想要发表评论或提出建议,而只用爱和理解来看待的能力。它是一种能够理解他人像你一样,有他们自己的生活道路,但不干预他们,并信任他们的能力。它是完全无条件的爱,没有评判、恐惧或任何其他的情绪。

它是在尽管自我不愿意看到所看到的一切时,仍然与他人待在一起,并不逃避。你可以说,"但是我有同情"。我会对你说:直到你能够和一个正在经受痛苦,与疼痛、情绪或身体的问题抗争的人相处,并不加以评论,或想改变他们或提供咨询意见,你才能说你有同情心。

同情心是爱。它来自心灵,它是无条件的,它单单就是!当你有同情心,就可以表述很多事情,因为它来自于心并不被自我的干扰所污染。它可以比爱情更强大。真正的同情在当今的世界上是非常罕见的,但一旦掌握,可以成为最强大的医治工具。

六、授人以鱼不如授人以渔

我最近收到我的一个研究生娜塔丽娅的一封信。下面是她来信中的一部分:"去年,我在南非、埃及等地进行海外旅行时,接触到很多的贫困,最近又看了有关印度贫困和贫民窟的电影《贫民窟的百万富翁》。每当我看到一些人像这样活着,我就很激动。我通过一个人道主义组织，我在照顾一个孩子，但我有一个感觉，我可以做得更多。我知道这种生活是这些人的债务，他们选择了这样的生活。但这仍然让我觉得，我似乎应该为这些人做些什么，至少为这些国家发送愈合能量。请你从你的角度讲讲这个题目，并告诉我，我们能做些什么以及如何处理这种日渐增加的贫困。

这是我对娜塔丽娅来信的回答：

娜塔丽娅，是的，世界上有贫穷，大部分地区有太多的贫穷了。这已经是一个很大的问题，因为人类没有能力处理这个问题。当这个问题出现时，人类往往把自己的头埋藏起来，因为不知道如何处理它。

直到20世纪的下半部分，慈善组织才应运而生，并开始帮助这些国家，但几乎没有做什么。遗憾的是这些组织没有得到很多的帮助，它们只能尽其所能。每一个国家都有贫穷。即使在美国，还有人睡在汽车里和家庭负担不起送孩子上学，因为他们没有像样的衣服穿。

在世界各地的每一个国家里，你会发现在这些国家的人民，在以某种方式经历贫困。直到人类作为一个整体发生了变化，除了支持那些帮助这些国家和人民的组织外，一个人可以做得非常少。教育是关键。

你们有一种说法，我的通道使用了很多次，我认为这是一个很妙的说法："你可以给一个人一条鱼吃，你只能喂养他一天，但如果你教他钓鱼，就可以喂养他一辈子。"（授人以鱼不如授人以渔）

如果你愿意的话，你可以把你所有的钱给这些人，但是，除非他们能帮助自己，否则他们还是无法前进。你所提到的那些组织在做奇妙的工作，打水井、提供工作、给这些人做人的尊严。但是，每个人都必须要回应这些帮助才行。你不能强迫任何人去做，作为我的学生，你知道，人的自我不想改变。

人的自我害怕变化。这取决于每个灵魂，是否要帮助这样的情况。你可以以不同的方式帮助，通过捐钱，帮助一个孩子受教育，打水井，为这些人创造产业。他们往往不希望捐款和钱，他们要工作，学习和接受教育。

你已经选择了赞助一个孩子，如果你愿意，你可以赞助更多。然而，赞助一个孩子，对那些慈善组织来说，就已经是一个巨大的帮助。如果这些经受贫穷的人不学习他们的经验教训，并通过经历这些而成长，他们将会返回另一轮的转世人生。通常，帮助会阻止一个灵魂的前进。人类没有意识到这一点。

多年来，宗教一直在教导大家，一个人应该帮助他人，但往往你不能帮助那些不想帮助自己的人们，而且，常常是帮助停止了他的灵魂的前进，因为帮助使得被帮助的人不容易前进，只因不是灵魂通过自己选择的，应该学习的方式，或已经选择的方式——一种艰难的方式。我知道我的通道和你，你自己，如果你们没有通过艰难的方式学习，你们就不会是今天的你们。

对于这个话题，我没有神奇的话语。正如我以前所说，这往往是一个群体受教育，而不是个人受教育的情况。每一个灵魂处在自己灵魂之路需要所在的地方。

如果你想帮助缓解这种情况，你可以在自己的国家里，协助那些处理贫困的组织，给有需要的家庭捐献衣服和食物。许多人经常去帮助那些在其他国家的人们，却没有看到自己国家里的需要。你可以捐款援助海外，但最好是从自己的国家开始，在自己的国家里创造不同，因为它接近你的心。

娜塔丽娅，你是一个美丽的灵魂，你的心是在正确的地方，但这些人需要教育，而不是施舍，他们需要工作，为自己提供生活。他们需要得到尊重和爱，而不是因为他们的需要和贫穷而受到蔑视。当人类做到了这一点，人类作为一个整体将提高其振动，那些需要帮助的人们将再次变得完整。

最后一点，也许你可以花时间访问海外国家，并在那里花时间帮助有需要的人。这是多么美妙的度假方式——协助一个村庄打井，或教育儿童，或在那里帮助那些有需要的家庭。有些组织在为人们组织这样的短期休假。我相信，如果你在互联网上搜索，你会找到一些这样的组织。

你的心知道，一切都很好。那些在贫困中的人们在以这种方式学习他们的经验教训，就像你以你的方式学习你的经验教训一样。很多灵魂通过经历一个非常困难的时期而获得成功。

我的通道就是一个例子，她遭受了苦难与困难，但从这些经验教训中得到了成长，这在以前她是无法做到的。她现在能够更好地帮助那些正在经历同样经历的人们。

谢谢你的来信，我相信我的答复，将帮助许多读到这篇通讯的人们理解贫困以及如何处理它。

七、你怎样才能为人类服务

常有人问我，"我怎样才能为人类服务？我怎样才能帮助作这些工作呢？"你可以通过走出自我，走出你生活中的恐惧，并给予自己帮助他人的机会。你如何给予并不重要，无论是教学、医治或在其他方面做工作。重要的是你走出自我，让宇宙的能量，带领和引导你踏上你的道路。这能够发生，所有你需要做的是信任，相信精神之灵会帮助你。我们只是在等待着你认识高我，把自我放下！

你的自我会使你想象，我们会伤害你或控制你，但所有我们希望做的是帮助你学习和成长，同你一起工作，以帮助人类，带领和引导你到一个更美好的生活中。我们能帮助你，如果你能帮助你自己——即你的高我。你的高我有所有的答案。你的高我知道你的道路和你的使命，并能远比你的自卫更容易地引导你通过生活的布雷区。

你的自我不想离开舒适区。你的高我只想教育你，带你到一个更高的振动。一旦你能做到这一点，那么，你就可以为人类服务。你的自我将尽一切可能阻止你。它会带出所有的恐惧、怀疑、不相信，这将阻止你走在正确的轨道上。但是，如果你与恐惧搏斗，毫无疑问地，并相信一个更高来源的能量，那么，你的生活将发生变化。它将改变你很多，你能将所有你对自己生活的愿望引入自己的生活。

在你的生活中有富裕，有金钱和成功，这并没有什么错，重要的是你用它来做什么。如果它是用来帮助人类的道路，那么，它是真正被很好地使用了，如果你很贫穷，你怎么能为人类服务？

我可以看到你的自我在寻找关于这个问题的答案，如果人想在某些方面帮助别人，由于没有资金或资产，就可能会受到限制，并使自己感到沮丧。你在很多方面都在自己限制自己。但是，一旦你相信你有能力，它可以用来帮助他人，那么，它就一定会来到你的生活中。

通常人可能携带者前世生活的残留物，诸如修道院、寺院或生活很贫穷，这些残留物就是你今生生活贫乏背后的原因。如果你有贫困意识，不知从那里来的，那么，通过前世生活回归找出答案，并清除该能量。然后，你就可以用你的富裕来帮助人类。

八、不要为别人而停止你的梦想

你们中很多人花了大量时间去为你们的朋友和家人担心，但所有为当今世界的担忧并不能改变他们的命运。有一些灵魂选择了在他们的生活中遇到困难，并在生活中挣扎，你的担心通常会使他们的情况变得更糟，并引起他们的恐惧。你没有意识到，你对他们的担心和恐惧，实际上阻止了他们学习能够帮助他们灵魂成长的宝贵人生教训。

每一个灵魂选择了自己的人生教训，这些人生教训可能很难学习和承受，但这也意味着，如果他们确实学习了和承受了，他们将不用再返回人世。担心并不能中止他们学习所选择的人生教训，相反，你会使他们的学习变得更难。在每个灵魂的内在，都存在着对他们所遇到问题的解决答案，但当你干涉他们的生活时，你其实阻止了他们找到自己问题的答案。你对他们的任何一个担心，或对他们说有说服力的话，诸如，"如果我是你的话，我就不会这样做。"等，都会阻止这种能量流动。

你知道有人有梦想，但还没有实现吗？是否有人用他们的话阻止你，或让你对继续实现你的梦想感到害怕，因为你不相信自己的才华？停止对他人和对你自己的才干的担心，他们和你在潜意识里都知道你需要什么来表达它。只有他们的恐惧，无论是对自己才干的恐惧，还是对其他人不相信他们的才干的恐惧，会制止他们。表达你的真实想法，让人们知道，"我知道你可能不喜欢它，但它是我的选择。"不要因他人的想法和阻止而停止你的梦想。

如果你觉得有人在为你担心，让他们知道你是正常的，并不需要他们的关注。如果他们不停止担心你，你至少说出了你的真实想法，表达了你希望他们停止对你担心的愿望。这会否定他们的想法，并停止他们对你的影响。他们将不再能够破坏你！

你们每个人都能做伟大的事情，都能生活在伟大中，不要让担心和恐惧破坏你的梦想。

九、不要阻止别人的人生学习——以为帮助他人没错

你有没有为别人着想？你允许其他人犯错误、学习或成长吗？或者你干涉过他人，告诉他们，他们正在做错误的事情，并试图说服他们吗？

当今地球上有太多的操纵，灵魂以为他们最了解别人。然而，每个灵魂都有自己的道路，自己的振动，自己的想法和一种内在的"知道"做什么。如果他们遵循自己的这种直觉，他们将被引领，一步一步地履行自己的命运，实现自己的生命。

人类具有干涉他人生活的习惯，感觉你们最知道什么最适合每一个人。其实，你们根本不知道。只有每一个灵魂自己知道什么对自己最适合。

为别人着想意味着干涉他人的生活或信仰系统。看着一个同伴灵魂受苦是很不容易的。你内心想要帮助那个受苦的灵魂，但你不知道只有通过他自己家的痛苦和磨难，灵魂才能真正得到学习。

人类说："我们为什么要经历痛苦和磨难？上帝为什么想要我们这样？"上帝并不想要你们这样，上帝这个能量也没有为你做这样的选择。这是你们在出生之前就已做出的选择，你选择其方式——无论是艰难的还是容易的，以使你成长，成为一个更高的能量。

地球是生命历练和学习的场所，天堂是精神领域。正是在地球上，你可以通过艰难的道路来偿还自己的债务，提升自己的振动，并成为一个觉醒的人。你选择作为灵魂来到世上。你的人生使命、教训、前世的错误都可以在这里得到解决，这些都可以在你的出生星象图中找到。有了这把钥匙，你就有机会继续前进，成为你想成为的觉醒的人。

地球上也提供了一个自我。这是基督教信仰中所指的魔鬼和撒旦。这种能量，因为它是一个在你里面的能量，将尽一切力量来阻止

你前进。这基本上是一场存在于自我和"高我",你属灵部分之间的战斗。当你没有为别人着想,你以为就没有帮助一个灵魂成长。实际上,你的决定会影响他们的人生道路。让每一个灵魂做出他们自己的决定。

十、忧虑

当今地球上有如此多的忧虑——忧虑金钱、忧虑关系、忧虑一般的生活。它已成为许多人生活中的重大问题。你可以对我说,"但是,大师,你不住在地球上,你没有我们遇到的问题。"是的,我们不住在地球上,这是事实。但是,我们也知道,每次你忧虑什么,你不仅阻止了自己的能量流动,而且也阻止了他人的能量流动,因为忧虑是一种消极思想。

当你忧虑,你就启动了一种消极能量的模式。更糟的是,你不知道当你担忧另一个人时——担忧他们的福利,你也就阻止了他们的能量流动。结果就是这样!你创建的一块阻塞物,如果不清除,就能够阻止另一个人经历他们的生活教训。

假如你知道的一个人,比如你的儿子、女儿、朋友,或任何一个其他你知道的人,他们有很好的因果,他们本应此生中在地球上经历美好的生活,因为你对他们的担忧,你实际上可以阻止他们有这种美好的生活。

想想每一天你有多少次在为别人担忧。更糟糕的是,你把自己所有的精力都花在为别人担忧上了,而没有能量做自己要做的事情了。你不仅阻止别人使用他们的能量,而且也阻止了你自己的能量流动。

每一个灵魂在自己的生活中都能有丰富,但你们中太多的人因为担忧那些永远不会发生的事情而全方位地阻止了产生丰富的能量流动。停止忧虑是很难的。这需要人对制止消极思想流动有约束力,但通过说肯定话语，人是可以做到的。这也可以通过你意识到自己的思维模式而做到。

每一天，当你意识到自己在担忧——你在忧虑，就对自己说："我这样不但阻止了我自己的能量流动，我还阻止了那个我担忧的人的能量流动。"然后看形势的变化。你会非常惊讶的！

十一、学习你的经验教训，避免制造业力

你在地球上生活的目的是帮助自己。这并不意味着你应该自私或自负，但人应该把精力放在解决自己的问题，而不是放在他人的问题上。你的高我知道你在这里做什么——你必须面对什么问题和惧怕——如果你听从你的高我，它就必能为你指引方向，了解什么是你必须要学习的。

不过，人的自我却很狡猾，它不希望你把精力放在自己身上，所以它会为你制造旁门左道，让你帮助他人或为他人做一些可以使你偏离自己目标的事情。你在此生的目的是看顾你自己，并解决仍然记载在你的阿卡西记录中有待解决的问题。

你能够从你的出生星象图中找到这些问题。你的出生星象图是你的生命蓝图——你是谁和你有哪些问题需要解决。有了这些信息，如果你努力工作，你就能够为自己创造出不用再返回地球的证明。换句话说，你就能回到你真正的家里，并永远不再回到地球上来。

你的自我却不希望你这样做。因为如果你不再返回地球的话，你的自我就会害怕它不再有生命。人的自我无法在精神领域生存，它只生存于地球的幻觉中。

我以前说过，当你帮助他人时，你可能阻止他们学习非常宝贵的人生教训，导致他们的精神无法继续成长，并为自己制造债务。上帝，或无论你怎样称呼这个能量，决不会赞成你做任何超出你力所能

及的事，因此，每一个人都能够超越最艰巨的任务和困难。

人类已经在人类生存的事例中显明了人能够在最极端的情况下表现出最不可思议的勇气。你没有什么不能做，绝对没有。但是，你的自我却会对你说，"去帮助这个你感到难过的人"，"去做这个工作"，等等，通过这样做，你就从你自己的问题上转移了你的注意力，但你并不知道这一点。只有当你离开了地球这个课堂，返回到你的精神家园后，你才知道你没有处理好自己的问题。

因此，在你为他人提供帮助前要三思："我这样做是否会阻止这个灵魂的成长？我是否会给他们和我自己制造更多的债务"？每天你都应该问这些问题，不然的话，你的自我就会为你制造问题，从而使你偏离你自己的问题和教训。

对你来说，这听起来很残酷，因为人类许多世纪以来一直在提倡人要帮助你的弟兄、帮助有需要的人。这已成为一种人类做事的方式。然而，这不应该是做事的方式。

在你每天的日常生活开始时，好好想想这一点。把自己放在首位，首先处理你自己的问题。通常你会发现，当你这样做了时，你就没有时间或很少有时间去帮助他人了。

十二、强迫, 控制他人

你不能强迫一个灵魂做任何事情，如果你这样做，只会造成不满，通常会煽动灵魂做得更多！当一个人变化时，开始提高振动，灵魂就开始慢慢放弃已成瘾的东西和需求。不需要强迫。没有人应该把自己的权力给另一个人。你们都是自己的主人！你只需要找到那个主人身份。

当你能掌管自己的生活时，能量就能流动来帮助你。然而，你们中大多数人不仅试图控制自己的生活，而且还试图控制他人的生活。你为什么要这样做呢？你这样做是因为你害怕放手。你觉得你可以成为其他人。你不知道，通过控制，或试图控制，你夺走了他人的个人选择权利。

人类在太多微妙的方面，认为需要干涉别人的生活。你们每一个人都有个人的选择，你们每个人都有自己的命运。当另一个人在你的命运中替你生活时，你就停止了自己灵魂的成长。

丈夫试图控制妻子，朋友试图控制朋友。当你们每个人只控制自己的生活，而不干涉他人的生活时，你们每一个人都能在精神上成长，并能不受干扰的实现自己的命运。常有人问我："大师，为什么我要不断继续转世人生？"我告诉这些人，"一旦你停止影响他人，停止干涉另一个人的生活，那么你就能停止使你不断返回转世人生的进程。"，就这么简单。

十三、你是能量

你是一个非常独特的能量。要记住，你被造不是成为他人生活的一部分，而是为自己而生活。你们中太多的人把自己的时间都花在干涉别人的生活，或者为他人生活。

这是什么意思呢？我的意思是，当你在告诉他人应该怎样生活，而没有照管你自己的生活，有时甚至在为别人生活，而不让他们过自己的生活的时候，你是在干涉另一个人的灵魂的增长。你不应该为他人做他们自己应该做的事情，因为这是他们的生活，不管你喜欢还是不喜欢，这是他们的业、他们的人生教训和灵魂成长，他们应该自己去面对。

每当你帮助别人做些事情，你就在阻止他们用在出生之前他们就选择了的方式做事。你就干涉了他们的选择，干涉了他们决定在世上做事的方式。结果你就导致了他们不能学习自己的人生教训，不得不再次化身人世学习同样的教训。但你没有意识到自己给他们制造了困境。他人所选择的一些人生教训有时是很艰难的，看到他们，尤其是那些和你很亲近的人经历痛苦或艰难，不去帮助是很不容易的。但那是他们为了自己的灵魂成长而选择了这样做。人很容易接受别人的帮助，对别人提供的帮助很难拒绝。

尽量不要对他人的困难提供援助，如果你不知道这是否是你的业，是否需要偿还自己前世生活的债务，还是你应该提供帮助，你就需要从一个占星家那里寻求帮助。如果在你的内心里没有情绪，如果你的直觉是这样感觉的，那么，你就可以提供帮助，但要确保不要让自己的情绪影响自己。如果人们没有面对自己的人生教训，不能做自己的决定，世界就不能改变。让人面对自己在来到人世之前就选择了的问题是非常重要的。

是的，人要有同情心，但不要阻止他人学习自己的人生教训，或偿还其业力债务。也要记住，你们每个人都不同于另一个人，你们都是独一无二的，没有一个灵魂相同与其他任何一个灵魂。适合你的不一定就适合另一个灵魂，尽量不要坚持帮助他人，你们中很多的人想方设法地帮助他人，而他人并不想要你的帮助，但却害怕对你说"不"。要记住，如果你这样做，你就可能会阻止他人讲他们自己的实情，这就会在他们的喉轮（七脉轮中的表达脉轮）制造未释放的能量，再一次的，这就会在他人的今生生活中，甚至另一个化身中制造问题，你根本不知道因为你坚持让他人接受你的帮助，或你的建议会给他人和你自己带来什么。

每个灵魂都知道自己应该做什么。有时候因为你的干扰，你阻止了他们这样做。不要害怕面对自己，只有一个伟大的灵魂能承认自己有缺点，承认自己并不完美，并在过去犯过错误！骄傲是人在生命真谛和精神道路上最严重的问题之一，因为这是一个真理的障碍。你要对自己真实！

对于你们生活在人世间的人来说，你的化身是关于你自己，而不是别人。学习自己的人生教训，你的，不是其他人的！

十四、你选择了你的人生方向

为什么你有选择？你有选择，可以因此为自己选择人生的方向。你对自己的人生负责。没有任何其他人有你的人生计划，选择你的人生经验，或有提供给你的机遇和机会。你独自做出选择。

在世上，有许多情况下人们的选择并创造了战争，痛苦，伤害，甚至残杀。例如，当一个女人发现自己怀了孩子，她选择不保留而终止妊娠，这是她的选择！任何人都无权评判她，除了上帝以外。

她可能选择经历这件事，并从中吸取教训。她可能要通过这个经历来帮助灵魂进入。有些灵魂甚至没有出生，他们只需要触摸地球以完成他们的缘分。有些妇女选择成为通道使这些灵魂能够返回并使这种情况发生。

什么时候一个胚胎变成胎儿？当孕妇感觉到胎动时，这就是一个灵魂进入胚胎，变成胎儿的时候。从此时起，灵魂才永久寄附于胎体。在此之前的四个月怀孕，它只是一个胚胎在等待灵魂。即使在此后，一个女人仍然会失去胎儿，这仍然是她的选择。事实上，进入胚胎的灵魂也会决定不继续待在胎儿体内。

这只是一个选择的例子。有许多例子。每一个你可以选择创造你想要的生活方式。您是雕塑家，选择是您的凿子。你因被造而有选择。每个人都可以采取许多途径。你出生带有一个计划，也许你可以说，一个地图。该地图或计划就是你的占星术图表。该计划可以引导你有许多可能的路线或方向。你做出选择。

只有当你成为开明并选择完成你的精神命运，事情才会发生变化。当你生活在正常生活的道路上（没有多少精神发展）你的选择不会对自己造成太大的伤害，虽然它们对你的生活很重要。但当你作出选择要完成你的精神命运时，我们这些在精神界的，前来为你提供帮助。从此你做出的选择就变得更加重要。通常是在此期间，灵魂选择不向前迈进。

精神方面的发展是最难做的。每个灵魂选择将如何学习其经验教训。一些选择遭受侮辱，有些选择失去他们的亲人。另一些人选择很难的生活。每个灵魂都做出自己的选择。我们只是把其他的灵魂引入你的生活，帮助你学习。

往往这是连接到因果。其他的灵魂是被编程做你需要学习的内容。举例来说，许多年前我的通道必须学会有关自我的功课，她的一个有很好直觉的朋友告诉她，她需要去美国给知名人士和电影明星做阅读。这是对她自我的诱饵，引诱她去美国，因为在她的前世生活中，她只对名声和财富感兴趣。这样做的目的是测试她，看她是否上钩，是否会选择同样的道路。她去了美国，却没能给知名人士和电影明星做阅读（看星象等），结果，她的自我没得逞。在她的前世，她被人用金钱和地位诱惑，但这些东西在今生却无法触及她，她没有走老路。因此，她通过了对她的考验。在她通过了考验之后，我们才给了她打开她的未来，为我们精神领域工作的钥匙。她作出了选择。只有在她经历了这一考验以后，我们才给她指示，建立弥勒（Maitreya）网站。

那些在地球上是你的敌人的人通常在其他世界里是你最好的朋友。他们到地球上来帮助你成长。你的选择决定你的未来。每一个你会被考验的目的是看你是否值得与我们合作。我们必须要这样做。你在出生之前就开始选择。

如果你给予情感越多的能量，你就越多地停止你的精神成长。往往很难做出正确的选择，因为自我说一件事而高我说的是另一件事。当人放手并将自己与情况分开，人就会被显示应该作出什么样的选择。这通常意味着你要放手你所爱的人或你所拥有的东西。你越放手，就越成长。

放手是一件十分痛苦的事，但要记住：你以为这些人和情况是真实的，但不是，这只是一种幻觉。你现实中的丈夫、妻子和伴侣在精神世界里将不再是你的丈夫、妻子和伴侣。他或她只是另一个灵魂。在另一次的转世中，你这生的丈夫或妻子可能是你的儿子、父亲或朋友。当你升高了你的振动频率，你就能够从幻觉中超越，看到你正在经历幻觉，这是你的真正人生。你的选择决定你是否在精神上成长。

你认为人生是命中注定，在某种程度上它是这样，但它也有选择的自由，不单是你的选择，而且也包括其他人的选择。人生充满了机遇和机会，每个机遇和机会都依赖于另一个的行动。如果人人都遵照自己的计划，如果人人都相互合作，世界将是一个更加美好的地方。

十五、自己做选择

你在这里是为自己生活。没有人能为你而活！然而，你让别人运行你的生活，给你建议和指导，但他们为你选择的与你应该选择的生活背道而驰，因为惧怕，你不敢做自己应该做的。你的朋友、家人、工作单位的同事，都在为你生活操心，而你，却让自己听从他们的意见在为他们生活。如果你在自己的生活中总是在问别人你要做什么或要怎么做，你就永远不会完成自己的人生计划。

然而，这就是你所做的。你害怕做出错误的决定或选择，但无论你选择什么，或做出什么决定，你都会从中学习到经验教训并以此借鉴。你也许会说，"可是，如果我做出了错误的决定，我怎么可能从中学习？"我可以告诉你，你会从错误中得到学习，你将会学会下一次避免你不应该做的。尝试你自己在没有请求他人帮你做决定的情况下生活一个星期。自己做选择，相信自己的感觉，因为正是这样，你会提高自己的直觉，变得更加敏锐！

这会是一个挑战，因为你已经习惯了征求别人的建议！在你来到人世前，你选择了自己的道路，自己做出了决定和选择。然而，地球上的恐惧阻止了你单独做选择和决定。问别人怎么做使你有安全感，因为如果出了差错，你就可以责怪别人，而不是自己。

如果你没有自己为自己做出选择和决定，你就没有生活在你自己出生前就为自己选择的生活当中，你把自己的选择和决定权交给了别人。尝试独自做选择和决定，并从中成长，不要再依赖他人，而要成为自己的主人！

十六、超脱

当今世界上有很多的家庭冲突；兄弟反对兄弟，姊妹反对姊妹，母亲反对自己的子女。人类倡导在地球上要有和平，没有战争，但是，如果你不能改变自己，停止在自己家庭内部的争斗，停止自己的愤怒、沮丧和恐惧，你就不能改变世界。这些问题中的85%都连接到你的前世生活能量，以及你在从前的化身中所做过的，你的灵魂需要放手的事情。然而，你的自我能够进入你的灵魂记忆，一旦它对其有了控制，它就能把这些问题表面化，并利用这些灵魂记忆中的恐惧、愤怒、嫉妒等情绪，把你拽回到过去。

你不能占有任何人，如果有人想控制你，你应该问问为什么？你是你自己。但是，在有些文化中，儿童虽然已经到了成年，18岁或21岁，取决于不同的文化，父母仍然在控制和指导自己的孩子。他们不知道，他们这样做通常会阻止自己已成年的子女学习非常宝贵的人生经验教训。事实上，因为他们这样做，他们的成年子女就无法在今生中学习这些经验教训，他们会因此必须再次转世化身，重新学习这些人生经验教训。通常，他们的子女化身人世是做自己之主，不是遵从自己的父母，而是破解自己的过去，听从自己的直觉。

无论是家庭的期望，还是兄弟姐妹之间的问题，只有当这些问题得到愈合，或创伤得到修复，人类世界才能被治愈或被改变。只要人有情绪在控制，现有的状况就不会有什么变化。只有人超脱了情绪，人才能识破自我创造的假象。人的高我不关心情感；不受情绪控制，因此有自身的安宁。直到人类进入高我之前，地球将继续处于冲突和困难当中。

你和谁在战争，与谁有冲突？你是否想控制别人？你这样努力去争斗值得吗？这是多么浪费能量。你可以用这些能量为自己的生活实现更美好的东西。情绪是一种能量，像所有的能量一样，一旦它被消耗、使用，它就不再存在，因此，你在纳闷自己为什么没有了精力！看看你的家庭以及周围，有没有冲突？如果你的家庭冲突无法医治，那么就从中超脱出来，不要像现在这样陷入其中。

只有当你从家庭的情绪中超脱出来，你才能找到自己渴望很久的安宁，通常情况下，你不能改变那些和你有冲突的人们，他们将不会改变，但你可以改变自己，从中超脱，为自己创造一个更好的局面，一个没有争斗和冲突的局面，但首先你必须要征服自己的情绪。

人类世界可以是一个更好的地方，有一天它会是中央的，关键在于超脱情感！

十七、让他人做自己的选择

在世上的每个人都彼此不同，因此，都有自己的做事想法。然而，你们却倾向于认为，因为你们自己的某种做事方式奏效，它也应该适用于其他人，但事实却并非如此！你们每个人都选择了自己做事的方式，这是你自己的学习，适合你的并非适合他人，而且，很可能适得其反。

在出生之前，你们所有的人都选择了为自己的振动、意识和年龄进化所相应的事情。每个人都有自己不同的振动、意识和年龄，而且不能复制另一个人的能量。你们的每一个人生经历都会是不同的，你们不是机器人，而是独特的个体，行走在自己人生学习的道路上，有的人选择了简单的学习，而另一些人却选择了艰难的学习，取决于他们自己的判断，没有人是一样的。

人类希望大家都是一样的，但你们是不一样的。无论是你过去还是你现在的做事方式，都取决于你们的前世生活能量在自己的人生学习中所发挥作用大小。这并不针对所有的人，但85％是这样的。你们都在通过自己选择的方式学习，没有两种方式是同样的。当你放开让每个人都按你的方式做事的企图，你就为自己腾出了大量的时间和精力，因此你就会有更多的精力去表达、去解决自己的问题，并继续向前迈进。

你有什么权利去决定他人应该怎样生活、怎样解决他们的问题，或怎样学习他们的人生经验教训？然而，你们中很多的人却在这样做。尽量不要给任何人建议和指导，让每个人做出自己的决定和选择，通过这样做，你让他人内在的灵魂成长。当他们返回精神之家时，他们会从人生启蒙中获得更高的意识，因为他们做了自己的决定。

十八、尊重

直到每一个灵魂学会尊重他人，无论是对他们的信仰，他们的伴侣，还是对他们的肤色之前，人类将不会有世界和平。尊重是实现世界和平的首当其冲的必需要素之一。有什么关系呢，无论你的邻居是一个犹太人、非犹太人，还是新时代的灵魂，这是他们选择的信仰。仅仅因为你选择相信不同的东西并不意味着你不能与对方很好相处。如果你想跟周围很好地相处，你就需要尊重他们的不同意见。

尊重是一个人在精神发展中需要学习的最重要的功课。人类有一个习惯，以为每个灵魂有责任去改变他人的思想。这一点在基督教里尤其如此，他们去敲别人的门，试图改变他人。

你可以对我说,"大师,你也在用你的网站这样做。你把你的观点放在你的网页上以便人们能读到。"我对你的回答是:"是的,但我给了人们选择的自由,人们可以选择读我写的,也可以选择不读,然后可以选择相信,也可以选择不相信。"没有人一定要你要看到或读到,并试图改变你的想法。这完全是你的选择。

尊重是当今你们生活中最重要的因素。如果你不同意别人的意见,不要浪费能量与此人争论。争论是多么浪费能量!你只要对自己说:"嘿,这是他们的选择和信仰,但不是我的。"然后放手。不付出任何能量。也许这会在短时间里让你恼火,但最终你会发现,无论他人相信什么,你会原本地接受此人,随着时间的推移,他们的信仰体系对你将不再重要。学会尊重,你就在扬升。

第十七章:学校和教育

一、生活中的学生

你们到世上来是上学的,即使你是成年人,你仍然是在上学,地球是一所学校,有教室和教师。你们在这里不是学习数学和英语,科学和体育,而是学习耐心、面对惧怕、理解、同情等。你们都是生活中的学生,从中学习对生活的理解,并学习如何在生活中玩游戏。因为生活是一场游戏,一旦你学会如何玩这个游戏,生活就会变得轻松很多。

你们在生活这所学校里要学的课题是你们在出生前就选择了的。每个人都有不同的学习功课,因此,没有人的功课与另一个人相同。你的老师就是那些在你生活中的人们,通过他们的存在,他们向你展示你不想看到的东西,或你想逃避的事情。

如果你因为惧怕或不喜欢而离开了一位老师，另一位老师会进入你的生活。重要的不是人，而是你要学习的生活功课。人要学习的最大功课是从物质的东西和自己生活的问题中超脱出来。这可能是自己的孩子、父母、朋友或自己拥有的东西，超脱（解脱）是受教育的关键目标。当一个人让情绪支配了自己或他人的问题时，人就无法从生活中学习。只有当人超脱于自己的情绪并从中自由地出来，人才能变得更加直观并看到自己以前不能看到的问题。

有很多受过更多教育的老师，这些人是直观的星象学家，他们已经学习了这一专业知识，能够帮助你了解你自己和你的生命计划，他们能够让你在学校里学的更快。

很多人从出生到死都不知道自己在上学，也不知道自己的老师是谁。你们永远不会停止学习。从出生到死亡，人生是一所学校。一些人不得不一遍又一遍地重复某些功课，在他们能够从自己带来要学的功课中自由出来以前，他们往往不得不经过许多次生命来重复这一功课。

这并不容易，但是一旦人学习了，人就会增长知识，并很少会重复。问问你自己，"我在世上要学的功课是什么？我在这里学什么？"一旦你有了这些答案，也只有这样，你才能回到自己真正的家并与我们团聚。它是许多人称呼的天堂、精神、"另一个世界"，但无论你怎么称呼它，你回家后就不再需要返回地球了。为了不再返回地球，这是值得学习的。

二、学以致用

有许多灵魂认为，属精神的就必须要有所有的知识。他们因此进行一个又一个的学习，希望这能帮助他们提高振动。是的，学习会有帮助，但只有当一个人在向前迈进时！我的意思是，许多灵魂虽然学了一个课程，但却不学以致用，不把他们所学的用于自己的生活。

一旦他们完成了一个课程，他们就投入另一个课程的学习。就好像迫不及待地等待进入下一个课程的学习，但他们却还没有将上一个课程所学习到的能量用于自己的生活。

提高一个人的振动与学习和教育无关。这关系着一个人面对和放手自己的恐惧、怀疑、伤痛、嫉妒、愤怒、挫折和负面情绪等。有些课程可以帮助你理解怎样做到这一点，即使我们这些大师们所创造的大师课程也旨在帮助人们理解这一点。

但直到它被应用，你在世上所学的所有课程都将无济于事。人的自我爱学习，爱教育。为什么？因为当你学习时，你被你的学习预先占领。你忙于学习而无暇顾及在自己身上下功夫。自我会告诉你，你这样做是正确的，但你的高我并不需要受教育，高我知道，所有的答案是在你里面。只要你寻问和信任，最终你都会有答案。有的灵魂学了一个课程又一个课程，反复学习研究，但从来没有将他们所学的用于自己身上。

一个学习一结束，他们就立即进入另一个学习，另一个学习，又另一个学习。你应该停止学习并问自己："我的学习是否阻止了我的成长，是否阻止了我学习自己的经验教训？"如果答案是肯定的，你就应该停下来，重新评估你所处的情形。

除非你面对和处理了自己的问题，否则你不能在精神上前进。你不能着手解决自己这些存有的问题，就不要再不断地学习！请不要误会我的意思，学习是应当的。但一旦你完成一个学习课程后，就要应用它，然后去实践它。你这样做了以后，再移向下一个学习。

三、蜕蛹成蝶

很多灵魂写信请求医治他们以及他们的家人和朋友。我们把我们的能量送给每一个写信给我的灵魂。然而，有一些灵魂选择了不被医治。

我最近接到一位母亲为她的女儿提供教育及进行医治的请求。我知道这个女孩选择了要经过这一经历，事实上，在未来的五年里，她将在自己受教育的问题上经历与自我的巨大搏斗。这是这个女孩在她来到地球前就选择了要从这个经历中学习的功课。如果奇迹发生了，这个女孩就不会学到经验教训，也不会成长为她最终应该成为的年轻女子。尽管现在看来她的前途很暗淡，但她会在今后的五年中独自经历她必须要经历的，并因为如此，她将会改变，开花和成长。她基本上必须到达谷底，然后才能开始再次上升到表面。

我记得我的通道，当她16岁的女儿离开家时，她问我："我做错了什么？"我告诉她，"你没有做错什么，这是你的女儿已经选择了的学习方式。"13年后她的女儿才回到家里。在此期间，她经历了酒精、毒品、贫穷、痛苦，等等。我的通道对此束手无策，因为她根本没有任何办法帮助自己的女儿。她试着给她钱，但很快就意识到，这使她女儿的状况变得更糟！

对我们这些大师来说，看着你经历你出生前就选择了要经历的，是很痛苦的。大多数时候，我们希望你没有做出这样的选择，但你本人选择了你要做什么。做父母的也要从自己子女的经历中学习教训。就是让子女去体验自己的生活。

不过，当这种情况发生时，孩子们将会自己成长和壮大，这种转型往往令人难以置信。就我通道的情况为例，她的女儿现在已经结婚，有一个很好的丈夫，并有了两个孩子，她的丈夫非常地珍惜她和他们的孩子。她的第三个孩子也即将出生，她说，虽然她经历了艰难和痛苦，但她很高兴她通过这个经历，学习了她需要学习的教训。

你要知道，有时候，帮助不能以奇迹的方式给予。是的，这确实往往会出现。玛格丽特说，与没有治愈效果的来信相比，本网站收到更多有治愈效果的来信，但有时候，灵魂有必要通过自己的苦难和痛苦学习。

只有当一个人经历了黑暗，光才能够再铸辉煌，带领灵魂走出黑暗。一切都不是偶然的，发生的一切都是有原因的。如果你的孩子，朋友或父母在他们的生活中经历艰难，要知道他们选择了这一切，如果他们愿意，他们可以摆脱这种困境。这是他们个人的选择。

有时候，灵魂可能需要时间才能意识到自己可以改变模式或学习，这完全是灵魂自己的选择。对这个写信给我的母亲来说，在未来的五年中，她的女儿将经历一个非常艰难的时期，但是，在她经历了这段时期以后，她就会像蝴蝶一样，从蝶蛹蜕变，成为最美丽的蝴蝶。

四、教育是关键

我常被问及："弥勒，我怎样才能成为一个开明的人？"我没有丝毫的犹豫就回答道："让你自己受教育。"为了让你自己受教育，你需要经受住你的自我告诉你，这种教育太贵，这种教育不适合你……如果你能看到人们的灵魂回到真正的家后，当他们意识到尽管他们有能力，所有他们的所需都会被提供，但他们没有追寻他们想受教育的梦，或者他们害怕失败，从而没有把握住给他们的机会的时候，那种挂在他们脸上的悲哀。

有很多人希望受教育却害怕自己不够聪明。他们害怕被拒绝，害怕学习成绩差，害怕如果考试失败被嘲笑。但是他们不知道，他们想什么，他们就创造什么。

另外有一些人害怕花钱，好像如果他们花了钱，他们就不再有钱，他们的存折上钱就会减少。这些人没有意识到，如果他们让自己受教育，他们就会有更多的收入，更好的生活水准和更好的未来。受教育会使他们的生活变得更容易，但他们对花钱的惧怕使他们无法看清这点。

如果一个人要想升高自己的振动，向着深奥的水准迈进，教育是一个很重要的因素。许多灵魂选择回到世上来受教育，但他们的担心又一次地阻止了他们，他们甚至都没有打开受教育的大门。你，只有你，是你的人生的创造者。你可以创造丰富，你也可以创造匮乏。如果你携带有前世积累的深层潜意识模式，你就需要清除这些模式，然后，你才能迈进。

当我被问及：一个人怎样能够开始学习，我告诉他们："从你过去的生活能源开始"。如果你有任何惧怕，如果你不喜欢某人，如果你有任何恐惧症或有生活问题，它们必定来自某处。它们通常发生于很久很久以前，而且存储在灵魂的记忆里尚未得到释放——负面能量没有释放。你的自我保存着这个恐惧并使用它作为武器来阻挠你前进和从奴役你的锁链中获自由。这就是过去的生活记忆，它是过去的奴隶。一旦它被释放，就不再有恐惧。没有了恐惧，一切都是可能的，都可以实现。有恐惧存在，通向可能性和机会的门保持关闭着。

恐惧是地球的祸根，恐惧阻止每个人向前迈进、加入成功者和不惧怕者的行列。可惜很多人的自我不能让他们放松，不能让他们发现他们过去的生活能量来源。但是，当你开始寻找你过去生活的能量来源时，你需要访问类似我的通道一样的人告诉你你过去能量来源的所在和如何可以将其释放。你只要和我的通道待在一起，她就可以吸收你的旧能源，将其释放，你会因此能够向前迈进，做必要的改变以实现你的命运，并获得成功。

关键在于你和你想改变的程度。只有你可以做出决定，除你以外没有其他人。接受在深奥水平上的教育，你就有了钥匙，你就可以开启成功之门。为什么不看看门的后面有什么呢？

五、精神教师和学生

最近，我通道的一位朋友向她提及，她知道的一个人，曾经一直在追随我的教诲，现在却在追随另一位老师！玛格丽特知道后非常气愤。她问我对此有什么想法，我说我对此感到非常高兴。她感到非常惊讶，问我："为什么？"我告诉她，因为这表明此人已在前进，不仅在其灵魂进化过程中，而且我的教学也帮助了此人前进。这个人曾经是一个很严格信奉自己宗教的人，但通过寻找和教育本身，找到了我的教导。10年来他们一直忠实追随我的教学，并且将继续这样做，但同时他们也在寻求新的教学。

我的教学的核心是灵魂成为自己的主人。我的教学是对那些愿意离开他们目前的思维方式，想学习新的信息的人。当学生离开时，所有的教师都应该为此高兴。像我一样，所有教师是在特定的时间在他们学生的生活里出现。学生离开可能有很多原因，他们也许在那一时刻需要新的教学或新的老师，以促进他们的学习。人不需要知道为什么学生作出这样的选择，一个灵魂要真正成为自己的主人，就需要做出自己的选择。

对于那些害怕失去学生或门徒的老师，他们的恐惧将中止吸取新的学生。再次，学习和教学是能量的吸收和给予，所有能量必须流动，正因为如此，当一个学生为学习更高信息离开时，另一个学生将会走进门！正如你花钱一样，如果你没有恐惧地允许它流走，宇宙会补充它近来，因此，这同样也适用于学生和门徒。

一个精神老师应该允许灵魂离开，而且应该为那个灵魂或人进入他们生活的一段时间而高兴。我的通道曾经是一个基督徒，有一天，她觉醒了，并选择了离开她的教会，此后她尝试过其他的教会，但有同样的感觉。然后，她开始寻找其他的信仰和其他的教学。她跟随了巴哈信仰四年，尽管他给她带来巨大的喜悦，但他给她的直觉和她个人对前世生活的信念不一致。

然后，她通过一个朋友找到了灵性，开始了她成为一个通道的训练。就在那时，我进入了她的生活，并开始了我的教学。她能离开我和我的教学吗？不幸的是，她不能！她的命运与我同在，而且她并不需要离开，因为我教她所有她需要知道的。如果一个灵魂或一个人愿意离开或远离，让他们去，他们会找到自己的下一个老师或教导，并开始更多的学习。你的学习会永无止境。

人世间的学习会永不停止，如果一个人愿意学习，还可以在我们的世界里继续。让那些想要继续前进的人这样去做。不要有恐惧，要为他们曾经通过你的生活和接受过你的教导而高兴，并祝他们和他们的下一个老师好！

第四卷：婚姻与孩子

一、婚姻是人类做出的选择

我们被要求就婚姻的精神背景发表评论。首先，我应该说，我们精神界没有结婚，婚姻是人类做出的选择。人造婚姻，它被创造主要是男人能够拥有女人。

经过多年，婚姻已成为一种生意。似乎你的婚礼花费越多，你就会越受尊重。然而，婚姻不是关于衣服、蛋糕或招待会，而是关于两个人的相互承诺或因前世债务的偿还。如果你选择结婚，问问自己，我真的需要所有这些仪式吗？你往往会发现你不需要！如果你选择举行仪式，应该让这个仪式是有精神的。

通常当两个人走到一起完成了缘分时，就不再有任何火花留在相互关系中。这也就是为了让你能够离开不幸福的关系。如果债务没有了结，要吸取的教训没有完成，宇宙将会给你带来另一个人让你再学习。我们没有坚持任何东西，是你，人类，选择了你需要的以及你做的。你的星象图将显示，你是否有一个以上的婚姻伴侣。或你在一个婚姻伴侣身上还有没完成的债务。这是你的选择。

无论一个孩子是否出生于婚姻，都被上帝所爱，这种来自上帝的爱不会被改变。多年来，教会强迫人们这样做。没有婚姻所生的孩子被标为私生子，使他们觉得另类。上帝并没有不同地看待任何孩子，他们都是祂的孩子。无论一个孩子是否出生于婚姻，仍然被上帝所爱。这种来自上帝的爱不会被改变。

有时，两个人因为完成前世债务而结婚，例如我的通道，玛格丽特和她的前夫。他们有前世未了结的债务需要两个人继续面对。在他们的前世生活中，她的前夫在他们的新婚之夜与另一名女子跑了。

在今生中，他选择了回到玛格丽特身边并和她在一起，当他意识到这一点时，他非常震惊！这给他制造了不小的冲击，往往在有因果报应的关系中有争斗。婚姻一方或另一方仍然想逃跑！

当两个人走到一起，结婚与否应该是他们自己的选择。我们不坚持你们要这样做，这是你们的选择。多年来，教会强迫人们这样做。

二、听取你孩子们的意见

听听你的孩子们的心声，真正听取他们的意见。作为你的镜子，他们也可以发挥作用，但你往往看不到这一点。他们想告诉你什么，你在听吗？

通常在日常的生活中，忙碌的生活往往使你无视与孩子们的交流。我指的是小至3岁，大到18岁的孩子们。我现在要告诉你，孩子们具有最惊人的通道能力，和最令人惊讶的知识。

他们通常还没有被世界同化，他们看生活的本相，生活应该是纯真的和充满乐趣的。通常一个孩子可能会批评你，你会因此而产生愤怒。但是你怎么知道这不是精神世界在通过这个孩子对你讲话呢？因为他们知道，这是唯一可以把信息传递给你的方式。人们往往以为孩子只是孩子，但孩子们往往是很好的通道，很好的传播者。

你有没有问自己的孩子或孩子们，他们的喜好是什么？你们中许多人都没有这样做，而是自做主张，为孩子们做选择。然而，往往你选择的衣服或其他东西，他们根本不喜欢。通常你选择它是因为你想这样做，是因为你喜欢这样做。许多父母试图通过自己子女的生活实现自己没有实现的梦想。他们把体育和其他活动加在自己孩子身上，而这些往往是孩子们自己不想做的。这些不是他们的命运要做或学习的，但他们的父母认为他们应该去。这样做的结果大大地推迟了孩子在世上的发展。了解你的孩子，当他们长到一定年纪时，问他们，他们想做什么。遵循这些愿望，你将拥有快乐的孩子！

即使是孩子也应该有机会做出选择。这可能不是你的选择，但却是他们的选择。当一个孩子能在自己的生活中做选择时，他们就变得更加成熟，比起那些听从别人指挥的孩子来，他们能更好地处理自己的生活。父母在自己孩子的生活中是指导者，以帮助孩子们走在自己的生活道路上。父母不应该为自己的孩子而生活。如果父母这样做了，他们就剥夺了自己孩子的基本自由，停止了自己孩子的精神成长。如果孩子做出了可能导致自己受伤害的选择，父母应该对自己的孩子指出这点，但这个孩子仍然必须要通过这一选择而学习宝贵的经验教训。

你的孩子们不是你的延伸。他们是独一无二的灵魂，常常没有污点，有自己的梦想和幻想，其中许多孩子从未得到满足。为什么？由于父母替他们做出出了选择。

从14岁起，一个孩子就应该被允许做出自己的选择，犯自己的错误，并从中学习。下一次如果你的孩子对你说："我不想这样做。""我不想那样做。"请听取他们的话！他们在讲自己的真理，这也许会令你失望，因为你的孩子不想踢足球或打网球或参加你为他们选择的任何活动，但想想，一个孩子在做自己不感兴趣的事情该有多么痛苦。通过获取自己孩子的出生星象图来了解自己的孩子擅长干什么，与你的孩子说话，并听取他们的意见。让他们成为他们自己，而不是模仿你和你失败的梦想。

三、如何教育孩子

你的孩子只供你关怀。他们选择你为自己的父母，以便于你能帮助他们学习需要学习的经验教训。通常你是他们经历的催化剂。

许多儿童即使在很小的时候，就已经是年轻人了。人们评论他们为'老灵魂'或'来过这里'。在儿童的幼年时期（取决于孩子自己）应受到鼓励让他们尽可能地为自己做一切事情。

太多的家长尽力为自己的孩子做事，也许是因为他们自己的童年很辛苦，他们希望帮助自己的孩子避免那种辛苦的生活。然而当一个人帮助一个孩子做这个孩子自己能做的事情，他们就阻止了那个孩子的成长。每个灵魂都带有自己成长所需要的技能进入转世生活。

通常父母以为，因为他们是孩子，他们因此就需要父母的指导。是的，孩子们确实需要父母的指导。但孩子们需要从他们自己的经验，而不是从父母的经验中学习。儿童比成人更有弹性，他们可以应付最艰难的情况，因为他们没有任何判断反对他们。对他们来说，困难的情况是正常的。只有成年人说"你不能那么做"，这样说，就阻止了孩子从这种行动中学习教训。

有人曾经问我，一个孩子应该在什么年纪可以开始作出自己的决定，我告诉这个灵魂，"5岁应该是儿童开始做出自己决定的年纪。"通过这样做，他们可以选择自己的生活，而不是由他们的父母为自己选择。太多的孩子们被自己的父母逼着做自己不想做的事情，只因为"母亲或父亲希望我这样做"。每个孩子都有星象学编程以帮助他们找到自己的经验教训，并履行自己的命运。

成人们却在阻止这种情况发生。如果一个孩子可以顺其自然，他们将被引领到他们需要去的环境中，这种正确的环境能使他们履行自己的命运。如果你，作为一个成年人，阻止这种情况发生，你就会阻止你的孩子的成长。放手你的孩子，看看那个灵魂的进化。这并不意味着在家里不应该有纪律或规则。这些是非常重要的，但每个孩子应该被允许选择他们自己的命运，以及如何实现它。

四、代理人，代理父母

有许多人对于"代理人"这个话题的精神方面感到困惑。我有时被问及，"你们精神领域是怎样看待这个问题的？"我的答案是，这没有什么不妥。有很多灵魂，通过他们的债务，有想要一个孩子的愿望。

也有很多灵魂选择了经历怀孩子的困难。还有很多灵魂不希望有异性伴侣。我宁愿称这些人为"自由人"，因为他们自由选择。人类称呼这些人为同性恋者和女同性恋者。我们精神领域对这些灵魂没有任何标签。如果一个灵魂选择一个相同性别的灵魂作为其生活伴侣，为什么他们不可以有孩子？

这么长时间以来，人类一直习惯于什么是"正确的"，什么是"错误的"，但是，什么是正确的和什么是错误的？谁能判断什么是正确的和什么是错误的？只有与其相关的灵魂在他们心里知道这个答案。其他任何人没有权利做出有关决定。

在你们地球上有个说法，"没有更大的爱，能比上一个人为他的朋友舍弃自己的生命。"但我想说，"没有更大的爱，能比上一个人为一对没有孩子的夫妇提供孩子。"如果这不是注定要这样做的，这将是不可能完成的。它之所以是可能的，因为这是注定的。

只是人类总体来说，生活在自己的旧传统中无法认识到这点：谁做孩子的父母并不重要，重要的是谁来抚养孩子。如果两个人相互真爱对方，无论是相同性别还是不同性别，都可以成为很好的父母。

人类正在改变。在世界上很多的国家，单亲家庭已经是一种很普遍的生活方式。许多孩子没有父亲或没有母亲，有时父母都没有。随着时间的推移，这将变得更加普遍。

人类正在改变对代理母亲的态度。人们越能从精神方面来理解它，就越能接受它。爱才是最重要的，仅此而已。对于两个想要一个孩子的灵魂，使用代理人为其怀孩子或为那个要怀孩子的提供精子，他们对这个孩子的爱是如此强烈，他们真正想要这个孩子。这不是关于条件，父母，甚至周围的环境。这是关于爱，爱才是最重要的。

第五卷：当下，做自己的主人

一、每个人都有才华

现在是人类了解你们每一个人都可以让自己独立于任何人或任何东西的时候了，这样做，你就可以在精神上提高自己的振动。

每个来到地球上进入转世生活的灵魂都带有才华，都有能力用自己的才华为自己创造进步和繁荣。然而，许多灵魂并没有意识到自己的才华，花了很多时间依赖于政府在财政上的帮助。没有灵魂必须要依靠别人的施舍而生活。没有灵魂应该睡在一个纸箱上或在街上的破布下。每个灵魂在自己里面都有为自己创造一个美好和安全的未来财政的才华，只要他们知道自己的才华是什么。

地球上的社会已造成一种局面，即有工作的人通过其税收支付那些不工作的人的收入。那些没有收入的人具有越来越低的自尊，被禁锢在由政府提供的蜘蛛网中。该条款通常是最小的，旨在只提供最基本的财务需求。一些家庭和个人借此机会生活在这样的环境中。一旦人这样做了，往往就很难逃脱这种生活，因此这种生活就成了一种模式。

每一个灵魂都是有价值的，每一个灵魂都具有某种形式的才干。没有任何一个灵魂来到世上不具有才干。但是，很难从当今的教育系统中找到一个人的才干，因为它只鼓励学者。有很多的灵魂不具有做学术的才干，因为他们不是学者，社会就使他们感到自卑。他们带着自己的失败、没有希望、没有前途的自卑感离开学校。

每个灵魂都有未来，每个灵魂都有一种天赋。一旦人发掘出自己的那种才干，人就可以为自己打开一个全新的大门。当今社会不鼓励人们使用自己的直觉，然而，直觉却是灵魂能够找到自己的道、、自己才华的最大帮助。教育系统中没有属精神（灵）的人在帮助人们查看他们的阿卡西记录，寻找他们自己的人生目标。很多年前，萨满祭司，村庄里智慧的男人或妇女，或男祭司或女祭司这样做过。

灵性不在于强迫人们相信上帝，也不在于是要神圣或宗教。它是关于一个人与神灵的合一，让那些拥有精神领域才华的预言家、先知、精神千里眼等，引导人找到自己的使命，显示一个人的天赋和自己的未来。如果真是这样的话，就不会有灵魂要靠政府的施舍而生存。

只要政府在为人们生活提供最低的保障，那些灵魂就会接受政府所提供的物质帮助。一旦政府通过不提供援助而迫使灵魂使用自己的才干，那么，这些灵魂就可以实现自己的使命。寻找你的才干，你就会找到自己的使命。当你找到自己的使命，你就会找到自己的幸福。如果你允许自己走向自己的使命，你就会开始自己新的生活。那时，你将不再为你的收入依赖别人。

二、如何听取别人的意见？不要听闲话和说消极的话

听别人的，有时会是很难的事情，往往因为所谈的话题是议论别人，而且通常是以口头上贬低的方式。用消极的语气议论他人似乎成了人类的习惯。很少有人用积极的方式谈论别人。

为了在精神上成长，人需要听取别人的意见，但不要只采取字面上的意思。最重要的是要认识到人们告诉你的只是他们看到的，是他们的真理。他们的看法可能受到情绪的笼罩，通常情绪可以以愤怒、恐惧或其他情绪的表达方式表现出来。

为了在精神上成长，人需要离开说长道短和闲言碎语，听了但不要吸收所听到的。当人刚开始这样做时，这会是一个艰巨的学习，因为人的自我喜欢闲扯，它本身从不停止这些活动，而且会越做越好。因此，许多人的生活因为听了这些不幸、烦恼、问题和其他人的含沙射影而毁灭。家庭四分五裂，婚姻破裂，而通常因为提供的信息

路经是不正确的，或超出实际真相所致。

当你下次再和别人说话时，尝试对你所谈及的人谈些积极的事情。问问自己，"我是否在夸大事实？"倾听你自己的谈话，观察你在怎么说别人，最后，不要听闲话，聊天和说消极的话。如果此人不能对他们所议论的人有任何好的话语，这是他们的问题，但不知何故，它往往成为你的问题，然后就开始干扰或扰乱别人的生活。

三、变性

在过去的几个月里，我为看到有关"变性"的新闻报道而感到很高兴，我会在这里解释为什么！

人类的思维很固化。数千年来，人类已经被人类社会固化为男人要像"男人"、女人要像"女人"，但什么是男人，什么是女人？男人、女人都是被装载于人体内的灵魂，是的，男人、女人有不同的生殖器官，但对其中一些人来说，某些男人可能比大多数男人有更多的女性能量，某些女人可能比大多数女人有更多的男性能量。这可能是遗传因素，或者是灵魂选择这样作为自己要学习的人生功课，但这些都是正常的，然而，人类社会中的某些团体却因为不理解这些人为什么会这样而嘲讽和评判这些人。

没有这样的法律，无论是神的还是人的，规定人应该要怎样表现。在中东地区，男人穿从脖子到地面的长袍是很常见的，如果他们出现在沙特阿拉伯或伦敦，没有人质疑他们。然而，如果一个西方世界的男人穿着这样的长袍，他就会立刻被标为"古怪""同性恋"，或其他更糟糕的名字。男人打扮成女人，女人打扮成男人有什么错？你们为什么要这样对人贴标签，你们这样做是从哪里学来的？

它来自人类的自我！它来自恐惧，来自对与众不同，对被他人评论和嘲笑的恐惧。它来自宗教，来自对他人的判断。你有什么权利评判他人，为什么男人不能穿连衣裙，女人不能穿西装？人类已经故步自封了太多太久。但现在，人类在发生着很多的变化。如果有人说，我希望有一个同性伴侣，那就应该允许他们这样做。如果有人想穿异性服装，也应该允许他们穿。现在是让人们走出来，做真实的自己，而不是社会使然的时候了。

你们都是不同的，你们都有自己不同的人生道路，通常这条道路涉及到与众不同。做自己之主，掌管自己的生活，你需要做真实的你，而不是他人要你做的你。

"变性"在人类社会中还处于起步阶段，但很快，多年后这会成为很正常的事情。当人回头看的时候，很多人会因自己对他人的与众不同的态度和批评而感到羞愧。很多年前，黑人不被允许与白人共用厕所，但现在这已很正常。在过去，一些人因为自己的同性恋性别而被贴上标签，甚至被杀害；现在，同性婚姻已很常见。

未来将会发生更多的变化，但目前，人需要知道，"变性"在人类社会中会继续实行和开放。它不会消失！这是人类社会向着争取灵魂自由，没有惧怕地做真实的自己迈进的另一步。

四、时间是你限制和禁锢自己的锁链

你们对时间有太多的忧虑和担心了！时间仿佛统治了你们的生活，但一切都会像其应该发生的那样发生。这并不意味着你不应该有预约。只是要忘记时间，不要让它打扰你。不给思想时间能量。

只在一个时刻做一件事情。如果你不能完成任务，把它留到第二天再做。这样做，你就会成为时间的主人，而不是时间成为你的主人。通过生活在现在，你存在于现在的时刻。过去的已经过去了，你不能改变它。至于未来呢？它在等待着展现，等着你去制定和创建它。

担心时间只会带走制定和创建未来的基础。制作你的计划，告诉宇宙你所需要的，没有负面的思想，相信它会发生，然后让它发生！没有恐惧，没有怀疑，没有对此提出质疑。只是让宇宙为你做。

你太努力使事情发生，因为如此，宇宙就不能为你做。你只要放手，让宇宙呼唤你，不要寻找它，不要害怕缺乏它。一旦你这样做了，你就会成为自己命运的主人。其实，时间是你限制和禁锢自己的锁链。

五、宇宙不受任何时间和空间的限制

自我们的童年起，我们对时间和空间的概念，就由我们的父母和周围环境灌输给我们，而且最重要的是被教条固化。实际上，没有时间和空间，只有我们对其假设的概念，再次，这也是从过去的经验中形成的。当教条固化被除去后，当我们不再认为我们在过去被灌输的是事实，那么，我们就可以让自己自由地创造自己的时间和空间。宇宙不受任何时间和空间的限制，只存在现在，因此，所有的行星、恒星，以及太阳能体系都没有任何限制。所有的就是现在！

如果我们允许教条的僵化意识离开我们的生活，我们就会发现，我们的身体不再需要对时钟相应，也不再受到任何限制，突然间，我们的身体自由地做自己的主人，因此就开始没有教条化的运作。

身体的自然节奏，是我们的一部分，在我们出生时是很纯洁的，没有受到地球生活的玷污，一旦我们没有了教条化的玷污，我们的身体将会开始以其应有的方式运作，自然的、没有压力的，并与自然达成平衡。

我们对灵魂的概念是，灵魂是精神的一部分，附属于身体，而实际上，灵魂是宇宙的一部分。它从一开始就在那里，而且会永远存在。身体只是这个宇宙能量的接受器，身体随着灵魂的每一个转世人生而改变。

因为空间是无限的，我们可以不受限制，如果我们希望，我们想要在时间中向前或向后旅行，我们可以选择转世到我们想经历的任何一生。人类的想法是，如果你死于2015年，如果你想在2020年再转世回到地球，人可以接受这个，因为这是我们一直以来被灌输的。然而，这是一种误解。是的，你可以在2015年死亡，但如果你想回到在1940年，1910年，1800年，1700年，甚至更前的转世生活，却是可能的。

一旦你完全脱离了时间的概念，你就会变得令人难以置信的通灵和直觉。对许多人来说这个概念很难理解，许多人甚至不愿接受。但是，许多人准备去接受它，对他们来说，他们将打开一个新思维之门。

六、婚姻中的选择

一对夫妻起先可能是打算一直保持在这一段婚姻里，但其中一个做了选择，或者是其自我阻挠，或者其他原因，不想在一起了；还有一些本来可能会发生的婚姻，但由于其中一个人有新的选择而阻止它的发生，或其他各种原因导致两人不像再在一起生活。你可以亲自做出选择，不一定遵循既定的道路。

没有什么是注定的，一切都取决于选择。你的选择塑造了你明天的现实。也没有任何是错误的。宇宙中的一切都是完美的。只是人类不能看到这样的完美。下次在你做出选择的时候，问一下自己："这样的计划能影响其它的计划吗？它将给你的未来带来什么样的影响？"这样，你就会更多地理解选择并为自己做出有选择性的选择。

你做出选择，而不是我们这些在精神世界中的替你做。我们只是在这里指导你，教你，并帮助你，以便使你能通过你的人生经验教训而在人生历程中进步。

七、药品

有人在多个场合要我发表对毒品及其在全世界使用问题的评论。我在这里强调的是众所周知的消遣用药品，而不是医疗用药品。我对这个题目没有评论。

这完全取决于个体灵魂的决定，他们是否希望使用这些药物。如果在前世生活中你有滥用药物的问题，不论是酒精还是药物，并且一直都没有得到解决，因此，你会携带这个问题到另一个转世生活中进行再次处理。很多灵魂在最终能够从这一习惯中解脱出来之前，要经历很多次的转世人生来处理这个问题。这是个人选择，没有对错，只是选择。

很多时候，服用这些药物的灵魂得到了医治，在其康复后就成为其他人的辅导员。这怎么是坏事呢？我不归咎灵魂对药物或酒精的使用，因为我知道有许多灵魂必须要摆脱自己的这个习惯，并选择了用这种方式来做到这一点。这其实是可以从人的出生星象图中看到的，一个人是否选择了与毒品或酒精打交道的生活或从毒品或酒精中学习经验教训。土星与冥王星在图表中的位置表明了这一点。

在人类世界中不存在意外，一切都是应该如此，只是为了每个灵魂学习自己的经验教训。许多灵魂做到了，但还有许多灵魂要再次转世回身进行学习。这是选择，仅此而已。正是人的自我制造了不断训斥和执行消极编程的需要。当一个人能进入高我时，就不再有问题。

第六卷：宗教及做自己的主人

一、强制的态度

经常有人问我有关一些人通过宗教或任何其他方式，将他们的信仰施加于你们的问题。出于某种原因，这些人觉得他们必须要把他们的想法灌输给你们，你们就因此会像他们一样思想。你们每个人都有自己的灵魂印记，它是独一无二的，没有两个灵魂具有相同的印记。

人们没有意识到，无论有多少圣地、祭坛或其他形式的崇拜，都不会为他们带来好运、变化或特殊的能量。当他们坐下崇拜时，他们所说的话无所适从。当然，如果一个灵魂进化了，其所说的当然有意义，但人们对自己所说的一无所知，他们没有意识到自己所说的并没有意义，因为"神"并不能改变一种状况，只有他们自己才能改变那种状况，只要他们具备改变那种状况所应有的知识。

试想想，所有在世上的灵魂没有两个是相同的。这个被许多人称为上帝的神圣的灵具有多么强大的力量！你们每个人都有自己独特的灵魂振动，因此你有自由用你的自由意志来选择自己的思想和想法。

重要的是你要遵从自己对自己生活的感受。如果你愿意的话，你可以咨询一个星象学者，以帮助你做选择。但是，即便是这个灵魂能够帮助你，他或她也不能告诉你怎么做。这一决定必须由你自己做出。

你的信仰必须是你自己的。许多灵魂因为怕犯错误而不敢自己做决定。但即使做出的决定是错误的，也是一种学习的经验。没有灵魂有权说什么是对的，什么是错的。只有这个被称作上帝的能量有权决定。但即使这样，上帝并不判断，而只是柔和地向你显示，你走在错误的道路上，或做出了错误的决定。

如果一个灵魂告诉你，你必须成为一个素食主义者，必须停止你原有的习惯，改变你做事情的方式，或改变你的信念等，那么他们就是在评判你！

每个灵魂都有自己要学习的教训和生活经验。每一个灵魂将学习他们在自己的生命蓝图中已经选择的道路，没有任何东西可以改变这一点。为你自己的独特感到舒服，为自己的不同感到自豪。

不要做驯服的羊，而要成为一个与众不同的、享有言论和思想自由的灵魂。

二、先知耶稣

过去的多年来，地球上写了很多有关先知耶稣的书。人们对这名男子有很多的讨论，他2000年前出现在地球上，并将他的名字留给了后人。人们为他画了许多画像，关于他的个性也有很多的传说。

你怎么知道有关耶稣的这一切都是真实的呢？你不知道。为什么？首先，因为2000多年以前，地球上没有任何记录可以记载一个人的形象，除非凭记忆。没有人能画他的画像，只有那些当时见过他的人的记忆。

他像当今他的图像上所描绘的那样吗？不，他不像。如果人们知道耶稣体重很大的话，许多人会感到惊讶。耶稣是一个身躯庞大的男人，他携带重量，因为他需要在他身体里的体液为我们的世界通道和工作。

他是一个愤怒的人，是的，愤怒！他在神庙推倒兑换钱的桌子，谴责那些在市场上行骗的和占他人便宜的人。在那些时候，他总是表现出自己的愤怒。

许多有关他的撰写已随着时间而被不断地改变了，结果，现在所留下的东西已经完全不同于在他死后才开始的口述文本。你现在所读到的东西根本不同于原本。在基督教世界里的人们生活在一种幻想中，不能识破它。

现在许多灵魂开始改变这种思维：那些写书和制作电影的人们想通过书和电影让人们思考他们所相信的。在未来还会有更多这样的书和电影出来。

现在是到了让旧的能量离去，新的能量进入人类的时候了。这在此之前是无法做到的，因为人类还没有准备好。但是，慢慢地，越来越多的灵魂看破了幻觉，而且，当他们这样做时，他们的能量能让改变发生。我不是在贬低基督教，这个上千万灵魂相信的信仰，我只是在为那些在寻找的灵魂打开大门，进入新能量的道路。

你并没有错，离开旧的思维方式，并开始质疑。继续提出问题，因为只有这样，才能找到真理，这是你的真理！我要对所有读到这篇通讯的人说，思考我的话，问问自己，耶稣像什么？你们每个人会看到一个不同的画像！

三、世界教师——耶稣

有关"世界教师"及其在地球上将起的作用已经有了很多的预报。世界对这个"世界教师"有着太多的期望，并对其有很多书面和口头上的报道。有些人认为他要来拯救世界，有些人认为他会像在许多宗教经文中所描述的那样，从云中而来，还有些人说他会以肉身出现。

先知耶稣在去世前说，他将返回"像夜间的贼一样"。换句话说，没有人会知道他在哪里。他不会有炫耀，不会有公告，他只是在那里。他也不会以肉身出现，而是以精神的形式。

我一直被问及，我是否是耶稣。不，我不是耶稣。但是，耶稣是我们领域中的一位精神大师，从我而来的所有通信，也被所有其他大师们批准。所以，实际上，我与他相关联。不过，自耶稣在地球上的时代至今，世界已发生了很大的变化。时代和人类都发生了改变，但并没有变得更好。

世界教师的目的是做一个面向世界的教师，一个为那些愿意阅读并听到他的信息的老师，仅此而已。世界教师是不被崇拜的，他也不需要被高举。他是一名教师，他的话语将帮助教育他人，仅此而已。

我很感激有互联网通讯以协助我的教学。这种沟通方式给了很多人言论自由。建立互联网的部分目的也为了让许多人能够使用这种通信形式传达他们的信息，因为许多人可能无法在他们自己的国家里进行口头交流。对于那些与本网站的能量产生共鸣的人来说，这是一个觉醒和精神成长的来源。

没有人会被迫看到或听到我的信息，所有人都可以选择是否愿意看到或听到我的信息。自由意志是一个美好的东西，我们理解，很多灵魂还没有准备好看到或听到这些信息。我们用爱发送我们的信息，并含有我们深切的愿望，协助地球改变到更高的振动，不再有战争、恐惧、冲突和自我的问题存在。那些对改变自己生命已准备就绪的灵魂将会找到这些信息，并会引导他们。但没有灵魂被迫这样做。

我已经存在有相当一段时间了，我一直隐藏在计算机屏幕后面。不过，现在我选择从计算机屏幕后面走出来，并在世界各地旅行，亲自把我的信息传递给你们。我真诚地希望你能来享受我的能量和我要给你的信息。

但是，你要知道，我只是一名教师仅此而已。不要把我当作偶像崇拜，也不要把我高举，这不是我在这里的目的。我在这里是教导人类更好地了解自己，并帮助改变地球到一个更高的振动。

如果你选择来见我，你会发现这是一个美妙的经历。我的通道玛格丽特也将做公众节目和教学，以帮助那些不被我网站上的教导所启发的人们。这些节目没有我的外表出现。但我仍然在那里，和她在一起，不要怀疑这一点。

四、受到基督教团体的攻击

最近，我的通道遭到基督教团体的攻击。他们把我的通信信息归入魔鬼，撒旦和反基督一类。我有一个问题要问这些灵魂，因为我知道他们看了我写的通讯。我的问题是，谁是你们的上帝？

我之所以这样问，是因为真正相信上帝的信徒相信所有的真理，而不仅仅是他们自己的。这样的信徒绝不会评判别人，因为只有上帝可以审判，因为上帝具有所有的知识，知道犯罪行为背后的理由。一个上帝的真正追随者应该同情和理解他人的信仰。

犹太教、基督教、印度教、锡克教、巴哈教、伊斯兰教、摩门教，和其他信仰的所有成员都可以共同生活在地球上，敬拜一个上帝，但以他们自己的方式，或他们选择的方式。我问那些进行攻击的人，谁是你的上帝？

在所有宗教和精神的书籍中都写着——上帝是爱，但你没有对人宣扬和平与爱。你没有在世界中宣扬向着一个可以引起很多共鸣的、向着真理开放的人显示这种爱。和平是爱的前提，而精神知识又是和平的前提，这也就是这里的信息所起的关键作用。

地球上几乎所有的战争都是由那些认为自己有宗教权威，相信他们拥有真理的灵魂制造的。但没人拥有绝对真理。每个人都有他自己对真理的理解，一个人的真理是另一个人的愚蠢。只有当人类能够接受所有的真理和个人信仰时，这个世界才能变得更好。

我还要问那些制造问题的灵魂，为什么你不在你的电子邮件中落下你的名字？你有什么感到羞耻的？如果你不以为耻的话，你就会在你的电子邮件中落下电邮地址和正确的名字。上帝，至高者知道每一个灵魂，你所做的一切都会被这个能量注意到，而且会记载在你的阿卡西记录上。

五、耶稣在今天会说什么

如果一个人不接受耶稣为他的救主，他或让教会感到不安，或不让进入教会内围，甚至会遭到排斥。我今天要对你说——耶稣绝不会谴责任何一个不接受他为救主的灵魂。相反他会说："信不信是你的选择，我不会因为你不信我而减少丝毫对你的爱。"

在耶稣整个的生命中，他或许在一段时间里允许他的追随者记录他的行为，但这些记录也被不同程度地篡改。事实上，他对要求人们跟随他的体系非常气愤。他知道说服不起作用，因为每个灵魂有自己的生命道路。如果他知道在基督教里，无论以什么名义，已制造了那么多的惧怕，他会不高兴，甚至会很气愤。

耶稣教导爱。他也教导惧怕以及惧怕会怎样阻止一个人前进。他从没有说过："你必须接受我为你的救主。"他给的信息是爱。当他和他的门徒在船上经历暴风雨的时候，他教导他们不要害怕。他的门徒受到暴风雨的惊吓，但他却因控制了他的情绪体而非常平静，他没有给所面临的已经给他的门徒们造成恐慌的情形以任何能量。

从他的时代到现在，很多人已经改变了他的话语。无论多少人相信耶稣会从云中或以其他方式再次回到地球上来，他不会再来。他会因他的生活是如何被一些作者篡改并放在《新约·圣经》里而感到被羞辱。有很多不同的版本在记载他的福音：摩门教、基督再临论者教、天主教、英国国教、浸信会、基督弟兄会、路德教会，等等。

每一个教都基于自己的信仰体系而写了自己的版本。每一个教会都有自己所认可的真理。什么是真理？谁拥有真理？没有人知道，只有耶稣自己清楚，而且是两千年前的事了。耶稣不会为人们用他的名义制造战争而高兴。他是一个和平主义者。如果他知道人们以他的名所制造的一切他会感到震惊。

每一个人有自己的真理。耶稣很清楚这个，他的信息也非常简单。他教导和平，而不是战争。他也教导灵魂不要惧怕，但是当今的教会却向人们灌输了太多的惧怕。太多的灵魂因为惧怕上帝的惩罚而害怕回到我们精神世界，但上帝并不惩罚任何人。是你自己在惩罚自己。

你们每一个都是独一无二的。你们每一个都是上帝神圣的火花，设法要回到上帝这个源头里，你们每个人都会以自己的方式努力。你不能用你朋友或邻居同样的方式去做，因为你不是他们，他们也不能用你的方式去做，你们都相互不同，但你会以你自己的方式去做。

我总是会惊奇地看到，为什么在世上有些灵魂总想要其他的灵魂遵从他们的做事方式，而实际上这是不可能的，因为他们是不一样的。当人类能够意识到，人与人之间是相互不同的，当人类能够理解，有很多的路径通往神，如果你走的路不同于你邻居的，有什么关系呢？

只有当人类真正意识到，每一个灵魂都是独特的，都是与他人不同的，世上才能开始有和平。战争才会停止，人类才能在精神上成长。这一天最终会到来。在此期间，理解自己和他人之间的差异，拥抱这些差异，不要因有人与你不同而谴责他们。这是他们选择以他们自己的方式这样做的。基于你的振动和性格，你有你自己的信仰体系，你有你自己的做事方式。

为什么其他人不可以有同样的权利呢？为什么人类坚持要人人相同呢？这是因为人类不明白他们是内在精神的一部分。所有的人都有内在的精神之灵魂，但很多人并没有意识到自己的这一部分。造物主，这一伟大的灵魂，正如许多人这样称呼的，或上帝，如其他一些人所称呼的，创造了你们每个人为一个单独的个体。即使你们中那些双胞胎或多胞胎也都具有不同的个性。

你们个性的一部分是真实的你，是你内在的精神里。你不同于你的兄弟或任何其他灵魂，你是独一无二的。这是多么奇妙！造物主、上帝、神的灵魂或无论你怎样称呼这个能量，祂创造了你，你就是你，然后祂打破了模具，让没有人能够像你。

如果人类要离开战争、仇恨、恐惧，和所有已经控制了人类生活多年的意识形态，人类首先就必须要理解人与人其之间的不同。人类必须明白，一个人可以是一个穆斯林，也可以是一个基督徒，但他们仍然可以成为朋友和同志。一个人可以是犹太人，另一个人可以是东正教基督徒，他们也仍然可以是朋友和同志。仅仅因为他们在信仰体系上的差异，这不应该成为仇恨或不快乐的原因。

人类还必须要学会爱。太多的灵魂不知道怎样去爱和接受爱。爱是食粮，喂养人的灵魂。如果没有爱，人就会枯萎和死亡。如果没有爱，人就没有了自己的一个基本组成部分。如果人类要用和平和幸福统治地球，就需要学习爱。它开始于从一个灵魂接受另一个灵魂，接受彼此的差异和信仰体系。当人类这样做了，人类就可以建立一个新社会，一个没有差异，没有对他人的信念不同而担忧，并接受所有的灵魂，无论他们选择做什么。当这种情况出现时，你会看到愤怒、挫折和恐惧消失了，正是因为人类害怕另一个，害怕彼此之间的差异，才导致了当今地球上所有的问题。

我在这里教导爱，来帮助你找到你的精神部分，并帮助你的灵魂得自由。如果你选择听从我的教导，你会发现自己的内心在改变，这种改变不仅会影响你自己，还会影响他人。如果你选择不听我的教导，那你在这一地球时间里还没有准备好。但你最终会准备就绪的，因为地球的振动在变化，带来了一个"新时代"，一个重建的时代，旧的将会消失，适合于现在时代的新观念和新信仰将取而代之。

六、精神性被赋予了太多的严肃性

人们给了精神性太多的严肃性。人们对精神性制定了太多的规则和条例。没有两个灵魂是同样的，因此，对一个人可能是真理的东西，对另一个人来说可能就不是。

人们往往习惯盲从。精神性意味着是一件个人的事情，这就是它的独特性。每个灵魂都会达到上帝或以自己的方式理解上帝。两个人可能会采取相同的路径，但这是一个个体情况，即每个灵魂都必须找到自己的真理和答案。

太多的责任被加在有精神的正确方式，做事的正确的方式上。没有正确的方式！只有你的方式！许多人在寻找精神性时以为，他们不能享受人生，有乐趣是错误的。这简直与事实相差甚远。一个开心地笑能比医药或医治有更快的愈合效果。如果灵魂没有乐趣，那么，生活就会变得沉闷和乏味。然后，生活成了做苦工。

那些走在精神道路上的人需要抽出时间来得到乐趣，放下自己的忧虑和悲哀，再次成为儿童。生命是如此短暂，却有这么多人在推迟享受生活，享受乐趣。要一路有乐趣。

你们中有多少人在读到这时可以说你有真正幸福的生活？当你放松，玩得开心，坐下来享受你的爱好和闲暇时间时，那么，正是在这种状态下，我们精神世界能够把我们的想法传送给你。当你是严肃的、阴郁的时候，我们无法与你沟通。有乐趣、轻松、悠闲是一个有精神的人一生中最重要的东西。生活是一场游戏，一旦你学会生命真谛学，学习如何玩游戏，那么，生活就变得容易。问问自己，"我一直想做的事是什么？"然后，走出去做。

不要让它的成本、距离、天气、你的工作或其他承诺阻止你。付诸行动！你会惊奇地发现不同的感觉。然后继续下去。每月做一件你想做的事。在我们的世界里，我们总是快乐，这可能使你们中很多人感到惊讶。而且我们笑、唱、我们享受我们灵魂的存在。现在，到了你们也学会这样做的时候。

七、上帝不区别受洗与没受洗的

我通过我的通道读报纸，看新闻媒体对世界各地发生的事情的报道。最近令我感兴趣的是一篇文章，这篇文章是关于出生的婴儿，和没有受洗的儿童与上帝共融的报道。

下面是我的通道阅读到这篇文章的标题："神学家早就告诉我们，那些在受洗礼之前就死去的孩子，在一个被叫作中间过渡的地带享受自然的幸福状态，但不能与上帝共融。"

这个问题很重要，我要谈谈这个话题。"上帝对待那些受洗的和那些没有受洗的孩子没有区别！"为什么无条件爱众人的上帝会坚持一个婴儿或儿童，或成年人，没有受洗就不能与祂共融？上帝接纳所有愿意去祂那里的灵魂，无论他们是否受洗，无论他们是什么肤色、教义或信仰系统。

如果灵魂选择相信有中间过渡地带，那就是他们的权力和他们的恐惧，因为在我们的世界里，这个被叫作上帝的能量从不拒绝任何人，所有返回我们世界的灵魂都被一视同仁。不要因为你没有受洗而害怕回到我们这边的家。

我的通道曾经相信，因为她已经受洗了两次，她就应该比别人有更好的机会。这种信念是在她年轻时，开始从事生命真谛之前的想法。受洗与否，上帝，这个神圣之灵，或无论你怎样称呼这个能量，同等地爱你们每一位。你要知道这一点，并为此有安宁。不要以为，因为你没有受洗，会被上帝拒绝与其共融而害怕回到我们这边的家，也不要害怕你爱的人返回家园！

八、我是敌基督吗?

最近在一个电台节目中,我的通道玛格丽特被问及,我,弥勒,是敌基督吗?玛格丽特非常勇敢地为我辩护。但是,我要告诉所有各种各样的人,基督教教义与耶稣基督的教导有很大的偏离,耶稣的信息和我相同:灵魂应该完全真实地对待自己,完成自己的人生功课。对于有违这个真相的教义,我是反对的!

为什么我这样说?我这样说是因为我教导的内容与基督教教义有差异。很多真相已经被基督教信仰更改、改变、扭曲,甚至超出了其原话的教义。比如,基督教教义说相信了灵魂就得救,一个人应该尽一切所能帮助另一个有需要的灵魂。

但由于你的帮助,你拦阻了那个被帮助的灵魂学习经验教训,走灵魂自己成长的重要路途。由于你的帮助,使得那个被帮助的灵魂要再次轮回到地球上来,你的介入或干预会阻止那个灵魂完成此生的功课和经验,并为你自己创造并积累了进一步的债务。我的教学违背基督教教义,但什么是基督教的教义?现在的这种教学与基督教刚开始的时候不再等同。福音书是在耶稣离世很多年后被人写成的。多个世纪来,福音已被操纵,以适应那些操纵它的人们的需要。

爱就是爱,但教会教导新图,爱只能发生在男人和女人之间,任何其他形式(指同性)的爱都是令人厌恶的事情。对那些有爱,但不是异性之间的爱不给任何回旋的余地。教会申明,上帝不爱那些人。

谁胆敢为上帝发言?上帝是爱,上帝是完全富有同情心和无条件的。上帝从不批评和论断。天主教指出,如果一个女人怀了孩子,她就必须要这个孩子,即使她是被强奸怀孕的!这就剥夺并拿走了这个女人选择的自由。有一天,她将会见到她的上帝,但上帝会惩罚她做这样的事情吗?不,上帝不会,上帝理解她的情况,不会评判、惩罚或拒绝她。

我的教学与很多基督教的教导相悖。我带来变化，我带来一个新的教导，我给每个人带来他/她做自己主人的机会。我不要求十分之一做奉献，除非灵魂自愿捐赠给我的工作。我不强迫你给，因为我有能力提供我在地球上需要做的一切。

正因为我这样做了，我给每一个灵魂带来消息，你也可以这样做。你们每一个人都是自己现实的创造者！因此，对于所有那些问及"你是敌基督吗？"的人，对于背离真相的基督教教义来说，是的，我是。但我是一个为在地球上的每个灵魂带来爱和关心以及真相的老师。我带来变化，教导每一个灵魂放弃恐惧。怎么能说这是错的呢？

九、关于先知

数千百年来，造物主为地球遣送了信使以给人类传递祂的话语，以帮助人类在处理事务方式上发生巨大变化。你们的圣书中充满了人类中成为这一能量喉舌的男人和妇女的故事。耶稣基督是其中的一个，穆罕默德是其中的另一个。事实上，所有人类有记载的先知，其中包括许多女性，诸如圣女贞德和圣·贝尔纳黛特索维罗斯等，都携带了造物主的话语，或有神圣者向他们显现，给予他们造物主的信息。

所有的使者都谈到要脱离负面的情绪，如恐惧、贪婪、自负、傲慢及许多其他情绪，即那些阻止人类与其高我部分连接的情绪。他们谈及爱是追求幸福，取代仇恨和愤怒的关键。耶稣就是这样一个人。他出生选择携带精神世界的信息和来自造物主的帮助。

他不是"神的儿子"，而是"上帝的使者"，他能够用神圣的精神力量，造物主的能量来治愈病人，对弱者和被困扰的人提供咨询，并让精神世界的灵魂通过他变相显现。他的门徒看到了他的变相显现，因为他的精神能量，他能够向人们显示上帝的力量，即基督或基督之灵的力量。他出生名为耶稣。只是到了后来，他被称为"耶稣基督"，然后就是"基督"。

当今地球上有很多的灵魂具有誉耶稣相同的才能。他们也可能治愈，变相，通过精神能量对弱者和被困扰的人提供咨询。耶稣只是一个携带了上帝或造物主话语的人，正如那些在他之前和之后来到世上的其他先知一样。其目的是改变人类的思维，帮助人类提升他们的思想，提高他们的振动并连接到他们的高我。

所有的信使都有他们的追随者，这些追随者随后成为他们的使徒。绝大部分信使都有被使徒出卖过，并背弃了他们的情况。即使是年轻的贝尔纳黛特索维罗斯也曾同样被嘲弄和嘲笑。圣女贞德因为她能看到和听到，也同样受到了嘲弄。耶稣被钉在十字架上，其他先知也在令人悲痛的境地下结束了他们的生命。

你怎么知道耶稣的真面目和他说的话？这本称为《圣经·新约》的书，已在过去的多年中被翻译了多次，在那些多次翻译的过程中，话已被更改。有书面证明，圣保罗写信给哥林多人，但他当时写的语言不是英语，所以他几千年前所写的很多话语由于翻译问题被改变或遗漏了。许多耶稣的门徒：马太、马可、路加和约翰，他们口授的经验被人们相传。他们谈及的很多话语也被人们改变了，这同样发生在所有其他的先知身上。

耶稣是一个被称为艾赛尼的组织中的一员，这是一个秘密组织，经历白色魔术艺术或仪式。艾赛尼知道许多事情与精神相关，以及如何在他们的生活中使用来自精神领域的帮助。耶稣通过艾赛尼精通占星术，相当清楚轮回和灵魂返回地球学习经验教训的事。当他告诉拉撒路从床上起来行走时，他知道，拉撒路没有什么不对。拉撒路是伪造疾病。当拉撒路意识到耶稣知道他没有生病，他便从床上爬起来，行走了，这当然对耶稣周围聚集的每个人来说，似乎是奇迹。

在有关于耶稣的圣书上大部分所写的事情并没有发生。它已在多年中被改变了多次。我怎么知道这些呢？因为我们在精神领域的有知道一切的能力。

现在是到了人类意识到，过去所写的很多东西是不正确的，它已经在多年中被改变了的时候，有时人类不仅用此来获得对其同胞的控制，而且还帮助他们保持妇女处于从属地位。一直有人能够看到大众看不到的东西，能够通过千里眼看到。许多人与生俱来有这份才能，但多年来，他们因使用这些才能而一直受到迫害，或被叫作邪恶或巫婆。然而，圣保罗在他给哥林多教会的信中谈及人的精神才干，并劝告人"寻求你们的精神礼物，特别是你说预言的能力"。

正是通过这些人，我们的精神世界可以用来传达造物主的信息。他们有能力与更高的能量来源沟通，就像耶稣做的，并通道我们发送的帮助人类向更高振动前进的教导信息。耶稣和其他先知给人类带来了如何提高振动和如何终止在未来地球上转世人生的信息。

他们为人类带来了帮助人类了解自己的精神部分，使其成为自己命运之主的钥匙。但执政者不喜欢这些，不但设法打击这些先知，而且还常常讥笑他们。这些勇敢的灵魂因他们所做的工作而遭受苦难，但他们的话今天仍然被引用，他们的信息在某些情况下仍然被传递。几千年后，因他们的勇气和人们对他们牺牲的爱戴，他们应该受到尊敬。

今天世上也有许多先知。他们讲说精神世界，他们可以治愈，显示惊人的精神力量。我们不是派遣了一人，而是很多人，他们分布在世界各地。他们是具有相当高振动的光工作者。这些灵魂的目的是帮助那些想要成为自己命运之主的人实现自己的愿望，给他们知识，以帮助他们收回自己的权力，而不把自己的权力交给另一个灵魂。

那些收回了自己权力的人将成为航标灯，最终地球上将充满了这样的灵魂。他们将光芒万丈，即使是生活的阴暗面也无法忍受和他们在一起，因为他们的爱和光将战胜黑暗。

这不是一朝一夕的事，但一定会发生，缓慢但最终会发生。将有一个新的地球，一个和平、爱和满足的新时代。为了实现这些，许多灵魂将不得不通过这一非常困难的时期，但最终它会发生，然后将有一个真正成为的新天地，每个人会成为自己命运的主人。

十、我对宗教是怎样看的

"我对宗教怎么看？"特别是对基督教、犹太教和伊斯兰教。这是一个经常引发的问题。我的回答永远是，如果一个灵魂寻求上帝或神的帮助，这个人应该是自由的，可以用任何他感觉所需要的方式去做。

只有一位神、神灵或创造者。你如何与这个能量沟通，是你的选择。有些人选择宗教，有些人则选择独自沟通。你如何沟通无关紧要，因为所有的道路都通往上帝，或最高能量，如果你不愿称呼其为上帝的话。

地球上有些人相信他们知道答案，相信他们在与上帝沟通。他们相信他们有权力迫使人们相信唯一沟通方式。但如果你试图强迫一个孩子吃他不喜欢的蔬菜，孩子就会逆反，就会争斗，就会显示他的反感。这同样适用于成年人。人在做不喜欢的事时，就不会享受它，也不会相信它。这就会为你造成冲突。

地球是一个大行星，有足够的地方容纳不同的信仰和信仰体系，如果被允许的话，每一个灵魂，都会找到自己通往神或最高能量的道路。我多次指明，每个男人或女人都有自己的真理，一个人的真理是另一个人的愚昧。我要在这里重申我写的，因为这也适用于一个人相信更高能量的信仰。每个灵魂都有自己的方式找到自己的更高能量，并以自己的方式与其沟通。

只有当它受到干扰时，才有了混乱状态。一个灵魂应该能够以自己的方式与这个高能量沟通。这是个人的选择，如果人们不干预这个选择，世界将会是一个更加和平的地方。如果你因他人的信仰而批评他们，你就在批评你自己，因为没有灵魂知道地球的真理，只知道他们自己的真理。

十一、变化的时代

数千年来，造物主、上帝、神灵，无论你想给它一个什么名字，派出了大量的先知到世上来，用他们智慧的话语进行教导，为人类带来变化。人类历史上充满了这样的人：耶稣、穆罕默德，在这里仅列举这两个名字。他们的目的是通过必要的教导，帮助人类提升其振动，提高其觉悟。

每一个先知或信使都创造了众多跟随者，每个跟随者又在其成员中创造了分支。例如基督教，它已建立了许多教堂、信仰和团体，所有的这些都声称自己拥有正确的答案，并成为对教义的证词。现在已经到了人要成为自己主任的时代，应该离开过去的教导，其中有许多的教诲已导致世界各地的战争。

要成为自己的主人在于不效忠于任何人，但真实地对待自己。人类现在已准备就绪，不再效忠于任何特定的群体，先知或个人，新时代使他们能够真正成为神性的自己。

这个新时代带来了与精神领域的沟通、星象学、时间和空间、通道信息，以及许多其他方面的教学。一旦人类有了这些知识，他们就能脱离与所有其他信息来源的联系。他们将与自己的高我和至高者直接沟通。当一个人效忠于任何特定的群体时，他就变成了那个来源的奴隶，相信那个信仰，而不是为自己寻找答案。

未来，所有的人类，如果愿意的话，都可以找到自己的答案，成为自己的主人。只有这样，人类才能摆脱奴役和战争，地球上才会有和平。当人类不再像绵羊一样跟随，而开始遵循自己的想法和灵感，那么他们才会是真正神圣的。诚然，精神世界的灵魂将会通过他们讲话，以及对他们个人讲话来沟通。

十二、宗教

看到当今世界上以宗教的名义制造的战争和纠纷，我们这些在精神领域里的大师们感到痛心。上帝的话被带到地球上是为了帮助人类提高振动，但它却成为人类少数人的借口，为了私欲而导致战争和纠纷。

为什么你们不明白，你们每个人都有自己的信仰？你们受造彼此不同。没有两个人是一样的，即使双胞胎也是不同的。基于这一事实，你们不可能所有人都有完全一样的信仰体系。如果都一样的话，你们就变成成了像绵羊或牛一样。相反，你们都是一个独特的个体。一旦你理解你不同于你身旁的人，而且，与他人不同是你的权力，只有这样，你才能有安宁。

你们不能用战争或武力将自己的想法强加于人。彼此不同是正常的。你们每个人都可以有彼此不同的信仰体系，但仍然可以有和谐与安宁的生活。只有一个神，但这个能量并不在乎你怎样崇拜袘。它只要求你理解自己精神的部分，并与你的这部分工作，这样你就能有更好的生活。

为不同的信仰而争吵会导致什么？它所做的一切是残杀、残害、伤害和建立仇恨。这不是你所称的上帝或神圣者所具有的内容。

神，或上帝，是爱——纯洁的爱，无条件的爱——对全人类，男人和女人，印度教和佛教，基督教和穆斯林的爱，每个宗教都有自己的信仰系统，但仍然能够并肩合作，共同创造一个更美好的世界。当你们学会相互容忍，相互无条件地尊重彼此的信仰时，那么，你们就走在创造一个更美好的世界，创造世界和平的道路上。

十三、十分之一的收入用于帮助别人

我常常被问及有关十分之一的问题，这是一个人将自己收入或能量的一部分用于帮助别人。有人问我，"你是否赞成这种做法？"是的，我赞成这一行动。当你给出自己拥有的一部分时，就使得更多的能量进入你的生活。

宇宙将不断引入能量流动，但当你抓住自己所有的不放时，你就停止了能量的流动。你给出的部分可以是百分之五或百分之五十，通过给出，你创造出更多的能量。

一旦你开始给予，宇宙就会说，"哦，这个人没有的足够，我们将给他引进更多"，正是如此。这也许不以货币的形式引进。也许以礼品或是你需要的形式引入你的生活。宇宙知道，一切必须加以平衡，因为你给出了，所以它会回来。

不过，当你给出的时候，你必须用爱给出，不考虑你是否会收回。如果你给出是因为你会收回，你给出的动机就是错误的。当一个人敞开心扉给予时，宇宙就会知道，这是来自爱的行动。这样的话，一旦你开始这一进程，你的生活将会改变。

有许多组织都能从你给出的十分之一中受益，他们可以用你给出的部分帮助打造水井，使贫困国家的居民可以有水供应，他们可以用你给出的部分帮助所做的工作。当你这样做时，你要清楚知道你给出的一部分应该并去了哪里，杜绝标不达的。

十四、反基督/敌基督

我经常被问及有关反基督的问题。这个很多人相信存在于当今地球上的能量是谁、是什么？反基督是当今世界上一切消极能量的总合。

正如有光，有那些为光工作的人，也有那些喜欢黑暗的人。他们的信念是，他们拥有真理，但这只是他们的错觉。他们相信他们是正确的，而那些在光中的人（那些积极、快乐的人）是错误的。任何一个心中存有评判和仇恨，存有恐惧，存有怀疑的人都是在为那种消极能量，即反基督的能量工作。

我可以听到你们中许多人说，你自己有很多惧怕和怀疑，但没有仇恨，因此你不可能是消极的，但你是。是的，你是消极的。你的负面恐惧和怀疑，协助和支持了反基督的能量。反基督是一种能量，是由任何人的消极思想集合起来的一种集体能量。

正如有至高者——光的上帝一样，也有黑暗的上帝，即反基督。想象在太空有一块能量的云团在移动着，它在从所有消极的区域收集能量，就像一个雪球一样越滚越大。这就是反基督所做的。它助长人们的恐惧。当人们有惧怕时，它就有力量！它的力量越大，它就越想要！

怎么才能推翻这种消极的，反基督的能量呢？我将告诉你，尽管这并不容易。

首先，你必须从你的意识中清除所有的恐惧。然后，你必须在你所做的一切中有完全的信心，毫不怀疑你做的会发生。这是对抗消极能量的唯一途径。你越是积极，越少惧怕，你就越有信心，越支持光，你就越能在振动上向前进，越能提高你的觉悟。

当你仍然有这些消极的特质时，你不可能在光中，因为消极的黑暗会遮挡良善和上帝的光，会在时间上把你从精神境界隔绝。这段时间的长短取决于你。但如果你请求帮助，我们将尽我们所能帮助你摆脱你内存的消极性。这是你的选择！

十五、宗教宽容

美国总是以其宗教宽容著称，真令人遗憾，现在却因为谴责穆斯林信仰及其社会意识形态而在经历社会动荡。每个宗教都有自己的破损之处——在反对自己曾经相信的信仰，就基督教来说，这表现在有许多不同的教会和不同的敬拜方式。然而，没什么能与对穆斯林及其信仰进行激烈攻击相比。

因少数人犯下了投炸弹、杀戮，以及其他类似暴行，数以百万计的穆斯林却因此受到仇视。那个神是仇恨的神，与真正的至高上帝毫无相似之处。那些大多数跟随穆罕默德的人非常敬仰这一至高能量，他们做梦也绝不会想要做任何导致犯罪或伤害这个能量的事。

他们大部分时间过着简朴的生活，并平静地生活在他们的信仰里。看看一个布尔卡女子的眼睛，你从那个女人的眼睛里看到的是安宁。是的，他们有清真寺，而不是教堂，他们在地上祈祷，而不是在教堂内的靠背长椅上坐着祈祷，但就像大多数基督徒崇拜一样，他们带着崇敬在敬拜上帝。

很遗憾地看到美国在这个时间所发生的事，但这是那些不是穆斯林的人，因为内在的惧怕而制造的情况。正如我前面所说的，这个自由的国家不再自由了。这是多么地令人羞愧，这么多的仇恨和愤怒是多么地浪费能量。

这些人可以用被这样浪费掉的能量做多少建设性的事情？我不支持任何信仰或宗教，因为这是每个人的选择。如果一个人选择在一个信仰里崇拜或信仰，他们应该在爱中被允许这样做，而不是用仇恨、暴力和恐惧等方式。也许有一天，人类会看到自己的行为，将不再这样做。恐惧将不再是人类的一个问题。

十六、对变化的恐惧

那种认为，我们精神界通过我们的通道所给的通讯，为人类带来了负面能量的说法是名不副实的。我们被贴上了"敌基督"或"魔鬼的饲料"的标签，但这完全不是真相！我们的目的不是拿走你已经拥有的东西、你的信仰，和你所相信的，而是为那些希望自己有比较容易的世上生活的人们带来新的教导。

两千年前耶稣在世上的生活，以及在此之前的先知们在世上的生活，完全不同于当今世上的生活。那时的生活非常简单，几乎没有任何压力。人类当今的生活已经发生了巨大的变化，完全不同于从前。你们现在驾驶机动车，而不再是骑马和骆驼，你们大多数人住在具有现代便利的房子里，而那时却没有这些便利，但当今的生活却充满了紧张。

出于某种原因，人类喜欢活在过去，而不喜欢变化，实际上，人类害怕变化，这就是人类对我们有恐惧的根源，因为我们带来变化，改变当今世界的思维。我的通道在和我一起工作之前，是一个基督徒。她读她的基督教书籍，并定期讲旧约和新约圣经。我使她明白了那时的许多著作所写的真理其实并不是真理。例如，引用耶稣说的，"在我父的家里，有许多豪宅"，事实上，耶稣说的是，"在我父的家里，有许多空间"。这并没有改变故事的概念，而只是文字！

那时的世界有太多的恐惧，耶稣来世上是为了驱走人们的恐惧。我们从我们的世界带来能驱散恐惧的能量和知识，这将使你的生活变得更美好。近来，在美国，一个叫 A.J. 雅各布斯的人，花了整整一年的时间，在"圣经"描述的环境中生活，他遵循了"圣经"里的每一个规则和命令。他的视频讲座显示人类如何与那个世界相差悬殊。事实上，他的讲话不仅相当幽默，而且非常翔实，表达了那些"圣经"中的规则已不再适用于今天。

我们正通过在世上的各种渠道，给人类带来一个全新的知识。这不是邪恶的，也不是设计带你远离你所相信的。你仍然可以参加你们的犹太会堂、基督教堂、礼拜场所，我们并不要求你停止这样做，但通过我们的通讯，我们会给你一种新的方式生活和做事方法。

不要害怕我们，我们来不是伤害，而是教育。如果你仍然希望为我们帖上"敌基督"的标记，那是你的选择，但要知道，我们无意改变你的思想和信念，我们带给你的将帮助你离开两千多年前的能量，活在当下。我们用爱来帮助你，你为什么有恐惧和仇恨？难道耶稣是有恐惧和仇恨的能量吗？

我们知道他没有，但你自称是基督教或犹太教的人，却愿意以这种方式思维。一旦你放开你的恐惧，你将能够看到我们带来的光。

十七、灵性是自己内在的平和

人们通常以为，如果一个人属精神的话，就需要冥想，需要生活在金字塔中，需要成为一个素食者，而且要不同于其他任何人。然而，事实却远非如此。所有这些都是个人的选择；但如果一个人要真正属灵的话，如果你想这样称呼，人所需要做的就是要对自己完全诚实！95％的人，甚至包括那些自称是属灵的人，都生活在谎言中；同样数量的人还生活在恐惧中，而且不会面对或清除自己的恐惧！

同样，那些人不会说他们的真心话，也不会承认自己错了，而且宁愿干涉其他每个人的生活，而不愿生活在自己的真相中。欢笑对他们来说是不适合的，他们似乎认为欢笑是错的，但有什么能比一个人能尽情欢笑更好的呢，只要不伤害他人。性能量也不是他们的话题，更别说将其用于实践。然而，为了使身体和精神脉轮系统得到清洗，定期使用性能量，无论是与自己的伴侣还是自己释放，这是在所谓精神发展道路中最重要的事情之一。

天主教会要求他们的牧师们必须要独身，然而，看看他们的教会里有多少牧师成为恋童癖者，并因此造成了多大的损害，由于这一法令，当今仍然在造成这样的损害。如果一个人要成为有"精神"的，就需要自己有平和，需要能够说对不起，能够道歉，而没有任何骄傲。一个人需要快乐。太多的人在做自己不喜欢的工作，但因为害怕而不敢改变。人需要没有恐惧。

你称为神的能量将不会因为你不打坐而惩罚你。对于许多人来说，冥想来自于多种不同的方式，诸如散步、洗澡、等。对我的通道来说，她的冥想是当她在熨烫衣服时。人不必以交叉腿和沉默的方式打坐。如果你是一个空的器皿，也就是说，如果你的身体中没有恐惧、骄傲或其他情绪，神就可以用最美妙的平和和对生活的理解来填充你，并为你打开最美妙的直觉。

对于那些用不同方式冥想的人来说，这是你的选择。对于那些对冥想有困难的人来说，有替代的方法。你不必祷告，我们能听到你的祈请。如果你的生活计划允许你有你需要的，我们会为你提供。如果你是在偿还业力，或学习人生教训，一旦你完成了自己的学习和业力，我们就会为你提供。

对我们来说，宗教已经给灵魂、精神和我们的世界制造了太多的误传。许多人害怕回家因为担心被处罚，没有人惩罚你。因为你回家后没有了自我。你通常看到你在世上所做的，或允许你的自我所做的而自己惩罚自己。

灵性始于对自己绝对的真实，不生活在谎言中，承认自己可能错了，听从你的直觉并跟随它，比什么都重要的是，让自己有内在的平和！你们都是行在精神道路上的灵魂，你选择了这条道路。但更重要的是，你是上帝的一部分，上帝不惩罚任何人。上帝有最令人惊叹的同情和爱，当一个人感觉到它时，人真正感受到爱。不要因为你感觉不到灵性而绝望，灵性可以在许多方面实践。

你需要知道，你可以选择你想与我们沟通的方式。与我们沟通有很多种方法，必有一种方法适合你！

十八、信仰的不同

每个人都处在自己所需要在的地方！一些灵魂信了基督教，而其他一些却信了锡克教、伊斯兰教、犹太教或其他信仰。对于有些人来说，他们的信仰连接到自己深层潜意识层面中的前世记忆，他们虽然不知道自己为什么被吸引到他们的信仰中，但这些信仰使他们感到熟悉。其中一些人的信仰在今生中注定要改变，我的通道就是其中的一个，她从基督教转变，然后寻找一个信念，直到我走进了她的生活。

对于那些附着于一种信仰的人来说，这就是他们的真理！你可能会认为他们的信仰是错误的，但对他们来说，那是他们的真理，而且在那个时刻，他们觉得自己的信仰适合自己。不要谴责他们不相信你所信的，他们处在他们的振动需要他们所在的地方，只有他们能够改变他们自己的环境。你越想改变他们，他们就越会停留在原地，你最好让他们自己寻找自己的真理，如果他们要改变，他们自己会找到改变的！难道他们是他们的那种方式有什么不对的吗？让他们跟随你的方式追求神是非常错误的。

从论断和批评中超脱出来，无论是有意识还是无意识，它只会在你们的关系之间制造不和。没有人是在错误的地方，只有你这样认为，没有其他任何人。

十九、收回你的权力，听从自己的内在精神

自创世，男人和女人第一次踏上地球以来，人类一直在试图创造一种做事风格，即他们想要有自己的生活方式。这就导致了自我、自私，以及对控制和权力的欲望。许多先知来到世上给人类鼓励、改变，和精神性，但他们的话语已被忽略，更改或误解。

例如，基督教信仰最初本来是一个单一的信仰体系。基督教导了一些奇妙的东西，通过与抹大拉的玛利亚的关系和在寺庙里推翻货币兑换商的桌子，他表明，他是民众中的一员，而不是在民众之上。从一个简单的信念或信仰体系，现在已形成了成千上万的教派，它们都打破了基督最初的教导。

这些派别中的每一个派别都认为，他们找到了答案。很多人敲别人家的门，说服人们相信他们的信仰，常常利用恐惧策略这样做，例如世界末日等。这往往导致更多的人离开宗教和信仰，因为它干扰了人的自由意志。

基督的原本教导已在《新约·圣经》中找不到了，因为人类已经对其改编了太多次。只有极小一部分还在这本书中，而且也有不少是通过翻译被曲解了或被祭司省略了。他们认为某些词不应该列入圣经中，因为它会使人们离开教会。

基督和所有自人类创始以来，到地球上来教导的先知们，他们原本的教导是——爱是关键，爱自己，爱你的同胞，放下恐惧、怀疑，和所有的消极情绪。通过放手和让爱进入你的心，成为自己的主人。通过鱼和面包，基督对人们做了有关分享的教导。

通过与抹大拉的玛利亚在一起，他教导人们，无论你是谁，你们所有人都值得神爱。通过在寺庙里的货币兑换，他教导人们关于贪婪的功课。基督通过各种范例进行教导，他以身作则，他使得当时的人类能够学习新的生活方式。所有其他的先知也是这样做的。

基督教导人人平等，但两千年后地球上仍然存在不平等、贪婪和恐惧。两千年来，人们还没有找到自己的内在精神。基督充满精神能量的话语已被篡改得令人费解。许多人走向教堂，但找不到他们自己精神寻找的答案。

时间已到，人类开始听从自己的内在精神，收回他们给了祭司和宗教的权力，了解生命的真正意义，理解因果在人类生活中所起的重要作用，以及理解爱是生命中最重要的元素。正如圣保罗在《哥林多前书》1-13中所说，"如果你没有爱，你就什么都没有"。

为了使世界变得更美好，人类必须转向内在精神，学习摆脱自己的自我，让高我进入。人类需要通过因果、星象学来理解精神定律，古代艺术在本世纪回到人类世界。这将使人类成为自己命运的主人。

他们将不再把权力交给其他人，而是用自己的力量来创造自己的命运。可悲的是，在"新时代"运动（正如你们地球上这样称呼的）中的很多人并没有使用自己精神的一部分。很多在使用这部分的人仍然需要对自己做大量的工作，以从自我和自负中解脱自己。不过，还有很多人在做最奇妙的精神工作。

直到人类连接到自己内在的精神境界，连接到自己的高我，地球上才能有真正的和平。人类是灵、魂、体三位一体，没有分离。找到了精神，你就会找到和平。

第七卷：精神道路

一、精神发展需要一个关键要素——你！

许多灵魂想象或幻想一旦他们有了我或其他大师的帮助，他们就可以有立刻改变。虽然这可能发生，但取决于你已经对自己做了多少工作。这通常需要对自己有多年的做功才能有变化发生。在许多前世人生中，由于人类的恐惧、怀疑，和许多其他消极情绪，人类没有能够处理自我（自负）制造的诸多问题。这些问题存留在灵魂的记忆里，最终从灵魂记忆进入到智力（思想）记忆中，等待被处理。

通常情况下，宇宙会再次创造完全相同的情况让你来处理这个问题，然后你就能对其放手。但通常因为恐惧，人却不这样做。当一个灵魂通过一个通道在一个大师的帮助下，大师的能量可以穿透该灵魂，开始愈合过程。

那些通道大师们的灵魂通常吸取这些人需要处理的消极能量。许多人把这种现象称之为"痕"。通常，这个大师的通道成为那个寻求帮助的灵魂的替代，因为他们无法释放自己的情感。因此，该通道成为代理并通过自己的以太体为他们释放这些能量。即使这项工作已经完成，软木已从瓶口上被拔出，就像香槟酒一样，气泡必须到表面上来，然后被排除。软木是自我阻塞物，气泡是内存在灵魂记忆里的，待被清除的负面情绪。

想想你有多少次想对某人谈一些困扰你的事情，但你也意识到有多少次你并没有说出来。一旦有了这一思想，它就成了一种能量，如果它不被说出，就会像一个气泡待在体内等待着出来，但由于被自我的阻塞却无法这样做，因为你的自我不允许它出来。但是，这个气泡不会离开灵魂的记忆，最终就在有这个原始想法的人的喉咙查克拉能量中心制造了障碍。如果这个障碍在那个转世生活中没有得到处理，它就会被携带到下一个转世人生。在下一个转世人生中仍然没有得到处理，就会被携带到又一个转世人生，依此类推。

通常，灵魂要求一个大师的干预，帮助他们在下一个人生中释放这些能量。之后，我们做了我们的工作，但你必须做你的。你必须要面对自己并与自我作斗争。许多人因为不能与自我作斗争而跌倒在路旁。

当人正视自己的恐惧和消极情绪，这些人就会向前进，一步一步地，直到他们没有什么东西需要处理。他们的灵魂记忆是空的！你们每个人都有机会这样做，你们每一个阅读本通讯的人都要求了大师们帮助你们的灵魂进化。这就是为什么创建了这个网站（www.Maitreya.co英文网站、www.MaitreyaChina.com中文网站）的目的，为你们所有寻求帮助的人作为指导的光。

你所付出的所有辛勤工作的报酬是无价的。它正在那里等待着你们每一个人。但是，它需要一个关键要素，你！

二、看你像我们看你一样

只要你能看到自己，就像我们看到你一样就好了。我们可以看到你们每个人都具有的美丽的能量。我们可以看到你们每个人都有的潜力和才干，当你不再有恐惧、怀疑、缺乏信心时，你就能看到和使用这些。

你们每个人都是上帝的火花，这个巨大的能量——上帝、神、神圣的灵、至高者——的一部分。用你的想象想想看，如果所有这些小小的部分都在围绕着地球闪闪发光的话，世界会是多么地美妙。你的自我阻止你看到我们看到的一切，自我把你囚禁在消极的黑暗中，因为它害怕变化，不希望离开舒适区。

当你能以积极的方式使用你的美丽的能量时，它就可以改变世界。你可以改变世界，使世界变得完全不同于现在的状态和形式。我能听到你的话："但是，我自己怎么能做出改变。"

从前，有一个叫玛格丽特的女人，她独自一人，她也有恐惧、怀疑、缺乏自信、缺乏自尊，她认为自己什么都不是。但是，她要为上帝服务，为精神事业服务的愿望是如此之大，这使她战胜了自我，开始了她的精神道路。沿途中，她必须和自己体内的许多恶魔搏斗，她帮助我建立了这个网站。她只是一个普通的人，但她有和大师们，和上帝一起工作改变地球能量的梦想。剩下的，正如你们地球人所说的，变成了历史。现在，这个网站在地球上难以置信地触及到大量的灵魂，每天都有更多的灵魂在加入这个行列。

努力看看你自己的明亮闪光，努力看看你具有的潜力。如果你们所有的人用自己的光站在一起，黑暗的一面，负面的群体意识就不会有机会。

问问你自己，我怎么才能为精神和大师们服务？然后，当你得到想法和构思时，要真正去付诸行动，而不是只是希望"下星期""很快"再做。你的光闪闪发光，你也许开始只是一个小火花，但这已经足够，"光"会很快蔓延并变得更大、更大——。为什么要浪费时间，从今天开始！

三、你是谁？

我问这个问题，因为你们中很多人并不知道你是谁！你可能会认为你知道，但你是一个多年来受到许多人对你进行教条、固化的汇总。从你出生的那一时刻，你就开始被教条化，你的父母为你选择穿什么，吃什么，接触什么。他们看不到你和他们有不同的需求该是你独自选择的，他们看到的只是他们希望能在你的成长中帮助你。

在学校里，你又再一次的被教条化，相信只有一个系统。如果你是一个非常有创造性的灵魂，但只有非常少的右脑活动，那这对你来说就太糟糕了。因为在当今的大多数教育设施中都没有提供这种教育。再一次地，你被教条化，但这一次是以团体的形式。随着你成长和成熟，你越来越多地被固化成为了你是谁！

有时你的高我会反叛，试图给你指出你的真相，但你的自我、你的自负在恐惧中无法看到这个真相。因此，你就在教条化中长大。如果你处在一个注重传统文化的家庭中，你就变得更加程序化和僵硬。

通常情况下，即使你的伴侣也是由你善意的父母为你选择，他们也有自我，并自以为只有他们最清楚。如此这般。媒体也用广告和新闻创建教条化。

但是，你会怎么样呢？你是什么？你是谁？你不知道，因为你的自由意志已被剥夺。是的，已经被剥夺，你是由所有教条化汇编成的总合。你知道，在你看电视时，只需要三小时的持续观看，信息就会被潜意识吸收，并成为现实，这是真的。难怪在当今的世界上有那么多的暴力行为！

你能做些什么呢，你可以开始从地球的幻觉中撤离出来，开始问自己我想要什么和希望是什么？然后慢慢地实现这些愿望和希望。告诉宇宙你的每一个愿望和希望，看着宇宙为你创造。

成为你应该成为的人，而不是被世界教条化的人。

四、人生目的

你们中许多人想知道你们为什么生活在地球上，你们的目的是什么，你们为什么在这里。你在旅程中，旅程开始于你出生之前。你们中很多人并不知道你行在自己旅程的道路上。

你的自我和物质世界把你套在了跑步机上，以阻止你认识到你行在精神探索的旅程路上。直到你有了危机，或人到中年，你才开始意识到这个旅程。只有极少数的人在他们还是孩子时，就意识到这点。一旦你意识到这点，这将启动你开始搜索，寻找答案：你是谁，你为什么在这里，你来这里的目的。实际上这才是你真正旅程的开始。

精神之路并不平坦。许多人以为，因为他们正在成为有精神的，他们就有了可以赢得很多钱，或有他们需要的亲密关系。有些人选择精神之路是因为他们的使命如此，他们在出生前就已选择了它。很多人认为这是一件很好的事情，值得去做，但对许多人来说，这可以是他们最深刻的学习。

金钱不能买到快乐，很多人很快就会通过自己的命运意识到这一点。一旦人们开启了这一道路，才能真正使你在你的精神之旅中真正有进展。也就是从这一时刻起，你的自我开始了要把你禁锢在原地和你最黑暗的恐惧的战斗。

你通常独自走在这条道路上，至少在心理上，你在你出生之前就选择了这样做。只有当你没有分心时，你才能在你的旅程中真正地学习和成长。

完成这个旅程可能需要多年，很多灵魂放弃了，因为他们不能与自己的自我争战。对于那些继续前进，坚持与自我争战并完成了这个旅程的灵魂，奖励会是如此巨大。他们的奖励是不用再返回到地球，并能够立即实现他们的意愿和需求。

没有什么能够阻止他们。就好像他们有一个魔术棒，可以为他们不受阻碍地创造一切所需的东西。没有了需要面对的镜子，每天醒来都是无比高兴的感觉。这是真正的幸福，或天堂。当灵魂回到了精神领域，精神之旅的才真正结束！

在旅程的初期，你可以使它艰难，也可以使它容易。我们给你提供较容易的成长机会，一个较短的路径。但很多时候，因为你的惧怕，你却选择艰难的路径，一条更长的路径！

我们痛心地看到你这样做，但这是你的选择。不要害怕旅程，你可以使它艰难，也可以使它容易。对你开始和完成这个旅程的奖励是回家，永远不再返回地球。你是你自己行为的审判官，没有任何旁人。如果你愿意的话，我们来这里是为了帮助你，但我们不能为你做决定。只有你能为自己做决定。

五、为精神界工作

精神发展的目的是使这些前世残留问题表面化。直到你能够释放前世的残留，我们不能与你合作。

以为精神发展是一条非常美丽而容易的路径，这与实际情况相差甚远。当你向你的精神工作打开自己的心灵之门时，首先你需要证明你是值得的。如果你是完全的自我，不听从你的直觉，并充满了恐惧的话，我们就不能与你工作。我们会在一段时间里，把你所有的恐惧放置在你面前。我们会把你放置在某些情况下，让你面对自己的债务情况。我们也会制造情况观察你有多么直觉，以及你对此有多重视。

最常见和最通常的情况是，当你开始引入更高的精神能量进入你的身体，以协助你的精神发展时，这个能量就会迫使任何深埋在你的以太体能量场内的能量，无论是痛苦、情感、恐惧、怀疑、不安全感，还是别的能量来到表面。对此你不会得到任何警告。有很多灵魂开始了他们的精神道路时遇到的各方面难度，远远超过了以往任何时候。

每一千个灵魂开始了他们的精神发展道路，其中只有六个灵魂成功。自我会在路上设置种种障碍阻止你，它不会轻易地让步。实际上在人的自我和高我之间存在着战斗，通常自我会赢，因为灵魂通常不知道如何对付自我。

经过多年对你的试验、考验，以及你自己所作的。你和你的守护灵魂（天使或大师）一起，为自己在精神界设定的计划行事。然而，许多人从来都没有完成第一幕。这场争斗对他们来说太重了。他们往往无法面对随之而来的争斗。但要知道我们精神世界全时间和你在一起，我们永远不会离开你。要求我们的帮助，帮助会临到你。你的振动越高，你就会变得更直观、更有精神。

在你的剧中，你是演员、导演、制片和评审委员。我们这些大师们和你的同伴灵魂们只是在你需要时为你提供帮助，没有你的许可，我们不能为你做什么。最终的结果是达到一个安宁的地方，再加上你能实现你所有的愿望的能力，那是真正的人间天堂。如果你能看透地球所制造的幻觉，这是值得奋斗的！

六、献身于精神事业

对其他人来说，献身于精神事业往往是一条非常艰难、似乎没有奖励的道路。许多灵魂通常认为，为精神工作意味着能有即时解答、支持和财政奖励，但实际上却往往是相反的。这是为什么？首先，当人在为精神工作时，人需要学习有信心。

你可以说"但我有信心"，而通常你却没有。我讲的信心是不担心任何事情的信任，相信精神界会为你的生活带来你所需要的。要学会信任，信任我们精神界在引导你。

我们通常会让你等待，只是为了观察你是否有耐心与我们合作。在我们能够信任你为我们工作之前，我们在精神界的，要确保你是真心的。对你来说，好像我们抛弃了你，或者从来没有回报过你，但一旦你证明了自己的价值，回报会有的。

你们中许多人在纳闷，是否真有精神界存在，他们关心我们吗？是的，我们关心，我们深切地关心。我们痛心地看着你通过你的训练，但我们必须这样做，这是因为你要求我们在你此生中对你这样做的。因为这种训练会使你成为一个更好的人，但往往在困难的时候你不能看到更大的画面。

自我哭喊道，"为什么是我！我是一个良好的有精神的人，为什么我受痛苦，为什么我要遇到这些情况？"你选择了这样的艰难，我们只是执行你来到地球之前给我们的命令。通常，地球上的一个时间段分配给你单独做，然后，当你不能在分配时间里完成你应该做的，不能做你的精神发展工作时，我们会再创建类似一样的情况，使你能学习和成长得更多。当小水库不能发电时，我们就把堤坝垒高，直到能够达到设计目的。

为精神界工作是奉献，没有自我，没有奖励，没有想工作有多么艰难。奖励确实以后会来，但你得创建它们。这也是关于——停止疑问，让答案自己来到——信息的操练。

你无法到达河的另一边，直到你已经通过了深刻而险象环生的水游。如果你这样做了，没有恐惧，没有疑问，你会很快到达对岸；如果你唉声叹气，抱怨，这将花费你很长时间，而且你会下沉。

七、灵魂伴侣

什么是灵魂伴侣？灵魂伴侣是两个彼此具有很多共性的灵魂。往往可能有前世生活的联系，他们的星象往往可以很匹配。有时候也可能不匹配，但他们能够很好地融合在一起。

他们是到地球来，以一种特殊的方式在一起工作的灵魂。在一起，但没有必要一起生活或成为性伴侣。他们甚至也没有必要生活在同一城市或同一国家。

他们可以住在一起，工作在一起，或者结婚，这完全取决于灵魂伴侣自己选择他们如何协同工作的方式。他们与其他的灵魂伴侣所做的工作通常具有特殊的性质，他们要一起做某事，通常出于人道主义原因。也有可能一个灵魂可以在同一人生中有多个灵魂伴侣。

有时，因为因缘连接一个灵魂伴侣的工作完成了，接着，另一个灵魂伴侣可以继续前进。这也只是灵魂自己的选择。当这种情况发生时，另一个灵魂伴侣可能会进入，展开人生的另一篇章。

这些选择与自己的灵魂伴侣一起做这样的工作的灵魂放弃了自己的自由和自由的意志，而选择服务人类。他们是非常特殊的灵魂：他们所做的工作是不容易的，他们与自己的灵魂伴侣一起工作也不是容易的。人们以为，因为他们是灵魂伴侣，他们就应该非常的幸福快乐。他们在一定程度上是这样，但他们在一起只是做工作。

当他们返回精神世界，他们将独自返回，也许永远再也见不到自己的灵魂伴侣，几乎可以肯定，他们不会是生命的伴侣。需要极大的勇气做这类工作。灵魂伴侣提供特殊的服务，因此，他们和我们的精神世界有着非常密切的联系。

八、精神发展

很多人问我："为什么精神发展不能更快？"

人希望能够如此，但这需要慢慢地发展，因为，如果不这样的话，人的身体将无法处理引入的能量。随着一个人在身体上提高了振动，这会对整个腺体和内分泌系统产生影响。它会影响到每一个查克拉（Chakra，能量中心和脉轮），并开始了释放灵魂体内所有消极能量的过程。

这种释放可能需要多年时间。如果这种情况发生太快了，身体将无法应付大量汇集的能量。一旦你开始了自己的精神发展道路，你就不能回到过去。人如果不去选择面对自己的恐惧，释放自己所有的消极能量的话，人就将停滞不前，但不能回去。随着你前进，越来越多的消极能量会被释放，最终在你里面会一无所有。当这种情况发生时，你就能与上帝或神合一。然后，你就达到了完全的觉醒。

觉醒的道路是非常不容易的，而且需要做出大量的牺牲，有些会是你的选择，另一些则是我们精神界在带领和引导你。因为当你开始你的道路时，你也开始得到精神大师们的帮助。正是我们这些帮助你的大师们，令你的自我无奈，进而帮助你达到高我。

我们并不想伤害你或给你带来痛苦，但有时候，开悟的旅程可以是一个痛苦或艰难的旅程。是你选择走这条道路的方式。人在精神层面上发展要学习的一个最重要的功课就是耐心。如果没有耐心，你就不会前进。

九、精神的道路不是你所想的那样

一个学生问我，我会给那些开始自己精神道路的人们什么劝告呢？我毫不犹豫地告诉她："这不是你所想象的。"精神发展不是一条容易走的道路。因为当一个人开始了这条道路，他就开始清理自己很多前世的，以及锁定在此生的，从未得到表达的陈旧能量。

这种能量是没有被表现的思想能量，就是能量始于思想，但从来没有在口头或行动上实施。它停留在体内，也停留在灵魂的记忆中。人在肉体形式所经历的每一个经历，也在灵魂记忆上经历，并储存在灵魂的记忆里。

释放这种能量不是一件容易的事，很多人在他们这样做时，却不能对付他们必须要经历的。在人的高我（直觉和右脑）开始进入并成为主导能量时，人的自我（自负和来自左脑的逻辑）开始出来搏斗。自我为其生存在人的内部发起了全能的战争。

不，精神之路并不容易，但它是可以做到的。我的通道已经做到了。自大师课程成立以来，许多受到教导的学生们也在开始做了。走精神的道路并不是否定自己，这样做只会使这条道路更加难走。

这是关于面对自己内心的恐惧、怀疑、不安全感，并对自己完全真实。这是关于当人真实地面对了自己时，通常从不再有任何快乐的情况中走出来。走精神之路是为了寻找内部和外部的幸福。

人类曾经有过这一切，但却在过去丧失于世界的压力中。得到幸福是你的使命，但你们中许多人生活在如此的恐惧中，以至于它完全控制了你的生活。你为自己制造了不满意的生活。然而你却一直告诉自己你很高兴，也经常这样告诉别人。但在更深层次上，你却对自己的生活非常不满意。不，精神道路上的生活是不容易的，很多人甚至不想踏上这条道路。

对于那些确实踏上这条道路的人来说，你应该为自己感到骄傲。你必须要面对最困难的障碍，面对来自朋友和家人的嘲笑。这意味着改变，往往是很大的改变。在该路径的终端是安宁，那种根本不能用尘世术语来描述的天堂之乐。如果你离开了这条道路，或者你只开始了但又离开了，不要对此感到绝望，你会再次进入，在这条只有真相的道路上慢慢地摸索。

你不会失去你迄今投入到自己精神发展中的那些时间和精力。不论你在此生中积累了什么，你会保持下去，这会使得你的下一个转世生活容易些。只要知道，对一些人来说，精神发展必须以小步骤进行。你不被指望在一个转世人生中就完成它。当然，如果你这样做了，那么，你就能够更快实现回家的愿望。

十、考验是为了精神成长

为了让你学习经验教训，以帮助你的精神成长，你在出生之前即为自己设置了一系列的考验。你找到我们这些精神大师们，请求我们的帮助，以实施这些考验。这通常发生在经历了许多次转世的生活后，但仍然重复着相同的生活模式。

无法挣脱这种生活模式的灵魂终于意识到，它需要一个大师的帮助才能将其祛除。你自己会制定出什么时候这些考验会发生在你的生活中，并在一定的机缘里，将其触发。考验总是发生于没有事先警告的时候。如果你确实得到警告，你的自我就会制订出一个生存计划或说服你不参与。

所以，会发生什么是没有先前的见识的，它可以来得很快，以至于一个灵魂可以被其在生活中的表象所击破。很多人可能会问："为什么如此严重？"必须是这样，因为灵魂在其安全区内学不到要学的。尽管灵魂有自己需要的，但它是不会学习的。它怎么样呢？它舒适，安全，有时甚至还很愉快。

考验可能涉及失去金钱、伴侣或工作。严重情况始终是开始学习的触发器。几乎可以肯定，当这些发生时，冥王星)处在你的星象过境图中的某处，因为这个星球是负责转变的。

对我们这些在精神领域的，这是一个悲伤和喜悦的时间。是的，在我们的世界里我们有我们的感受。我们的悲伤来自于你为了清理陈旧程序所要承受的痛苦，但我们的高兴来自于你完成了要学习的教训，你提高了自己的振动。你汲取了教训。

我们只是你的老师。很多人问："为什么大师们对我做这些？"他们还问："为什么上帝允许这些发生？"是你本人对自己做了这些。是你本人请求我们协助你实施这些。我们仅创造了条件帮助你经历这些。对那些准备好了的人来说，这是他们生命中最兴奋的时候，即使他们可能选择了非常艰难的学习条件。这种兴奋来自于人生功课被学习了，而且消极能量不再存在于他们的生命中。他们同时也在精神上和振动上前进了。

下次如果你遇到不愉快或难以承担的情况，要知道你自己创建了这个条件供你从中学习。如果你在自己的高我中接受这一要学的人生教训，你会很容易地通过它，并不再为自己感到遗憾，这意味着不再允许自己受自我的操纵，指责他人或所他们在的情况。你本人要对自己的人生经历负责，你本人在自己出生之前选择了这些你要学习的人生教训。用积极的姿态拥抱这些经验教训，在提升振动中前进。

十一、怎样才算是真正有精神的

如果一个人有愤怒、恐惧、怀疑、嫉妒或其他消极情绪的话，人就不能是真正有精神的。人可以说"我是有精神的"，但如果你对另一个灵魂有任何消极的思想，那么你就不能算真正意义上是有精神的。有多少人对知道不应该反应的情况做出了反应？

如果个体灵魂不能医治自己的话，世界又怎么能被治愈？正是在人的内在，人需要从那里开始改变自己。你们有多少人与你的兄弟、姐妹、母亲、父亲、朋友、工作的同事之间有相处问题？

是的，我在对你们中那些回答了这一问题的人讲话。如果人不能在自己内心找到安宁，世界怎么才能被改变？你是否经常发现自己为自己辩解？你是否经常发现自己与别人生气？真是浪费能量！

想想你可以用浪费掉的能量做些什么！你可以实现你想要的东西的理想，你可以用来教育自己，你可以以很多积极的方式使用能量。你越是这样，你就越能创造和体现新的东西。你只需要停止消极能量流动。

我现在能听到你说，"但那人不会跟我说话"。我会回答："你需要那人在你的生活中吗——你真正需要那人在你的生活中吗？"你在这里为自己生活，而不是为任何其他人生活！如果你能站在上帝的视角看自己，这个你知道的能量面前，知道你没有污点，这才是重要的。

你对某人为自己辩护并不能改变什么，因为总是会有两种观点。正如我在另一篇通讯说的,"每个人都有自己的真理"。为什么你是正确的对你很重要?你认为如果你没有为自己辩护就会失去自己的脸面吗?我告诉你,你不会的。

你的觉悟将向前迈进,因为你不再被旧能量捆绑。你将不再生活在一个停滞的能量中。随着你放手向前,你将开始看到生活的一个你以前不能看到新的方面,因为在此之前,你陷在冲突中。

放弃必须是正确的,必须是胜利者的需要。不要给任何东西任何能量。自我认为它必须这样做,因为多年的生活习惯。你只要走开,让它成为其他人的问题,不再是你的。根本不要给它能量。你很快就会看到你的生活变得不同。放手会有悲伤,也许这种情况已经发生于你的许多个转世人生。不过,人很快就会痊愈。只要记住这一点。愈合过程立即开始,只要你放手!

十二、什么是灵性的真正含义

什么是灵性的真正含义?这是一个很容易被误解的词。我说的不是这个词在字典上的含义,而是精神上的意义。有灵性的或一个人的生命有精神,这意味着一个人有安宁。不仅在肉体形态上有安宁,而且在所有的微妙机体上——身体、情感、心理和精神——上有安宁。

当面对别人质疑你的行为或你做事的方式时,你们中很多人觉得有必要证明自己。你要么花上数小时的时间把自己的观点传达给别人,要么写长信为自己申辩。你为什么要这样做呢?你这样做得到了什么?你这样做能否改变别人的看法?

不会有这样的结果,因为质疑你的人已经决意这样做,并在他们的心中对你形成了这种看法。无论你说什么或做什么都不会改变这种状况。通常别人的那种意见,是因为前世生活经验所致,质疑你的人看到的是过去的你(你在另一个转世生活中),而不是现在的你。

他们因为你的过去而评判你。如果他们选择这样做，你也不能改变他们。不过，你的高我知道实情，这才是重要的。

但人的自我想要证明自己，想提出自己的观点，并为自己辩护。高我知道真相。就这么简单。如果你不给所处的情况任何能量，它就会原地消失。但你会从这一经历中学到经验教训，这才是这样情况发生的最主要的原因——让你得到教训。不要投入能量，把你的精力转移到其他事情上，把你的能量投入到需要的地方，而不是琐碎的事情。

多年来，在我对公众做通道信息时，很多人对我说，"大师，我怎么能够更加有灵性？"或"大师，我怎样才能提高我的振动？"我对他们说，"自己要有安宁。关注自己，而不是别人。如果别人不喜欢你，那是他们的问题，而不是你的。不要给任何问题任何能量，你便会找到安宁。"如此简单，但你却发现很难做到。

几代人以前，你们是斗士。你必须为生存而战斗，因为你不知道别的办法。但现在你知道了一种更好的方法。放下你的武器，不给任何能量，它会真正消失。然后，你将会知道什么是安宁。不要让自己卷入他人的事务，只需要关注你自己的，如果你这样做了，你将不会有冲突。

十三、一定要是一个素食者吗

我常常被问道，是否一个人必须是素食者，或者必须约束自己的身体，才能是有精神的。太多的人相信，一个人要成为有精神的就必须是一个素食者。毫无疑问，食素可以帮助精神发展，因为肉是接地的能量，鱼也是，从饮食中省略这些可以帮助提高振动。然而，有些人需要吃肉。如果他们不吃肉或鱼的话，就会对他们的身体造成极大的损害。

许多灵魂都拒绝这些食物，但却没有对自己的内心下功夫。很多人不知道他们来到世上要在自己的生活中做什么，以及他们要走什么样的精神道路。他们也不知道自己要重复什么，因为自己在前世生活中没有做。他们以为，否认在自己的生活中吃肉类和鱼类将会帮助他们，这会有帮助，但只有在他们开始工作于自己内心的一部分，即自己的灵魂以后。

如何才能做到这一点呢？人要学习有关自我和高我的知识。一个伟大的精神老师，先知耶稣说"进到你的内心，一切都在你里面"。你是谁的秘密在你里面，在你的潜意识深处。正是这里，你需要看看，看看什么深藏在这一领域里。所有你前世生活的恐惧、怀疑、不安全感、那些从未被使用的情绪能量，都隐藏在这里。

你需要检查的正是这些，而不是你吃什么！你们中许多人不吃肉或鱼，是因为动物被杀的方式，在地球的初期，水牛和鹿是提供给人类用来做食物的。印第安人知道这一点，而且感谢为他们提供食物的动物。

我知道，对你们中很多人来说，这是一个很有争议的话题！但是，你们中也有很多人渴望吃肉或吃鱼！我知道你是，因为至高者知道你们每个人的心！你花了那么多时间担心你吃什么，你就没有余力来处理自己灵魂深处的内心风暴了！

让我告诉你！当你开始处理自己内心深处的东西时，你逐渐地会发现得到了越来越多的安宁！当你这样做时，你的身体就开始对高我响应，这个能量就开始主宰你需要什么，不需要什么。你会对高我告诉你的产生的共鸣。

你将像过去一样有烟瘾，因为这些连接到你情绪的一部分。随着你提高自己的振动，处理你的阻塞物，释放它们，你就会失去越来越多的情绪体！那么，你的高我就有了控制。当这个出现时，你就会感到非比寻常。

我不是说，即使你不希望吃肉或吃鱼，你也一定要吃。这对人的精神成长并不是必要的，必要的是走进你自己的灵魂深处，处理在那里存在的问题。如果你是一个素食者，但发现自己在反抗自己对肉或鱼的需要，那么你是在与自己发生冲突。

如果你自身处在冲突中，你就不能在精神上帮助自己。查看你的内心，在你的内心深处存在着使你觉醒的钥匙，而不是你吃的食物！

十四、灵性与素食

人们普遍以为，有"灵性"就必须要食素。这是不正确的！我要再次重申，食素与否是个人的选择，它不应该被强迫，也不应该为不食素而感觉不好，人不应该因不食素而受到嘲笑！

我和我的通道曾经去了一个人的家里，我们去那里拜访一位自称为精神大师的人。在我们的访问期间，该精神大师讨论了食素的主题，在那里，一个家庭因为食肉而被受到粗鲁地谴责，这个家庭不像这样被谴责，因此他们离开了聚会，走了出去。

有很多人需要吃肉，我的通道就是其中之一。她之所以需要吃肉是因为她的振动需要接地。此外，她不能吃酱油，如果她吃了，就会影响她的荷尔蒙系统，她会变得极度抑郁。

是的，食素有其积极的效果。肉具有致密度，并难以消化，不吃肉，人就可以提高振动，达到一个很高的水平。对于我的通道和其他像她一样的人，她们的振动水平已经很高，而且没有接地的占星基础（我的通道只有一个具有属地性质的小小行星），很难保持接地，用我通道的话来解释，"就像飘然的仙女似的"。由于她大部分的时间都不在她的身体中，她不得不放弃驾驶机动车辆。她有很大的难度待在她的身体里。她虽然吃鱼，但仍处于高振动水平。

一个人在世上需要摄取什么食物，应该是一个个人的选择，不应该受到那些有不同想法的人，或不同意这种选择的人的嘲笑。人不应该为自己的选择而感到内疚。食素确实有助于提升振动，但对于那些处于高振动的人来说，食素能使他们的情况变得更糟，灵魂甚至更难待在体内。

如果你发现与食肉者相处不容易，尽可能用平静的语言讲出你的实话，我相信他人会理解，会暂时不食肉，并与你一起享受一顿没有肉食的饭。至于对动物的杀戮，当人采摘蔬菜和水果，或从植物中剥离燕麦或其他谷类时，实际上也是在杀戮。它们也能感受到。要想想这一点，无论一个人吃什么，都不可能不造成那些被吃生命的疼痛或痛苦！这是你的选择，而不是其他人的。不要因为一个人吃肉而感觉有罪或恼怒，那是你的选择。你是你自己的主人，你主宰自己的身体！

十五、灵性在于做真实的自己

这你知道吗，灵性不是拒绝、挣扎，或是什么特别的？灵性不在于不吃肉或鱼，不在于表现好，也不在于要圣洁。灵性在于做真实的自己，尊重自己，对自己要诚实，并且承认自己有缺陷和不完美。灵性在于了解自己的精神、自己的灵魂，以及应该如何生活，要知道这一点。

很多人不知道自己到底是谁，他们活在谎言中，但不知道自己在这样做。只有当你对自己的精神面敞开了大门，你才能开始对自己的精神下功夫！这不是关于完美，在地球上人不可能是完美的。

这也不是关于对其他人有支配权。一个真正属灵的人既不希望受到赞扬，也不希望占据主导地位。一个真正属灵的人是谦虚的，不注重声望，只注重于自己的人生教训，并静静地努力学习自己的人生教训。他们不干扰他人的人生教训。他们也不影响他人。

你们每个人都是一个独一无二的灵魂，在努力寻找自己的生活、自己灵魂的答案！具有灵性的是承认自己错了，而且对此并没有什么顾虑。灵性在于谦卑、同情、理解，和忠实于对自己真实。

你在人世上是为自己生活，面对自己的问题，而且不逃避自己的命运，但太多的人在逃避！即使我的通道也有14年时间逃避了她的使命。只有当你做了真实的自己，那么，你才可以称自己是有精神的！

十六、什么是灵性

"什么是灵性？"人们以为想要具有灵性就必须放弃自己所有的快乐、朋友和享受。事实并非如此。在你开始自己的精神发展之初，生活仍在正常进行，没有什么必须要改变的。随着你开始改变，面对自己的恐惧，你开始有不同的感觉，慢慢地，你决定在自己的生活中需要什么，然后，慢慢地放手那些你不再感到舒服和需要的东西。

其中一个经常被问到的问题是："我一定要成为一个素食主义者吗？"对这个问题的答案是否定的，不过，如果一个人确实成为一个素食主义者，食素可以帮助一个人较快地提高自己的振动和意识觉醒。但这不是必需的。这同样适用于饮酒和使用烟草，最终，人会意识自己不再渴望这些物质。

静思也很重要，因为只有在沉默中人才能获取有关自己灵魂及其旅程的答案！然而，静思可以有许多方式。我的通道玛格丽特，在她熨烫衣物时，会发现，当她的自我忙于熨烫时，她就能在这一过程中得到她需要的答案。

人能做的最好的事情就是尽可能地笑，笑能帮助人释放生活的压力，而且在身体需要时应该大声哭喊。太多人在需要哭的时候不让自己哭，但哭是人的身体释放紧张和深层潜意识问题的方式。对这个问题有太多要讲的，但尽量不要太认真。

最重要的是，做真实的自己，不要有愤怒，不带情绪地说出你的事实。如果你能做到这一点，你就可以更清楚地看到自己需要看到的！

十七、灵魂与基督之灵

什么是灵魂？灵魂是你的过去、现在和未来所有的综合。

它是现在！灵魂驻留在你的心里，而不是在你的脑袋里。你的灵魂感觉、呼吸和生活，它在你的身体中，是你的一部分。你是灵、魂、体。你精神的一部分是你的灵魂。

每一个灵魂的目的，就像精子寻找卵子，努力在此生中成长，从地球上获得自由，并继续轮回。你的灵魂会引导找到你的老师、书籍，以及使你能从地球生活中摆脱自己的各种方式。但通常你不听。

你不听，是因为你害怕改变，怕看自己，而这却是你向前迈进的重要组成部分。你有一个自我。自我依附于地球，自我不想看到你上升，不希望你成长。自我将尽一切力量来阻止灵魂成长。而你，肉体和头脑，通常并没有意识到这一点。

灵魂却不这样。灵魂用心，而不是用头脑。灵魂不是逻辑，而是心。灵魂感觉，它是你的真实部分，是你将返回到精神领域里的部分。寻找你的灵魂，你就会找到你最美妙的部分。而逻辑却让你陷入找到解释的困境。

什么是基督之灵？基督之灵是人的本质，是对他们的同胞人类具有完全的同情和理解。基督之灵是人类的一部分，是从不评判，并对任何情况都有完全地理解。它是善良和宽容，却不袖手旁观和坐之以待。正如基督自己推翻了兑换货币的桌子，他并没有袖手旁观，没有在贪婪明显的时候什么也不做。基督的本质是摆脱自我，完全公正。每个人都有基督的灵魂。它在所有人的内在中，但必须被发掘。当人摆脱了所有的限制和教条化时，那么，人就会在自己内部发现基督之灵。

在人心灵深处的爱是超越一切障碍的爱。那种爱能被埋葬多个世纪。一生又一生，因为人的自我在控制灵魂，人犯了许多错误，被埋葬的爱就像一颗播下的种子，一直在等待降雨。最终，人的高我，在人的低我（自我）仍然在不断支配的情况下开始了反击，并要求被注视到。

当这种情况发生时，爱，就像一颗小小的已被种植，在等待降雨的种子，开始成长。如果它能够独处，不受人的低我阻止，它就会长大，大到可以涵盖世界。基督说，"成为像孩子们那样"。这句话的意思是，作为一个孩子，生活是简单、逍遥和自由的。

作为成年人，我们被我们的教条化的教义和习俗所拖累，其中一些是我们从前世生活中携带过来的。当我们摆脱了自己的这些习惯和教条化以后，那么，我们就可以再次成为"像孩子们一样"，自由地观看我们周围所有的，自由地听取来自精神境界的话语，并自由地享有我们应该有的生活，充满快乐、没有负担。

当灵魂最后决定努力争取自由，寻求更高层次的意识时，就有了低我和高我之间的战斗。人的低我已经控制了绝大部分人在地球上的生活。高我是人开始觉醒的一部分。

低我不想放弃控制权。当发生这种情况时，就必须有对自我的净化。这可能会是许多个月，有时甚至好几年——灵魂面临着与自我的争战以保持控制自我。高我变得更加强大，并有了更多的控制，最终，自我，这个"我"的部分不会让步，最终屈从于失败。只有这样，灵魂才能找到真正的启示，成为与神源的合一。

什么是低我（自我）？这是骄傲、自私、贪婪、自负、恐惧、仇恨，以及更多的负面情绪。什么是高我？这是爱、真理、无私、诚实、同情、理解、不带偏见的，以及更多的积极情感。

想想哪一个在控制你？

十八、直觉

地球上的每个灵魂都有直觉。不过，有些灵魂具有高度直觉。这些灵魂通常在多个前世人生中使用了自己的直觉。在此生中，他们的直觉非常接近表面。我们在精神领域里的，正是对这些灵魂讲话。

你们中有些人一直在等待与我们合作，有的选择在此生中为我们工作。我们通过你们的直觉，你的第六感工作。对有些人来说，很容易向精神界开放，而对其他人来说，则需要一些时间。

如果你聆听内心的声音，你就会知道你是否已经选择了与我们联系。这是一种内在的知觉，一种"是"的感觉。这会在你的心里强烈地感受到。

如果你想与我们合作，你就需要告诉至高者，或者你通常称呼的上帝。这将开始我们能够与你合作的进程。与你共融是一个缓慢的过程，不要指望它会很快。

为了使我们能够融入你，我们需要在你的身体内做很多调节。听你的直觉——绝不要怀疑——因为这是你与我们的联系。

十九、你的第三眼

有人说："因为我们误用了我们的精神能量，所以上帝关闭了我们的第三眼。因此，如果你用自私的理由寻求开放自己的第三眼，你将不能打开它。静思、祈祷、向上帝谦卑自己、吟诵、跳舞、唱赞美诗、做忏悔服务、瑜伽、阅读文献，以扩大你的思想和理解，等等。"

虽然上述的方法有帮助，但你无法打开你的第三眼，除非你清除了在你灵魂深层记忆中的阻塞。上帝并没有因为你的误用而关闭了你的第三眼。你无法打开它，除非你的灵魂已经准备就绪。每个灵魂在出生前就选择了打开自己第三眼的时间。上帝不惩罚。我怎么知道呢？我知道，因为我在面纱的这一边为上帝这个能量工作，而上帝是纯粹的爱！

打开第三眼必须是一个缓慢的过程，因为它可能需要多年的时间才能将其完全开放。只有那些对自己做了治愈工作，并提高了自己振动的灵魂能够经历到开放自己的第三眼。根据灵魂进入地球生活时的振动，人可能在青春期初期开放自己的第三眼，也可能在晚年。

对妇女来说，可能在怀孕期和更年期。对男人来说，严重的疾病、震惊、压力或意外等可能激发开放自己的第三眼。你的前世生活以及你在前世生活中所达到的意识和振动水平，将决定你带到今生的意识和振动水平。一些灵魂带到今生高振动和高意识，只有很少的经验教训要学习。另一些灵魂却为自己带来了沉重负荷的学习和改变——我的通道就是其中的一个。

我的通道在她的一个前世人生中已达到高振动水平，而且具有所有的直觉能力，但在她的那生中，她很固执，想按自己的方式做事，不听从大师们的指示。因此，她需要回来进行彻底的学习，她不得不从低振动开始。

要知道，当你准备好了时，你会打开自己的第三眼。这不能操之过急。每个打开了第三眼的灵魂必须学会明智地使用它。只有他们独自选择这样做，没有任何人能为他们作决定。

对那个发布上面信息的灵魂，如果你想相信上帝惩罚，那你就信吧，但不要把你的想法和信念留在本网站上，因为这个网站是一个上帝纯洁的爱、宽容和包容一切，而不是复仇、愤怒，和上帝惩罚的网站。

二十、我们看护你、帮助和指导你，但不能干涉你

你们每个人都有与生俱有的才干，没有一个人出生是没有才干

的。每个灵魂都有才干，可以用来支持自己的生活，并使自己的生活幸福，但很多人却没有这样做。如果你能看到灵魂回到我们这边的家后，意识到他们在自己的生活中没有做自己应该做的。正是他们自己，不是我们，为他们没有使用自己的才华而感到遗憾。

当你还在地球上的时候，我们不能告诉你，除非你问我们，你是否在犯错误或没有使用自己的才干。来对你做什么加以评论，这不是我们的目的，除非你自己要求我们这样做。我们受"债务法律"禁止，如果你没有问，我们就不能直接告诉你，你在做的是错误的，正如我们可以对你建议，你应该做什么一样，但你必须把这些建议纳入你的生活并实施它们。

我们的目的是看护你在世上的生活，在必要时帮助你，引导和指导你遇见人和情况，以帮助你学习生活的教训。我们不能告诉你，你做的是错的！如果我们这样做了，我们就干涉了你的选择。即使我们看到，你的自我在控制你，我们仍然不能干涉你的决定，因为我们知道，有你的自我存在，我们的话将永远不会被听到。这只会激起更多的自我。

如果你有恐惧，我们就不能帮助你。你必须面对自己的恐惧。我们可以对你发送能量以帮助你，但我们不会干预你。

二十一、没有人被诅咒

最近，我通过网站与一个荷兰人交流，他相信有人诅咒了他们的家庭。他请求我帮助释放那人的诅咒。但他们所不知道，根本不存在诅咒这种事，而且从来也没有过。在开始的时候有人对这个家庭说了些什么，他们就此而认为他们被诅咒了。

害怕因此进入了这个家庭，不久，他们就相信被诅咒了，整个家庭就此受到了影响。其实这只是他们自己的设想，并非事实。没有人能诅咒你，绝对没有任何人。

正是你的恐惧，使你相信并创建了使自己受到诅咒的能量。如果你没有恐惧，诅咒不能对你造成任何损害。如果你相信你受到诅咒，而且因此害怕，那么你就会立刻吸引你所害怕的。

我能够听到你们问："但我该如何制止这种事情发生，我如何能打破我的家庭被诅咒的情况。"你需要知道，他人能够控制你的唯一权力，让他们有的，是你允许的。其次，如果你已放弃了你的权力——许多人都是这样——你可以通过说誓言而重新获得权力和改变能量。

例如，你可誓言："我拒绝接受对我生活的诅咒。没有人可以影响我或我的家庭，除非我允许他们这样做。我从我的生活中驱逐诅咒。"说这样的话，你会慢慢开始改变你周围的能量。往往是那些沉浸在宗教或宗教信仰中的人们难以放弃陈旧的传统信念（如父母或祖父母）特别是有很多已发生的不是好的或积累的事情。但是，誓言一旦开始，能量发生改变，旧能量就开始清除，新能量开始进入。

我愿再次重申我以前说过的。你是你自己现实的创造者。如果你选择相信诅咒，那么你会吸引它到自己的能量中来。人们能唯一能对你实施的权力是你通过你的恐惧和害怕他们而授予他们的。

二十二、变化正在发生

人类开始质疑生命的过程，地球上发生着倾泻的变化，许多教堂都挤满了寻求精神食粮的灵魂。人们质疑、询问、寻找他们生活中的精神部分。尽管仍然战争不断，但人们开始谈论其他的行动方式。

人们讨论了多种寻求和平方式，并仍然在谈论。地球正在发生变化。你们每一个读到本通讯的人也可以引入变化。"我们应该怎么做？"我能听到你问。这是非常容易的，那就是在你的心中有爱。

不要生别人的气,每个来到你生活中的人都是你的老师。不要问为什么这种事会发生在我身上,而要问"我可以从中吸取什么样的经验教训？"尽量不要在你做的任何事中有消极性,无论你经历什么困难,无论你犯有什么错误,与自己达成和平。

不值得浪费能量,生自己的气或为自己难过。真是浪费能量！越多的灵魂这样想,就有越多的灵魂携带光,摆脱世界里的消极黑暗。最令人惊叹的是,许多信仰以爱心聚在一起,穆斯林、基督教、锡克教、佛教、天主教、救世军等很多其他的。

他们都团结一心。这是很长一段时间以来,人类第一次有如此大的规模这样做。变化正在发生,尽管非常缓慢地,旧的正在被新的取代。这在大范围上还不明显,但随着时间,它会被看到。从美国纽约和华盛顿特区的悲剧（911事件）,已经在灵魂层次上转化了很多灵魂。最终,这种转变将包括世界。它已经开始了！

二十三、神在首位时,人的自我就没有了空间

你问我:"我怎么才能摆脱自我？"

我的回答是:"把神（上帝）放在第一位。"

你对我说:"我怎样才能变得更加有精神（或灵性）？"

我回答你的是:"把上帝放在第一位。"

你问我:"如何才能提高我的振动？"

我的回答是:"把上帝放在第一位。"

当上帝,神圣的智慧或无论你用什么词语来称呼这个能量在你的生活中时,你的自我就没有了控制。你会看到,你的自我惧怕上帝和上帝的能量。这是宇宙中唯一的人的自我不能抗争的力量。为什

么？因为上帝没有恐惧，而自我生活在恐惧中，自我被恐惧喂养。当神在你的生活中被放在首位时，人的自我就没有了空间。

二十四、安静

你们为什么害怕安静？你们生活在一个充满噪音的世界，很少有安静的生活。在安静中你可以听到灵魂的声音。在安静中你可以与上帝沟通。这并不意味着你必须坐着沉默，僵硬和直挺中。不，这只意味着你需要意识到安静，而且不惧怕安静。

当你很安静时，你就必须要看看你生活中存在的问题。如果你走在精神道路上，那么这是到了你的灵魂向你显示，你需要注意什么的时候。这可能是虚荣心、愤怒、沮丧或自负等。当你安静，你才可以清楚地看到这些。

我的通道曾经有一个朋友，不知道如何安静。她可以不间断地找到事做。她想成为一个有精神的人，但却不会给自己时间思考、静坐、让灵魂对她说话。有一天，她得了重病，她的病迫使她躺在床上。她有很多天都不能动弹，在此期间，她在大多数时间里都是安静的。

在安静中，她的灵魂对她说话。这给她创造了很多天的自我医治时间，长到超出了她的预计。在此期间，她经历了愤怒、痛苦、伤害、挫折，这是她的身体在清除和释放被困在体内的消极能量，以便从中获得自由。她哭着并流着治愈的泪水。现在，她每天需要30分钟坐在安静中，听她灵魂的声音。她知道，如果她不这样做的话，她可能会像以前一样，被迫再次经历她所经历到的。

在安静中坐着并不意味着人们必须成为像佛教僧人和尼姑一样。对你来说，你只需要能够安静。你可以阅读一本书，或在家里做些事情。你也可以出去散步，但必须是在安静中，不与人交谈，而聆听来自灵魂的声音,让其进入自己的知觉中。随着时间的推移,你会发现,你的灵魂开始对你说话,告诉你,什么对你的成长是必要的。如果你没有恐惧,让信息临到你,你会在许多方面接受自我愈合。

当一个人首次静静地坐着时,人的自我会变得不耐烦,并可能想要走动或试图和你说话。忽略这一点。把精力集中在一个炎热的夏日午后,你在美丽的松树林中散步,清凉而清新。或把精力集中在一只漂浮在湖上的船,你坐在船上,航行到一个有着完全安宁的小岛。

制作你自己的场景,你可以在其中安静和沉默。如果你每天这样做的话,你最终能够听到自己灵魂的声音。

二十五、"阿卡西"阅读师和预言

有关"阿卡西"阅读的题目。我觉得,让所有的灵魂都了解这个题目是很重要的。

首先,要求做一个人的信息阅读并没有错。有些灵魂害怕这样做,如果一个人选择了正确的专业人士做这项服务,就不应该有任何问题。阅读可以为灵魂提供对自己未来生活的洞察力。许多阅读师能够进入灵魂的阿卡西纪录。

每一个灵魂都有自己的阿卡西纪录。有些灵魂在出生前就选择不想要任何人看他们的阿卡西记录,因此,当这种情况发生时,没有人能够阅读到他们的信息。他们可能没有意识到自己选择了这样做,当阅读师告诉他们,他们不能被阅读时,他们变得很不高兴。然而,他们选择了这样做,因为他们不希望别人援助他们的生活。他们选择了在不知道自己的生活会发生什么的情况下生活。

是人的自我想做信息阅读,还是人的高我想做信息阅读?这当然是人的自我。直到灵魂能够达到很高的振动,并连接到自己的高我,知道未来会发生什么会是非常有益的。人的自我总是在寻找信息，想知道未来会发生什么，并通过了解这一点，就可以提前计划。然而当一个人做了信息阅读后，往往会阻碍未来，因为一旦人的自我知道了在自己前面会发生什么，就会开始进行规划和计划，结果就会阻止未来应该发生的发生。

一位阅读师应该有良好的信誉，而不是为了"解除诅咒"或"如果你给我更多的钱，我就会告诉你更多"。这些能预言的人，像其他人一样，这项工作是一个职业，对于许多人来说，这是他们的主要收入来源。虽然他们阅读的信息来自于至高者或上帝，人们认为这应该是免费的，因为它来自于源头。但这些在这一领域工作的人，他们也有自己的帐户和消费需要支付。如果他们不收取费用，他们将无法维持生活所需。

如果一个人想要找一个阅读师给自己做信息阅读，应该总是要求看看他们的推荐他们过去客户那里的信息。那些真正在精神层面上工作的人将会提供这些给你看，许多人也取得了很好的声誉。他们给你的信息正是你今生选择要做的。

我的通道玛格丽特在阅读信息时，当她的客户告诉她，"我绝不可能那样做"或"我从来没有看到自己这样做"时，她会变得非常沮丧，因为我通过她告诉她的客户，他们的使命和他们的生命道路。玛格丽特自己在多年前也没有人告诉她会成为一个公众人物，上电视和电台，写书，而且会为一个更高的意识做通道。她那时不相信她完全值得做到这一点。

阅读师应该鼓励你，并用爱给你做信息阅读。他们告诉你的是你前面可能会发生的，往往是你自己不想看到的或不想做的。如果你朝着它前进，你会找到自己的热情，自己的使命。

一旦阅读师给你做了信息阅读，他们的工作就完成了。至于是否接受他们给你的信息，这是你的选择，你可以选择与其工作，也可以选择在恐惧中逃避。你做出选择。

许多灵魂，当他们的信息阅读没有成为现实时，他们就责怪给他们做阅读的阅读师；但阅读师的唯一目的是给你信息，而不是替你生活，只有你才能做到这一点。阅读师只是一个信使，仅此而已。

如果你不容许预言成为现实，那么这是你的问题，而不是他们的。你们每个人都有自己的命运，你们每个人都可以找到并掌握自己的命运，不要害怕这样做。当你提高了自己的振动，提高了自己的觉悟，需要知道未来将不再是你生命中的重要组成部分。随着你的高我进入，它会没有惧怕地引导和指导你。但在开始时，确实应该利用一个阅读师的帮助，以指导你走在自己的人生道路上。

二十六、期望

许多人来到我们在澳大利亚山区的学校时期望我会在那里，坐在椅子上，等着和他们说话。也许在那里等着我给他们医治？其他人希望在那里看到那些具有惊人的医治力量和身着白色长袍的同胞。实际情况远非如此。是的，我在那里，我的能量在整个学校里。每当玛格丽特教学时，我都和她在一起，但我不是以肉身的形式存在！我不能这样做，因为这样做，就意味着我将不得不降低我的振动。但是，玛格丽特已经提高她的振动，足以通道我的能量和教学。这就是我们所需要的一切！通过她，我们的工作得到完成。通过她和其他的通道（我可以这样说），我们的能量就有改变地球各地灵魂的作用。

常有人问我；"你通道其他的人吗？"是的，我也通过其他人通道。我通过很多人做我的工作，但是，其中许多人不为所知。他们常常不知道自己在通道我或我的能量。玛格丽特是唯一已知的，因为该网站的成立，以方便我的教学。

另一个我常被问及的问题是，"为什么从不同的通道你的人那里得到的通道信息有很大的差异呢"？这是因为信息的解释取决于信使。例如，如果信使们相信我像一个天使，那么他们通道的话就象征着天使般的存在。如果他们相信神智学，那么他们通道的话就会带有神智学的性质。问题正是出在那些通道我的人们对我的信息的解释上。

每个灵魂都有自己对我的图像和自己对我的想象，我是谁和我是什么。我是一名教师，没有别的。我不是神，不是古鲁，没有什么特殊的，不希望受人崇拜，也不用被放在显赫地位上。我只是一名教师，我的能量和其他大师们的能量一起，在尽其所能地改变地球上的能量。

如果你访问我们在山上的学校，尽量不要有任何期望。如果你能这样做的话，你就会从学校里的能量和存在里获得最大的效益。

二十七、天堂与地狱

经常有人问我，"有地狱吗？"我的回答是："没有地狱，但地球是地狱。"这是因为对很多灵魂来说，地球和它的目的是让人学习经验和脱离旧意识，因此是一个非常难待的地方。最重要的是，人还必须与魔鬼或撒旦，即人自己的自我搏斗。人的自我制造了惧怕，这对许多人来说，惧怕阻止他们前进，阻止他们学习需要做的，或释放他们的旧意识。

地球上的每个灵魂都生活在自己的全息图里，每一个人都有自己在出生前就已经创建好的人生计划。对一些灵魂来说，地球是一个试验和遭受苦难的地方，所以他们不希望在这个地方生活。对另一些人来说，地球却是一个美丽和奇妙的地方。对此，它取决于灵魂的发展水平。随着人与自我搏斗，人在向高振动迈进，直到人开始意识到人的高我，人的高我才开始帮助人控制自我并引入更高的能量。

多年来，教会和宗教当局在世界上制造了恐惧，他们应对其负责任。他们的教学，通过使用《圣经》的语言来引导，以"惧怕神"来压制情绪和控制其成员的思想和想法，并且没有用任何方式帮助地球。当人有惧怕时，就不能前进。

神是爱，神实际上是人的高我，所有的灵魂都是这个能量的一部分。人只是要寻找到这一能量。而当人在自我中，有惧怕并被其他情绪，如怀疑、不安全和缺乏信心等所控制，就很难保持与高我的接触。只有当人通过面对惧怕而脱离这些，才能开始意识到自己的高我并与这一能量合并。

通常人们经历的惧怕不是来自于此生，而是储藏在灵魂记忆中的陈旧意识结构。当这一旧观念被清除后，灵魂就能够前进，人与自己高我的联系才能够发生。

你的惧怕是什么？什么阻止你前进？我在前面说过，每个灵魂生活在自己的全息图和学习空间里。如果你是这个世界上唯一"真的"而其他人全是你凭空臆造出来的？想想这个问题，因为它可能是真实的。所有这些到你的空间里来并在那里教你的灵魂，都是你的镜像，他们让你看到你不希望看到的自己内在的东西。你可以选择你是否愿意看你的镜像。

你选择你的全息图像是天堂还是地狱！许多灵魂因自己的惧怕而持续生活在地狱里，并不能继续前进。那么，当他们在离开地球后，可以"看到"自己所做的事，以及他们的惧怕如何阻止了自己前进时，他们对此感到羞愧。

面对自己的惧怕、面对自己的黑暗面是不容易的，但是一旦人开始向着光前进，内在的平和成为一个人自己的一种生活方式，而与自我的"战斗"就会越来越少。是的，有一个天堂，是的，有一种选择，人不用等到死后才能经历天堂。你的选择创建你的现实生活。就是这么简单。

二十八、人间天堂

没有你们的帮助我们不能在地球上做我们的工作。多年来，人类一直被自我捆绑。时机已经到来，人类作为一个整体已决定改变。

许多灵魂在他们今生来到地球上以前，提供自己为我们工作（正如许多人称呼的"光工作者"）。现在时机已经到来，我们已经准备就绪帮助人类改变和提高觉悟。然而，当我们需要你们的帮助时，许多灵魂却跑掉了，他们被自我控制了。

我们打算把天堂带给人间。换句话说，如果变化在人类中发生，就可以在整个地球上体验欢乐、和平，以及那种在地球上被叫作"天堂"的平衡。我们可以帮助你做到这一点。但是，当我们要求你的帮助，我们就需要你在那里。你们中许多人在过去几年中已感受到召唤，要与我们合作，但却要么停滞不前，要么逃跑了。

我们已经派遣老师来帮助你们，但你们看这些老师就像看可怕的人一样，而实际上，他们是你的镜子，显示出你不希望在自己身上看到的东西。衡量一个好老师的标准，就是他们会否向你显示你不希望在自己身上看到的东西。

地球的未来，如果我们要做好把天堂引入地球的工作，我们将需要很多人帮助我们。在我们精神领域有的，在地球上也可以有。但我们不能单独做到这一点；我们需要在地球上的你们以物体的形式协助我们。如果你感受到召唤，那么就要求被引导给可以帮助你的人。

不要让任何东西挡你的道。你呼唤我们，"大师，我们希望改变地球"，但是，当我们说，"我们已经听到你，我们在进行中，"你却逃跑或被恐惧笼罩。我们并不想伤害或损害任何人，只是为了给你显示更好的生活方式——一种更容易的方式。请让我们帮助你。

幸福是每一个灵魂的权利，但地球上有这么多的人不幸福，而且生活的很痛苦。为什么会这样？这是因为你不知道你的幸福在哪里。你们中许多人从来都没有相信自己有能力事事快乐。消极性就像僵死的重量紧扣着你,你越不快乐,就越沉重。

第八卷：能量

第一章：一切都是能量

一、能量

一切都是能量。你说的每一个字语是能量。你的每一个想法是能量。

能量必须流动到某处，否则会返回起源。当能量返回到它的起源后，因为附加的思想，它已经发生了变化。例如，积极的想法和积极的话语，就能创造更多积极的能量。积极的能量激励、创造和增加自主权。

消极的想法会做两件事，不是制造恐惧、怀疑、不安全感和任何其他的消极情绪，就是回到其起源，因为它们尚未被使用，它们消极地返回到起源。停滞不前的未被使用的能量只能是停滞不前的。消极的话语产生同样的效果。

当一个人没有热情，对自己有不好的看法，对任何事物有恐惧或怀疑时，他们就制造消极能量。如果他们说消极话语，这些消极话语就能对他们的目标制造破坏、恐惧、怀疑和不安全感。随后，这就能对人的精神体，即查克拉系统造成阻塞，这实际上就影响到身体组成部分的腺体。当腺体不正常时，身体就无法正常工作，因为能量受阻，它就不能到应该去的地方。精神体和身体是一体，并不是通常所认为的是分离的。

身体、情感、心理和精神体共同合作，而不是彼此分离。当它们处于平衡状态，整个身体就处于平衡。如果任何一个机体没有同步进行，就会影响能量的流动，通常能量会到人体内部，回到起源。

二、前世情感能量

情感是一种能量。你在地球上生命的目的是要跳出这一能量，控制和远离自己的情绪体。只有这样，你才能看透世上生活的虚幻。这并不意味着你缺乏感情，但你有的感情会以一种超然的方式存在。你仍然有爱，同情和所有其他感情，但没有教条，没有操纵，没有情绪纽带。

在你们的地球生活中，你们中许多人会遇到那些前世和你生活过的灵魂。对于你们中有些人来说，这种感情和情绪会十分强烈，你相信你在恋爱，即使你已婚或已和别人一起生活。这些表面化的情绪，连同你的感情，将会使你异想天开。

为什么会这样？这是因为你连接上一个未完成的能量。有时，你只需告诉他们，你爱他们，就足够。而在其他时候，你可能要和他们待上一段时间，让在你们之间的能量消逝。对某些人来说，可能注定要与某个前世生活过的灵魂成为未来的伙伴，这可唤起你内心里最可怕的恐惧。

你们的工作就是释放旧能量。对有些人来说，这意味着你要放手在你生活中的某人。这可能会表现为愤怒、惧怕和健康等问题，但这些旧能量已经存在于你的多次转世中，你们每一位将选择在适当的时候将其释放。

行星运行会触发所有你需要从中学习的经验教训，以帮助你释放旧能量。你不仅要面对过去生活过的灵魂的能量，而且你周围的人可能也会在这个过程中提供帮助。这通常不是你独自一人能做的。所有这些相关的人都是你剧中的演员，你是你剧中的明星演员。一旦你开始认识到这些灵魂是你剧中的演员，而不是你生存的威胁，你才能在知觉上向前移动。

所有的情感都是能量。从你思想任何事的那一瞬间，它就成为能量！你只要这样想想，然后想象没有释放的能量，它一直保持在你里面，就像一个大疮和煮沸的水在你的身体上溃烂和冒泡。我可以看到你们中有人对这个陈述表示厌恶，但如果你不表达自己的感情，不平和清晰地讲述自己的真实想法，不面对过去的生活能量的话，结果就是如此。

所有未使用的能量都存留在身体和心灵的记忆里。如果不表达，它就会成为问题，不仅在此生，而且往往延续多个转世。如果这个能量没有被清除，它就会一直在那里逗留，等待机会在未来的转世中被清除。

你可以问我："大师，你为什么允许这样做，为什么至高者允许这种存在？"我们并没有允许它存在，是你，你允许它存在，是你因为惧怕、怀疑和不安全感而造成这种情况，与任何人无关。

一旦你面对了这个问题，能量就得到了释放，但至今很少有人愿意这样做。惧怕阻止他们这样做，与惧怕同在的愤怒，和所有其他的情绪制造了障碍，从而阻止人们释放旧能量。你带着仍然没有清除的能量回到精神世界——你在另一个层面中的真正的家。

当旧能量没有被清除时，它很容易在你的下一个转世或未来的转世中表现在内分泌系统并体现为疾病或健康问题。例如，如果要清除的能量是累积在喉咙里，那么就有可能产生喉咙方面的健康问题。

首先，不要逃避！你要面对这个问题，并允许旧能量被清除。一旦你这样做了，能量就消散了，你就能够因此向前迈进。因为你已经在放手过多次转世的埋藏在灵魂深处的东西，无论它怎样表达，都会导致痛苦和伤害。但你如果确实放手，并继续前进，你才会处于一种灵魂的启蒙和知觉能够改变的意识状态，至此，你才可以真正提高振动。

三、前世生活能量

在你出生之前，你就选择了自己的人生功课和需要实现学习这些人生功课的一切；只有在你能化解了与这些人生功课有关的问题后，你才能前进，否则，你就会被困在过去。

比如，如果你需要钱，但因为你还没有学会有关钱的人生功课，还没有脱离自己的旧能量，你就不能体现自己的所需。直到你能离开自己的旧能量，你才能够前进。

你怎样才能脱离旧能量呢？首先你需要面对自己惧怕的一切。让我给你举个例子。你在今生中选择了与人分享自己的财富或钱财。在你的一个前世生活中，你很鄙吝、很自私，不与人分享自己的钱财，或紧扣自己的腰包。你从没有分享过自己所有的，而且还对那些前来寻求你帮助的人们哭穷。因此，你选择了今生来改变这一能量，你不但要分享自己所拥有的，而且还要帮助那些需要帮助的。

你有丰盛的收入，多于自己所需，有人开始请求你的帮助，但在你潜意识里的前世记忆却立刻把你带回过去，因此，与其帮助向你求助的人，分享你所拥有的，你还像过去一样紧扣着自己的钱财，结果，你就不能使自己从自己的前世生活能量中摆脱出来，这就会导致你再次化身，设法努力化解自己的这个前世生活能量。

你的出生星象图会给你提供有关这个话题的信息。每个人都有自己要学习的人生功课，但通常并不知道这些功课是什么。只有在你找出自己今生要学习的人生功课以后，你才能开始改变你的路径，并通过改变来提高自己的振动。

四、前世生活的威力

你不知道在你自己的生活中有多少是花费在前世生活的能量中！你漫步人生却浑然不觉自己的前世生活经历在你当今的生活中所起的作

用。你当今生活经历的85％以上是由前世生活经历造成的；你做的一切都是由前世生活能量制造的；宇宙为你创造了你需要偿还业力或被偿还的情况。如果你事先知道需要对自己有关的前世生活做什么，你就会跑掉，因为你的自我不想面对过去，不想学习你需要学习的东西。

许多人进入你的生活，以赔偿你在前世生活中所经历的痛苦，或纠正他们做错的，然而，你的灵魂记忆了你在前世生活中所经历的一切，当你遇到他们时，你被自己的恐惧所控制，与其化解和了结其业力，你却选择逃避。

恐惧是如此可怕的情绪，可以根深蒂固地埋藏在潜意识里，你也许甚至不知道它的存在。人类有太多的恐惧，但却不知道怎样释放，并在自己的生活中继续前进。恐惧会麻痹你，以至于你不能实现自己今生的使命；恐惧会反复强迫你滞留在自己制造的牢笼里，因为你看不到自己的恐惧，只能感觉到，你根本无法知道它为什么存在，无论是否是你在前世生活中所经历的。放开你的恐惧！你不再需要它，面对恐惧，不管它是什么，朝着自己的命运前进。

什么是你的命运？在你出生前，你就选择并写下了有关自己命运的人生计划，称之为产后图或出生图，一个训练有素的占星家可以帮助你理解你今生在人世间要学习、探索，以及要面对的自己的前世生活；每个人都有自己独特的星盘，可以通过一个占星家读取。这是你可以获取的最好信息，尤其是对你的家人和朋友。它可以帮助你加快自己的生活，并把你从多年的冲突和黑暗中释放出来。

为什么你有财政问题或婚姻关系的烦恼？你可以从自己的出生图中找到答案。你是谁？你真的知道自己吗？你的出生图将展示真实的你，而不是你的自我希望你所看到的。这很容易从出生图中找到答案。更重要的是，你能通过自己的出生图知道自己的恐惧是什么，在哪里。

没有什么能比你把自己的钱投资在了解自己的出生图中更好的

了，这没有什么好怕的，这只是对自己过去，现在和未来的理解，你还等什么呢？

五、满足, 安宁, 喜乐

什么是理解一切的安宁？什么是喜乐？这是一种只能当灵魂处于安宁时可以经历的状态。

从多个转世生活中，灵魂积累了大量不安的能量，而这些能量尚未得到舒散。正是这种能量导致不安，并被你的自我用于反对你开始走向实现自己的精神路径。所有你所担心的、愤怒的、情绪低落的、都是你尚未处理的能量。

这些是消极能量，从一次又一次的轮回里被困在你的能量场中。你们中有些人几千年来一直携带着这些能量，害怕放弃它。而你们的自我却在你的每次轮回中庆祝它是怎样利用了这些能量来阻止你在精神上前进和从地球生活中获得自由。

精神发展在于处理这些能量，不管它可能是什么：愤怒、恐惧、怀疑、不安全感、不满、嫉妒和更多的情绪等。控制情绪体是一个人提高振动的唯一途径。生命旅程的目的是释放这些消极能量。

先知耶稣说："走进你的内心，一切都在你里面"。他为什么这样说呢？他这样说是因为他知道通向天堂、喜乐、乐园、平静、涅槃等无论你想怎样称呼的，关键存在于一个人的内心和控制一个人的情绪体。

在你的一生中，老师们会进入你的生活，人们会成为你的一面镜子，把教训呈现给你。当人们看到这些人、事、物时，通常的反应是逃跑，不管它是什么，人们不希望面对自己看到的。那些少数选择不逃跑，敢于面对自己问题的人，他们从自己的情绪体中释放了这些能量从而提高了自己的振动。

一旦灵魂提高振动，扬升到超越地球上的幻觉，就能开始看到所有的消极能量都是徒劳的浪费能量。只有这样，灵魂才开始寻求平静。只有这样，满足才将成为生活的一部分，你才能够理解一切的平静。

每一个灵魂都可以达到满足，可以拥有喜乐。但这不会是通过云彩被送到天堂，人必须通过面对锁在自己潜意识里的所有负面问题。只有这样，人才能找到真正的满足。

六、梦是旧能量的释放和新能量的创造

你的梦来自于灵魂的回忆以及多个前世生命的记忆。你的梦镜也是我们给你未来信息的场所。当你做梦时，如果你的梦很深沉，我们就可以与你沟通，让你知道未来会怎样的信息。

同时我们也在释放你的前世生活的记忆，这些记忆已经经历了多个前世人生并储存在人的灵魂记忆中。梦是能量，来自过去的没有被使用和没有被表达的情感能量，以及等待着在未来被表达的能量。

一旦人开始精神发展，并开始提高他们的振动，人就开始有失眠的问题。许多灵魂发现他们一大早就醒了，许多灵魂在清晨三点醒来。这一切取决于人体的生物钟，没有两个人是相同的。

这一困难是人的自我创造的，这是因为人开始离开自己的"安乐窝"，人的自我处于恐慌状态。人的自我深恐失去控制，因而处于报警状况而不让自己休息。即使在晚上睡觉时，它也不会让你睡得很沉。它在定期执勤，意识在警觉任何变化。同时在晚上的这个时间，在黑暗里，自我可以制造大量的恐惧和不安，它希望以此阻止你前进。

如果你不使用自己的能量于创意，治疗，或帮助他人，我们就可以用这种没有被流通的能量。这种能量可以帮助我们向你传达信息，即使你是睡着了。这些信息留在你的潜意识里直到你需要它们。通常在人刚醒来时还记得这些信息。最佳时间是清晨或午睡后，当人处于不是很睡着，但也不太清醒的状态时。

有人问我："为什么我常常不记得我的梦？"这是因为人的自我不允许人记得，甚至那些需要释放的深潜意识的梦，以及我们在帮助你的梦。有些人称它们为噩梦。人一旦意识到这种能量并对其释放，人的自我就很难再守住它并在将来用它来反对你。

关于梦还有很多可以写的，我也许在将来会再写写梦。但现在你只需知道，梦是旧能量的释放和新能量的创造。你的睡眠状况往往可以得到我们世界的通道，你们中许多人在睡觉的时候，到我们的世界来看过我们和你的精神家庭。

七、权力是能量

一观众问道："加强个人权力的概念，事实上，我对权力这个词感到混淆。其原因是，权力可被人的自我利用，我相信，权力也可被精神使用。请澄清权力这个词在你们精神领域里的有效定义，以及我们怎样才能在地球上应用这样定义。"这是一个很好的问题，因此，我选择在这篇通讯中回答这个问题。

是的，有精神权能存在，权力也可能被人的自我利用。不过，没有权力就没有能量，即使是一个只有极小自我的人，也需要有权力驱动他们的需要和欲望的能量。在现在的地球上，存在着太多自我的权力，而只有很少的精神权力。人类目前处于其发展的一个非常重要的阶段。地球的变化正在为人类在自我层面上创造改变，这已经做了一些年了。你们已经看到一些跨国公司的财富和自我是如何倒塌了，以及那些如何滥用自己权力的人现在在监狱里服刑，并在公共场合被斥责，被羞辱。

人类具有自负已经有相当长时间了，这是人类自我的一部分，直到现在都无法被消除。然而，时间到了，这种情况将会被改变，人的自我将被驯服和祛除。不过,这并不是故意造成的。没有人用人的方式和精神的方式创造了人的自我,简单地说,它是因果关系的结果。你给出了什么,就得到什么!这是一个宇宙法,无论人们相信与否,给出什么就一定回收什么!

世界正在发生巨大的变革,自然灾害,企业动荡,破产,以及人们的恐惧。这些变化在帮助和支持人们少有自我,更多地理解精神,尤其是精神法。

多年前,地球上只有很少数人在寻找可选择的、精神的道路。但在今天的地球上,人类有了很多途径寻求精神食粮,如在书店、音乐商店、学校课程等都为此设有专门的部门。越来越多的人走向有精神的生活方式。什么是有精神的生活方式呢?它是自己有安宁,没有自我,没有恐惧,不给任何东西任何能量。

一旦你能够做到这一点,你就超越了自我!总会有些人试图争权,并误用或滥用拥有的权力。但是,随着光子带能量的到来,事情开始发生变化。那些试图争权,表现自我的人将会发现,他们不能再这样做了。只有你和你自己,能够意识到你是自己生命的力量。这是你的能量,与你的心智一起,你就能有自己希望有的能量。因此,人类本身正在加强自己的力量。

随着时间的移动,人人都会成为自己的主人。每个人都会意识到他们如何创造自己的现实。这需要时间,也不会在一夜之间发生,但它会发生。现在正在发生着,加上地球的变化,以及人的变化,由于这些变化,是未来的先驱。在世纪交替之际,你会惊讶地相信这些变化真的发生了。

八、你为什么担心?

为什么你担心这么多的东西?你担心人们会说什么,人们会对你如何反应。你害怕很多东西，你会为人们对你说什么而受到搅扰。

正是你所做的这一切，阻止了能量的流动，而这却是你有权接受的。你不断让自己卷入他人的生活。但每一个灵魂生活在自己的生命计划中，并在经历他们需要学习的生活经验，同时，他们在为你提供从他们的经验中学习的机会。

如果有人不认同你有什么关系呢？如果一个灵魂选择要诚实待你，即使你知道那不是你的看法又有什么要紧的呢？这无关紧要，因为这只是他们的实情，这只是他们看事物的方式。但你们却常常为这些事情不高兴。真是浪费能量！所有的时间和能量，你就这样白白的被自己浪费了，你阻止了自己实现使自己和家人高兴的需求。当然，这是人类教条化的结果。人类难道不是长久这样做的吗？

这正是世上仍然普遍存在战争和冲突的原因。要做到当有人对你讲真话，即使它可能对你来说并不是你的真实情况所受到伤害而选择洒脱并不容易。在地球上，太多的人花费了太多的时间来证明和维护自己的正确和清白。这又是在浪费能量！就像狗叼着骨头，你不能不管它，你不得不继续对你周围的人讲有关的问题，维护自己的真理，保护自己和证明自己。尽管那些灵魂们支持并尊重你，你仍然觉得有必要这么做。

如果人们需要向你表达他们的意见，不要对他们的行为感到不高兴。告诉自己，用爱放手，无论你的感觉情绪怎样，让它去。一旦你这样做了，它将不再是一个问题，你就可以因此向前迈进。

如果你能站在你称为上帝的面前，知道你对所说得没有错，这才是重要的。你越少花费时间担心他人，他们说什么，他们做什么，或他们可能做什么，你就有越多的能量来实现自己的梦想和愿望。再没有任何其他需要说的。

九、金钱也是能量, 及能量交换

人类对能量有着太多的不知道和不理解。一切都是能量。即便是花园里的岩石也有能量。金钱也是能量。只有当人类学会了理解能量并明智地使用它, 地球才能真正发生变化。

你浪费了太多的精力做徒劳的事情, 为生活担心, 坚持做自己不喜欢的事情, 等等。你说徒劳的废话, 浪费能量。你不知道, 如果你不这样浪费能量, 就可以使用它来表达所有在你生活中的需要和愿望。

能量必须被使用, 如果不被使用, 它会变得萎缩, 然后就会死掉。这适用于所有的东西。你的能量极为宝贵, 但你们中许多人并不尊重能量, 往往在许多方面误用它。

你所做的一切都是能量, 从体育比赛到甚至睡觉。你的身体以不同的方式使用能量。你睡觉时, 你的身体在节约能量和更新能量。在体育运动中你使用能量。

通过对能量的学习, 以及如何使用并不滥用它, 你就可以成为一个在最高水平上理解能量的非常有才华的人。我能听到你问"我怎么做呢", 你可以通过观察自己的能量, 你如何送掉自己的能量、如何使用和滥用自己的能量、如何浪费掉自己的能量, 来做到这点。例如, 如果你为别人做了事情, 就必须有一个能量交换, 能量交换是一个宇宙定律。但你们中太多的人根本没有想过当你给出自己时所浪费掉的能量, 甚至没有想过你在对你所帮助的灵魂制造因果报应, 因为你做了他们应该自己做的。

"我怎样才能改变?"我能听到你们问。你只需要意识到你在如何帮助他人, 并确保始终有一个能量交换。比如, 一个朋友需要资金贷款, 你强烈地感受到你要借给他们。你怎么知道这个灵魂不需要从没有钱中汲取教训呢?你不知道, 但你需要意识到这一点。问自己:"如果我帮助这个人, 我会不会中止他们从中学习和汲取教训呢?"大部分时间里答案是肯定的。

如果你借钱给人，怎么办？你需要设定还款时间，并确保贷款人知道这一点。也许你需要向这个贷款人发一封信，说明这个还款时间。太多的灵魂贷款资金给人，却害怕把钱要回来。问你自己你是否能把贷款要回来。很多人都无法做到这一点，如果你是其中之一，那么就不要贷款给人了。

有太多的方法可以让人意识到能量以及它被怎样使用了。要记住，一切都是能量。你在哪里浪费了你的？仅意识到这点，并不断改变滥用能量的方式，你会发现你有更多的能量来做在你生活中更重要的事情。能量是每个人生活的一部分，你们大多数人在用自己的储备能量，却奇怪为什么你往往在自己最需要能量的时候没有了能量。

一旦你了解并意识到能量，你不仅可以更好地理解你的生活，而且你还会有更多的能量来做在你生活中更重要的事情。

十、超重行李

我常常写到你随身携带的前世生活能量，以及你此生所有的能量。但是，你们中许多人还随身携带超重行李，你从生活中其他人那里所吸收和暴露于他们的情绪和情感。通常情况下，这些能量不是你的，而是他们的。

当你在经历生活时，你们中很多人只要和其他人待在一起，就吸收了他人的思想形式。儿童往往吸收他们的兄弟姐妹或父母的能量，而且没有意识到他们在这样做。以后在他们的生活出现危机或愈合时，这些在孩提时代所吸收的能量往往浮现表面。

你不仅是自己过去和现在的总和，你也能够随身携带其他人的能量。只有当你意识到这一点，你才能对这些能量做工作，并释放它。

十一、思想的能量是如何受到堵塞的

一位读者问：我一直被告知，我们为精神领域工作的工作者，治疗师等），为人们所做的是帮助他们释放能量。我们一直在谈论堵塞。我相信，我们可以从身体角度上理解这一概念。能量怎么会在人体内受到堵塞？因为我作为一个人，认识很有限，我能想到的唯一方式是分子束在一起，不动。这难道不违反这一宇宙定律，即一切事物都在不断运动？当事物被堵塞了，是否意味着它就停滞不前，但仍然在振动？所有我读的、学习的和听取的，可归结为开通堵塞和提高我们的振动速度。这个"提高"也是一个物理学单词。振动是怎样实际上被提高的？

答：你问我有关能量堵塞的问题，能量是如何受到堵塞的，以及人体能量中心查克拉(Chakras又是如何受到影响的。

每一个思想都会成为什么，从思想形成的那一刻，它就成为现实。每次你想，无论你的想法是好还是坏，你立即就创建了一个现实。你如果有一个对某事或某人的想法。这个想法注定要体现出来。如果没有被体现，它就可以回到你的内部，但它不会回到它的原处，因为它已经被你用于创造这个思想，而且它也不能被销毁。因此，它就进入你的以太体，即你的光体，并待在那里不流动，静止的，等待着，直到它被使用。

如果它不被使用（通常是这样），它就会变成停滞的，消极的能量。这种消极能量渗透到你的光体中，最终（因为它不会再去任何地方）成为停滞物体。这个物体然后就旅行到身体的一个部分，通常因为它是以太的，它就聚集在人体的能量中心，然后开始影响你的身体。

常常你对某人有想法。你觉得你想对那人说什么，但不能做到这一点。结果你就在你的表达能量中心——喉轮，制造了一个能量（思想）障碍。也许你害怕打开通往自己精神部分的门。你想打开，但却没有这样做，就会在你的第三眼或头顶创造了一个能量（思想）障碍。

让我给你一个能量被阻塞的例子：因为看不到它，它就停留在那里，在经历了多年后，往往是经历了多次转世人生后，变得越来越愤怒，因为它不能移动。因为你不采取行动，不允许创造的能量流动，你停止了它的流动。然后它就转向你的内部，试图回到自己的创造者哪里。但它却不能做到这一点，因为这是不可能的。它是精神，而不是物质，而且它只能被一个精神通道清除。因为它已经被制造，你就不能取消它，除非通过精神治疗或某种神圣的干预，例如祷告等。

一切都是能量，所有的能量都必须要向前流动。就像人类男性的精子，只有一个目的就是使女性受精一样，能量诸如思想，也只有一个目的，那就是创造人所想的。消极的想法会创造消极的现实，积极的思想将创造积极的现实。

这就是堵塞如何被创造的出来。只有来自精神领域的神性能量能够清除这些能量障碍。通过你自己引进这一神性的能量（如果你没有太严重的被消极能量所堵塞的话）或通过他人，如治疗师，精神能量的力量可以（如果有正确的通道流通这一能量）移动能量障碍，并完全消除它。这样，它就回到自己的起源，即宇宙能源。清除停滞的、消极的能量，就能让人的精神体以更高的振动速度（频率）振动。

十二、话语有创造积极或消极能量的力量

你意识到你说的话会造成多少麻烦吗？你意识到，你的话语在世上有创造积极或消极能量的力量吗？

有多少次你说了那些刻薄的或不真实的话？"她的衣服太可怕了！""你看她是怎样做事的！""他一直都在那样做！"这些如此简单的语句，却可以有相当的破坏性影响。更改措辞，就可以有完全不同

的效果。"她的衣服很独特，不过，不是我的风格！""这是她的处事方法，不过不是我的！""我不认为他意识到他一直都在那样做！"这样，能量就变得完全不同。

人类已经变得对自己的话语毫不在乎。你们中大多数人想都不想就让话语脱口而出。你从来都没有考虑过你的话会怎样影响他人。话一旦出口，就不能收回。人们甚至因自己说的话语而制造新的债务业力。

如果地球要变化，人类要在生活的所有领域里获得和平，人类就需要在这方面有改变。很多的话都是没有必要的、消极的和令人不愉快的。特别是在人际关系中，话语可以具有破坏性和毁灭性。我理解，当你在痛苦中时，你很难控制自己的感情和话语，但是，除非你加以改变，你将继续犯同样的错误。

所以，因为你不喜欢你朋友的衣服，打扮的方式，你就必须要提及它。为什么？因为你一直习惯于这样做？也许你的父母是这样做的，他们将这种习惯传给了你？也许你是为了受到别人的注意。也许你不喜欢那个人，想报复。不管是什么原因，它都可以改变！三思而后言。

观察你的话语。你说的话是事实吗？你说的话语能够安慰人，激发人的自信，带给人积极的能量吗？如果你发现自己的话语不在这个范畴中，就需要改变。从今天开始。时刻留意你说的话语。不要指望立刻改变一切，改变这一切将需要时间。但你可以开始一个一个的改变。

这样做，你的意识就会让你清楚地看到你在做什么。不要为你不能立刻改变，或你仍然保持"搞乱"而感到愤怒、困惑或内疚。只要你在一步一个脚印地继续前进。当你这样做了，你就会在各方面有变化。

十三、正确认识金钱

你们在地球上的人如此看重你们称为金钱的东西。它成为你的上帝，你惧怕它，羡慕它，渴望它，但你不知道这是对所有人的，只要你知道怎样获得它的规则。

有许多走在精神道路上的人认为，"要钱不崇高纯洁"，为何不崇高纯洁？难道世界上的人都要像和尚一样到处乞讨吗？造物主赐给你们所有的人丰富的能量，但是，你没有正确的方式使用这一能量，这就是为什么你们当中许多人会有问题。

首先，你们中许多人限制自己的思想。你反复地说，"我永远不会有足够的钱"或其他类似的负面陈述。通过说这些话并相信它们，你就在创建它们。你们中许多人随身携带着你们父母的消极程序。你们父母的缺乏、惧怕以及对金钱的忧虑常常变成了你的。

我说过很多次，"劳动者值得他所聘。"全人类都值得拥有，但很多人却不知道自己的价值是什么。造物主给了你们每个人才干，这些才干可以用于赚取自己的生活，但你们中许多人却不知道这些才干所在。

对有些人来说，他们厌恶挣钱和有钱的形象，以为这是资本主义、贪婪和贪心。但钱可以帮助人买食物放在桌上、支付帐户、购买急需品、支付旅费等。这是与他人的能量交换形式，不论是在物质上、心理上还是在精神上。

我已经对查询者说过多次，如果你有一个好的收入，那么你可以把你收入的十分之一用于帮助你相信的东西。它可以是付不起学费的学生的奖学金。它可以是对贫困国家儿童的赞助费。你也可以奉献给你最喜欢的慈善机构，或者给你认为有需要的人，但以匿名的方式。这样，一个人就保持了对事物的精神素质。

不要怕钱，因为它是一切生活的基本。知道全人类都能够实现他们所需要的，而且会更多。但人们需要请求造物主，因为造物主并不知道你需要什么，直到你提要求。你不能假设造物主知道。当你请求了造物主后，就听其自然。你只需请求一次。

一旦你这样做了，你就必须对金钱保持正面积极的思想。如果你仍然继续说："我永远不会有钱"，你就会创造没有钱的现实。如果你说："我将在我生活的每一天都富足"，那么你就会创造有丰富的现实。

没有一个灵魂应该靠福利生活、有限的经济能力、不得不住在街上等，除非他们选择这样做。所有的人都可以有丰富，问题是人要请求，然后有耐心看到它彰显，尝试它，你会惊讶地看到所发生的。

停止思想贫穷，尽管你的父母是。但你不必如此！你可以在你的生活中更丰富，你用你的思想、感情和话语创造你的每一天和你的未来。开始创建一个积极的现实而不是消极的。从今天起，开始创造属于自己的丰富生活。

十四、精神服务是一种能量的流动

已有很多有关为精神服务收取服务费方面的文章。很多人认为，因为这种服务来自上帝，那么就必须是免费的，那些为自己的服务收取服务费的人是"贪婪的，而不是属精神的。"

在你们地球上有种说法："上帝帮助那些愿意帮助他们自己的人。"如果你提供服务，你就与他人分享了你的能量，那么，如果你免费给出那个能量，它就没有了自己的价值。一个工人，值得其被雇用。许多有经验的精神教师，已经学习了多年，牺牲了很多，而且往往在学习他们的专业时没有收入。请问，如果他们不收取费用，他们的能量做何使用？他们如何支付机票，参加讲习班和教学，他们如何支付他们的旅馆住宿和费用？他们如何支付他们的住家、餐桌上的食物和他们穿的衣服？他们如何供养自己的家庭？

人总是有理由想要更多，付出更少。人为什么总是将自己牢牢地绑在自己的财产和物质的东西上，你的理由是什么？你怕什么？这是从前世生活而来，还是从今生生活而来？找到这个原因，你就会找到无止境的，源源不断的丰富的答案。

你囤积自己的物质财富，你害怕改变，你紧紧抓住他人不放，你紧紧抓住自己的能量不放，但你没有意识到，你这样做停止了自己的能量流通。让能量流动起来，不要害怕，并允许丰富的能量进入你的生活。

十五、你的能量

一个本网站的观众来信问道，她为什么总是很累，她为什么没有得到大量的工作。这对我来说，我很容易地看到她的问题出在哪里，但她自己却无法看到。她的问题是，她没有再多的精力去做其他工作。

让我解释一下。此人是她所在领域的专业工作者，她嫁给了一个在其日常生活中需要她大量能量的男人。他有许多潜意识和意识上的恐惧，她每天都在设法安抚他。她还参与了其他的业务，她的丈夫本应在家庭合作中帮助她，但他却没有这样做。这位年轻女子还有两个孩子。虽然他们远离家乡，但这两个孩子需要很多的援助和指导，而她持续定期地给予他们帮助。难怪此人没有精力去为自己的前途工作。

如果你知道，宇宙知道什么时候你没有精力为自己做必要的事情时，你可能会大吃一惊。当出现这种情况时，你的工作就停止了。宇宙在用自己的方式对你说："你很忙，你只有足够的能量去帮助你的丈夫、你的孩子和你的业务工作。你不可能再有能量做任何其他的事情！当然，你不明白为什么宇宙不给你带来新工作。你可能想登广告，推销自己，但你却肯定没有精力去这样的工作。"

这位年轻女子问道，她是否受到了惩罚，因为她没有听从大师们的话做她应该做的事情，即注重她的事业和她自己的个人需要。她并没有受到任何惩罚，这是因为她只有足够的能量来处理对她重要的事情——她的丈夫和她的孩子。当她写信给我时，她声称自己是多么的累，然而，她却要求更多的工作！

你只能做你的精力允许你做的。要记住这一点，当你纳闷你为什么没有工作，或没有工作进来时，你也许需要休息，或者你可能需要改变方向。宇宙知道你需要什么，并在认为你有危险时，它会拒绝为你提供机会，它只在你精力充沛时给你工作。不要为你没有工作而责怪任何人，相反，你应该从自己内部找原因，并看看自己的能量是否饱满。

第二章：性能量

一、触摸

很多人都没有个人接触的习惯，你的皮肤或身体从来都没有接触过另一个人。然而，人的身体渴望被触摸，被拥抱，被爱。你们中大多数人变得如此僵化，不容许任何人进入你的空间，以至于你已经忘了被触摸的感觉。

人可以无性相互触摸。人可以触摸另一个人而没有任何企图。触摸是生命中最重要的部分。被另一个人触摸，无论是通过按摩，或性伙伴，或朋友是非常必要的，因此，你们要学会互相触摸。直到你能学会放弃对个人触摸的任何禁忌或恐惧，你才能在你的人生道路上前进。不然的话，你保持停滞不前，就像静止的陈旧水池，在你里面的能量停滞了，死了。

触摸是精神发展初始进程中的一部分。当你允许另一个人触摸你，你就开放了你的心脏能量中心（查克拉，心轮），你就能够经历情绪和情感。无论是友谊，爱情，或性接触，这是生命的基础部分，它连接到你身体的能量。

一个没有被触摸的人就像没有水的花。花呼吁所有通过的人为其浇水，却没人理会。你的身体也是这样，一直在渴望被触摸；迫不及待地需要被触摸，但你却拒绝这样做，要么是害怕受到伤害，要么你认为触摸另一个人是错误的，尤其是同性人！那些经常接受触摸的人，无论是通过爱，性接触，按摩，还是与朋友间的经常拥抱，都是散发光芒的人，是鲜活着的人，因为他们通过个人触摸喂养了他们的灵魂。

二、灵性和性能量

灵魂的心路历程中最重要的议题之一是有关性的能量。许多灵魂问："我如何才能提高自己的振动？我怎样才能达到最高水平的意识？如果没有开放昆达里尼，并用其将在脖子底部精微体中的网络烧掉，更高的精神意识将始终被拒之门外。

许多瑜珈功能够帮助提升昆达里尼，通过数年静思的训练也可以提升昆达里尼。但是，一个人真正需要的只是一个合适的性伴侣、正确的能量。这个适当的性伴侣能够帮助提高昆达里尼，烧毁人体精微体中的网络，因此，创建一个更高的意识形态是可以实现的。

即使有合适的性伙伴，提升昆达里尼仍然可能很难实现。因为在西方世界里的大多数人并没有意识到性对精神成长的重要性。许多灵魂不知道让自己的人体能量中心开放，以及能量流动对他们精神成长的重要性。

许多男人不知道如何取悦自己的伴侣——如何帮助自己的伴侣提升她的昆达里尼。许多妇女也同样一无所知。曾经，教育男性和女性灵魂享受快乐的艺术是祭司和女祭司的职责，因为这正是性行为的真正功用。

然而对于当今地球上的许多灵魂来说，性行为只能持续几分钟，撇下许多灵魂纳闷有什么大惊小怪的。然而真正的属精神的性行为（也称密宗性）可以是一个非常美妙的经历，能够打开人体的基础能量中心——接着可以打开人体所有其他的能量中心——这就能够让能量流动于整个的微妙机体。

目前世界上有许多精神灵魂在实践医治、辅导，以及千里眼疗法的艺术。但却从来没有真正打开自己的昆达里尼，从来没有经历过脊髓被火烧，以烧毁精微体中网络的感觉。一旦这个网络被打破，人就能保持其振奋的精神能量连接于人的喉咙，额头和头冠的能量中心。

只有为数很少的人能够在这方面教导，不知道自己的灵性可以通过提升昆达里尼而加速。多年来，人类已经忘记了性能量的目的。人类还没有学会理解在性能量和人体能量中心之间的连接，人类仍然处在黑暗中。

而这却是最重要的教学，人们可以从中学习到提高振动和觉悟的方法。对于那些实现了这一目标的灵魂，他们就与创造者，或上帝合一，最终与无穷共融。

三、性能量

太多的灵魂不知道性能量的重要性。如果允许性能量自由地运行并被利用，这个能量可以更新每一个身体细胞。性能量必须被使用，因为它毕竟是能量。它是人类的生命力量，需要定期地释放和适当地使用。允许人自己释放这个能量并没有任何错误。世上有很多的有关手淫的文章，太多的宗教和教条说手淫是错误的。

性能量一旦发动，就必须释放。如果所产生的能量被保持在身体里不被使用，就会导致健康问题和极度性挫折。人类从没有理解性能量。无论是男性还是女性，性意淫，用你们所说的手淫来释放自己，都没有错。而持有这个能量但不使用它，因此而导致问题则是错误的。性能量连接到人体内的能量中心。

这种能量的释放能够清洁人体的能量中心，更新每一个人体细胞，并提供一种和平的感觉，一种欣快感。这种欣快感能创造在大脑中产生内啡肽的神经元，而这又提供荷尔蒙平衡。如果你是一个属精神的人，使用性能量将会有利于你，所以不要抑制它，要用它。许多人不知道，这个能量也可以转变成创新的能量。不要怕你的身体，不要怕用你的性能量，并采用某种形式来释放它。

经常有人问我，我们这些大师们怎样看待那些你们称为妓女的人。我们对她们没有任何消极的看法。她们为男人和女人提供服务，如果不提供这种服务，就可能会有更多的男人们因遭受挫折而容易施行强奸。毕竟，马利亚是耶稣——基督教先知——的亲密助手和朋友，但她是一个妓女，而他接受她。

性能量是一个被许多灵魂认为有争议的议题，但其重要性却最需要被理解。不要抑制你的性能量，理解它，因为它对你的精神成长极为重要。

四、性行为

当今世界上对性行为的正确与错误有着太多的讨论。人们对同性恋倾向有如此多的恐惧和罪恶感。许多人认为这是一种耻辱。

为什么你们这样认为呢？你们这样做是因为你们不明白爱的意义。你们被数千年人类的信仰系统——人类应该只能男女相爱——教条化了。你怎么知道所传授下来的道理是真的呢？

许多人引述多年前的经文，但你怎么知道那个经文是真理？你并不知道，但由于信仰的力量，害怕不同的恐惧就由此产生。许多重返地球，想有同性伴侣的灵魂，通常在前世生活中是异性生活伴侣。

很多年前，我的通道遇到了一个女人，一个可爱的灵魂。这个女人爱我的通道，但当时由于我的通道的教条化，她逃跑了。你们中有多少人从类似的情况中逃跑了？你为什么要逃跑？你之所以逃跑是因为你的恐惧。你害怕，因为你不明白自己的感受，因为社会说，这是错误的。但这不是错误的。是的，妇女受造为生育，男人受造为播种，但人体受造也为了乐趣！如何享有快乐是每个灵魂的责任，没有任何灵魂可以因他们之间的不同而判断另一个灵魂。

当你评判他人时，你就成为法官和陪审团的角色，但你怎么知道这不是你的前世生活，或未来生活呢？对于那些选择同性生活伴侣的人来说，放弃你的恐惧，放弃你对自己的厌恶，荣耀你自己的独特性。释放有罪感，享受你的不同，因为你是真正自由的，你已经跨越了教条化的界限。

一旦你自由了自己，那么你就真正是一个人，因为你真正理解爱，并不限定于单一性别。如果你喜欢异性，也是如此。也享受这种异性经验，但不要因为别人的不同选择而谴责他人。你怎么知道你的选择是正确的？

你不知道。只有教条化使你认为如此，让自己放弃对自己的迫害。唯一的事实是现在，所有在过去发生的事情是过去的，与现在无关。不要浪费能量来争辩或思索什么是正确的，什么是错误的，因为没有正确与错误，只有选择。

五、宗教的"性"问题

当性能量不被理解，并受到压抑时，你总会发现很多问题。截至目前，这个能量已在教会团体和其他社会成员中造成了很大的问题。

没有"罪恶"这种东西。长期以来，教会一直在鼓励压制性能量，将其冠为"脏"、"错"等名称。当然，最后的结果将是这一能量以不受欢迎的方式表现出来，包括以疾病的方式表现出来。

所需要的是教育，缺乏教育和缺乏对这个能量的理解造成了问题，而不是"罪"。这是一个生存的能量。如果人试图阻止它，将会使其更加反抗。当一个灵魂在精神层面上理解了如何正确使用精神能量，使用所有的能量时，灵魂才能改变自己一直做事的方式。

否定欲望，越压抑越强烈。有这么多的灵魂，特别是属宗教的，以为有灵性在于否定。他们相信，你越是否定自己，你就越属灵。这是非常错误的。你越是否定自己，就越想要这样做。

在天主教的信仰，也许还有其他宗教的信仰里，神职人员独身。这意味着神职人员否定自己与另一个人在性方面的联盟。然而，性能量是如此强烈的能量，它必须被使用，并要有出处。由于你的信仰系统或教条化，你越是否定自己或允许自我否定，你就越伤害你自己。

人类并没有认识到性能量是人类最重要的能量，甚至比生命本身更重要。对男性来说，这种能量是非常难遏制的。他们被造作为对女性响应的物种。或者有人是自由的（有人称之为同性恋），他们就对另一个同性能量响应。

自有人为控制的宗教以来，性否认在天主教内已造成了很大损害。已发现神父对男童的不当干预，甚至有些神父与妇女有性关系，完全违背了教会的信仰。你越是试图阻止性能量，它就变得越强烈。它是一个活的能量，它制造的欲望被设计用于生育，阻止并控制这个能量可以驱使许多人发狂！这通常是很多年轻男子强奸老年妇女的原因。如果你否认自己，你就不能成为有精神的。

有很多人否认自己的事物、关系和其他东西。否认自己，你就制造了一种情况，即你的自我想要更多。我能听到你的一些思考或大声说："但我不想抽烟，所以我否定自己。"但是，这使得你更想要抽烟。缓慢撤离是处理这个问题的唯一方法。让自我一点点地放弃依赖是唯一的方法。

对于那些有酒精依赖的人来说，这可能是困难的，因为这是一个不能戒断的依赖，必须切断源头。不过，有一些组织可以帮助戒酒。另一方面，对性否定所制造的情况来说，通常却没有任何援助。

自我生活在欲望的舒适区里。否认自己的唯一方式是慢慢戒掉欲望。一旦这种情况发生，对完全否定体系的冲击就不会太大，就会更容易放弃成瘾或其他问题。一旦这样做，高我就可以进入并接管你的精神。

许多男人不知道如何使用自己的性能量或如何把其能量用于别处。一个男人看一个女人的裸体照片，这并没有什么错，就如一个女人看一个裸体男人没有错一样。这可以是很健康的帮助释放能量的方方。不要否认自己。寻找方法，如何利用这种能量用在体育或类似创意性的活动上。完全否认会制造一个更强大的欲望。

对我来说，这不是一个容易沟通的话题，因为已经有太多对"性"否定的扭曲了的信条了。但重要的是，你们中支持和理解我的教导的人能理解否定的意思，哪怕是以一种很小的肯定。如果你不这样做，"性"就可能成为你的精神发展道路上的一个大问题。

如果有人对我有关天主教教会的陈述而感到烦恼的话，我只是将其作为否认的参考点，而不是攻击教会本身。这只是一个有关对性污名化的事实证明和因其所发生的事。

六、罪与性能量

最近，澳大利亚对在教会中的牧师和神职人员有恋童癖和不当性行为的议题有很大的争议。虽然我知道在地球上发生的一切，但我很少评论，因为我不是人类社会的法官。我只是一名教师，在努力帮助使地球成为一个更好的地方。但最近，一个澳大利亚的高级大主教在电视上被问及上述做法是否在将来会出现时，他回答说："是的，当然，因为我们都是有罪的。"因此，我想就此事发表评论。

人类不是在"罪恶中"。没有人是有罪的。人们这样做事情是因为缺乏在精神层面上的教育，还有就是教会中被扭曲了的信条。性能量是一种能量，必须向前推进。它不能被压抑和阻碍。当它被压抑，或被隐瞒时，如在教会的宗教神职人员和教会中成为禁欲的男性中，相信性能量是错误的，它便成为一个更大的问题。

性能量是为了使用。这是一个非常强大的能量。有许多男人做了输精管结扎术，以此来限制他们的性能量，却经常发现精液会流入身体的其他接近部位，而这些部位不应该是精液去的地方。然后身体的防御机制开始拒绝它，这就会导致更严重的问题。当性能量不被理解，并受到压抑时，你总会发现很多问题。截至目前，这个能量已在教会团体和其他社会成员中造成了很大的问题。

没有"罪恶"这种东西。当一个灵魂在精神层面上理解了正确使用精神能量，正确使用所有的能量时，那么，只有到那时，灵魂才能改变自己一直做事的方式。人类缺乏在这些方面的教育。长期以来，教会一直在鼓励压制性能量，将其标记为"脏"、"错"等名称。这是一个生存的能量。如果人试图阻止它，将会使其更加反抗。当然，最后的结果将是这一能量以不受欢迎的方式表现出来，包括以疾病的方式表现出来。

所需要的是教育，缺乏教育和缺乏对这个能量的理解造成了问题，而不是"罪"。

七、否认性能量

"性"平衡对精神道路是很重要的。有很多人相信有精神就意味着否认"性"。否认"性"是在你的精神发展中可发生的一件最糟糕的事情。

我在这里指的不是人所做出的选择，比如人可以选择不吃肉，我在这里单指的是将"性"污名化，不明白"性"是原始能力，把喜悦、乐趣和享受生活归为负面。生活意味着快乐。然而，人类因其教条化和不同的信仰体系，为自己创造了一个生活不应该是快乐的现实。而且认为，人若是属精神的，就应该是严肃的和保守的。这是不正确的。但是，与其相反的方式也是不正确的，人如果有太多的享受和玩乐，就没有时间静思(meditation)、默祷或进行精神方面的学习了。

精神这个词在当今的世界上相当混淆。有精神意味着生活幸福，意味着与神合一，意味着关心人类，意味着让每一个灵魂过自己的生活，意味着远离冲突和战争，意味着不给任何东西任何消极能量，而且最重要的，是忠实于自己的高我。这是属精神的真正意义。否认"性"不在这些信念中。

当一个人否认"性"时，人的自我就更想要被否认，这就在自己内部引发了争斗，这往往很难打。性能量是一种非常强大的能量，所有能量都必须流动，性能量也是如此。它是活的力量，就像风、雨、和元素。一旦它被唤醒，就必须被使用。如果不被使用，它就会在体内变成愤怒，而它必须发泄出来，结果往往以一种不愉快的方式发泄。这就是为什么天主教神父遇到了这么多问题的原因。人不能逆性能量而行。如果一个人无法用一种方式使其释放，人就会用另一种方式来释放。

我常常被问道，我对天主教会和这个问题有什么看法？我对这个没有看法，这只不过是因为神父们不被允许正确使用自己的性能量所致。自己释放这个能量也没有错。如果能够这样做，这可以是对压力和压抑情绪的一种很好的释放，更不用说在释放它时感觉到的一些乐趣了。否认这种能量可以在人的生活中制造不平衡。这与玩乐、享受等同。

如今地球上很多人都太严肃，很多人都忘记了如何笑，如何有乐趣，如何享受生活。人可能会说"但是，我没有钱或时间来享受生活"。我要告诉那些人，你是自己生活的创造者，你可以做任何事情。所有你需要做的就是放手。看看你为什么拼命做大量的工作，然后解决这个问题。这是可以做到的。这可能不是一朝一夕的事或很快会改变，但是，渐渐地，只要你在改变这种状况，它就会随着时间改变。

一旦你开始享受生活，花些时间在乐趣、欢笑和享受中，你的生命就可以延长。否认"性"是一种来自于他人的信念，来自于他们的自我限制和压抑，他们自己的恐惧和信仰。人若否认"性"就不会有平衡。

开始享受生活吧，同时也要有一些时间坐下来安静，允许我们与你沟通。你知道吗，与上帝最高的合一是发生在用爱和用正确方式使用性能量的时候？这是真的。这样做，人就可以释放在自己内部累积起来的所有紧张。一旦这些能量被释放了，人就可以更快乐。对我们来说，没有什么比和一个紧张的人一起工作更糟糕的了。关于这个题目，我还有很多想写的，我会这么做的，正如我写了几篇有关祷告的通讯一样。但现在，请仔细考虑我的话。

八、否定往往意味着更少的灵性

在我前一篇通讯中，我写了有关对"性能量的否定"，这篇通讯将继续我的上篇通讯。

一旦你开始了否定"性"的过程，无论是对食品、性能量、酒类、烟草、药物或其他物质，如果高我没有获得一定的控制权，那么自我就会竭尽一切可能来为其欲望抗争。在这类争斗中，高我往往会输。

自我属于身体，而不是精神的一部分。通过多年在地球上的生活，人的自我已经学会了如何生存，如何获得它所需要的。但是，否认"性"是一个行在精神道路上的人所能做的最糟糕的事情之一。

有些人会说："但是，它是对人最好的约束！"是的，它确实是，但很多时候，当一个人通过否定"性"来实现自己的目标后，无论他实现了什么目标，都会回到原点。之所以会这样，是因为人受到自我的控制。这就是为什么许多人减肥后会再恢复体重，决心放弃烟草或毒品后却又回到原来的老毛病的原因。

然而当高我掌握控制权时，高我将会引导你找到你为什么需要这种物质，为什么必须要有那种特别的食品或食物、酒类饮料或任何你想有的东西的原因。我这里指的不是大众饮料等，我指的是那种使许多人成瘾的酒精、食品、药品、烟草或其他物质等。这一过程不会立刻发生，可能需要很多年，因为这一探索过程不仅涉及到此生的问题，而且还涉及到多个前世生活中的问题。

人类有一种因为某人不放弃自己的欲望或习惯，就会让此人感觉愧疚的程序。然而，人应该表扬那些尝试这样做，并打开寻找其原因之门的人？无论需要多长时间，人不应该感到愧疚，不应该朝着自己指责，因为身体各器官功能，它将尽一切所能得到它所需要的东西。

随着人们开始走向更高知觉的路径，人的高我越来越多地进入，人最终会认识到自己不再需要那些自己长期拥有的东西。人也会认识到为什么他想有它，它是从哪里来。即使如此，放弃这种欲望仍然是很不容易的，因为人的身体已习惯于这些，人必须要戒断否认自己身体对此的需要。人不能否认自己的任何欲望。否认只能使一个人对此有更大的欲望。

人需要向更高振动前进，让高我更多地进入，并学习如何处理自我。只有当高我越来越多的占领被自我占领的空间，人才能够理解并平衡自己的欲望。

第九卷：大师会对世界领袖们说什么

一、弥勒如此说

自从9/11，特别是伊拉克战争以来，对当今的世界领导人，弥勒如此说："你们如果不理解自己的精神部分，就不可能有世界和平。"你可能会说："我是基督徒、犹太人、穆斯林、印度教、佛教……"，但你并不知道你的精神在世上需要达到的目的。

和平不会通过杀害他人来实现。它也不会通过圆桌讨论来实现。只有在全人类理解了自己精神的一部分，并生活在那部分时，和平才能到来。

这不是关于谁对谁错的问题。所有人类必须学会相互容忍，无论他们的信条、肤色或信仰系统是什么。人类必须认识到，土地不是提供给人类占有的，而只是供你在地球上为改善人类而使用。

没有人拥有任何东西，没有任何种族的人拥有任何东西。这一切都属于这个许多人称呼为上帝、神、至高者的能量。你没有带任何东西来到世上，你也不会带任何东西离开世界。

在你的人生道路上所给予的，是上帝这个能量提供给你的，以帮助你学习对你心灵成长或教训，那是必要的。你可以问，你怎么能做到这一点，世界如何能达到人人有和平。这需要时间，但最终，随着人类提高自己的觉悟，地球有能力改变，有能力变好。

越来越多的人类在说，"我们受够了战斗、战争、内乱、死亡、种族灭绝"。你为什么不听听他们的话呢？最近，在国家的首都为这个爆发了大规模的示威游行，但那些政治家们听吗？不，他们没有，他们照样按他们的计划行事，尽管有巨大分歧。

若想改变世界，人类必须改变自己，绝不会是迄今为止人类这样的做事方式！

二、过犯

在地球上没有人是完美的。这是为什么呢？这是因为全人类是自我的一部分，其恐惧和情感能量不允许你完美。在过去，大多数政治家们把责任推给每个人，不对他们自己，以便不损害他们的形象。

如果世上的人都不承认自己有能力做错什么的话，怎么可能改变世界？世界不可能改变，它将永远不会改变。所有人在犯了错误时都太将其个人化。你生自己的气，担心别人会说什么。真是浪费能量！大多数人始终把自己囚禁在所犯的错误里，而不是承认自己的错误，然后继续前进。

宽恕是世上最重要的能量，但是，你们中如此多的人却不能原谅自己作出的错误。没有犯错误这一说，只有经验教训。一个人不应该对做出了一个错误的选择而有任何羞耻感。

这种情况每天都在地球上发生。数以百万计的人做出选择，有时做出并不好的选择。无论是好是坏，都只是学习经验。一个非常高度发展的灵魂可以原谅他人，但只有一个更高大的灵魂可以原谅自己。

一个人伤害了另一个人，你不能回去改变什么，已经改变的再无法恢复原样。如果发生这种情况，原谅你自己，继续前进。不要把太多的时间和精力浪费在为所做过的事情而惩罚自己上。

犯错误没有什么不对。只是认定，在未来的时间，如果可能的话，你会做出正确的决定。原谅自己是你可以对自己做得最重要的事情，这是所有人都应该做的，而且不应为此感到羞耻。

地球上有这样一句话"出来混，早晚是要还的"。在原谅自己的同时，要知道你已经接受了因你的行为造成了新的业力债务。这点要切记！

三、世界里的腐败

目前世界里有许多腐败，各国政府、私营商业、大型和小型公司以及私人生活都有！然而，有一个宇宙的规律，该规律是你怎么对待别人，别人也会怎样待你。你以任何形式给出的，你将会以这些形式接收。人类的自我已造成了太多的伤害！

无论是在私人执业、政府、大企业，甚至个人都无法回避宇宙规律。一个人可以撒谎，欺骗和曲解真理，但宇宙的规律说，你将收获你所播种的。太多的损害已经被政府造成，尽管他们以为做出的决定是正确的，但有一点他们从来没有考虑到：因果定律。报应定律。没有上帝站在那里，手拿着鞭子等待着给予处罚。你们都在用自己的行动惩罚自己。然而很多时候，分布于人类消极的东西，有时能产生积极的影响。

有些人不相信因果报应，他们相信所有的灵魂升入天堂，没有惩罚，但需要了解此情况并非如此。如果人仍然有未完成的能量，没有或无法得到处理，人就无法实现觉醒。一个开明的人，如果其能量中有仇恨、愤怒、恐惧等因素，他也不能实现觉醒。

为了达到扬升和觉醒，人需要控制自己的情绪体，脱离一切物质的东西。所有来到你能量中的的灵魂都是你的镜子，他们会让你知道你的恐惧，你需要在自己内部查看些东西。但是，有时在罕见的情况下，"重手"（参阅"镜子"章节）会造成更多的麻烦。

有一个在你们地球上很常用的非常古老的说法，"上帝给予，上帝拿走"，没有什么能阻止这个能量流动。正如我说的，你种什么，你就收获什么。播种是有一个良好的收获，不管正面的或是负面的！

四、如何让和平来到地球

如果和平要统治地球，人类要得救，人类就需要消除政府的统治。其原因是，每一个灵魂都是他们自己的主人。每一个灵魂都有自己的真理。

当你们有政府和议会控制时，你们就处于无政府的混乱状态，因为有些人支持政府而另一些人却不支持。政府认为那些不支持他们的人是无政府主义者，但他们不是，他们只是选择不支持那个特殊群体而已。

你可以问自己，"地球怎么才能被管辖呢？"每一个灵魂将成为他们自己的主人。每个灵魂会捐出10%的收入给一个集合体的长者们，这些长者是所有人尊重的人，而不仅仅是那些富有的或有社会地位的。长老们将会代表社会的一个侧面，而不仅仅是那些富有的或有社会地位的。他们将利用这笔收入来作为那些选举他们的灵魂提供生存需要的公共事业设施和成本。

在每月的公众会议上做出决定，灵魂在没有愤怒和恐惧下计划什么需要做，如修理、创建新的工作等。每个灵魂都会得到尊重，他们的意见也会得到尊重，因为每一个灵魂有他自己的意见。所有合理的建议都将被采纳，并最终被落到实处，为了让建议不断进入，有资金不断提供并落实到实处。

人类社会将会更多地了解大自然的作用，及其在生活中的重要性。那些有不同意见的人们会在没有战争和没有冲突的条件下并肩工作。他们会理解他们之间的分歧，但再一次地，这将得到双方的尊重。

这种情况听起来像是一个乌托邦，但它能够工作，而且在地球的未来，它将会工作。慢慢地，地球正在改变，人类会开始看到，这个古老的系统正在对自己做什么。人类也在逐渐意识到，越来越多的灵魂在逐渐意识到，旧的方式不再起作用，一些新的东西需要引入。

不过，这需要多年才能发生，但它会发生，只有在那个时候，地球才能向着更高振动前进；没有纷争、没有冲突、没有不实之词和没有操纵。地球的振动也会使这种情况发生。

那些已经偏离，或做错了事的灵魂，将被提供教育，帮助他们改变，他们将会利用这个机会改变。渐渐地，那些因为做了伤害了另一个人的事而被社会回避的灵魂，将会回到社会，并受到欢迎；但他们不会因为自己的过去而受到惩罚，别人也不会提及他们的过去，他们的过去将已消逝。

到那时，人类将生活在当下，大多数灵魂会理解生命真谛学的教学；尽管他们因为自己特殊的信仰可能不相信它，但他们会尊重它，就像他们尊重其他所有的信仰一样，而且他们将会使用生命真谛学定律，因为他们将看到它起作用。随着时间推移，当更多的事情已经发生了时，这种情况会在地球上出现。

这是一个概述，正如有些人会说是一个预测，一个对人类在未来的地球时间里将会如何的预测。在这一天到来之前，人类仍然会有经历更多的伤害和痛苦的路要走，这是不可避免的。尽管世界仍然在以旧的方式工作，但一旦变化开始了，缓慢但肯定的，人类将开始看到新的方式，慢慢地，将会实现我们所说的地球上的和平。

五、认可每个人都有自己的真理时，战争和冲突才会停止

几个世纪以来，世界的中东地区一直是冲突和战争的地方。冲突和战争开始于一块小小的土地。一方说这是属于他们的，另一方则说是他们有权拥有的。

没有任何东西属于任何人。当你来到这个世界时，你什么也没有带来，当你离开这个世界时，你也什么都无法带走。你在来去之间的一切都只是借给你，用于你在世上学习和成长的。

多年以来，人们为谋取土地而制造争端。争端的每一方都有自己的信仰系统，自己的幻觉，每一方都生活在自己的错觉中。他们看不到自己的行动是徒劳无功的。他们也看不到，为这片泥土战斗不会改变任何东西。

自我的能量，要控制的欲望，开始于很久以前，并在继续流通和摧毁所有那些接触到它的人。正是这一块他们为其战斗的土地，成为他们的折磨和狱卒。

地球上许多的地方都是这样的：北爱尔兰、中东、克罗地亚、东帝汶，不胜枚举。人们不明白，如果他们继续战斗，他们仍然可能会战斗五十年，一百年。然而，任何一方都不会分享，因为宗教信仰、政治信仰，或两者兼而有之的不同。你们难道看不到你们正在摧毁自己吗？冲突对你们做了什么？它肯定没有起到治愈的作用！

我以前在这个网站上说过，每个人都有自己的真理。为什么人类不能有很多的真理？只有当人类明白，每个人都可以有自己的真理时，战争和冲突才会停止。

我们这些来自精神领域的通道到这里帮助你们看到这一点，希望能够教育人类，你们所有的人都可以不同，但可以和睦地生活在一个国家，一个世界里。当人类这样做了，人类就会真正提高自己的觉悟，并最终找到和平。

此后，所有土地将被分享，没有人占有任何东西。总之，你从来都无法占有。你只是以为你占有了。你所有的只用于你在地球上的旅程。

六、制裁国家——他们制造债务吗

有人提的问题是："怎样从精神的角度来看一些国家在一起制裁那些不同意他们观点的国家的问题。难道这不是干预，不是在对那些受到制裁的国家制造债务吗？"

首先，我们对此没有看法。如果我们这样做的话将会是浪费能量。我们不会浪费能量来讨论地球上的赞成与反对。人类选择在自己生命中所做的，这是由他们的生命教训和前世生活教训所注定的。

地球只是一个舞台，让那些需要学习的生活教训和问题表现出来。当然，我们不支持制裁，因为这是自我和控制的问题，许多无辜的人，通常是儿童，因罚款制裁而遭受痛苦。不过，通常是灵魂选择了通过制裁的经历来学习教训。

对世界而言，看上去这可能看上去非常可怕和邪恶，但对经历这些的灵魂来说，却因此而除去了很多债务。实施制裁的国家在为自己制造债务，一切都是能量，你给出什么，就回收什么；你播种什么，就收获什么。没有任何东西可以改变这个宇宙定律。

我们正试图通过我们在地球上的通道写、教、讲。我们正在努力教导人类用更好的方式来处理生活中的问题。我们正在努力教导人类认识自我和高我。只有知道了如何处理这些问题，人才能改变自己的人生道路，最终改变世界的道路。

七、战争是自我的控制

有人提出一个问题，"战争整个都是自我造成的吗，在精神层面上有合理之处吗？"首先，战争肯定是自我引起的，因为只有自我需要对另一方占有优势，这无论是一个人或一个国家都是如此。当然，人类寻求战争会让你相信这是必要的，将给予很多理由。

如果人的高我在完全控制的话，一定会认为这是浪费能量，高我不会理会，甚至不去看它。战争是一个国家或一个人寻求对另一个国家或人的统治。这是一个控制问题。一个人想控制另一个人或想要控制其领土。它是人类生存的一部分，受自我的控制。它必须不惜一切代价获胜，并会做任何事情以实现这个目标。它可以采取杀害、伤害、谎言、欺骗、偷窃的手段，它不会放弃，直到它能控制局面。即使输了，它会舔自己的伤口，并计划在另一个时间里再做。它从未停止。它还会在其周围制造恐惧，这就在世界上造成更多的问题。在另一方面，高我却在打哈欠，说，真是浪费能量。

试想想，我可以用所有这些能量做些什么，我可以实现些什么，我可以创造些什么！高我知道，你怕什么，你就创造什么，你的每一个想法都会以好的或坏的形式表现出来。

高我不会被涉及到的冲突、怀疑、恐惧等所困扰，它从来没有恐惧、怀疑或冲突。高我只有一个信念，即一切都会好起来，它让每个人处理自己的问题，处理自己的生活。因为它这样做不给任何能量，就没有任何问题出现。如果整个世界这样做的话，就没有问题，你就会有人间天堂。直到人类了解了自己的精神部分，人类才会实现和平。

八、战争和冲突始于禁止和限制

"有神圣法存在吗？"没有，没有神圣法存在。你们对我的这个回答似乎很吃惊，但确实没有神圣法。因为你们太习惯于法律，习惯于在你们的生活中有法律存在。

什么是法律呢？法律的意义是什么呢？法律被制造是为了控制男人/女人。它是由人类制造，用于控制人类生活的某些方面。许多人当时制造法律时，认为应该控制众人行为。因此，通过建立法律，人们生活的某些方面可以受到监测。

那些制造这些法律的人们当初并没有认识到，如果你删除某些东西，夺走某些东西，或建立法律来禁止某些东西，人们就会对这些东西更多地充满欲望。如果人没有持续不断地提高意识，那么这通常不会被意识到。

至高者，神，最高的神或神圣者，正如被你们许多人所接受的，并没有制定条规，因为你们每一个人都行在自己的路上。对一些人适合的东西，对另一些人来说却是不适合的。你不能厚此薄彼！

如此多的战争和冲突始于法律、宵禁、限制，所有的一切都是为了试图控制人类造成的。一些人同意，另一些人反对！因此，没有任何神圣的法律，根本没有。如果有这样的法律存在的话，就会比现在的地球更糟。

许多人以为"十诫"是神圣的法律，但事实并非如此。造物主/终极者不偏袒任何一方，不发号施令，不希望人类与自身战斗。人类与自身战斗是由法律造成的。

你们在地球上怎么才能摆脱制造法律和超越法律呢？在你所做的一切中，在你所有的关系中，学会宽容、饶恕、有爱心、理解、无条件的爱和不评判。一旦人类学习了这些品质和其他类似的性质，只有这样，人类才会有和平，共存，全世界才会有和谐和安宁。

在本通讯中，我只能就这个问题写得很简短。不过，我希望这将有助于你们中许多人提高振动，向着更高的知觉前进。

九、神圣法

当我在上篇通讯中写到，没有神圣法，这似乎让很多人对这一说法感到困惑。也许我应该提到，我所指的是被称为十诫的法律。"法律"这个词是人类的术语，指的是人被一个人或团体所胁迫、强迫或操纵，使其按照他们的方式行事。

在我们的世界没有这回事，没有任何人被迫相信、强迫行动，或以某种方式生活。我常说，"我们的世界是一个巨大的没有自我的企业。"这是为什么呢，这是因为自我属于人类。当你回到我们世界后，你还记得你的自我吗？是的，你还记得。

许多灵魂能够看到他们的自我允许他们这样做，往往是他们的自我如何阻止了他们的成长。一个灵魂写信给我，说："但是，我们的债务又算什么呢？这是神圣法。"如果你想这样看待它，那就是你这样看，但债务（因果/业力）只是对一个行动的反行动。一个人给出了什么，就会得到什么。它不是一个法律，它是生命的一种方式。

在我的许多著作中我提到神圣法，正是那个神圣法是我在此之前，我最近的通讯中写的。这种对容忍、宽恕、爱、理解、无条件的接纳，和不评判的意识，是我们的世界唯一必要的。正如我在前一篇通讯中所陈述的，这只是我可以对这题目教导的一小部分。就是没有"法律"。

法律是用以控制和操纵人类的。对一个人是正确的东西可能就不适合于另一个人。法律可以被翻译到许多领域和被很多人所信仰的事物。人的自我会从中看到很多它可批评的，因为它一直在寻找差错。

我在上一篇所写的是我的解释，与之前所写的有关"神圣法"的题目是同一类型。在我们的世界里我们没有要遵从的"法律"，只有理解、无条件地接受和上述所提及的那些属性。再没有别的。所以，在我对报告人的陈述中，我向她解释了上述情况。在我们的世界里没有操纵、命令、控制或任何其他形式的法律。我们并不需要它。我们没有自我。

十、你不能带走任何东西

当我在通道这一信息时，地球上的某些地区正处于战争和战斗的动乱之中。战争不是基于宗教纷争就是因为争夺土地或资源。那些卷入这些行动中的灵魂并没有意识到，当他们的肉体死后，他们的灵魂回到精神领域时，不能从世上带走任何东西。

为自己的信仰与那些不同于你的信仰战斗，有什么意义呢？最后的结果是，土地永远不会属于你，那些不相信你的信仰的人们永远也不会相信你的。每个灵魂都有自己的个人信仰，因为每个灵魂都是一个个体。

人类花费了多年的时间与他们认为是错误的战斗。但什么是错误的？没有一个灵魂有这个答案。我在以前的信息中写到，每个人都有自己的真理。中东战争已经在地球上持续了几个世纪。赢回了土地，又丧失了土地。一块土地属于一个国家，然后被收回，属于另一个国家，一切都以宗教、贪婪或以自我的名义。真是浪费能量，但他们无法看到，他们是在浪费能量。

现在是到了人类明白的时候了，人来到这个世界时，没有带来任何东西的时候了。你离开世界时也不会带走任何东西。在你出生和死亡之间所有的一切，只是在此生中借贷给你用的。你可以用积极的方式使用，也可以用消极的方式使用。

你可以做选择！让你的选择是为了和平和富有，而不是为了战争、自我、贪婪、恐惧或任何其他的消极情绪。现在是到了停止战争、停止杀戮、停止贪婪的时候，并认识到，所有你为之战斗的，所有你为之争吵的，在你回到你在精神世界的家时，你都不能带走。

你所带走的只是你所用的消极行动。对这些消极行动的反行动，就是你所欠的债务，需要偿还。许多灵魂说："为什么我在生活中受到苦难？"我们在精神世界的回答是："看看你过去的行为！"

十一、战争

地球上有那么多的战争，人反对人，兄弟反对兄弟，信仰反对信仰。我们在精神世界里的，毫无办法帮助人类解决这个问题，因此，我们只有利用我们的信息通道通过写作、通讯来帮助人类。因为我们不能干涉人类的自由意志。

你们常说，"为什么上帝不停止战争？"但是，这并不是上帝发起的战争，而是人类自己。例如，几年前在科索沃发生的大规模疏散，此前已在人类历史上重复了无数次，正如数千年前摩西时代的大规模疏散一样。然而，几千年后的人类仍然遵循同样的模式。

为什么人类有战争？战争源于恐惧，恐惧有人要把自己拥有的夺走。人类想统治他人。但地球上有足够的一切来满足所有的人。你们所有的人都能够实现你需要的一切。

到人类理解自己的精神部分之前，人类将继续进行战争。我所指的精神的一部分不是在你们学校或其他信仰里所教导的，而是人作为一个灵魂，来到地球上的真正原因。对许多人来说，战争一直持续不断，从一次又一次的轮回转世中延续下来。就像当今你的计算机程序一样，如果程序没有改变，一切照旧。因此，人类，即大众，都需要改变程序。

如果每一个灵魂都与他们的高我接触，他们就能够做到这一点。这是我们的意图，接触到尽可能多的灵魂，帮助人类改变程序。只有这样，才会有和平。

十二、让我们不要再彼此论断了！

在世界各地有许多战争，只因为社会中的各阶层不喜欢他们的邻居所做的事情。一个国家不高兴另一个国家正在做的，或宗教团体试图把自己的想法强加于其他人。

你们每一个人，生来具有选择的权利和自由意志。你有权选择作出自己的决定。对那些说"我不喜欢我邻居的生活方式"的人来说，你是否想过你的邻居可能对你也有同样的想法？然而，他让你生活在你自己的生活中，而你却对他的生活抱怨和抗议。

你们生来就不是一样的，没有两个灵魂是相同的，你们每个人在地球上都有自己独一无二的位置，和独特的生活道路。在人类将太多的重点放在抱怨他人或造成社会冲突时，人类将永远无法前进。只有当人类理解，人类需要把过去留在身后，才可能向前迈进。

如果人类能够理解，在地球上的每个人，每个灵魂都有自由意志，每个灵魂可以行使自己的自由意志，那么就不会有冲突发生。太多的人在评判别人，但在基督教圣经，一本在地球上已被数以百万计的灵魂使用的书，在《罗马书》14:13写道——让我们不要再彼此论断。"

联合国已经显示，尽管意见分歧，所有国家都可以住在一起，工作在一起。在联合国内是来自世界各国的雇员，但他们同心协力，团结一致。人类也能够这样做。

当你停止评判别人，当你不被牵扯到别人的问题里，当你可以停止批评别人时，那么，只有这样，你才能在振动上前进。只有这样，人类才能向前迈进。

十三、关于战争的评论，战争无法制止战争

我多次被要求评论战争。我对战争有什么感觉？人类不需要战争，它是能量反复重演自身。战争是人的自负和自我创造的：有人必须是正确的，有人必须要赢，之所以有战争，是因为战争的双方都不想屈服于对方。

多么浪费能量！如果能把用于战争的所有能量用在其他地方的话，多少人将受益。然而，由于人的自我需要证明它是正确的，人就无法表现出良善！

我能听到你说,"但我们需要战争"。不,你不需要战争。战争是人类用于证明自己是正确的一种暴力表达,但没有人是对的,还是错的,因为每个灵魂都有自己的真理和认识。在美国,就在我写这篇通讯的时候,有不止2000个灵魂在对伊拉克的战争中死亡,这就是发起对伊拉克战争的后果。

尽管目前这个战争已宣布结束,但美国仍然在试图调解这个战争,灵魂仍然在死亡。人类不会停止大屠杀!除非你们教育人民,提高他们的振动,并通过爱向他们显示,仇恨不会获胜,否则什么都不会改变!有多少灵魂不得不死,才能使人类意识到这点?

用于战争所花掉的钱,可以为世界各地的青年人创建数百万的奖学金,包括来自伊拉克多数的年轻人,教导他们有关战争的徒劳无益,教导他们有关能量——它是怎样被使用的,以及它又是怎样被浪费在战争中。教育还可以教导他们如何用爱沟通,用爱表达他们的真理,并在不伤害他人的条件下释放自己的愤怒。用花在战争中的钱可以做很多的事。然而,人类不断地在战争上花费金钱、时间和能量。

有人曾说,第二次世界大战是一切战争的结束,然而,此后却又发生了很多次战争。战争什么时候才能结束?你们不能用战争制止战争,它只是一遍又一遍地煽动愤怒,造成仇恨和冲突。这是人的自我在行动中。

战争经常以上帝的名义发起。然而,上帝是爱:纯洁、简单和无条件的爱,没有别的。现在是到了人类向着他们的政府和当权者站起来的时候了,让他们和世界知道,战争不是答案!如果地球要生存,并在振动上向前进,人类就不能有战争。

十四、世界和平从家庭开始

人类在解决整个国家和两国之间的和平以前,需要找到在个人家庭和商务范畴里的和平。国家的愤怒，对以色列的愤怒，是已经浪费了几千年的能量，从来没有结束，从来不会改变，兄弟反对兄弟，姊妹反对姊妹，家庭反对家庭。

直到能量停止，直到能量改变，它还将会继续。如果它不改变，它将会如此相同的持续1000年！如果和平要到来，和平必须从人类的家庭开始，必须从每个家庭开始。仇恨是一个没有尽头的能量，直到它被人类结束。要做到这一点，双方必须停止。如果要找到和平，那么，政治就需要被除去，用精神能量取代。有政治统治，就有自我在那里。它将永远不会改变，除非那些有仇恨的人们学会了爱彼此的分歧。

十五、报复

谈到报复，它无助于问题的愈合，寻求报复只能助长大屠杀的能量，需要做的是人类改变自己的行为方式。理解并与所有的人一道工作，不论人的信仰、肤色或种族是什么，这对人类现在是最重要的。暴力产生暴力，现在是人类停止仇恨，开始走向和解道路的时候。只有当这种情况发生时，人类才能向其精神本质迈进。

有个灵魂对自己因被开了罚单而非常气愤，她问我怎么做才能寻求报复！我很温和地告诉她，寻求报复，只能使问题恶化，并会使其持续更多的转世生活。但她不想听，她非常生气，只想报复！愤怒煽动愤怒，仇恨煽动仇恨。正是这种行动，使得国家间数个世纪以来一直处于战争状态。

十六、只有你自己能够对你的未来和工作做决定

我已经多次被问及："大师，你能不能阻止世界上的战争、动乱和冲突？"我们希望我们能够，但是，当人类仍然处在自我的黑暗中时，我们对此只能是爱莫能助。

不过，我们这些大师们，与我们的通道一起，在世界各地旅行，提高地球的振动，最终可以使地球提高其振动，走出战争，动乱和所有其他问题的圈子。正如当一个人提高了自己的振动，就知道自己需要改变一样，这能量也同样非常适用于当今世界上的国家。人不仅有自己的生活教训需要学习，世界各国也有自己国家的经验教训需要学习。

我的通道已经到过许多国家，在她访问之后，那些国家的能量就发生了相当急剧的改变。即使不总是很显著，但仍然发生了变化。世界大部分地区仍然沉浸在过去的旧能量里。这种旧能量把人拴在旧的模式中无法前进，无法看到改变的曙光，甚至无法理解他们所做的事情是在造成更多的冲突和动乱。

你可能会说，"但是，弥勒，世界是一个巨大的地方，你打算怎么做呢？"我会告诉你，我们会慢慢地做。随着越来越多的灵魂达到光的意识，我们就有越来越多的灵魂成为发光的灯塔，将光发射到世界上。

有些灵魂甚至还没有进入生命真谛学，他们已经改变、提高了他们的振动。他们只是更加人道，更加关注世界，他们（和那些是在从事生命真谛学的人）一起，他们的精力、他们内在的光，正在将黑暗的世界改变为光的世界。

然而，有些来到世上帮助这项工作的灵魂却被自己的自我所困，相信他们的自我告诉自己的。因为恐惧或其他情绪，他们不会前进。当这些灵魂回到我们这边的家后，看到自己在世上都做了些什么时，会为自己的行为感到遗憾的。

灵魂一旦允许自我停止这种与自己的合作伙伴应有的共融，就会因此延误他们来世上要做的工作。正是这些相同的灵魂，当世上的冲突和动乱造成问题时在呐喊:"大师,为什么你不能为此做些什么?"我想对他们说:"你为什么不做你应该做的?"

最近我的一个学生,因自我,她在经历一个非常艰难的时期。在西雅图的同伴为她提供援助,她却拒绝了。我的通道玛格丽特试图帮助她,但每次玛格丽特上网去帮助她,她就下网,并关闭了自己的电脑。玛格丽特发送给她的电子邮件,她要拖很长时间才答复,而且不给正面积极的答复。玛格丽特尽其所能地帮助她,但她的自我却不想得到帮助。然而,这个学生几天前却提问,"为什么弥勒不帮助我?"

我在这里帮助你们所有的人,任何时候你需要我的帮助,我都会给你帮助。但是,你需要提出要求,并且,你必须认识到——你们中那些来为人类服务的人——你,只有你自己,能够对你的未来和你在地球上怎样工作做决定。

我们这些大师们不能强迫你或胁迫你。我们来这里是为了帮助你克服你的自我障碍和自我行为。这是我们的唯一目的:帮助你在理解生命真谛和觉悟的道路上前进。

当看到你们中很多人回到家园,意识到因为自己没有履行自己的使命,而必须要再次回到地球,经历另一次转世人生时,这是非常令人遗憾的。但这是你的选择。我们为你提供援助,但你的选择导致最后的结果。

第十卷：什么是爱

一、什么是爱

许多人认为爱是激情、浪漫和强烈。爱可以是这样。爱也可以是一种能与人在一起的情绪，能分享他们的能量，并以任何方式帮助他们实现愿望。

爱不能被定义，它只是是！ 然而，爱不是一个可以受命令或受控制的能量。如果一个人爱另一个人，这个人就应该能够理解在你们的关系中存在的差异。

不论是作为一对夫妇还是作为一个家庭，你们所有人都是一个独特的个体，彼此完全不同。即使是多胎出生的人也有不同的个性。爱不能被操纵。一旦操纵开始了，爱的真正能量就开始解散。

大部分的爱涉及到前世人生。如果一个人在一个前世人生中被拒绝，而这个受到拒绝的能量并没有得到处理，它就会留在灵魂的记忆里，携带到今生，这就会导致这个人对关系有不安全感。爱不能以这种方式工作。

当一个人爱某人时，这个人就不会去命令，而是允许他（她）有言论和行动的自由。人也不惧怕所爱的人离去，在一个灵魂生病时，爱会进入，为生病的灵魂带来关心和关注。爱会坐在医院的等待室里，等待所爱的人看病，然后会坐在病床边照看，无论需要多长时间。爱是一个微笑。带有正确能量的微笑。

爱是永远不会生气！爱是无私的。爱会取消婚约，因为它关心和关注所爱之人的福利。一个人可以说，"我爱你"。但最重要的是，每个灵魂里面都有爱，但很多灵魂却从来都没有使用过它！

爱是在看另一个人时，看到了她们的美；爱是对所有生命具有同情和理解；爱是不评判，接受其他灵魂的原本，尽管他们有缺陷，但却能看到他们内在的神性；爱，是不干涉他人，也不阻止他人的成长。然而，当有人请求帮助时，爱给予柔和的帮助，并允许其他灵魂以自己的方式找到自己的答案；爱，既不想控制，也不想主宰。

爱，是对任何事物都不给任何能量，她允许生活流向走过，即使有些事情并不完美。在这些时候，爱是真正的强大，如果允许，可以征服伴随这种时候的黑暗；爱，从不批判他人，爱认识到，每个灵魂都有自己的道路，自己的生命计划。

爱，看不到缺陷，爱能看到灵魂并理解那个灵魂为什么要走那条道路。让一个人达到以上所说的这一切，那么，这个人就能够与上帝或至高者合并，并与那个能量合一。当人达到了这个境界，人就进入了真正的幸福和极乐——即天堂。这就是爱。

二、无条件的爱

你们中有很多人说你爱他人，但你们中究竟有多少人可以说你的爱是无条件的？什么是无条件的爱？这是爱的最纯粹的形式，因为它超越了所有界限。无条件的爱不需要批准或赞扬。这是一种爱，给予但从不强求说"如果我爱你，你要这样做"。

这是一种完全接受你伴侣全部的爱。它从不质疑，只是付出而没有任何期望。无条件的爱不害怕、富有同情心、触摸、亲吻和拥抱。所以很多人说他们有爱，但却不是一种有激情和感情的爱。他们说，"是的，我爱。但我不爱你爱的方式。"无条件的爱没有任何条件和障碍，它只是爱。

无条件的爱不伤害他人。它不会引起他人的疼痛或痛苦。它不会说谎，欺骗，强求，混淆或操纵。当真爱被给予时，其给予来自最高水平上的爱。

它从不嫌恶，不管伴侣选择什么或是什么，爱接受和拥抱自己伴侣的一切。很多人和自己的伴侣玩游戏，并用爱作为武器，通常因此而灌输惧怕——惧怕离开，惧怕孤独。然而，爱情不是武器。它永远不能是武器。任何来自于心的东西，只能是最高的善。

当今的世上有两种类型的爱：有条件的爱和无条件的爱。极少数的灵魂能够付出无条件的爱，那些得到这种爱的灵魂要知道，这是真正爱的最高形式。想想你爱的方式。它是无条件的爱吗？你对爱的期望是什么？如果你对爱期望着任何东西，它就不是无条件的爱。

一旦两个灵魂在一起可以无条件地爱，那么只有这样，才能有神进入行动，灵魂才真正地感知到上帝或神。你对你的爱设置了什么条件？你对你的伴侣、孩子、朋友、父母或同事有什么期望？如果你对这个问题有一个答案，那么你的爱就不是无条件的！

三、学习无条件的爱

什么是爱？我以前在本网站上写过有关爱的题目，但它是关于一个人对另一个人的爱。但是，更可能的是，如果一个人爱你，但你却对那个爱你的灵魂没有任何感觉？这种情况每天都在地球上发生，每天都发生在很多灵魂的身上。

有人以为，因为一个人没有记忆，或没有感觉，或没有情感，就没有什么要学习的。但是有一点必须明白。所有的灵魂回到地球上来都是为了处理自己前世生活的能量。对一些处于接收端的灵魂来说，他们在回到此生前，在自己的某个转世人生中已经清除了自己灵魂中对这些情感的记忆。这个对处在付出端的灵魂有奇妙感情的灵魂，可能会为自己的情感而神魂颠倒，甚至做些愚蠢可笑的事情，并不知道他们为什么这样做。而那个处在接收端的灵魂却什么感觉都没有，没有任何感情或任何记忆。这可以使卷入这种情况的灵魂非常沮丧。

通常，在这种情况下的教训是，进入这种能量，然后继续前进，这也许是为了偿还债务，或为了帮助一个灵魂。但都是与前世生活有关。那个有很好感觉并积极追求的灵魂感觉到与另一个灵魂间有什么，他们有这种强烈的感觉，但却没有从另一个灵魂那里得到任何回应。往往，对这个主动表示的灵魂来说，其要学的教训是无条件的爱，并从这种情况中超脱出来。如果对方响应了，那么他们可能并没有学到这个教训。这就是为什么在他们相互联系上之前，就已选择了自己的角色。

一切都是关于教训而不是人的。如果一个人仍然持有前世生活里所遭遇的情感，人就不能有无条件的爱。而无条件的爱是需要的。真正的爱是柔和的、不强求、不想报复、不生气、能够没有痛苦的离开，而且最重要的是完全无条件的。通过与那些对他们没有感觉的灵魂的相互作用，教训往往可以学得更快、更容易。如果不是这样的话，能量只会继续重复自己，而没有取得任何进展。

这就是前世生活的能量，这就是人的自我竭尽全力将灵魂拉回到旧的能量中去。但这是能量，仅此而已。一旦灵魂面对和处理了这个能量，它就不再存在，它就消失了。

不要为你爱的人不像你一样响应你而绝望。要知道，这个灵魂给了你一个从你的灵魂中清除这个能量的机会，你因此就能继续前进。不要让你的自我用情绪和恐惧禁锢你。学会超脱并看到这个经历的真正目的。

四、爱和性行为

许多人试图回答这个问题，许多人还认为他们知道答案。爱是发自你心里的、想与他人分享的需要，不分性别的一种亲近，给予并接受的感情。两个人没有爱的性联盟只是一个行动而已。它可以给人带来一些满足，但却不能满足人的灵魂。只有当人以开放的心怀，感受到与其分享体验的人的情感时，性行为才能成为一个重要的盛典。

当爱在行动中，它被爱的双方表达为共享感情、善良、为对方着想。如果伴侣生病，那么关心这个伴侣就成为一个充满爱心的经历。但如果没有爱，它可以成为一件苦差事。

在地球上的每个人都需要有肉体相接触的感受，这是你存在的一部分。如果被拒绝，心就会被关闭，身体就会变得寒冷、僵化。当它被感情所触动时，它就像在寒冷的冬天开放的玫瑰。

当一个人爱另一个人时，就不会批评这个他所爱的人。你会相互接受彼此的独特性，两个不同的人在不同的音调上振动。即使双胞胎也在彼此不同的音调上振动。所有的人都各有不同，而你们却试图让你的合作伙伴像你一样。你固守你的关系，设法操纵你的伴侣以使其发生变化。然而，当你有爱，你就会接受你的伴侣的不同，而且也不会批评他，不试图改变和操纵他。

如果你想得到爱，那你就需要放弃你的恐惧。理解你的伴侣与你并不相同。他们不可能是你，你也不能是他们。接受他们的独特性，如果你不能，那么对方就不适合你。如果是这样，你就需要继续前进，经历你可能会遇到的幸福，并努力保持与已经结束关系的人的友好关系。

爱来自于心。它接纳一切，对那些感觉到爱的人来说，无论是从另一个人，还是从神，他们就能真正知道幸福。他们也知道爱。

五、每个人都有一颗心

每个人都有一颗心，人只是需要学习如何使用它。心是人类最重要的部分。心创造爱、储存爱和使用爱。当心充满了愤怒、怨恨、恐惧、怀疑和不安全感时，它是封闭的。它不能放射来自宇宙的爱——来自上帝，或至高者的爱。当人的心是关闭的，人不仅不能放射爱，也不能感受到爱。好像有一个屏障阻止爱进入。

许多有精神的人自称有一个开放的心（心轮），但通常他们却是那些关闭了自己心的人。他们说别人的坏话，宣扬消极话语，并心存恐惧。请注意，我说的是很多人，但不是所有人！有很多有精神的灵魂具有美丽的心灵和思想，他们的主要关注的是爱，没有任何别的东西——完全用爱服务于人类。

要想让地球有所改变，不能用人的说教来改变。首先必须用学习如何使用心，这个灵魂的源头和神，或至高者的爱来改变。每个灵魂都有权拥有这种爱。所有人都可以拥有这种爱，但只有少数人能体验到这种爱。当人们确实学习了这种爱，他们会体会到一种超越理解的喜乐和安宁。

六、爱

上个周末，通过我的载体玛格丽特，我参加了一个婚礼。这是两个灵魂之间的承诺仪式，她们两个在现在这个生命中都是女性，但她们之间存在着如此的爱，使得在场参加婚礼的很多人都受到感动。这一天在各方面都很完美。

这两个灵魂在她们今生的整个生命中一直都在寻找着对方，终于找到了彼此。她们的爱不仅环绕着她们，而且环绕着那些出席了她们婚礼的人。五十年前这种同性间的婚礼是根本不可想象的，但它证明了人类从那时以来已经发生了多大地变化。

爱就是爱，尤其是真正的爱，这对爱侣彼此真正相爱的程度不同于大多数人。她们的结合是一个真正的结合，不仅来自今生，而且来自很多个前世人生——因为这两个灵魂都经历了多次相遇又分离的前世生活，由于惧怕舆论而受到他人的控制。现在，在现在这个人生中，她们终于能够在一起了。她们不在乎是同性。

在我们的精神世界里，我们把这种关系叫做"自由"关系，因为她们每个人已经把自己从教条化的轮中摆脱出来，并敢于去做自己真正想做的事情，而不是别人期望她们做的事情。这种自由的能量不仅在你们的世界里能够感受到，而且在我们的世界也感受到了，因为这对伴侣真正活在她们自己的生活中，而不是其他人的真理里。

有许多灵魂从我们的精神世界里参加了这个婚礼，包括她们的家庭成员，这些成员在他们活在世上时并不开放，但他们现在已经明白了一个道理：对自己要真实！在我们的世界里你不可以欺骗自己。直到你接受爱就是爱，你才能生活在安宁中。许多灵魂都这样做。不过，一些新抵达我们世界的灵魂，当他们看到两个同性的灵魂生活在一起时，仍然觉得奇怪。无论法律认可与否，将来会有更多的这种仪式出现。

随着你们朝着2020年迈进，你们将看到世界会发生很多变化，这些变化将会永远地改变人们的——但不是全部的——思想。过去那些陈旧的教条化正在慢慢消除，新的能量正在出现，诸如言论自由，人们不再害怕说出自己的真实想法，人与人之间将有更多的理解和同情等正面能量。

从参加这两个灵魂的仪式中看到我们帮助人类消除障碍和教条化的工作起效，看到这两个灵魂结合并彼此承诺为对方的生命伴侣，是对我们工作的奖励。我们从我们的精神世界祝福她们，我们知道她们感受到了我们的祝福。

七、让你的生活中有爱

当今世界上有很多人会告诉你，世上问题的根源在于没有足够的爱。这在某种程度上是事实，然而在你能够有爱之前，你需要爱自己,并理解什么是爱。

如果你不明白人们做事的原因,你有疑问,那么,你也不会有真正的爱!只有当你完全没有了借口、阻塞、恐惧,以及其他的情绪时,你才能真正有爱。

所有你们的情绪和对情感的依附几乎都有关于爱与恨。如果你对另一个人有仇恨、愤怒、恐惧或任何其他的情绪,你就没有爱。那么,你如何找到爱?这不是一朝一夕可以找到的,甚至你可能需要数年的时间,才能对爱有窥见。如果你能发现它,即使只是小小的一部分,如果你允许它存在,不要逃避它,你就行走在寻找到爱的行程中了。

人类通常会逃避爱,通常是因为人们害怕受到伤害,害怕失去自己的独立性,或者因为在前世生活中受到了爱的痛苦或被爱所伤,人们就害怕爱。然而,当你接受爱时,爱可以成为在你生活中帮助你的最美妙的能量。如果你的生活中有真正的爱,它就会使你超脱负面情绪,看清生活,没有对生活的幻觉。

真正的爱没有情绪,不操纵,也不控制他人;真正的爱理解自己的生活伴侣、家庭成员或朋友不同于自己。真爱不问"为什么",只单单接受,没有评论或判断,但并不是没有感情。爱是真心地接受另一个人的决定和选择。爱是没有恐惧或怀疑。

爱并不想讨好谁,或使某人快乐。爱是对世上的一切都好的喜悦。有了爱,你什么都不需要;没有爱,你会不断地设法寻找陪伴。然而爱是奇特的,你不能使一个人爱,只有人自己能够独自选择这样做。

不过,在你能够找到爱之前,你需要找到你是谁!你到底是谁?从占星学角度来说,你是前世能量、恐惧、谨慎、畏惧,连同快乐和积极能量的总和。不管你在前世生活中做了什么,只要你没有面对或处理,都在等待被再次面对。当这些正在发生的时候,爱就不能进入你的生活,因为这些情感体验会停止爱的流动。

对你们所有人来说，爱在等待着你们，它是你生活中的权利，但你们中很多人因为被困在自己的情绪中，而永远不会找到它。找到你自己，你就会找到真正的爱。面对自己的愤怒、害怕、怀疑，和其他负面情绪，解决它，你不仅会找到爱，你也会理解爱。你的心就会打开，并从你开放的心中会涌流出真正的无条件的爱。

你是自己最大的敌人，因为你不知道你到底是谁，你以为你知道，但你并不知道。一旦你找到了对自己的爱，然后，你才能够把爱给所有需要它的人，并真切地让自己感受到这种无条件的爱。

第十一卷：识别和真理

一、如何在这个混乱时代辨别真相？

每个人都有自己的真理，每个灵魂会找到自己识别真理的方式。每个人都有在星相学上的道路，有些人需要通过发现假的来找到真的，我的通道玛格丽特就是这样一个人。

在她精神发展的最初几年，她选择去一个疗愈中心，以帮助她学习。对玛格丽特来说，这个中心的运作动机好像是为了钱，而不是为了服务。她因此选择不再去那个中心。从此以后，她联系上她的监护神Argos时，盘问祂，你为什么送我去那个疗愈中心？Argos回答她说：这样的话你就知道，你不能像那样来运行一个疗愈中心。如果人的精神驻扎在人的心里，服务必须始终是动力。其他的灵魂需要以其他方式学习。但每个灵魂都会被引领到那些合适他们学习的人和地方。

一切都不是偶然的，世上的一切都是完美的。通常，在灵魂经历了令人心碎的体验后会说：我很高兴，我经历了那些！因为那些经历，我成长了。没有经历是坏的经历，都是学习的机会。每个灵魂选择自己的学习经验，每个灵魂都被我们精神领域引领到那些他们需要从中学习的地方。每个灵魂都被引向他们自己的真理。

二、属灵的，尊重他人并成为自己真理的主人

属灵是什么意思？这意味着一个人在寻找，或已找到和发现高层次的知识。它可以代表各种阶层上的信仰，从正统宗教的信仰到那些不属于任何一个信仰的信仰。

此外，属灵也意味着你在为你自己寻找真理答案。地球上的每

个灵魂都生活在自己的全息图中或自己的现实中。尽管在地球上，人可以生活在群体环境中，但每一个灵魂都具有自己的现实和真理。有趣的一点是，很多灵魂并不希望自己生活在自己的现实里，并有自己的真理。相反，他们希望打击别人的现实和真理。

你可以有与你个人真理类似的集团真理，这些团体会通过互联网，书籍等找到类似他们真理的传输信息。但每个灵魂有自己的真理，没有任何一个灵魂有着和另一个灵魂相同的真理，即使是双胞胎或多胞胎也是如此。只要在地球上的灵魂能够理解这一点，过自己的生活，而不干涉别人的生活、信仰或思维方式，世界将会是一个更好的居住地方。

最近在论坛上，一个信仰基督教的灵魂选择以表达他们的宗教信仰，并对那些阅读本网站内容的，包括对我加以评论。这并没有错，但这个灵魂没有意识到他们在侵犯他人的真理和现实。他们显然对自己所相信的有非常强烈的感受，但他们应该只对自己保持这一信念。

人无法通过评判别人，或把自己的真理强加给其他的灵魂而转变他人。如果被允许的话，每一个灵魂都将会发现自己的真理。当一个人准备就绪，宇宙就会领引他找到自己的真理。一些人在童年时期已准备就绪，而另一些人会在中年到晚年。但一旦一个灵魂准备就绪，就会找到自己的答案。

属灵并不意味着要成为一个素食主义者，或放弃任何个人习惯。当一个灵魂准备就绪要放弃，就可以放弃这一切。这也可能需要十几年或几十年的时间这样做。同样有可能这永远不会被去除，但这并不要紧。灵魂寻找答案，至于他们是否找到答案，无关紧要。要紧的是，他们在寻找，并已开始踏上通向更高知觉的道路。

灵性和属灵也意味着对他人的尊重——尊重他人的信仰和人格，不论肤色，信仰，信念和意识形态。有许多人自称属灵但却不是，因为他们批评他人，论断他人，并且不尊重他人的信仰。一个真正走在精神道路上的人只过自己的生活，寻求自己的真理，并成为自己真理的主人。

每个人都生活在自己的全息图里。想象世界上充满了巨大的泡沫，而在每个泡泡里生活着一个与所有其他灵魂分离的个体灵魂。这就是一个全息图像的意思。

然而，由于某些原因，人们往往不乐意采用这种方式。他们不知道自己来到世上来要做什么——就是学习自己的经验教训。或者他们害怕自己将会面临的功课，因此他们试图通过他人——他们的孩子、朋友、同事等——的生活来应付自己的生活。这些灵魂似乎只有在卷入他人的生活时才感到满足。我在这里写的不针对慈善团体，这些团体是不同的。我指的是个人的参与。因此，灵性和属灵是关于寻找自己的真理，过自己的生活。仅此而已。

三、关于真理

有关真理的话题非常有趣，因为它引出了许多问题。例如："什么是真理？"仅是"真理"这个词，在你们的每一个字典里就有不同的含义。真理意味着不撒谎，可是什么是谎言？谎言可以是一个人的真理。这听起来像一个中国的七巧板，但却提出了一个人类没有考虑到的议题，即真理的含义。

每个人有自己的真理。如果是这样，谁是正确的？都对，因为他们都看到了真理，但是以自己的方式。诚实比真实更重要，因为当一个人是诚实的，一个人对自己就是真实的。

你们每一个在地球上的人，可以从一个挂在墙上的相同照片上看到一个不同于他人的景象。人也许看到相同的景象，但可能评论道照片中的光线太强烈。而另一个可能评论照片的阴影太暗或油彩的颜色不对。你们每个人看到的照片只是你看到的，而不是任何其他人看到的，这就是差异和区别。

世界上没有人可以自称知道全部的真理，因为一个人的真理可以是其他人的愚蠢。没有一个人可以在任何时候是正确的，人之所以正确，只因为这人只看到这样，而不是其他人所看到的那样。如果另一人同意这一真理，这就是好的，但是，看到不同并没有错。

如果你坚持要别人同意你的真理，那么你就侵犯了他们的自由意志。他们必须自己看到这个问题并自己做决定。该决定可能会不接受你的真理。反而你已经成为地球上的绵羊，不愿有自己的真理，而把他人的真理当作自己的。

我们的意图是，随着高能振动进入地球，你能够开始成为你自己，看到自己的真理。即使别人可能不会相信，但这是你的真理。当一个人接受别人的真理，这人就会切断自己直观的过程，从而也切断了自己的真理。当你接纳你自己的真理，那么你就成为你应该是的个体。

太多的争斗和战争开始于一个人、一个团体、一个国家坚持他们认定的真理！有多少次因为你坚持你的真理而给你的朋友和家人造成悲痛？为什么你不能接受你们所有的人都是个体振动的事实？你们每一位都相互不同，即使同卵双胞胎也不尽相同，而且有着不同的个性和振动。一旦你接受你自己的真理，并接受别人有他们自己的真理，不争论或争吵，那么你才能变得开明，因为你提高了自己的振动，不再做绵羊。只有这样，并与他人的真理相脱离，才能真正改变地球。

四、精神著作

很多人写信给我，询问有关自称是来自精神"通道"的著作。自人类在地球上居住以来，许多灵魂已接触到自己精神的一部分。他们与上帝，或至高者交流。很多这些灵魂以为他们从神或上帝那里获得信息,但实际上,他们的写作来自他们的自我。

衡量是否是通道信息的关键在于该信息的内容和信息。该信息是否触及你的心?你的灵魂是否认同这一信息?如果是这样的话,那么它就是真正的通道信息。有多少人的教导和教学帮助了你们?不要让恐惧影响了你。相信你的心和灵魂,你将有你的答案。

所有的灵魂都能与上帝或至高者交流。但只有少数灵魂能够引导和产生能量以帮助人们转变、改变、使人们能够帮助自己。这些灵魂有这样做的使命。他们的能量可以移动山脉,他们是真正的神性能量。如果信息是关于信使的,你就需要看看其他地方,因为重要的是信息,而不是信使。

五、神智学

我多次被问及有关神智学(Theosophy)的问题。我是否支持它?我是否是其中的一部分?我对这个问题的回答是"是和不是"。我回答是,是因为它是当今世界上众多信仰系统中的一部分,有些人相信可以用这种方式进行精神方面的学习。是的,我支持,因为这些灵魂正在寻找,而且发现神智学,它可以为他们打开通往到一个更广阔世界的大门。

我回答不是,这也是相对的。因为,对于那些不希望附属于神智学的灵魂来说,他们很难理解印度语和神智学的方法,我就向他们提供不同的东西:一个非常简单的教学方式。许多灵魂不想参与教会、组织、宗教或精神团体。他们希望单独地为精神领域服务。

我的通迅是为他们写的。许多人说他们觉得神智学很难理解。我为这些人打开了另一扇门。许多灵魂从神智学中获得了极大的灵性和提高。然而也有灵魂不想涉及该概念。

如果一个人是真正有精神的,他就能够接受有关精神层面的全部思想，就能选择他所需要的。对于那些是精神的，但发现很难理解为什么人类对精神认识有这样多的不同观点，我对他们的回答是："当今地球上有许多不同的灵魂。每个灵魂有自己的振动，因此就有自己的精神语言。即使那些研究基督教的灵魂也有他们自己的权利。地球上有容纳所有不同观点的空间。那些正在寻找的灵魂将找到适合他们的观点。他们应该被允许这样做的。"

六、察觉，意识让你变得更加精神

我多次被问及，"大师，我怎么才能变得更加精神？"我就对这个问我的灵魂说，要有意识。意识到你对他人说什么，以及你说的方式。意识到从你嘴里而出的话语，意识到你的自我会怎样操纵你，不让你做你应该做的、可以帮助你提升你的振动的事情。

人要行在精神的道路是很不容易的，因为随着你在能量上的提升，地球上的能量会设法将你拉回到你刚离开的陈旧能量中去。没有人是十全十美的，向着高振动移动并非是一件容易事。

不过，它也可以变得容易。只要你开始意识到你做的每一件事，意识到你怎样设法并破坏你的自我，你就开始了成长。这个过程通常是向前进两步，向后退一步。但是，随着你向前迈进体验过的宁静。这是值得争取的！

第十二卷：星象学

一、你的习惯和星象学

为什么你有你的做事方式？这是你的过去生活记忆，和你此生所选择的星象构造图相结合所致。

每个灵魂都选择了自己的生活道路。人生的道路受到那一时刻行星、小行星和恒星运行的影响。其中一些已经存在于你的多次转世生活的灵魂记忆中，你的恐惧也会被这些行星的影响所引发。正是这些行星和小行星的运行，在帮助你处理这些隐藏的信息。

如果你看看你生活中的行星和小行星的模式，加上你想要去除这些恐惧的愿望，你可以成功地消除很多的阻碍。关于星象学如你所称呼的信息都是从精神世界通过通道引导到地球上来的。一旦你能理解并从精神方面来看它，那么你就可以开始在扬升的前进道路上，并从生活的轮子中自由出来。

正是这种信息无可比拟地在帮助你前进和提高振动，你需要知道这一点。找到一个在精神方面训练有素的星象学阅读者，向此人咨询你的生活，你会从中学到很多东西。你能从星象图中获得你生活的所有答案，所有来自过去的和未来的都在其中。许多通过观察理解这一点的，会很快向前迈一大步。

你应该通过星象学来探索自己。一旦灵魂不希望看到他们生活的消极部分，那么人就可以脱离它。

二、对星象学的评论

一个对星象学的询问，这个问题是："我知道你们相信星象学，我知道你希望人们爱他们自己，但星象学有时可以使你不爱你自己，因为它告诉你有关你自己的一些负面的东西。弥勒对此会说什么呢？我怎样才能爱自己，例如，如果在我的出生星象图中有一个大直角的组合，这会导致犯罪活动吗？"

我对这个问题的评论很简单。你有选择，你可以选择做你在出生星象图中的科目，也可以选择不做。在每个人的生命计划中，都有你们地球上所说的好的和坏的。

你携带从其他转世人生中尚未完成的事情到今生生活中，你选择从你所说的"负面"经历中学习。有时候，这是灵魂能够学习、成长、脱离前世生活倾向的唯一途径。您的出生星象图是一个蓝图，包含了所有你带到世上要处理的问题。

你在前世生活中遗留下什么，你在前世人生中已完成了什么，你今生的人生目标是什么；你，只有你，独自选择了你的人生道路，而不是其他任何人。如果你不爱自己，那么，那是你的自我在控制，因为高我爱自己，爱全人类！

高我甚至爱在监狱里的男人女人，因为高我知道其背后的原因，高我不评判任何人！你的转世生活是为了让你改变自己过去的行为，在觉悟上发展和壮大。然而这么多的灵魂使自己的生命生活在所谓的"消极"中，从来都没有体验到自己的才华，善良，和积极的一面。

你们活在仇恨自己的生活中。是人的自我在恨自己，为自己感到遗憾，不想改变等，高我不会为这些小事浪费精力。这是我的评论。

三、每个灵魂都能够创造美好的生活

我最近随我的通道访问了欧洲的一些地区，我很悲哀地看到这么多的灵魂仍然生活在黑暗中，而没有意识到他们有能力改变自己的生活，让自己生活在光明中！大多数人表情严肃，墙壁上的乱涂乱写，许多人的缺乏动力，看到这些我们是很难过的。你也许会问，这是为什么？

这是因为，在我们的世界里，我们知道如何获得幸福，我们知道怎样改变能量，将光引入，我们知道，待在黑暗中会导致疾病和健康问题。由于人类害怕改变，害怕离开那些已经在自己的生活中不再需要的，害怕放弃的旧能量，以一种积极的姿态向着未来前进，人类似乎想留在这种旧的生活模式和这种旧的能量中。

最近，人类对"秘密"（The Secret）产生了很大的响应，"秘密"阐述了一个美妙的概念，我们的世界为其大声欢呼。但是，它是一个工具，人必须要适当地使用，如果人没有适当地使用它，它就不会被实现。人还需要知道生命真谛学的概念及其定律，人因此才能够改变围绕着自己的能量。

如果你想在物质上表达，但你在出生前就已经选择了土星，这个教导和训练的行星，在你出生星象图的第二宫中，即财产和物质保障宫，那么直到你学会了你选择要从土星的教导中学习的经验教训之前，所有你想实现的东西就可能会被阻止，因为在你潜意识中所存在的前世生活记忆或前世误用了能量。

如果人不了解自己，人就不可能单纯地利用"秘密"。没有对星象学、前世生活记忆，以及你的潜意识中存在什么的知识了解，无论你怎样努力，你都无法向着丰富迈进。如果你有了这些知识，加之能够正确地使用肯定话语，你就可以立刻改变能量，大量地清除在你能量中的恐惧和犹豫。

"秘密"是一个奇妙的生命真谛学工具，但只有在你理解了星象学和前世生活能量这些较高的概念后，很多人都不理解。一想到很多人尝试利用"秘密"的知识，但却被自己潜意识中深埋的恐惧和前世生活能量挫败和阻止，进而变得沮丧，说这行不通时，就令我难过！

每一个灵魂都能够为自己创造一个更美好的生活，但要做到这一点，人就需要知道生命真谛的能量，也需要知道，为了发生改变，人就需要面对自己的恐惧，最重要的是，每一个灵魂都需要理解，他们自己在用无知、缺乏知识和恐惧等，为自己创造黑暗。一旦有了知识，然后实现丰富的旅程才能真正开始。

四、星象学的作用

你经常对自己说，我怎样才能找到什么是我的人生经验教训？如何才能攀登更高振动的阶梯？这很容易，因为你有需要有打开精神星象学知识大门的钥匙。只有当你能够通过星象学知悉你的人生道路，你才能开始为达到更高层次的意识而工作。

在你的出生星象图中，你可以找到你生存本质的所有答案。你能找到你要学的人生经验教训以及那些你带来此生要再学习的经验教训。只有在你意识到这一点后，你才能够真正在精神上前进。你可以成为一个伟大的治疗者或一个具有所有知识的灵媒，但是，如果你不知道你的人生经验教训，你就不能向一个更高的振动迈进。

对有些人来说，星象学似乎太复杂，他们因此而回避。但随着计算机在当今世界的出现，使得其很容易根据人的出生星象图而得到信息。随你出生带来的你的生命计划，我们称之为你的选择。一旦你理解了星象学的知识，那么你就掌握了提高你的振动的钥匙。

每一个灵魂都有自己的生命计划。有些占星家不处理精神星象学，因此，在你从他们那里得到你的出生星象图时，有价值的信息常常被忽略了。你在此生中选择了什么来学习,找到你的生活经验教训,你会找到你的答案。就这么简单。

第十三卷:扬升

一、让灵魂得自由

常有人问我:"大师,我要怎么做,才能使我的灵魂从转世轮回的生活中摆脱出来?"

这不是一个困难的事情,这是可以达到的。通过面对你的恐惧和怀疑,通过学习对精神世界有信心和信任,通过不以你自己的方式做事,而是在等待精神世界引领你,指导你。通过进入自己的内心,无论是你自己,还是从有经验的治疗师那里得到帮助,找到从前世生活中隐藏在你灵魂中的东西。通过放弃已建立的教条框架,无论是从你的父母那里来的,还是再一次从你的仍然存在于自己灵魂中的前世生活经验而来的。

每一次你清理了这些问题中的一个问题后,你就留下一个更大的空间让精神领域进入。空间越多,就会有越多的精神助手和你一起工作,和你在一起。最终,没有了阻塞,只有空间,灵魂就可以不受阻碍地离开,永远不再返回到转世轮回中。

没有简单的出路,没有捷径可走。这需要辛勤工作和努力,但它是可以实现的,那时,灵魂就自由了。为什么不现在就开始这个扬升的过程呢?

二、孤独与扬升

你以为自己是孤独的,但你不是!几乎地球上的每个灵魂都有自己个人的挣扎。你只是其中的一个,你也不是孤单的,在你旅途中的每一步，我们都和你在一起。你在沿着我们的脚步走，因为我们也曾经历了和你们今天一样的试炼和考验，严格训练和感到孤单。

许多人看大师们完美无缺，但人不可能是完美的，直到人与至高者或你称呼的上帝合并。我们已经走过你们在走的路，我们已经挣扎过你们在进行的挣扎，我们通过了艰难的考验，正如你们一样。是的，我们扬升了，但并非没有考验。当你完成了你的考验时，你也会扬升。

呼叫我们的名字，我们会把你包裹在我们的爱里，你可能感觉不到它，但它会帮助你走在考验的道路上。要知道，看到你受痛苦，知道我们不能帮助你，是很伤害我们的。但我们却不能抱着你去经历你的考验，如果我们这样做了，我们就会阻止你的成长。

然而，我们和你在一起，为你提供你所需要的能量以通过这些考验，只要你能请求我们。直到有一天，再没有了考验，只有安宁。你们都可以实现这一状态。这就是所谓的天堂，充满考验的生命之路，和众所周知叫做地狱的艰难。通过你的选择，你为自己的生活创造天堂或地狱。

对我们精神领域来说，你们都是非常特别的。不管你在你精神道路上的什么地方，我们爱你。我们从来没有停止爱你。要知道这一点！

三、关于扬升的条件

多年来地球上有许多人一直在谈论扬升。很多人说，太空人（外星人）将到地球上来带走好的灵魂。另一些人则预测，当基督的灵返回时，只有某些教会团体被提升。真正的事实是，所有的人都可以扬升。然而，许多灵魂将不会这样做，因为他们不会提高自己的振动。

光子带能量，即基督的灵，正在帮助提高地球上人类的振动。

很多灵魂无法对付这种高能量，除非他们清除了他们的堵塞物并学会控制他们的身体、情感、心理和精神等细微体。

无数人的灵魂被困在地球上，一次又一次地转世投身，无法离开地球的振动，其原因是他们缺乏对人体能量中心及其功用和目的的认识。他们缺乏对前世生活记忆的认识，而使自己待在黑暗中，只有在生命的间歇之间体会到天堂和宁静。他们必须一次又一次地返回地球，设法清除无数转世化身所积累的糟粕。

基督的灵魂通过耶稣在两千年前来到世上。耶稣是一个媒体和医师。正如当今许多的媒体一样能够变像并给人类带来光子能量。如今，光子能量再次被带到地球上，以帮助人类提高振动。可悲的是，教师耶稣的话已被改变了，完全偏离了其原意。许多其他的预言家也给人类带来精神大师们的信息和新的能量以帮助人类，但这些也都已经被错误地解释了。

这一信息现在再次给予人类，希望人类将会聆听。它是给那些寻求精神上的帮助、那些没有消极思想的灵魂的。对于那些爱自己的人类同胞而不在意他们的弱点，和那些遵循光的引领，从不评判他人，他们将最终离开地球不再返回。

他们将向着高振动迈进，离开消极，并与至高者或神合一。这是对所有当今转世在地球上，并已提高了自己振动的灵魂的情况说的。对于那些没有提高自己的振动，不听从大师们的信息的灵魂，将会继续被困在地球上反复转世投身一千年，直到另一个能量来改造和援助那些想要离开地球的灵魂。

很多在这一时期要离开地球的灵魂在多次转世投身前属于太空兄弟同盟。他们当初来到世上播种和教导。他们曾经将自己的能量与在地球上人类的能量混合了，其后代被捆绑在地球上，一次又一次的转世投身以从自我中得到自由。他们竭尽全力设法与高我融合， 但因地球的振动不够高而无法做到。

这一切正在发生变化，人类有了机会改变。黑暗势力也聚集在一起，正伺机对那些想要改变的灵魂发起突袭。很多人会屈服于诱惑并倒退，但也有很多人会向前进入与上帝，这一神圣的灵魂会合，并永远离开地球。

时间是这么短，有太多的灵魂需要联系。已经有很多信息通过口头和书面传达给了人类，但人类仍然漠然处之。许多渠道已被派送给人类，但人类仍然保持闻所未闻，因为人类已经到了爱黑暗并忘记了光的地步。

这不是唱赞美诗歌和诵经祈祷。也不是坚持跟随某个特定的教派或仪式，或以某种特殊方式做事。这是诚实对待自己，面对自己的负面或黑暗的一面，看到每一个良好的灵魂，不评判任何人。这是一种理解一切而达到的平和。

让自己被光引导。让光闪耀通过，你的奖励将是那种平和。让你自己被引导离开地球，上升到一个更高的振动，并获得那种胜过你所知道的一切的和谐。你可以现在就开始。

你可以体验这一平和。你只需要转向光，不要批评他人，论断他人，让自己从情感体中自由出来，了解精神定律，并遵守它们。全心全意地爱你的同胞，并愿意在精神上成长。

要打开这扇门并不容易。我们已经派遣了很多教师来帮助你们。他们随处可见，如果你寻求，你将会被带到他们面前。这意味着面对你的自我并对其放手。那么你就能升高振动。

四、扬升和地球

对很多人来说，对"扬升"所想象的是被提到飞船上，离开地球。基督教团体在期待被提，这是扬升的另一个词语。或者是发现自己回到了精神世界，永远不再返回到地球了。

情况不是这样！经历扬升是人类必须提高自身的振动，并能够处理埋藏在每个灵魂中深层隐藏的能量。光子带能量正在创造一个有利于理解所有灵魂的难以置信的经历，以帮助人类来处理自己深藏在潜意识里的能量，其中大部分来自于在地球上的前世生活，或从前的转世生活。

迄今为止，人类发现很难把这种潜意识的能量带到表面并进行处理。然而在过去的半个世纪以来，那些是精神的、通道、媒体、治疗师的灵魂们，以及我们精神世界，开始为提高地球的振动，并协助人类开始释放这种紧张和消极能量发起了攻击。

越来越明显，人类把很多的愤怒带到了表面，大多数人都在经历内在的紧张和风暴。在某种程度上，人类被强迫面对自己在潜意识层面，已在很多转世人生中回避的许多问题。那些在经历情绪来到表面，例如愤怒、恐惧、个人缺乏信心等的人，正在面临着来自潜意识的深层问题。

如果你不逃跑，你就会在提高振动上前进，那么，当地球扬升时，你将会毫不费力地随其扬升。为了使人类向着更高振动前进，潜意识的欲望和情感都必须得到清除和处理。地球最终将使扬升发生。这一过程现在正在进行中，当地球扬升后，那么人类也将跟随。

五、向着一个更高的振动迈进

2012年前后，地球正进入一个在不断变化的时代。这有多方面的原因。一个是人体对高振能量的反应，这个高振能量正在进入地球的能量场。这个高振动能量被称为光子能量。它进入地球是有目的的。

自1982年以来这个能量带已越来越接近地球，并对接受其能量的人们产生了一系列令人难以置信的影响。如你所知，这个能量带在加快时间，并最终会消除线性时间。这种能量也是数以千万计的人开始寻找自己内在的精神，并在身体、情感、心理和精神等多层面上寻求医治的原因。它正在将很多文员、秘书、车间工人和工厂工人等转变成全职或兼职的治疗师。

能量带，它不仅创造了时间问题，也影响到你的身体。正是因为人类缺乏对光子能量的认识促使我写有关这方面的信息。我希望这将有助于人们的精神开发、精神寻找，或打开对了解这个能量及其可能发生的变化的大门。

这些变化正在发生，因为我们在精神世界的，正在帮助人类提高其能量振动以应对地球正在经历的高振动。你可能已经注意到时间正在加快。曾经，你感觉过世界时间走得缓慢：你早晨起床后，时间却好像停滞不前。

你可以一整天闲逛，还可以做了所有的家务事，然后在一天结束时，还有时间睡觉。现在你刚下床似乎就已到中午！你问自己，这一天的时间都去哪儿了？很快就已是晚上。你没做你打算做的事情，时间却匆匆地消失，其原因就是光子能量。

不过你已打开精神的大门，行在精神的道路上，或者你属于光工作者，那些已在为精神工作的人，那么可以保证你有一个或多个症状。我会在未来的几天内，写写这些症状。随着地球上的能量变化，你的身体也在发生变化。很多人因无法承受这股能量，会在一种无意识的状态下离开地球。他们会通过自杀，或者意外事故，但这也是他们自己的选择。

对留下来的，因迈进光子能量中的人来说，不仅时间不再一样， 而且可能会经历一系列的症状。如果你是其中的一个，振作起来，你不是孤单的，在世界各地有数以千万计的人同样也在经历这些症状。

多年来，你一直被告知地球在改变其轴向，在世纪之交将有重大变化，现在，这些变化来了，却没人对其有准备，它实际上就是基督能量。这正是对那些一直在精神上等待着新时代来临的人们做准备，同时正如基督所说：祂的来到就像夜间的小偷。

光子能量如病毒，沉默地通过身体缓慢移动，在表面上没有人对其有准备，而且新闻界中的大多数人在被告知这个时还嘲笑。这个能量在影响着你们的通信系统、电力网和计算机，事实上包括所有使用电力的领域。在美国，至少经历了两次大停电而找不到确切原因。

你当然无法找到原因，因为没有人见过这样的事情。而且这也肯定会改变你在未来对电力的看法。在未来的几年内，世界上越来越多的区域会遇到这样的故障，而且没有人能够解释为什么。

那些知道光子能量的人，不会对其有任何害怕，他们会努力下功夫除去自己内在的障碍，使自己能够达到一个振动更高的精神层面。他们还将经历在这篇文中提到的多种变化，以此调整适应这些高能量。光子能量不会影响他们，因为他们对自己下了功夫，不断对自己的业力做功，面对自我，努力清除一切在今生和前世里阻碍他们的问题，学会生活在当今，不要担心过去和未来，你会发现这样可以使你容易应对光子能量。

那么，这些将会发生的变化是什么？它们将会如何影响你我将在随后的文章里列出大部分的症状。如果可能话，也写写如何处理这些问题。有些变化必须通过你自己的努力，而对其他的一些变化，你可能会找到帮助你处理问题的方法。

通过这一切，你知道你在提高你的振动速度，你配合这个星球的高振动。作为一个已经经历过这些的人，我的通道知道这不是一个很愉快的经历，但能幸存下来，而且这篇网上文章的未来版本，是幸存者的手册，以帮助你应对光子能量。

玛格丽特从1984年到1996年为止，经历了12年的变化，她身体所有能量中心清晰活跃，身体对信息反应敏感、迅速，她就此已经成为一个强有力的医治者，有超人的洞察力，是一个基督能量的清晰载体。这一能量也在等待着流通于他人。她是一名教师、医治者和精神顾问。她如果没有经历过这些变化，就不可能成就这一切，你同样也不可能。要记住，如果你在经历这些变化，知道你并不孤单，仅这一点就能帮助你。

第十四卷：疾 病

一、疾病是因为不诚实面对自己而造成的

你们大多数人活得无论对己对人都不真实。你做事是因为怕惹别人不高兴。说"是"总比说"不是"容易。因此，你们中太多的人活得一点都不幸福。你恨自己的职业，但因为害怕生活无着落而不敢辞职，害怕变动，害怕变化，害怕这，害怕那。其实，如果你有信心和信任，所有一切你该有的都会有。

你为自己设定了自己的命运，如果你能真实地面对自己，不恐惧，所有一切你该有的都会给你。当然，你有要学习的经验教训，而你，只有你，为自己设计了这些经验教训。你可以以最方便的道路来完成这些经验教训，继续前进，或者你也可以采取艰难的道路，而你通常会采取艰难的道路。我们尽力为你把事情安排得简单、容易，但你的惧怕却驱使你逃跑，使你放弃这条平坦的道路。你的自我害怕变化，害怕它未知的事情。

有多少时间你真实地面对自己了？你要完全诚实地问自己，你是否喜欢自己的职业，你的伴侣和你的生活方式。如果你的答案是否定的，你将怎样改变它们？

你根本不知道你的不幸福是怎样让你生病和不健康的。你不知道，有多少疾病是因为你不诚实地面对自己而造成的。只有你生病的时候，你才奇怪为什么自己会生病。

我每周都接到很多要求医治的请求，但很多有问题的人仍然不会改变，也不会除去他们身体内的阻塞。我现在就能听到你说："但是，大师，如果我辞退了我的工作，离开了我的伴侣和我的生活方式，我还能做什么呢？"我要对你说：宇宙会引导你走向新的探索，

这就是经历改变———一种对生活的新探索。告诉宇宙你现在已经准备好了要改变，观看宇宙是怎样巧妙地把变化带到你的生活中。然后你就能够成为自己的生命之主。

你通常很怕面对你的恐惧，而且缺乏诚实。你祈求改变，但当改变临到你时，你却逃避 如果你想要提高你的振动，你就需要对自己完全诚实，不要害怕，接受临到你生活中的变化。缺乏诚实，否定或害怕改变会制造很多的健康问题，这些问题通常会带到你的下一次转世。

我听到你说："我怎样才能改变呢？"首先，你要对自己完全诚实，不要在你不幸福的时候被你的自我说服而以为自己幸福。然后你要对自己说："我所需要的一切都会随改变而来，我接受改变，不怕改变。改变将临到我、支持我改造我的生活。"如果你常这样说，环绕你的能量就会发生改变，就会帮助你进行改变。

让你自己在新的征途上对自己完全诚实，允许自己的生活发生改变，你因此会提高你的振动和觉悟。你的生活将会变得更好。是的，你会经历一些考验和学习，但结果会很好。

二、医治、痊愈需要时间

每周我都会收到很多要求医治的请求。我的能量会送给那些在身体和情绪上有疼痛的灵魂。其中的很多灵魂要求立即治愈，但很常见的是，他们的治愈需要时间。有人问我："为什么你建议这些需要医治的人去见其他的治疗师，如花精治疗师，或顺势疗法治疗师呢？为什么你的能量不能立即把我治愈？"这是一个非常有趣的问题，但却不太容易回答。

我的能量将怎样做功，取决于相对灵魂的发展程度。在地球上的每个灵魂都在不同的觉悟水平上，一些灵魂的觉悟水平高于另一些灵魂的。有些灵魂很容易学习他们的生活教训，他们因此就能迅速前进。他们面对自己的自我，不逃避自己需要学习的教训。我的能量一旦送给他们，就立刻起作用，因为我的能量激发了他们的积极能量，治愈因此而很快奏效。愈合会非常快。

而另一些灵魂却将自己禁锢在自己的地狱里，害怕面对自己的教训---面对生活自身，因此，他们囚禁在自己的能量中。对那些把自己囚禁在自我的黑暗中的灵魂来说，我的能量需要更长的时间起效，通常很多年，甚至多个转世生命。因此，对这些灵魂来说，在此生中的愈合不总是有效。

其原因存在于身体、心理、情感和精神体被造的方式。你的思想是你现实的创造者，恐惧是很深的黑暗能量。对很多人来说，他们的恐惧是如此的逼真，以至于这似乎成为一个不可逾越的墙。许多人从来都没有爬过它！你在前世人生中的每一个想法，如果一直没有得到处理，一直没有口头表达出来，能量就会被困在喉咙的能量中心。

你们地球上有一种表达，"思想是物质。"查克拉(chakra)是灵魂的出入口。当这些查克拉（光轮）被过去陈旧的思想所阻塞，光以及能量就无法进入。我的能量和其他大师们的能量，可以帮助医治，对那些没有恐惧的灵魂来说，就能被完全愈合。

如果你在自己的灵魂中存有很多你的转世生活中的恐惧、怀疑、不安全感等，就需要花费很长时间才能愈合。这是那些被我们训练的灵魂开始进入的时候。是的，我们训练了治疗师以协助我们。但是，通常这些作为治疗师的灵魂，在他们能够治疗他人之前，他们本身必须经历对自己的愈合。这些灵魂中的许多人发现，他们需要时间来治愈自己。

但是，我们训练的医治他人的灵魂是很特别的灵魂。首先，他们献身于医治他人，其次，他们必须面对医治自己，这不是一件容易的事。通常那些他们医治的灵魂成为他们的镜像，反映出他们自己内部需要医治的。但是当他们通过与我们合作为客人做医治时，他们是很清晰的通道，他们不可能将自己的问题传递给那些需要他们医治的灵魂。

他们可能有自己的问题，但一旦他们向着至高者开放，并允许至高者的能量在他们做医治的过程中进入，他们就成为一个清晰的通道。只是在此之后，在结束了医治疗程以后，至高者的能量才开始对他们自己的问题做工作。

我们在另一个维度上来这里帮助地球，但我们不能到地球上来，因为我们在不同的水平上振动。为了帮助医治，我们需要人类通道做我们的运载工具以协助我们。这些通道都是在来到地球之前就已经选择了这样做。

如果你清除自己内部的阻塞，或有疼痛，或治愈过程有困难，我们的能量将会帮助你。但是，通过访问一个治疗师或理疗师，或通过使用花精疗法，顺势疗法，奥拉索玛(Aura Soma)色彩疗法等，你能够更快治愈，更容易达到更高的振动。

我们的能量与所有这些治疗师在一起。这些疗法作用于人的细微机体，可以从人的能量体中释放所有的旧能量。这就像你服用一个时间释放药物，你越积极进行治疗和越敢于面对你的恐惧，你就越快得到愈合。

三、被医治的信心及寻找根源

我多次被请求医治那些生病或生活失去平衡的灵魂。每当我们接到一个请求后，我总是用我的能量相应。但是，如果灵魂不用我送给他们的能量对自己的生活做积极的思考，我送给他们能量就没有益处。

有很多人期望一夜奇迹，因为我的能量，他们将获得奇迹般的愈合，就能使他们从自己的状况或问题中解脱出来。但这往往并非如此。原因是，一旦我的能量被送给一个有病的灵魂，这个能量可能需要数周或数月的时间，把导致不适的症结带到表面，然后治愈它。

许多人为自己的家人或朋友请求医治。我的能量可以提供给任何人及每一个人。这是至高者的能量，非常的强大，但如果不以正确的方式使用，它就没有用处。举例来说，如果医治的能量送出了，但这个灵魂并不相信自己会好起来，这个能量就会加倍放大该灵魂的这种想法。许多灵魂为自己的父母请求医治，而他们的父母并不相信自己的孩子们所相信的。

如果那个接受能量的人不相信自己能被医治，那么这个能量就被浪费了，这个能量会进入那个灵魂的体内，但灵魂的消极想法会阻止能量进入。这个进入的能量就好像撞在一堵墙上，不能穿透身体。

一旦灵魂的思想是积极的，他们会有一个很好的机会被治愈。当然，一些灵魂会选择在生病的过程中回到我们（精神世界）这边，即使如此，如果灵魂是积极的，这个能量将会协助他们更顺畅，更快捷地传递过来。这取决于他们个人对这个能量的响应。

通常这些问题与前世生活有关。当这种情况发生时，就必须要释放能量，改变旧的状况，这不能只是凭着愈合能量就能被清除。人需要一个专业人士，帮助其释放被困的旧能量，通过这样做，愈合通常到位，问题也就迎刃而解了。

我的能量从不拒绝任何请求医治的灵魂。但是，灵魂必须要明白，他们自己必须要想被治愈，这一愈合过程往往需要时间，而且经常可能涉及某种疼痛或痛苦。以积极的态度和耐心，而且对任何情况都不给予能量，就可以更容易愈合，灵魂能治愈得更快。这取决于每个个体如何使用这个能量。能量是永远存在的。

四、来自内心的笑声具有治疗效果

你最近的一次笑是在什么时候？我在教学中提到，我们的世界非常有趣，而且笑声不断时，许多人表现出意外。笑是我们世界的脊柱，那些不会笑，没有很好的幽默感的人，在他们死后回到家时，他们必须学习笑。

笑的目的是清除恰克拉（Chakra）系统。一个来自内心深处的、良好的笑声，其治疗效果不亚于一个非常强大的医治者。当今世上有很多人已经忘记了怎样笑，根本不在意笑对自己的健康和幸福是多么重要。

深笑，特别是如果它能使你黯然泪下，可以是非常强大的愈合工具。尽量不要太严肃，当今时代的人类是太严肃了。如果你已经有健康问题，设法尽可能地笑。你会发现这样做非常有治疗效果，而且帮助你的愈合过程。你越是笑，你越是愈合得快。

五、抑郁症

什么是抑郁症？这是身体应付变化、埋藏的情绪和压力的方式。有抑郁情绪是很正常的，当一个人有抑郁情绪时，人应该努力坚持到底。

人体已习惯了只用一种方式做事。当变化来临时，这些变化可以对身体造成巨大动荡。同样地，埋藏的情绪也可以对身体造成巨大冲击。

身体必须要应付浮到表面上来的情绪。通常人会感到想哭，但人却将这种感觉压抑了，因为人以为它是"不正常的"。当人体对压力超负荷时，它会感到压抑，但人们却往往认为自己是不可战胜的，所以不断给自己施加压力。

最后终有一天，他们不得不停止，因为身体进入了完全紊乱的状态。因为身体无法跟随旧的方式了，这也可能会导致抑郁症。你正处于变化的状态，但身体却不知道如何应付。

不要害怕抑郁状态进入你的生活。它是在帮助你好好看护你的生活和你的状态。请求神灵帮助你找到答案。如果你寻求，你就会找到。无论什么，无论是情绪（愤怒、沮丧、恐惧等），还是压力，允许它们浮现到表面，并被释放。不要害怕这些情绪，因为它是为了帮助你清除那些你身体不再需要的东西。

如果药物是用来帮助治疗你的抑郁，那么你也应该寻求能够帮你找到抑郁症根源的人来帮助你。你也可以用天然资源来帮助你。这是一种自然的清除方式。记住这一点。

六、补充医学

疾病来自于人自身的不放松。如果一个人生幸福美满，并有自身完全的安宁，那么，人就应该没有疾病。有关补充医学及应如何使用已有了很多报道。

许多灵魂相信这种医学是唯一可信的并贬低现代医学。我所指的补充医学包括花精、宝石类药、芳香油、精愈合等治疗形式。此外还有按摩脚部以松弛神经的反射疗法，指压疗法，和按摩等。

当今有各种各样的补充医疗方法，每一种方法都有其愈合作用。但它们并不是完全的答案。例如，它们不能治愈一个破碎的骨头。只有通过一个医生用适当的工具和设备来做到。

补充医学可以帮助你更快地愈合，这也将有助于弥合你的精神以及身体。适当的饮食、快乐地生活和内在的满足是一个人有良好健康和持续良好健康的根本前提。如果病情需要，人应从医疗专业寻求医疗援助。

不过，我们确实相信，因为是你的身体，你应该能够说你做什么或不摄取什么，或不接受什么。如果你的直觉告诉你，某种药物或某种治疗对你并不适合，那么你应该可以痛快地拒绝。很多灵魂对医疗专业没有好的印象。通常是因为你们把自己的权力交给了一个你们不熟悉的人。不要害怕对你的医疗专业人士提问题。这是你的身体，你的生命，你应该就所发生的一切对医疗专业人士协商。

如果你有病，你可以寻找补充医学的帮助，因为这将在精神层面有助于你。你不只有身体，你拥有的远多于身体。只有当人类理解了这一点，那么，才会大大减少患病的人数，才会大大减少地球上的疾病。

七、活在现在，释放抑郁症

问：你好。最近，我阅读了你的一篇题为"抑郁症"的最新通讯。这一信息对我来说非常有帮助。谢谢。在本文中，你教导我们，如果我理解正确的话，为了清除我们过去的伤痛、痛苦等，我们要允许自己感受到这些情绪。不过，目前有很多有关"生活在现在这一时刻"的讨论。我过去常感到伤心，哭泣，然后就感觉好一些。现在，我努力通过推开那些诱发自己抑郁症的悲伤或痛苦的记忆而保持生活在现在。也许我不理解活在现在的概念，所以，请你就我们怎样能够感受到我们的痛苦，而仍然能够生活在现在等加以评论。谢谢。

答：通过生活在现在，人不担心未来或纠结于过去。当人生活在现在，就应该允许自己的身体释放众多被压抑的情感。这通常被称为抑郁症。当这些情感浮到表面上时，人应该对其放手。

通常当一个人生活在现在的话，不回避这些情感，那么它们就会来到表面等着被清除。当人不是活在现在，就会关注很多过去和未来的事情。如果人关注在此刻，那么，他所关注的一切就是自己的现在。人们可以计划未来，然后放手，让未来自然发生，而不是强硬使它发生。这太不容易解释，但如果能演示，就容易明白很多。

大多数灵魂都有抑郁症，自己却不知道。只有通过安静和生活在当下，不用关心任何东西，人就可以让所有埋深在自己里面的能量来到表面。这样做时，人就可以一层一层地释放这些能量，因为没有什么能够阻止它被释放。灵魂是单单生活在现在。

这需要有绝对信心，相信自己所有的需要将被提供。没有恐惧、怀疑或不安全。这是与神的合一。免于忧虑和关注，这可以释放所有被埋葬在内部，通常携带了许多个前世生活的能量。当人清除了深埋的情绪和感受时，那么，人就会对精神世界及其能量更加直观和敏感。

八、你独自选择自己要生的疾病

让我们来看看"疾病"这个词，它实际上是两个词，"不"和"容易"，意味着你处于"不容易"，当你不是平衡的，你就有不容易。为了让你身体健康，你需要在身体、心灵和精神上有平和和平衡，当三体没有平衡时，就有了疾病。这是当今98％人类疾病的根源。

你生病有多种原因；原因之一是释放前世生活能量，你在出生前就选择了这样做；这也可能是你选择了这种疾病以从中学习人生功课。你可能需要从长期生病中学会忍耐，你也可能选择了生病以帮助他人从中学习他们的人生功课，例如父母与孩子的情况。不仅疾病会从灵魂深处释放到表面，而且不会复返。一旦它被释放出来，将一去不复返。没有魔杖或特殊的话语能够协助你们解决这一问题，解决健康问题需要时间，这种情况也是你在出生前就已经选择了。

我通道的丈夫艾伦选择了在今生中释放累积在他手臂里的前世生活能量，这来自于他的一个前世生活中的人身意外伤害。这一释放过程极其痛苦，持续了一年半的时间。每个灵魂可以根据自己需要学习的人生功课来选择自己的愈合时间。

你的自我不介意生病，因为它可以利用生病不工作。你的自我不喜欢工作，宁愿自己生病，闲躺在床上，被人照顾，或得到周围人的同情，或有各种各样的原因。疾病可以源于一个疼痛的部位，一种疾病，如癌症，或一种绝症，和结束一个人的生命。有时候，你选择用疾病来结束生命，而在其他时候，正如我前面所说。是你的自我设法阻止你改变或前进。那么，这就会导致你又一次转世，重新再次尝试学习同样的人生功课。

自我不休息，它害怕这样做，因为当它休息时，它就不能省查自己。自我害怕变化，害怕抽出时间休息或放松；它还利用前世生活记忆灌输这种思想。自我能找到任何有关你或你的前世生活经历的信息。就像在计算机里的蠕虫病毒，它静静地穿梭于你的灵魂，收集信息并将其存储为其需要时所用。

那么高我怎么样呢？直到自我被完全或部分地清除，否则高我不能前进。经过多次转世化身，你的自我部分开始控制你，至今已经被完全操控。认识高我是能够征服自我的必由之路，这就是我们训练我们的载体和媒介所做的。

通过教育和我们的能量，使人们能够消除自我。你的自我部分将会永远留在你的这个化身时期；它是你们所有人都有的生存本能，但一旦你能认识到自我，并对你的自我有一定的控制权，你就在为自己创造一种更好的生活方式。

然而正如前述，自我并不希望这样，它会带来恐惧、怀疑、不安全感和一大堆的理由告诉你为什么不应该认识它。它会告诉你学费太贵了，使你没有意识到，你要学的正是对你未来的投资，甚至你所要学的东西会结束你在世上的轮回。你还需要提高你的振动，以便有实力征服自我。自我是一个强大的敌人，会争斗到最后，以阻止你实现你认识它，并最终控制它。

有时候，病或疾病可以表现为流感症状，这引发了一个问题，为什么有些人有流感症状，而另一些人却没有？为什么在同一家庭中母亲得了流感，尽管近在咫尺，父亲或子女却没有得！这是因为那个患有流感的人在清除自己的旧能量，或他们选择从中学习，而其他人却没有。你独自选择放手旧能量的方式，没有人能为你选择，你不能责怪任何人。

你怎么才能学会控制你的自我呢？首先，你要清除所有的恐惧，因为自我喂养恐惧！其次，把学习认识自我看作是对你生命的一种投资。你所要学的可能是你不再返回地球再次化身的原因。

这可能是你花钱的最好途经。最后，要注意你的自我会如何操纵和欺骗你。你要完全诚实，没有多少人能够这样做，因为自我会把你禁锢在黑暗中不让你发现你到底是谁的真相。你们都是无敌的，只是你的自我不想让你知道。

你们都是最高的能量，你们内在都存有最惊人的才华，设法找到你的才华，只有这样，你才能遇到你的高我，并移向一种更好、更容易的，新的生活方式！

九、关于病毒

在有关病毒的作用和属精神的人之间存在着很多误解。人们常常认为，如果一个人在精神上提高了自己的振动，那么就不应该生病或被病毒感染。这种想法是错误的。

当一个人提高了振动，这发生在他们的精神体中。但他们的身体仍然和以前一样。由于提高了振动和能量的变化，人的身体可能会显得比同龄人年轻。如果此人遵循良好的饮食习惯和正确的精神状态，这些就会显示在身体上，但基本上来说，身体仍然是和以前一样。它只是运载灵魂的工具。

当一个人感染了病毒，无论是"流感"病毒还是所谓的艾滋病病毒，这是个人选择了这样做。有些人选择染上病毒，是为了帮助他们离开地球。另一些人选择染上病毒，是为了帮助他们从他们的身体中清除阻塞物和隐藏很深的坚硬聚集物，诸如儿童时代的创伤或携带到此生的前世生活的教条化等。这也解释了为什么在人群中，一些人染上病毒，而另一些人却没有。通常，妻子染上病毒，病得很重，但其丈夫或他人却安然无恙。

你也许会感到惊讶，世界上并没有"邪恶"。一切都是完美的，秩序井然一切正常。它吸引你需要的学习，并帮助你愈合到你的生活中。你还可以选择使自己是否经受痛苦、容易还是艰难。你自己做出选择。

许多人感染了艾滋病病毒，但并没有死亡，但另一些人却死了，因为他们选择了死亡，这是他们选择向精神领域过渡的方式。对那些活下来的人来说，通常他们的生活因此而发生了重大转变。他们不仅改变了自己的生命，而且也改变了他们周围许多人的生命。

不要害怕病毒。它们不是人类的敌人，它们是朋友，帮助你尽快过渡到精神领域，或者以某种方式愈合自己。

十、前世生活能量的影响

在未来的数年中，许多灵魂会经历身体上的疼痛，而这些疼痛并非来自于他们现在的人生。我的意思是这些疼痛并不与现在的地球时间产生共鸣，而是来自于前世生活。光子带能量使许多健康问题表面化，这些问题既不能诊断也无法解释。

大部分所抱怨的健康问题会是痛苦的。灵魂会经历痛苦，但医生或保健专业人士却不能从这些灵魂的现实生活中发现任何问题。但疼痛确实存在，而所有的身体测试，包括扫描和X射线，在这些有疼痛的部位仍然查不出任何毛病。

有时候，会出现身体症状，如溃疡、斑点、疖等，这是由于前世生活中的愤怒能量达到身体的表面所致；但大部分时间，基本上只有医学上无法测试的疼痛。人们也会经历到嗜睡、抑郁和缺乏能量等症状。

现在，能量正在被传输到地球上，在今后的数年中，其目的是把旧能量表面化。前世生活能量，这些旧能量已经在灵魂记忆中存在了许多个转世人生了。有些灵魂会在自己身体的多个部位多次经历痛苦和不适，而不只是一个部位。

这是因为他们有很多个转世生活的能量需要清除，并选择了在这一地球时间里将其清除。地球正在经历巨大的转变。旧的能量在被清除，新能量在被引入。由于人们对地球上正在发生的事缺乏兴趣和教育，他们往往会不明白在他们身体方面所发生的，尤其是在前世生活能量来到表面时。

只有那些受过教育，知道正在发生的一切的人能够理解。地球正在努力帮助人类在振动上向前移动，以使灵魂能够在精神上向着更高的觉悟前进。

你们当中有些人会问，为什么给我们痛苦？为什么允许这种情况发生？我们没有这样做。这是由于当今地球上的能量和围绕地球的能量在按既定的方式帮助人类前进。对于那些没有经历过前世生活能量净化的灵魂，会更加强烈地感受到其影响。

那些在此之前已对自己下了功夫，并在帮助自己的灵魂向前迈进的人就不会有任何问题，但很多人将会有问题。如果在你的灵魂记忆中没有被清除的前世生活能量越多，你就越要处理这些。如果你是那些经历这一现象的灵魂中的一个，请不要绝望或有恐惧。寻找能帮助你释放前世能量的替代能量治疗师或能量治疗师或理疗师。让他们知道你的问题,并开始从你的身体中清除这些能量层。

这可能会在一段时间里有些不舒服,但一旦它来到了身体表面,并被清除了,它就会永远消失!一旦消失了,你就能够看到许多你以前看不到的东西。那些你携带了许多转世生活的阻塞就不再存在,灵魂因此就能够在更高的能量和意识水平上振动。这将使灵魂更容易经历和看透自我所制造的在地球生活中的幻觉!

十一、人体器官移植

我被问及的许多问题中的一个是有关人体器官移植。精神世界是怎样看待这个问题的?我们的看法很简单。这是生命的一个必要的组成部分,并将会继续下去。

那个需要身体器官的人,例如心脏或肝脏,携带了他们前世人生的状况。通常与肝脏有关的是在前世生活中积累的愤怒、怨恨或挫折等。这些人还没有在自己的灵魂记忆里清除这些因素,因此,另一个欠了他们债务的灵魂为其提供帮助,选择来到世上,只活短暂的生命,将自己的器官捐赠给这个有需要的灵魂,以给他们一个新的器官继续生存下去。

每当人有疾病时,人就会开始寻找灵魂的道路,灵魂就会深刻反省自己的生命。疾病使他们有机会真正面对面地审视死亡,这就会产生愈合危机或使人有必要的意识转变,以在精神上继续前进。

那些回到精神世界的灵魂通过捐赠器官学习了许多经验教训,同样,那些接受器官移植的灵魂也在这个过程中学习了许多经验教训。有时候,灵魂选择在接受器官移植的过程中死亡。这种情况的发生也是这灵魂自己的选择。也许他们不想继续自己的生活道路。也许由于器官移植,他们无法承受自己内在的改变和在精神层面上的改变。虽然他们选择了离开地球,但他们仍然会在以后的某个转世人生中不得不再次经历这一过程，因为这是他们没有完成的债务记录。这是债务偿还定律。

有一点是肯定的。接受器官捐赠的灵魂在经历了这一过程后，将不再和以前一样了。他们有了生命的变化，他们学会了感谢每一天的每一刻。他们不会浪费这个第二次在世上的时间。

随着科学家及医学界培养器官的发展，在未来将有更多这种情况发生，以帮助补充器官移植的需要。有一天，地球上不再需要有器官移植，那是因为人类最终认识到疾病和生病的真正原因。那个时候不会太遥远。但在这一天来到之前，人类仍然需要器官移植。而只要它存在，都将是一个所有被涉及到的灵魂的学习工具。

第十五卷：动物

一、动物可以感觉到能量

很长一段时间以来，我一直都打算写有关动物的题目。但由于写其他的时事通讯而推迟。不过，我感到现在是写这个题目的时候了，我知道你们很多人有养动物，有时候你们确实在想这些动物为什么和你在一起。在这里我所指的主要是家畜，我之所以强调这一点是因为野生动物有时候也会来帮助你。

我要写的是几个月前当我和我的通道访问在华盛顿州的一个城市的时候的事。在这个城市的一个旅馆里，有一条狗被称为压力管理员，这条狗有自己的名片，而且在做其被称呼的工作———它为那些访问这个旅馆的人们解除压力。

大多数时候它坐在旅馆的大厅里，他让所有的人以各式各样的方式轻拍它和与它交谈。很多人在经历了这条狗的能量场后，都感到减去了压力，轻松了，自由了，更加放松了。

动物在世上做它们要做的——在你们的日常生活中帮助你们，而且它们是非常直觉的种类。它们在直觉层次上做工，并具有非常奇妙的医治能力。是的，正如你们有些人所问及的，在人和动物之间有因缘。

有很多关于动物拯救人的生命，以及人拯救动物生命的记载。"那么鸟怎么样呢？"我能听到你这样问。鸟也在你们的生活中起作用。很多人的前世生命与鸟、马、羊、山羊以及其他的动物有联系。

不只是猫和狗，所有动物都能在你们的生活中起积极的作用。大多数动物有很敏锐的直觉，远远超过你们。它们活在现在，从一个时刻到另一个时刻，它们不想将来或过去，只想现在。

我相信你们很多人在每一天工作结束后都有动物在帮助你们放松和舒展自己。如果被许可的话，所有动物都可以帮助人类；换言之，如果你们让它们帮助你们。如果你害怕某个动物，那么那个动物就会感受到你的害怕。甚至在你的气场里的恐惧也会在你和靠近你的动物之间制造妨碍。

我的通道曾经遇到一个女孩，这个女孩的气场里集聚了很多恐惧，就像一团乌云，又黑又重地环绕着她。一次又一次的转世所累积的悲哀、惧怕及缺乏自信都集聚在她的气场里。这个女孩去访问一个朋友，她的这个朋友有一条很漂亮的狗，这条狗就像她们家里的家庭成员，已经和她们在一起生活了多年。这个有恐惧聚集在她的气场里的女孩和她的双胞胎姐妹一起去拜访，她的双胞胎姐妹的气场里没有害怕集聚的情绪。

当这条狗一看见这个有恐惧集在她的气场里的女孩并感受到了集在她的气场里的恐惧，这条狗深深感觉到这个有威胁的黑色能量，它攻击了这个有恐惧气场里的女孩并严重地伤害了她。这条狗在保护自己不受威胁。动物只有在感受到威胁的时候才进攻人类。

如果你有动物，你应该知道你的动物也管理你的压力，通常可以为你和你周围的人们清除消极负面的能量。它们在地球上扮演这个角色---通过给予爱、友爱和清除围绕你们的消极负面能量，以此来帮助人类。它们极好地扮演了这个角色，但通常没有得到人们的感激和尊重。

如果你有动物，并给予它们你的爱，你所付出的爱会十倍地的回报给你。学习爱你的动物，不要害怕它们，它们会在你们的日常生活中帮助你们。

二、动物的进化

人们通过电子邮件多次问我有关动物及其它们对地球的作用。我必须说，很多人会不同意我要在这里说的话。不过，这是事实。以前我曾在我的网站上对有关动物的通讯，动物和债务，以及动物会吸取你们的教条化的一文中与你们进行过讨论。

动物也是进化的一部分，它们就像你一样具有灵魂。不过，不同的是它们活在现实生活中，而你们的绝大部分却生活在过去，并为你的未来担心。动物不这样做。通过活在现在，它们没有过去也不关心自己的未来。它们所关心的是它们的生存——现在。

它们可以训练得差不多就像人一样，是的，通过反复训练，它们就能够理解你的语言。它们知道"食物""走"，以及许多其他的话。它们很快适应你的想法，而且知道，它们越爱你，你就会越爱它们

有人问我："动物会变成人类吗？"是的，他们当然会！它们就像你进化演变一样。每个转世生活会使它们变得更加接近人类。通常，当它们成为人后，它们会出生在部落社区，在那里它们学会做人。然后，它们从那里开始人类的进化。

动物可以成为人类最美妙的同伴，朋友，甚至家庭成员。你们中许多人已经和自己的动物一起转世轮回了很多次，因此，当你遇到你的动物时，你就有一种亲近感。最重要的是，动物是人类的一部分，是精神的一部分。

它们确实进入一个群体，有点像一个部落。但是当它们在精神上想访问你或你想访问它们时，这是可能的，你们会单独会面。正如你知道的，它们对你的爱超越了所有的时间。

有些人虐待自己的动物，因此有人问我："这些灵魂会有什么结果呢？"我可以向你保证，当这些灵魂在镜子大厅里，在没有自我的情况下，看到自己的所做时，他们会感到羞愧，给出了什么就一定会

接受什么。在另一个转世人生中，他们不会投身为动物，尽管一些佛教徒是这样说的，但他们会经受受虐待的经历，就像他们在今生里虐待了自己的动物那样。这是宇宙的规则：你给出什么，就接受什么！

爱你的动物，因为它们爱你——无条件地爱你。

三、动物和债务

常有人问我："大师，动物有灵魂吗，它们承担因果报应吗？"的确是这样。每个活物都有灵魂，从公园里的树到狗窝里的狗。当然，它们的灵魂不像人类的灵魂那样进化，但尽管如此，它们也有一个灵魂。

因为每一个作用，都会有一个反作用。对于树来说，只有很少的债务，因为树是固定的，不能移动。树木年复一年的循环模式通常保持在稳定状态。

然而，它活着，它呼吸，并逐年增长。一棵树在一个人的生命周期中会"死亡"许多次。它死在冬季——脱落叶子，在春天，它会复生——增长新笋、水果或鲜花。然后，它会再次死去，然后又会重生。年复一年，如此循环不断。

植物王国中所有的植物都是如此。它们没有死，只是再次迁移，有时是提高自己，有时却没有。这些植物有很少债务或没有债务，只是一个生命周期。

动物也有生命周期。然而，它们的周期不同于树、植物或花草。它们像人类一样转世轮回，也像人类一样有生存的本能。正如人类有作用和反作用一样，动物也有。

这也许会让许多人吃惊，一些动物转世是为了做某些人类灵魂的伴侣，它们为这个特定目的而来。给出了什么，就一定会回收什么。这是宇宙的规律。

动物也会导致因果报应。例如，我的通道有一只猫，这只猫有一个拜访邻居并扫荡他们的猫食的习惯。当我的通道搬迁到另一处房子时，这只猫自己的猫食却被别的猫给扫荡了。一只本地的猫拜访我通道的住处，并偷了它的食物，就像它在以前的住处做的一样。你给出了什么，就会回收什么，这是行动的反行动。

这种债务能量循环不会结束，直到双方的猫都意识到它们投入到自己行动中的能量。这可能会直到它们进入了人的王国后才会结束，因为这是动物演变的方向。有多少次你对自己说，"这只狗就像人一样"。看到这样聪明的动物是令人难以置信的。

这种动物有可能在它们的下一个转世中演变成一个人。这些灵魂在进化为人类时，是很基本的，然而，一旦它们的灵魂加入了人类的形式，它们就开始学习和提高自己的智慧、理解和灵性。动物就像人类一样制造债务。没有区别。

四、宠物的治愈能量

你的宠物对你很重要，但你们很多人并不知道它们是多么的重要。它们的服务宗旨是治愈，只要人们触摸它们，就可以帮助身体系统平静下来，并减缓紧张压力。但是，如果你因为环境条件的原因而不能有宠物，你应怎么做呢？

你只需要看着你喜欢的动物的图片或照片，就能从中获得和真宠物同样的治愈效果。人的身体会有像对真宠物那样有同样的反应，看着照片中的宠物，或以一些其他的显示方式，将引发仿佛宠物在你身边一样类似的效果。

你的宠物，虽然在你身边成为你生活的一部分，但它们的作用远远超过了只是宠物。它们是你生活中的一个非常重要的组成部分，它们是获得平静的同伴。事实已被证明，在人类生活中那些养有宠物的人，比起那些没有宠物的人来说，寿命更长，健康问题较少。

最近，我随着我的通道来到一家商店，她看到那些玩具动物，有猫，有狗。我建议她购买其中的一个，把它放在她的办公桌上或她的电脑旁，以替代她失去的宠物，我告诉她，因为不用养活物，实际上会更少消费。我相信，这些玩具可以有虚拟宠物的名字。然而，她当时被他人说服没有买，但如果她购买了一个这样的玩具，它真的会帮助到她的能量提升。有一个玩具宠物在她的电脑旁，只是坐在那里，就会帮助她放松她的压力，触摸它会提醒她她失去的宠物，就会帮助她重建她过去所感受到的那种能量。

这些动物甚至会呼吸，它们的身体就像一个真正的动物那样，会上下移动。我知道有一天她会购买一个，这只是一个时间问题。虽然它也许不是一个真实的动物，但它将发挥一个真正动物的作用，并提供一个真正动物可以提供给人的那种冷静和存在感。

越来越多的疗养院和医院开始欢迎宠物进入其处所，这些宠物为他们的病人提供了很有价值的服务，它们的存在可以帮助那些生病的人愈合，并舒缓他们的内心。有些动物甚至知道人什么时候离世，回到我们世界的！一个虚拟的宠物不能做到这一点，但它可以在许多方面代替真正宠物的存在。

如果你有一个活的宠物，你应知道自己很特别，因为你的动物选择了你，你也选择了你的动物，这确实是你的祝福，因为它们将改变你的生活。但要记住，即使一个宠物的照片，也可以为你的生活提供一个平静的影响。我的通道有幅孔雀和鹩鹑的画，她把这两个不同的相框挂在她的电脑前面的墙上，每天她坐在她的计算机前，看到这些鸟，它们就给她带来平和。它们未必是真的，但它们提供了幻觉。为什么不试试在你的生活中，有一张宠物的图片、照片或虚拟的宠物，再看看你的能量变化！

第十六卷：通道和考验

一、我对公众的工作开始了

在2003年10月，我开始我和玛格丽特一起做公共工作。这次公众工作的目的是要告诉地球上的人类有关我们的精神世界情况，并教导他们什么是生命真谛学。

多年来，在玛格丽特之前一直有许多人在做这项工作，其中有不少人在精神圈子里很有名。我与玛格丽特的工作将用我的能量来转变那些来见她的人。

你看，人们要来见的是她，而不是我。这是为什么？首先，我只是老师，其次，谁愿意来看一个来自精神领域的灵体？历史已经表明，当来自精神领域的灵魂通过时，只有那些在精神上开放的人们想要见他们。

我的工作不是要我去见属精神的人们，而是在大街上的老百姓，那些从未涉及过属精神的事情，但却愿意学习的人们。随着玛格丽特，我将给人们有透视力的看见，使他们与在精神世界的亲人团聚，教导他们了解有关我们的世界，即精神世界。

为了让玛格丽特做这项工作，她不得不经过大量的培训，所有的自我必须被祛除，现在，她已准备就绪与我一起在公众场合工作。我将通过玛格丽特出现，她将对那些来见我的人传送我的能量以帮助医治他们和振兴他们。

我也会通过她通道信息和讲话，但许多人会认为是她在做这些。我怎么能这样做呢？因为玛格丽特和我是一个能量，她已提高了她的振动并与我的能量合并，这就是我们如何做到这些的。

我为什么要选择在澳大利亚以俱乐部巡回的方式开始我对公众的工作呢？因为这是人们去获得乐趣和摆脱枯燥生活的地方。我的目标是通过玛格丽特向他们展示精神世界的力量，并帮助他们摆脱对贫困意识、没有自尊、缺乏自信、恐惧和怀疑等幻觉。当行程结束后，希望他们离开时得到了振兴并充满了活力。

我的目标是向世界展示，属精神的不是在于属宗教的或是圣洁的，而是完全真实待自己，这就是一切。我已经说过多年了，有一天我将会成为公众的老师，在今年十月，我履行这一预言。

除非人类了解了精神世界，否则世界不会改变。我会教导人类。会 有些人不相信，但也有人会相信，有人会用自己的眼睛看到和自己的耳朵听到，并用自己的心感受到这种能量。相比在一开始时，与反对的相比，渐渐地将会有更多人愿意接受。

我将在澳大利亚开始做我的工作。但随着时间的推移，玛格丽特将前往海外，到更远的地方。我的工作还没有开始，但一旦开始，它将会改变很多人的生活和思想。现在，世界已准备好了要听到和看到这样的信息。我希望有一天，你也能够经历到这些。

二、我应该遵循哪种模式？

世界上有这么多的知识模式，我应该遵循哪种模式呢？什么是真的，什么是假的？为了回答这个问题，我需要给你们一个惊讶！而且告诉你，没有真的或假的！只有和这个人或信息产生共鸣的。

每个灵魂根据他们在前世转世人生中的发展，都处在不同的振动水平上。随着灵魂提高振动，他们就可以开始看到更多的真相，真理在他们的心里。在低振动水平上，人的自我、自负占优势，它可以让你相信一些东西是正确的，因为它不想让你看到真正的真相。

这同样适用于那些做通道的人，许多人做通道，并没有通道更高的能量，而是他们的自我在通道信息。他们的通道是在自我的基础上，这通常与这些通道想对那些与其接触的人们进行控制有关，他们最初可能通道很高的能量，但这种高能量将带出他们的恐惧、怀疑、不安全感、嫉妒等，他们的自我将会利用这些作为工具，让人们跟从。这种通道有惧怕，然后他们的惧怕就成为自己门徒们的惧怕。所有他或他所发射的能量将成为镜像，吸引那些具有同样恐惧和消极情绪的人到他们的能量中物以类聚。

一个真正的通道所希望的莫过于为精神服务。是的，他们也许以此谋生，但在提取了他们生活所需要的能量以后，他们把自己所有的再投回到所做的工作中。他们不要求大量的金钱作为自己服务的回报，他们不操纵，不诋毁，精神的灵只讲振奋人心的话，以给予人怎么做事情的选择，精神的灵永远不会贬低人。

我对人讲消极话，如果一个人处在消极状态里，人类怎么来改变这个世界呢？只有积极的思想能激励改变，最近有许多人在讨论DNA重新编码，许多灵魂觉得这是对他们祷告的回答，即立刻变化。然而，根本没有DNA重新编码这种东西，只有通过改变你自己，和你的内部编程，你才能改变自己的潜意识编程。当你这样做了，这就会影响你周围的人和你的后裔，你必须做自己的工作。

没有魔术棒，没有魔术，只有你自己下功夫，除去自己在前世转世人生中所积累的程序。愈合的能量可以帮助精神成长。花镜、水晶、前世生活回忆，以及许多其他的方法，都可以帮助你，但你必须要激励自己去做这些。你必须释放与此相连的情绪，我以前已经说过：每个灵魂都有自己的真理。

但当人脱离了低层次的觉悟，通过自己的工作开始向高层次的觉悟上升，尤其是与一个大师的能量合并时，所有这些灵魂就能够看到同样的真理，不再有幻觉，因为只有人的自我看到和寻求幻觉，人的高我只看到真理。

当人达到更高振动水平时，只有一个真理：当人达到这些水平时，人就不再需要知识的模式，人就具有所有的知识。这时人就不再需要属世的外表装饰，人仍然需要活着，但已经没有任何事物有任何意义了。没有任何需要，只有安宁存在。

三、与我的通道工作

为了与我的通道玛格丽特工作，她首先必须提高她的振动。开始的时候进展很慢，她那时只能做知觉通道。我的能量和想法与她的混合在一起，但她能意识到，在我通过她通讯信息的时候，她有知觉。在最初，因为她的振动程度不足以从我这里直接接受信息，因此，她只能从她的守护神那里接受信息。

经过多年的训练，她学会了信任和放手自己的恐惧，因此她开始提高自己的振动。她用了七年的时间来提高自己的振动，达到不用中介就能和我一起工作的程度。一旦她提高自己的振动达到这个水平，我就可以通过她直接说话，正是从那时开始，我才真正通过她开始了我的教学工作。尽管在开始时我是通过她教学，但她没有足够高的振动，所以我通过她的教学并不完全由我的能量完成，而是通过中间渠道。

值得庆幸的是，我的通道在通道我的信息时没有太多自我存在。在七年后，她提高了自己的振动，终于跟我的能量合并，因此我才能够通过她直接讲话。就是在那时，她进入了恍惚状态，一种非常深度的睡眠状态，我就能进入她的身体，用音箱讲话，这个音箱是在我的能量和她的能量合并之前建造的。玛格丽特会离开她的身体，我会进入，传达我的信息。她七年的有知觉通道没有白费，因为她学会了放手恐惧，学会了不操纵或改变从她嘴里说出的话。对我来说，在这些年里与她的工作是不容易的，因为我不能与她合并我的能量。

当我从我们的世界通道信息时，在我们的世界里有很多的灵魂在帮助我。这些灵魂能够承受地球层面的能量。他们在阻止那些被困在地球层面的迷失灵魂和能量，以保护我在通过我的通道讲话时不被干扰或出现问题，当我进入我通道的身体时，会产生一股巨大的能量，那些迷失的灵魂会像飞蛾被光吸引一样被这股巨大的能量吸引。正是那些为我工作的能量在防止这一点，因此他们持守在门和入口处，在某种意义上说，他们是在保护我做通道的空间，防范没有任何灵魂进入并引起的问题。

我们始终有精神医生在监督玛格丽特的身体和重要器官，以确保她不会因通道我的能量而过热或受到压力。如果她有这些现象，这些精神医生就会从我们的世界协助她愈合。在我通道信息时，有多达20个灵魂在帮助我。我的能量会对她的身体造成很大的影响，就像辐射一样；值得庆幸的是，她有很强的体质，而且能应付我的能量，尽管我的能量使她很疲惫，或因过多能量而使她异常活跃。这一切都取决于在通道之前她的身体状况。

人类对通道没有任何经验；在当今的世界上，只有极少数的人理解和看到了它。不过，随着地球在前进，这将变得更普遍；我们为这种方式的通信投入了多年的辛勤耕耘。我希望你能和玛格丽特连接，看我通过她讲话，从我们的世界里来振作你和鼓励你。

四、医治和能量

当我的医治能量发送给那些从我的网站上要求我医治的人时，会发生什么呢？首先，我必须解释一下我和我的通道玛格丽特的连接。为了成为一个我的能量的通道，玛格丽特受到许多年的训练。

有时候，这种训练对她来说是很不容易的，因为这会导致她的身体非常不舒服。不过，我现在已经完全和玛格丽特成为一体，我们的能量相结合，我们的能量可以超越身体。例如，我们的能量可以穿越电话线。它可以通过她的身体发出，它也可以通过互联网发送。只要她有一个健康的身体，正确的头脑设置——换句话说，当她处在一个积极的心态时——能量就会被传播。

当需要医治的请求通过本人或网站被我们收到时，我总是和玛格丽特在一起，就好像'医治'这个词把我与他们连接，然后我看到那个请求愈合的要求，或通过她听到那些问题。那么，我就提供我想给的答案。这可能是一句肯定的话语，我觉得这句话可以改变那个人的能量，这也可能只是一封电子邮件，在这个电子邮件中我说，我的能量和他们在一起。

如果要求医治的人在现场，对玛格丽特来说，她就像接受了十万伏特的电力，我的能量就会通过玛格丽特直接传递给那个人。所有请求医治的要求都被认真对待。我们希望这个小小的解释可以帮助你受到教育，我们是如何从我们这边工作的。

五、一个作为大师们的通道

我因为我的通道而被人们所知，人们对了解要成为一名大师们的通道所需必备条件感兴趣。我想说："这只是发生，但却不是这么简单。"一个灵魂生为一个通道，在他们出生前他们就选择了为大师们，或为一个专指的大师工作。

在能够通道我们的工作以前，这些预定的通道有许多工作必须做。在此期间，我们要在许多方面对她进行考验，看她有多坚强，多坚定。她需要在精神和身体层面上进行很多改变。她本人经历了各种她不理解并感到害怕的感觉。她被暴露于地球上的黑暗势力面前，看看她是否会被他们所左右。她还被暴露于各个生活领域中的人们面前，许多人是她的客户，这是为了看看她面对不同情况中的人的反应。

在与我和至高者连接的时期。她被安排在那些她必须面对自己的惧怕，无法逃跑的情况中。对她的考验逐渐变得更加强烈，这次是在财政范畴，看看她是如何对钱财做出反应，她是否为钱而工作。她在各个方面都被磨砺，她被推、被拉、被试验、被考验。最终，在她完成了于1999年6月在联合国的公众通道后，她合格地毕业了。随后的数年里一直在准备她和我一起在公众场合工作。

她必须学会说"不"，放弃所有与情绪体的连接，以使她保持一种超然和不偏不倚的、冷静的观点。通道我的能量已使她的身体付出了很大代价。想象一个身体引入十万伏特的电力，这就是当我的能量通过她身体时的情形。当然，这对那些在她面前接受这一能量的人来说是太好了。她还在我的帮助下，为那些听她教学，听她阅读的人们清除消极能量。

许多人问："为什么会这样？""你的大师肯定不会让你在清除他人的消极能量时遭受这样的痛苦！"我们没有选择，因为很多灵魂将无法在精神上前进，除非他们的消极能量被清除。这是一种主动受伤形式，为那些无法清除自身消极能量的灵魂们提供了最精美的服务；而我的通道则成为他们的替代，吸收他们的消极能量，协助他们提高自己的振动。

对于那些想知道做我的通道是什么样的人，那么，你现在知道了。成为一个大师通道的路径是一条艰巨的、曲折的、非常辛苦的路径。我们要在残酷中训练。灵魂还必须学会放弃自己的意志，只能听从我们的意志。许多人发现这是所有事情中最难做的一件事情，因为他们的自我不会放手。这就是成为一个通道所涉及到的问题。

没有魅力，没有荣耀，只有辛勤工作和巨大考验。然而，完成的产品能够是如此的一个世界之光。当你感到这里的信息对你有触动，你也就是我们精神领域的通道，你会为此成为接通下一个通道的人。

六、为大师们工作需要真正的奉献精神

自从本网站开始，彼得和玛格丽特在开始时并不知道网站会成为这样大受欢迎。多年来，他们已投入许多个小时在网站的工作中。很多小时没有报酬，只出于爱和服务，就使得它成为现在这样。

通过这个网站的创建，很多人得到了帮助。许多灵魂已经向着更高振动前进；许多人从本网站上受到的教育远远超过他们从前受到教育的总和。我的通道和她的丈夫，他们也学习了很多有关纪律和服从我们的要求。

很多人对我说，他们想以某些方式为我们精神领域工作。我每次对他们的回答都是，他们需要学习纪律和服从我们的要求；人的自我有这么多的消遣，这么多的借口，但如果一个人要为大师们工作，真正的奉献精神是十分必要的。

如果为我们工作的灵魂以他们自己的方式做事的话，工作就不可能按我们的要求完成；只能有一种方式，那就是我们建议的方式。令人惊讶的是很多灵魂一旦开始为我们工作，就会很快地按他们自己的方式做事，而且根本不考虑后果。

从我们在精神领域的高度来看，我们可以看到通过正确的方式做事，走容易的道路；但许多灵魂无视我们的警告和信息，只按自己的方式做，而且当自己的方式不起作用时，还为自己制造冲突。这是唯一我们能够问你，你是否愿意听从我们的时候。

如果你是为我们工作，你就必须学习遵守纪律，听从我们的建议；但同样重要的是，当我们要求事情必须做时，必须立即进行，不要拖到几个星期后。到那时，为时已晚。我们绝不会要求你做任何你不同意做的事情，尽管你确实多次不同意，因为你的自我以为它对你更了解。因此，因为人的自我，许多人在开始了帮助我们的道路后，却跌倒在路旁。

我为什么选择通过我的通道工作。我必须说，是她愿意与我合作，而不是我提出与她合作的。做一个通道不是一件容易的事。首先，人必须要学会听从我们精神界的指示并与我们一起工作，而且，为了这样做，人还必须放弃自己的意愿。我的通道学习与我合作的道路并不容易，现在仍然是不容易。她所承担的工作重量和负担是很重的。

通过和我工作，她在偿还她在另一个转世人生中为自己制造的债务。她不仅有一个非常忙碌的网站工作要处理，而且每次通道我的能量时，都要吸取大量的难以置信的能量。玛格丽特还必须要保持自己的个性。有许多人认为她是有缺点的，因为她与我工作，因为她有她自己的想法。对玛格丽特来说，很重要的是她必须有她自己的存在，但还必须是不同的。

最近，我们讨论了提高学费一事。这些学费多年来都一样，玛格丽特并不想提高学费，她不觉得这是值得的。我们可以看到增加课程学费的需要，但不能让玛格丽特知道，以防她阻止这种情况发生。正如我们所预言的，提高收费是必要的。你可能认为很奇怪，我们会对网站以及在网站上所花的费用等人间事务感兴趣，但它是如此重要。我们的信息可以通过它传向世界，在我们精神世界里，我们有不少灵魂全时间地监视本网站，并报告给我们在网站上所发生的一切。

不像我自己已经扬升了，玛格丽特还没有。她选择居住在地球上，在一个人的身体内，并承担了一个艰难的角色。如果你们是她的话，你们中许多人连一周都坚持不了。这需要很大的毅力。你们知道玛格丽特不是一个超人，她只是人，就像你们大家一样，她也有经历低落的时候；她有自己的想法，自己的感觉，但往往为了和我工作，她必须放弃这些。有几个人在那里一直闲聊玛格丽特和在她周围所发生的事情。

你们这些灵魂知道你们是谁吗，知道你必须生活在自己的行为里吗？这是一个可悲的事实，你们已经上了一系列的课程了，但仍然这样做。我为我的通道感到自豪，她一直很好地为我服务，我知道她会继续这样做。如果她不是一个独立的灵魂，而只是一个我的傀儡，这才是可悲的！

七、我们如何监察网站

最近，论坛上的观众提出了一个很有趣的问题。这个问题是："我们是如何监察网站的？"虽然我们是更高的知觉，我们确实有那些在多个精神层面工作并与人类有联系的灵魂,他们与那些在地球上的治疗师、通道和教师们有联系，对于我们精神世界来说，这种联系就像以太层面的联系。

通过一段地球时间，我们学会了融入你的能量。为了能够成为一个精神大师的通道，你需要提高自己的振动到一个高水平，你所有的情感承诺都必须得到控制，因为，如果你被自己的情感能量所包围，我们就无法与你一起工作。但是，每个灵魂都有他们自己的守护神，每一个开始他们精神道路的人都有他们自己的监护人，还有指导和助工，他们一直都在通过你们而工作，并和你们一起工作。

当我连接到我的通道玛格丽特后，我实际上与她已经合一。她的个性和我的个性成为一体。但这并不意味着她就是一个傀儡。她保留着自己的个性和自由意志，但是，当她被要求为我们做些什么时，如发布简报、上电台或公众场所，她会毫无保留地为我们工作，而不会考虑自己的需求，她会因此而取消自己的其他活动。

她已经认识到我们的工作有多么重要，以及将其付诸行动的权宜平衡。她所做的一切，我们实际上也在做，她读什么，我们也读什么，因为她所做的和所吸收的都在她的能量里，我们也就都吸收和采纳了。有些时候，她不同意我写的东西，在我写的时候，我通过她的能量就知道她不同意我写的内容。只要通道文章一完成，玛格丽特就要立刻发送给编辑。如果她不这样做的话，她就会改变它。但她不会加以改变，相反地，她会立刻将其发送编辑。

我们在世界各地都有灵魂通过他人阅读并报告给我们这些在大师大厅里的大师。我们就是这样监察的。玛格丽特用了七年的时间学会了如何做通道，然后再用了七年的时间，学会了适应我的能量和我的意识。在此过程中，我能够移动越来越接近她的能量，直到我们合一。对于那些想要提出这个问题的，不，在她与她的丈夫亲密的时候，我就离开她。不过，在她每天的大多数时间里，我都和她在一起。

八、通过地球上的通道工作

我经常被人问及，通过地球上的通道工作会是什么样的。对于我们在另一个世界的灵魂来说，这不是一件容易的事情，因为要考虑诸多方面。

首先，我们必须要确定该通道的命运。这意味着我们必须让灵魂走自己命运的道路，我们不干涉他们的债务和要学的人生经验教训。我们有时可以给予小小的援助，但我们与在地球上的通道工作的最初几年中是极其困难的，因为他们在很多方面需要学习，我们必须退后一步，允许这种学习发生。

许多人以为，一旦你与一个大师或更高的能量工作，你们的生活会变得容易，但事实并非如此。它往往变得更困难，因为你开始你的受教育的道路，开始清除你深层次的痛苦和情感。然后，你学习你的经验教训，面对自己的债务，以及我们的能量通过你的身体，迫使这些问题呈现到表面。即使我们尽我们所能来帮助你，使其容易一些，但你的自我可以非常残忍并将战斗到死！

首先你要了解你的指导者和你的监护者，以及那些与你共同工作，帮助你的助工及天使等，这样在你真正与一个大师工作之前，你可以提高你的振动到一定程度。有你可能有两个或三个大师与你工作，这取决于什么样的精神工作需要你去做。一旦我们与你工作，我们不能干涉你的人生选择或你的命运。这给我们带来很多困难，因为你有自由意志。

你也许在你出生之前已经选择了帮助我们，与我们工作和协助我们，但一旦你来到地球，你的自我进入，一切的承诺和协议都变得很难实现。因为这个因素，我们失去了你们的很多帮助。我们往往会在与你的工作中前进三步，然后因为你的自我而后退两步。还有一些人相信，如果一个灵魂在为大师工作，他们就不应该为一些问题而不高兴，他们应该是完美的。这是不正确的。一旦你与我们联系上，我们的能量会放大你所做的一切，因此会使你更加难以处理生活问题。你与我们的工作就会变得更加敏感，进而可能导致难以处理生活中最简单的事情。

是的，你有与我们工作的热情。但一旦你与我们合作，你在地球上的生活以及处理日常事件就会变得不容易。有时你的自我是如此强大，我们必须撤出，离开。我们不会和你争战，我们给你一定的时间来与我们联系，并做你应该与我们做的，但是如果你的自我太强大了，我们就必须撤出，让你的自我走自己的路。这不是我们在逃避。这对我们来说，与你的自我争战，是在浪费能量，我们可以把这种能量用到其他地方。

我曾经遇到这种情况，我的通道的自我一度变得如此强烈，她几乎放弃了她与我的工作。幸好，她的高我进入，她同时也得到别人的帮助，一个具有奉献精神的灵魂帮助了她。不过，当她在经历这些时，这无论对她还是对我们都是不容易的。这么多的工作已经完成，多年的培训因为这种情况而几乎终止。有关这种情况我有很多可写的，但在此篇文章中只回答一些在过去数年中已被问及的问题：有关我们与你们的工作。

九、做精神工作

我最近被一个该网站的观众告知，他们一直在等待大师们向他们显示信号，什么时候他们可以开始为我们做精神工作。事实上，他们多年来一直在等待这种指示。

首先，我们不会给你任何信号，即使你想为我们工作。如果你没有恐惧，你就知道你所应该做的。只有你的恐惧阻止你知道你要做的。

一旦你开始为我们工作，为了你能收到我们的信息，你需要在你的生活和工作中投入精力。如果你被你的日常工作或你周围的人所牵制，你就无法为我们工作。太多的灵魂把他们太多的精力给了他们的伴侣，家庭，或日常工作，他们几乎没有剩余的精力来为我们工作。

当你累了的时候，你听不到我们给你的指令。你需要投入大量的精力来做我们的工作，这意味着你没有精力剩下来做其他项目或为他人工作。

一旦你开始你的精神道路，那么只有到此时，我们才能领导和指导你，但直到你这样做之前，我们不干涉你。这是为什么？因为你们太多的人说要开始自己的精神道路，但却没有真正做到这一点！如果我们给你提供的信息没有被采纳，这是一种浪费能量。

一旦我们看到你是真正投入，并有信心进行工作，那么我们知道能够信任你，我们就会引导你前进。我现在不是在说精神发展，这是不同的。我在这里说的是你将你为精神大师们工作的精神道路付诸行动。

我的通道在她开始为我们工作之前，她犹豫了将近十年。我们领导和指导她见许多能够培养她的人，但我们不能告诉她，她是注定要为我们工作，因为这会停止她的自由意志。甚至当她开始了她的工作后，我们仍然无法给她指示。只有在她面对了她的恐惧，走出了她的生活舒适区，开始为我们工作时，我们才开始带领和指导她今后的工作安排。

为了让你与我们合作，我们需要你的精力和你的承诺。最重要的是，我们需要知道你致力于做我们的工作。只有这样，我们才能协助你与我们的工作。我们不会帮助你，直到你证明你对我们工作是很认真的。这是唯一的方式，没有其他办法。

十、我的广播工作

我已和我的通道玛格丽特一起做了多年的广播工作。我和她一起做广播工作早在她知道她是我的通道以前，但她从来不知道这一点。我会把对她广播节目的建议，以及每周她要采访的嘉宾，放在她的意识中。

我已观察到，该网站建立多年来，观众人数在增加。我也一直在等待玛格丽特完成她的精神发展工作，我可以通过她做通道信息，并将我的能量引入地球。这个时刻现在来到了，我准备就绪，开始我帮助地球转变其觉悟的工作。

我怎样做到的呢？我会通过我的能量，和玛格丽特一起，通过她和艾伦的广播节目以及互联网广播，我已经开始这样做了。很多人都提到了该广播节目的能量，而且我打算就这样工作一段时间，直到一条更公众化的路径能够被安排。

对我们在精神世界里的来说，帮助地球的不利的一点是地球上的恐惧，当然，还有人的自我。一开始，我的通道有很大的恐惧和一个很强的自我。但是，在我和她在一起的时间里，我们一直在帮助她放弃惧怕，其中大部分来自于她的前世生活。

她仍然有一个自我，而且总是会有，但她现在已经能够控制她的自我，她的自我就不再时常打扰她了。现在，玛格丽特已经受到训练，知道怎样处理她的自我了。因此，我就可以每周通过她进入深度出神(恍惚)状态，对本网站的观众直接讲话，并允许我通过电台与听众交流。我用我自己的能量和自己的声音讲话，我完全是我自己，而"她的工作是睡觉"——这是玛格丽特对她的工作的形容。

这项工作目前只能在互联网上做，因为这是有原因的。在正常广播媒介领域工作的人受到所施加的限制，人们被限于什么可说，什么不能说。然而，在互联网广播，却没有任何限制。因此，我可以自由选择任何我想说的话。

我很满意我的首次广播。能够有一个小时的时间对世界广播实在是太好了。我会要求我的通道，在本通讯的最后写下我们广播节目的时间，因此，你可以收听到我们的广播节目，并在互联网上看到我的镜头。

我非常感谢我的通道，让我有机会使用她的身体，并能够通过她通道我的信息交流。我期待着与你们很多人通过这一媒介进行沟通。通过在我网站上的聊天室，以及电台的聊天室，我可以与你们交流。

我会请玛格丽特给你们这些聊天室的信息。这只是我在地球上工作的开始。自2006年7月，玛格丽特完成了她与我的训练，我们可以合为一体，走向公众，并开始大师们长久以来想做的工作。

对我来说，一切都开始到位，以协助我前进并帮助改变地球的能量。你可以想象，在大师大厅里的大师们，在所有的层面上，我们对此是多么的高兴。玛格丽特不再对她的公众工作有任何惧怕；那些试图阻止我们做她工作的能量不再能渗透她的能量里。

她与我们、与宇宙同在。即使当她累了，她的自我试图阻止她也不能得逞，很快就返回其原处。我衷心希望，你们中许多人，如果不是所有的人，能够收听我们的电台节目，以及互联网上我自己的广播节目。

十一、玛格丽特为什么选择了困难的道路

有人写信给玛格丽特，问她为什么不选择做一个像赛巴巴或印度瑜伽一样的精神老师？虽然她没有对那个写信的人回答这个问题，但我现在将回答这个问题。

为了做一个世界老师，我需要知道在地球上的世界。我已经在我们的精神领域里相当长一段时间了。虽然我们的世界没有时间，我所说的"时间"只是给地球上的所有读者的一种解释。

我们往往忘记在你们世界里的生活。我们生活在现在，而我们要做的就是现在在做。不要误会我的意思，这并不意味着我们忘记了你和你在做什么。事实并非如此，但我们在我们的世界里非常繁忙。在我们的世界里，我们没有自我，所以我们很容易忘记人的自我以及自我如何运作。我们也知道，你有在精神世界里的监护人以及所有那些我们世界里和你一起做地球上工作的灵魂们在看护你。我们只在被要求时才进行干预。

玛格丽特选择生活在地球上，待在这个世界里，选择经历很多的经验，比如，她选择有一个孩子，不得不给别人，有一次人工流产，有债务缠身，有关系问题，有很强悍的自我，因为自卑而缺乏自信心，以及其他更多的问题。她选择这样做，让我能通过她体验到地球上的生活。虽然我只经历了她在地球上生活的短暂的一部分，但从她出生以来，我就一直和她在一起，在观看和等待她完成她的学习，这样我就可以用既定的方式开始我和她的工作。有时这对她并不容易，因为她想离开她的义务，但她坚持下来了，因此，我们现在准备就绪，开始我们协助地球的工作。

是的，她可以选择做一个在印度修行的瑜伽师，但她没有这样做。相反，她选择了在世界上经历所有的痛苦、苦难、欢乐、幸福、冲突、安宁等，她也选择了要经历学习在地球上生活的许多经验。这非常有助于我的工作，虽然我对所有选择了人生道路的人类具有同情

心和爱心，因为除非我已经经历过这种感觉，我无法知道痛苦、苦难或其他情绪。

玛格丽特选择这样做，以帮助我：她选择做一个情绪化的人，并有这种经验，以使她了解生活的多样性。当我对一个灵魂具有同情和爱时，她也有。我们对问题或问题理解上的合一，能与一个可以做到这一点的灵魂一起工作真是很奇妙。

在我们的世界，虽然我们已经离开地球，但它并不意味着我们不知道你的难点或问题。我们确实知道。只是我们不能在我们的世界里处理你的问题。我们只有通过我们的通道，才能做到这一点，而且，只有在我们的通道提高了自己的振动，与我们连接上以后。只有这样，才能真正达到在地球上，在身体、心理和精神层面上的医治。玛格丽特选择经历她所经历的。这可能会使她惊讶，尽管在她的出生星象图中显示了她的债务和她的生命道路，但她不必一定要这样做。

她已经离开了地球，但她选择了回来，以协助我的工作，并沿途教导许多其他的灵魂。她自己并不知道这一点，直到她写这个通讯时。但这是事实，而且只能在她完成了她所选择的学习以后，才能告诉她这些。

因此，对那些想知道为什么玛格丽特要选择生活在世界里的人来说，这就是其原因所在。对于她和她的决定，选择了这样一个转世人生，我衷心地感谢她，在我们这个世界里的所有大师们也感谢她。她也知道，她已经完成了自己的学习，因为她现在在许多方面正在为她的奉献和辛勤工作接受奖励。

十二、受试的道路

最近在西雅图新成立的教学和治疗设施，是我通道的一个漫长而艰苦的道路的结束。当她刚开始她与神圣的灵，或你们中许多人知道的上帝工作时，她并不知道她的道路会如此费力。然而，为了清除仍然携带在她的灵魂记忆中的前世生活能量，她选择了经受难度最大的考验，以帮助她在灵魂成长中前进。

在她的一个前世生活中，她曾做过精神工作，但却让恐惧，怀疑自己的能力、自卑以及其他情绪阻止了她的成长。在另一个前世生活中，她被大多数人认为是有名的，有直觉和愈合的能力，但她却以错误的方式使用了自己的能力。正如你们大多数人一样，她回到此生的转世生活中，在努力清除这些情绪，并从生命的循环中摆脱出来，正是这些情绪问题使得她一次又一次地转世投身。

为了从她的灵魂中清除这些能量，她选择了一条漫长而艰难的辛勤工作和服务的道路，当她仍然在学习新的方式时，她几乎没有得到任何报酬。因为她知道自己无法独自做到这一点，她因此请求了一位精神大师来帮助她。我需要一个灵魂在地球上做我的工作，于是我们同意一起工作。

她在她出生前，选择了她的道路，我作为她的老师，选择与她一起走在这条道路上。这是痛苦的，看着我的学生在挣扎着摆脱自己的前世生活能量。看着她面对自己的问题，而不能帮助她，但只能给她能量和指示，她怎样处理她所面临的情况和如何前进进入新的能量。

为了我的工作需要，她也必须经过考验，在世俗生活的各个方面受到考验。例如，她害怕被人嘲笑，想逃避，对丝毫的批评或论断都会不满。她就必须要学会不那么敏感：如果人们不喜欢她做的，这是他们的问题，而不是她的。这是不容易的，看着她一点一点地脱离她的旧能量。

慢慢地，逐个问题地，她从自己的灵魂中清除了旧能量，终于，在她60岁时，她已经从自己的老我中摆脱了出来；由于她学习了所有她需要学习的经验教训，她终于能够独自站立，最终得到奖励。你看，所有的灵魂在达到清除了自己旧能量的阶段都能接受奖励。因为正是这个旧能量，实际上停止了你的流向自己高我的能量。

没有魔力般的话语，没有魔力棒，只有面对你的恐惧和不安全感，并向着一个新的自由的道路前进的努力。一些灵魂可能会在财政上比其他人富裕，但他们的钱却不能停止他们需要学习的东西，并向前迈进。每一个灵魂都以自己的方式学习。

我的通道完成了她的学习了吗？没有，她还没有！她每天都在继续学习，但她的个人债务和个人灵魂成长的学习已经完成。从现在起，她做的任何事和说的任何话都会受到即时因果报应，她所创造的，会在今生得到回报。幸运的是，她已经能够创造她想要的一切。

如果你和我们以最高方式工作，重要的是你同样要面对自己的问题和自己的旧能量。当你这样做了，你就能引入越来越多的神圣能量。这个能量在等待每一个灵魂，不论他们是谁或做什么。

这条道路有时似乎是无法对付的，是不可能的，但没有什么你不能做，不能达到或创造。直到你清除了过去的旧能量，你很难体验到奖励。不是我们给你奖励，而是你的高我。

我们只是在引导你，引导你到你需要学习这些经验教训的地方和人面前。现在，我的通道已经达到她的意识水平，我可以与她工作，她再没有了恐惧、怀疑和不安全感等障碍。它不再存在。现在，我的真实话语可以被表达并没有受到过去的教条化和个人感情的掺杂。

你们每个人都有和我通道同样的机会。这条道路并不容易，有时你会跌倒，但这样做的奖励是脱离过去，从阻止你前进并拖延你进步的旧能量中得自由。我们不阻止你前进，是你自己阻止自己前进。你有来自我们世界的帮助。为什么不要求我们提供援助，踏上学习的路呢？你，只有你自己，是你现实的创造者。

十三、精神发展与身体的大小

我希望写写有关精神发展和身体大小的信息。你会发现有两个类型的媒介，用人类术语形容，很瘦小体型和很大号体型的媒介。

比如我的通道，她是一个很大号的妇女。她需要这种规模来引入我的能量。我曾在前面的通讯中写道，每次她通道我时，她能够从我引入数万伏特的能量。如果她没有她现有的身体体积，她将会因为神经系统衰竭而精疲力竭。对于那些成为媒介和通道的人，有一个大号身体是非常必要的。那些有瘦小身体的人也能做通道，但是，他们的功能是在他们的神经系统，经过一段时间后，就会对身体产生不利影响！

大多数精神媒介在自己的身体内储留水分，这些水分为我们所利用，就像你们用水发电一样，我们用他们身体内的水产生能量，以保持我们和你们在一起。为我们工作的真正媒介和治疗师，通常有身体体积的困难。我知道我的通道已多次尝试使自己有一个她称为正常的身体体型，但她从来都没有成功。除非她储有液体和有重量的密度，否则，她就不能通道我的能量，并吸取所需的能量。

当一个人成为通道，他的身体就变得更密集，更重。所有这些人都配给了一个精神医生监督他们的心率和体液，观测他们的健康，并协助他们保持心灵健康。如果有健康问题，我们就被告知，然后，我们就会找到一个方式来提醒这个通道。地球上的人们常为体重困扰，但健康的要素是快乐，有真正的幸福。如果一个人是幸福的，就不会受到任何东西以任何方式的打扰。健康就没有问题，也不会成为问题。许多通道很担心，当他们开始为一个精神大师做通道时，就开始有体重增加。这是因为所通道的大师需要如此，并需要使用体液作为能源。

地球上有很多大体积的人长寿。他们能这样是因为他们不被自己身体的大小困扰，他们很快乐，对自己很满足。如果一个人担心自己的体型，那么这就是虚荣，自我，就应该将其除去，因为我们不能同那些被自己的健康和体型所困扰的人工作。放下你的担心，知道你这样做是为了我们。这并不意味着这句话是你随便乱吃不应该吃的食物的牌照；不，它不是。每个人都应该努力吃健康食物。然而，有一些人，不管他们多努力，就是不能瘦下来。

为自己的身体尺寸高兴，它只是你灵魂的外壳。你的精神没有这样的结构。但是，我们需要你的身体尺寸和体液做我们的工作。除非你们有这些，否则我们就不能与你工作。与和那些瘦小身体的人工作相比，我们与那些具有大号身体的人工作更好，因为那些非常单薄的人比起那些携带体重的人往往看起来像有厌食症和神经衰弱。如果你是一个通道，你就应该拥抱自己的大号身体，知道你为你做的工作牺牲了自己的虚荣心，并为此感到自豪。

十四、自身价值

五年前，我告诉我的通道，她自己要有价值。她那时挣很少的钱，她并不乐意这样，认为她没有得到自己应该被支付的价值。她已做了多年有关超自然学方面的学习，已付了很多钱买书，这些书都是我们引导她买的，并成为她的教学工具。

她没有看到她工作的这一面。因为她选择了在她生命的早期经历，批评和生活的负面以帮助她控制自己的自我，这是她许多转世人生中存在的问题，她的地球父亲没有让她的生活很容易。他不断地对她说，她不值得，她"愚蠢"，她是"笨人"，她是"傻子"。她因此对自己没有很好的自信。由于我们大师们的帮助，加上她丈夫的努力，我们最终能够让她释放自己不足的感觉，她终于认识到自己的价值。

十五、机不可失时不再来

人们常常以为我的通道玛格丽特没有污点，不会受到谴责，然而，事实远非如此，因为在她的多个前世生活中，她没有完成自己的人生经验教训，并让她的自我控制了她。在她此生回到地球上来之前，她请求要得到一位大师的帮助，教育她认识自负和自我，并给她能量去面对自己的恐惧。因为她的直觉能力非常接近她灵魂的表面，而且她在过去的许多转世人生中一直都在使用它，虽然有时她并没有把它用在应该用的地方，因此就决定——她应该密切地与我工作。不过，在她的此生中，她给了我教导她的权限，以帮助她通过教学而提高自己的振动和意识。

我于1992年开始了这项工作。在此之前，她一直在与另一个能量，一个很有天赋，被称呼为阿尔戈斯(Argos)的能量工作，阿尔戈斯还没有获得大师的地位，但他密切地协助希拉(Hilarion)大师的工作，希拉(Hilarion)大师是在帮助回到地球上的灵魂学习消除自己恐惧。当我进入我通道的生活中时，她的许多恐惧已被除掉，但她仍然需要祛除她怕在公共场合使用自己直觉的恐惧。她仍然需要很多学习，学习如何面对她在公共场合的恐惧、听取批评，这对她来说是有难度的，因为她难以控制自己的情绪体，而且还要不论断，不批评他人。但是，她知道她必须学习，她对这一任务非常认真。

多年来，我一直和她在一起，必要的时候，我会让她知道，她的那些不适合与我们合作的行为。从一开始，我就告诉她，只有一个雇主，即我的能量。我还告诉她，为了和我工作，她需要听从她的直觉和我们指示她的事情。幸好她这样做了，这使得我们的工作达到了今天这样的程度。

不过，有时候我也需要和她谈她的行为，特别是当她论断或评论他人时，或当她没有按时完成任务时。有一次，我们要发一个传真给一个电视台，因为我们知道，当她按时把这个传真送出时，对方会有一个合适的人收到传真，因此会让玛格丽特上一个电视节目。她完成了我给她的信息，写下来并给她的丈夫发送，但随后她就离开了，而没有确保该传真在那一刻发出。

几天后，我们问她该传真是否已被发送，因为电视节目对她的采访还没有到位。她发现，她的丈夫将她下载的传真放入自己的U盘，并没有发送它，他准备要发送，但却忘记了。我们用爱和纪律约束告诉她，她应该亲自发送该传真，而不是留给他人做是如何的重要，因为他人都很忙，经常忘记需要做的事情。

通常星象的定时是很重要的，如果情况或问题不及时处理，星象定时就不再存在，行星组合也不再相同。在过去，她会因我们和她讨论这些东西而生气，我们用爱责备她，但有必要让她学习和有纪律。如果她为地球上的任何一个公司工作，她也会从她的雇主那里得到同样的训练和待遇。

在过去，她学会了做我们要求做的事情。但最近，虽然她被我们要求做一些事，她却没有做。其中有些对立因素，但仍然有必要再次告诉她，这不够好，并再次提醒她，为我们做事情的紧迫性。这一次她能够看到这一情况，虽然她为自己没有完成我们给她的任务而感到不安，她能够坚持自己的"高我"而不气恼。

当你与我们合作，你不要羞于承认自己犯了错误。你不要害怕从我们这里接受必要的评论。你必须知道的是，我们不是要给你带来痛苦或以任何方式伤害你，我们是想帮助你。我们不要求你是完美的，但就像发传真的情况，有时候会因为你不遵守命令而失去机会。

我们一直很幸运，能够有一个渴望学习，愿意面对自己恐惧的通道。她的恐惧大部分是自卑的恐惧，换句话说，这一恐惧就在她的面前，她不得不面对。她无法逃避，尽管她的自我想这样做。

最重要的是，她听从我们。很多时候，那些在她周围的人不想听从，因此就发生了冲突。但是，大多数时间，我们的工作都被按时完成了。

放弃你的意志是不容易的。人的自我喜欢控制，多年来，我们想方设法让她的自我被占据。自从我们开始一起工作，现在已经16年了。

谢天谢地，当她感觉到事情不对时，她不再需要像从前一样被我们告知。但她知道这些失误仍然可能发生，她承认，她不是，也永远不会是完美的，因为人的自我的存在，人在地球上的生命永远不会是完美的。然而，一旦一个人征服了自己的自我，学会了控制它，并与自己的"高我"工作，生活就会变得轻松很多。

我的通道还有很长的路要走，我们甚至还没有开始我们真正的工作。如果你计划要和一位大师工作，觉得这是你的使命的话，那么你就需要知道，只能有一个老板——如果你想这样称呼的话——但这决不是你！

十六、艰难的道路

正如你们许多人所知，我确实知道你们在经历什么，你们在遇到什么。很多时候，对我们来说，看着你们为自己的生活做容易或艰难的选择时所受的痛苦真的是不容易。

我的通道玛格丽特已多次选择了艰难的道路。你知道她是人，而且是在人体里。为了提高自己的振动以便与精神界连接会导致身体不适，还意味着要全天候工作。但许多人选择这样做，与我们合作，在地球上帮助我们。

通常，是我们告诉玛格丽特，她自己需要写一篇关于某个题目的通讯。通常这些题目都与我们和我们的工作有关。有时候，这些通讯看起来好像是玛格丽特在抱怨，但我们告诉她写某些事情，因为我们知道，这个题目及其信息会在你们中触发一定的反应！我们知道你们会读到她所写的通讯！这一切都是有计划的，玛格丽特只是那个信息的催化剂，她通常在自己受训练的过程中或在她的日常生活中已经经历过。

幸运的是，她听从我们给她的指示，尽管她对发出这样的通讯或电子邮件有保留意见，但她会遵照我们对这个通讯的指示去做。她总是为人们对她发表在本网站上的或由电子邮件发送的通讯有着非常积极的反应而惊讶。很多时候，人们写信告知玛格丽特他们自己是如何经历了这样的情况，知道别人已经经历过或正在经历这种情况时，这样的感觉有多好。这给很多人带来了安慰。

这就是应该发生的事情，这就是我们如何通过向你展示人的脆弱来和你一道工作的。我们当然理解你必须与高能量工作以及它在你内部的反应。我们意识到你在日常生活中，和引入这一能量时的挣扎。这就是为什么我们让玛格丽特要把它写下来，并为其与大家交流的原因。下一次你读到玛格丽特写的东西，要知道，我们站在她的背后，我们引发了它，我们这样做是有道理的！

完

弥勒教导精髓：

- 你在世上的目的是成为自己之主，是对自己真实。

- 通过释放前世生活能量，放手教条化，让爱进入自己的心中，成为自己之主。

- 你人生的目的是理解自己，化解自己的业力和学习自己所选择的人生功课和教训。

- 星象学是鉴别你的人生功课和教训的关键。你的出生星象图是你为自己制定的学习人生教训的规划，你自己选择了这一计划。

- 没有对错，只有你与什么共鸣。这是你的选择。

- 每一位进入你生活中的灵魂都是你的一面镜子和一位老师。

- 不要论断人，这样做会给自己带来很多的业力。

- 无论做什么——生意、友谊或精神工作，所有的交往都需要有平等的能量交换。

- 你有权享有自己的真理。学习用爱来平和清晰地讲你的真理。

- 超脱自己的情绪体。有情绪并没有错，只是不要依附于它们。

- 世上没有巧合。一切都是完美的。

- 所有的消极看法都来自于人的自我。自我是由人的今生和前世生活中所有的恐惧和不安全感所组成。

- 你的高我始终知道你的人生计划和完成这一计划的最佳方式。它通过你的直觉引导你。

www.ingramcontent.com/pod-product-compliance
Lightning Source LLC
Chambersburg PA
CBHW022006120526
44592CB00032B/117